스티브 잡스를 뛰어넘는 혁신적인

키노트 프레젠테이션 가이드

HOW TO KEYNOTE

실무 활용 테크닉

| 장경호 저 |

YoungJin.com Y.
영진닷컴

How To Keynote 실무 활용 테크닉

저작권법에 의해 한국 내에서 보호를 받는 저작물이므로 무단 전재와 복제를 금합니다.

이 책에 언급된 모든 상표는 각 회사의 등록 상표입니다.
또한 인용된 사이트의 저작권은 해당 사이트에 있음을 밝힙니다.

ISBN 978-89-314-4341-7

독자님의 의견을 받습니다

이 책을 구입한 독자님은 영진닷컴의 가장 중요한 비평가이자 조언가입니다. 저희 책의 장점과 문제점이 무엇인지, 어떤 책이 출판되기를 바라는지, 책을 더욱 알차게 꾸밀 수 있는 아이디어가 있으면 이메일, 또는 우편으로 연락주시기 바랍니다. 의견을 주실 때에는 책 제목 및 독자님의 성함과 연락처(전화번호나 이메일)를 꼭 남겨 주시기 바랍니다. 독자님의 의견에 대해 바로 답변을 드리고, 또 독자님의 의견을 다음 책에 충분히 반영하도록 늘 노력하겠습니다.

이메일 : support @ youngjin.com
주 소 : (우)153-803 서울특별시 금천구 가산동 664번지 대륭테크노타운 13차 10층
대표전화 : 1588-0789
대표팩스 : (02) 2105-2200

STAFF

저자 장경호 | **기획** 기획1팀 | **진행** 김태경
표지 디자인 강영주 | **본문 디자인** 강영주

프레젠테이션은 기획과 전략, 그리고 디자인 혹은 어떤 차별화된 도구를 가지고 접근하느냐에 따라 성공과 실패가 극명하게 나누어지는 분야입니다.

프레젠테이션은 경쟁 프레젠테이션과 비경쟁프레젠테이션으로 나눠볼 수 있습니다.
먼저, 경쟁 프레젠테이션은 1등만이 존재합니다. 승자는 모든 것을 다 가져가지만, 패자는 모든 것을 잃게 됩니다. 잔혹한 현실이죠. 그렇다면, 비경쟁 프레젠테이션은 어떨까요? 비경쟁 프레젠테이션에는 다행히 승자는 없습니다. 하지만 같은 선상의 프레젠터들과 항상 비교되고 회자될 수밖에 없습니다. 그렇기에 설정한 목표에 도달하기 위해 청중 분석을 비롯해 수많은 전략이 필요하게 됩니다.

이런 청중 분석과 전략에는 프레젠테이션을 가능하게 해주는 도구! 즉, 프로그램도 반드시 포함되어 있어야 합니다. 사용하는 프레젠테이션 도구에 따라 차별화된 기획과 전략이 나올 수 있으며, 청중들로 하여금 보여주고 설득하려는 내용을 보다 명확하게 구분시켜 줄 수 있기 때문입니다.

우리가 이 책에서 살펴볼 프레젠테이션 도구는 바로 "키노트"입니다.
스티브잡스의 프레젠테이션은 직관적이고 내용을 단순하면서도 명확하게 보여주기 때문에 그의 프레젠테이션을 보고 있으면 빠져들 수밖에 없습니다. 국내 현실에서 아직은 키노트가 차지하고 있는 비중이 크지 않기에 어찌보면 단순히 키노트라는 도구의 사용만으로 남들과 차별화된 프레젠테이션이 가능할 수 있습니다. 키노드와 같은 도구를 사용하는 것만으로도 청중과 프레젠디를 새로운 시선과 긍정적인 방향으로 연결시켜줄 것입니다.

키노트의 매력은 파워포인트처럼 많은 기능과 템플릿이 존재하지는 않지만 훨씬 세련되고 완성도가 높은 슬라이드를 완성할 수 있다는 점입니다. 처음 접근은 힘들지 몰라도 한두 번 사용하다보면 키노트의 매력에 빠져들게 될 것입니다.

끝으로, 밤낮없이 좋은 도서를 만들기 위해 애써주시는 영진닷컴 관계자와 김태경 차장님, 그리고 항상 옆에서 큰 힘이 되어 주는 아내와 두 딸에게 고마움을 전합니다.

저자 _ 장경호

Chapter 제목

이번 챕터에서 알아볼 키노트의 기능입니다.

Chapter 내용

이번 챕터에서 배우게 될 내용에 대해 간략하게 설명합니다.

서브 제목

Chapter 아래에 있는 섹션의 제목으로 키노트의 각 기능을 하나하나 단계별로 나누어 설명합니다.

미리 보기

이 섹션에서 배울 키노트의 결과화면을 미리 보여주는 부분입니다.

예제파일/완성파일

본문에서 사용한 예제파일과 완성파일입니다. 모든 예제파일은 영진닷컴 홈페이지 (www.youngjin.com) 자료실에서 다운로드 받으실 수 있습니다.

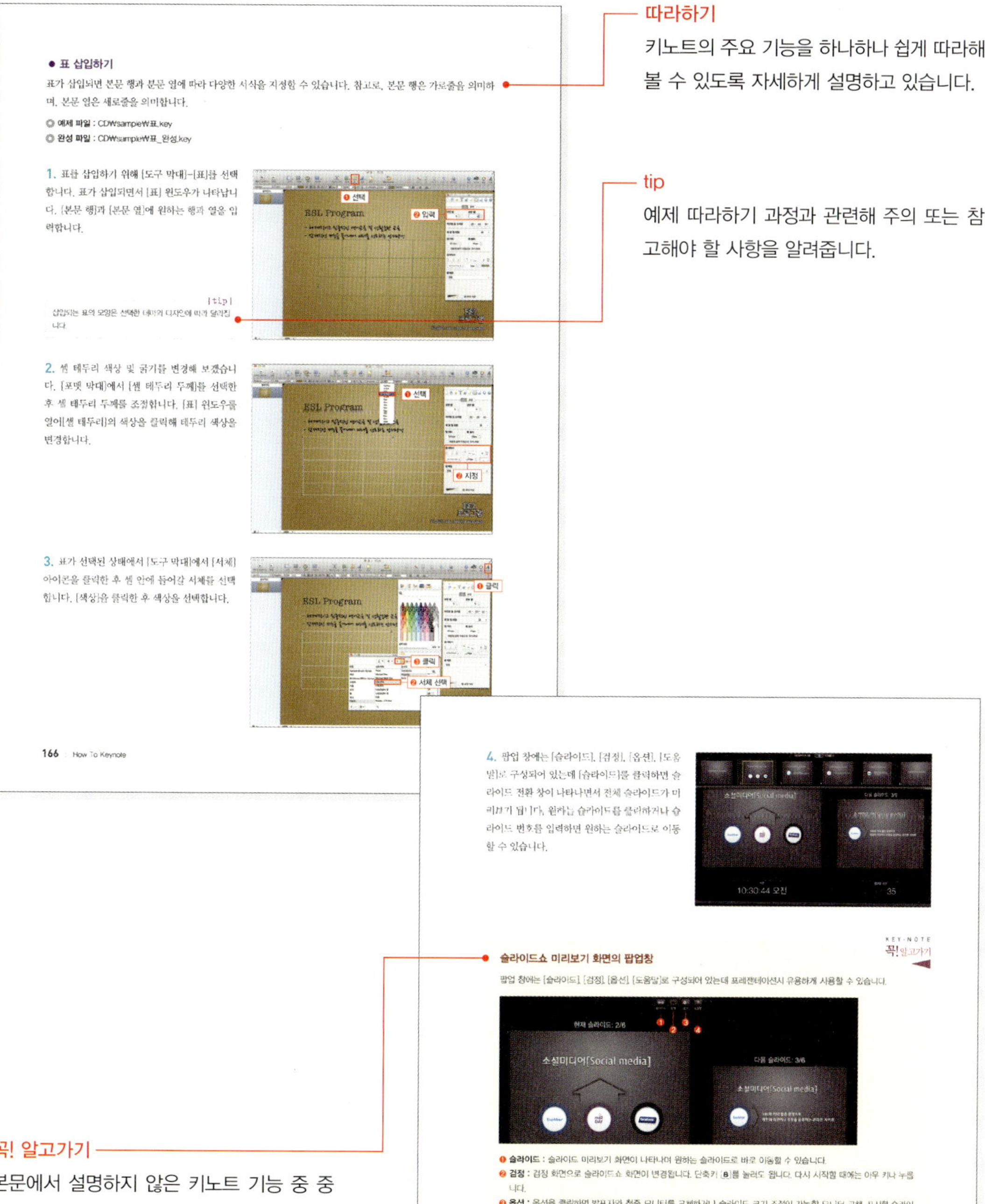

따라하기
키노트의 주요 기능을 하나하나 쉽게 따라해 볼 수 있도록 자세하게 설명하고 있습니다.

tip
예제 따라하기 과정과 관련해 주의 또는 참고해야 할 사항을 알려줍니다.

꼭! 알고가기
본문에서 설명하지 않은 키노트 기능 중 중요하거나 알아두면 좋은 내용, 또는 보다 상세한 설명이 필요한 경우 해당 설명 등을 정리한 부분입니다.

PART 01 : 키노트 프레젠테이션 첫걸음

우리는 수없이 많은 프레젠테이션을 경험하며 진행하고 있습니다. 직장이나 학교에서 프레젠테이션으로 인해 많은 밤을 지새우며 때로는 전문가의 도움과 조언을 구해 좀 더 명확하고 완전한 프레젠테이션을 꿈꿉니다. 더 나은 프레젠테이션 도구를 찾고, 더 좋은 디자인이나 소스를 검색합니다. Part 1에서는 스티브 잡스가 사용한 키노트(Keynote)라는 프레젠테이션 도구를 배워봅니다.

– 스티브 잡스의 키노트 프레젠테이션
– 스토리 기획, 디자인하기
– 키노트 무작정 시작하기
– 키노트의 힘은 윈도우 창

PART 02 : 키노트 디자인하기

Part 2부터 본격적으로 키노트 슬라이드를 작성해 봅니다. 키노트는 다른 프레젠테이션 도구와 달리 직관적으로 개체를 선택하고 구성할 수 있습니다. 생각보다 단순해 보이는 메뉴와 속성 윈도우를 가지고 여러 기능을 조합해 다른 프레젠테이션 도구가 할 수 없는 다양한 모션 및 디자인을 적용해 봅니다.

– 텍스트 슬라이드 디자인하기
– 이미지 슬라이드 디자인하기
– 동영상과 오디오 활용하기
– 차트 및 도표 삽입하기
– 화면전환과, 빌드 효과 적용하기
– 슬라이드쇼와 인쇄, 테마 디자인하기

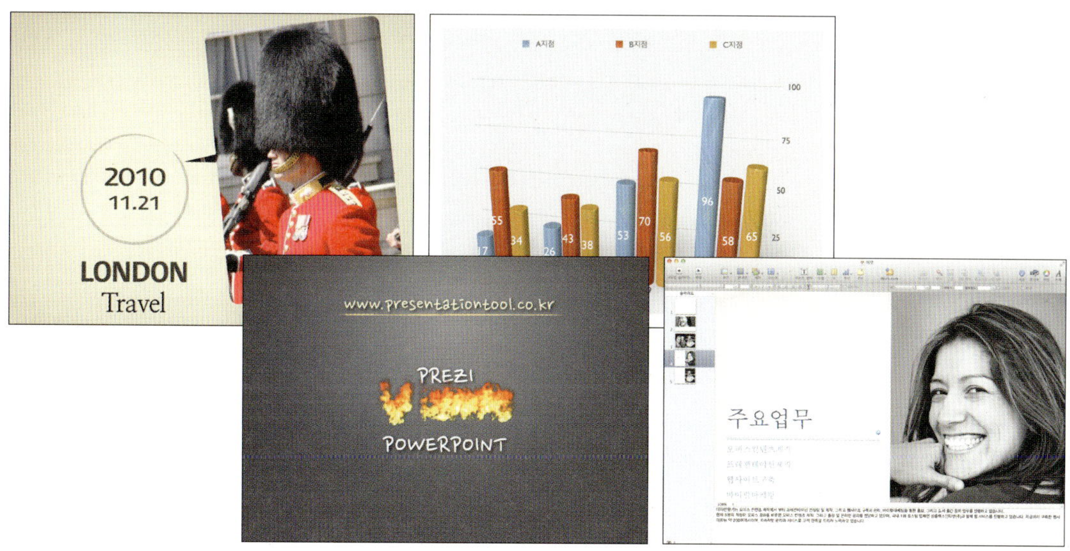

PART 03 : 키노트 마스터하기

키노트는 다양한 방법으로 슬라이드를 공유할 수 있습니다. QuickTime 동영상 파일로 간편하게 변환해 매킨토시 뿐만 아니라 일반 컴퓨터에서도 공유할 수 있으며, 국내에서 가장 많은 사람들이 사용하는 파워포인트 파일로 변환해 파워포인트에서 키노트 파일을 열어볼 수도 있습니다. 이 뿐 아니라 iWork.com을 이용하면 전 세계 누구와도 키노트 파일을 공유할 수 있습니다. Part 3에서는 슬라이드를 공유하는 방법과 다양한 부가 기능에 대해서 살펴봅니다.

– 다양한 형식으로 키노트 변환하기
– 다양한 부가 기능 살펴보기
– 맥(Mac) 제대로 활용하기

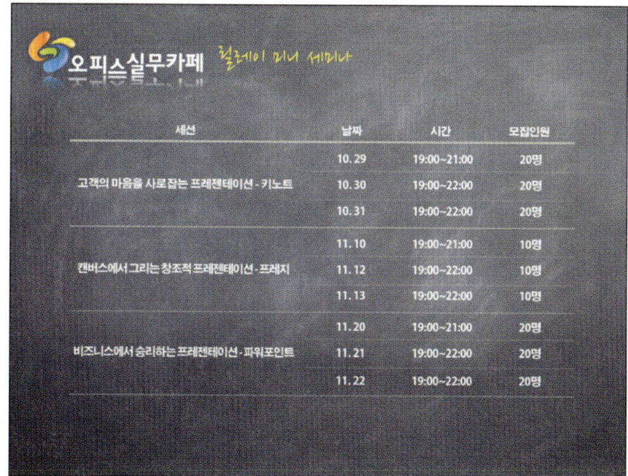

*Contents
| 목차 |

PART

02

키노트
디자인하기

Keynote

PART · 01

키노트 프레젠테이션 첫걸음

PRESENTATION

우리는 수없이 많은 프레젠테이션을 경험하며 진행하고 있습니다. 직장이나 학교에서 프레젠테이션으로 인해 많은 밤을 지새우며 때로는 전문가의 도움과 조언을 구해 좀 더 명확하고 완전한 프레젠테이션을 꿈꿉니다. 더 나은 프레젠테이션 도구를 찾고, 더 좋은 디자인이나 소스를 검색하기도 합니다. 지금부터 스티브 잡스가 사용한 키노트(Keynote)라는 프레젠테이션 도구를 배워보도록 하겠습니다.

Chapter
01 스티브 잡스의 키노트 프레젠테이션

프레젠테이션의 정답을 알려주는 전문가를 한 명 꼽으라 하면 대부분 스티브 잡스를 꼽으리라 생각합니다. 그의 프레젠테이션을 통해 키노트를 가장 잘 활용할 수 있는 노하우를 배워보도록 하겠습니다. 스티브 잡스는 절제, 단순미, 여백의 강조를 바탕으로 창의적인 생각과 스토리를 슬라이드 상에서 구현해 왔습니다.

01 1 Slide 1 Message

스티브 잡스 프레젠테이션의 특징은 1 Slide 1 Message라는 점입니다. 텍스트는 최대한 배제하고 핵심 키워드는 이미지 하나로 대신합니다. 이를 통해 청중은 발표자에게 집중할 수밖에 없도록 합니다.

프레젠테이션에서 명심해야 할 첫 번째는 1 Slide 1 Message입니다. 아무리 국내 프레젠테이션 구조상 하나의 슬라이드에 다수의 메시지가 들어가는 현실을 감안하더라도, 하나의 슬라이드에 하나의 핵심 키워드만 강조하는, 즉 1 Silde 1 Message는 프레젠테이션을 진행함에 있어 절대 잊어서는 안될 원칙이자 법칙입니다.

프레젠테이션 슬라이드를 만들다보면 글머리 기호로 구성된 내용에 빼곡히 텍스트가 나열되는 구조로 만들어지는 경우가 많습니다. 물론 많은 내용을 말해야 하는 발표자 입장에서는 빼곡히 적힌 슬라이드를 보면서 자칫 놓칠 수 있는 내용도 참고할 수 있기에 많이 선호하는 방법이기는 합니다. 그러나 결과적으로는 슬라이드가 공개되는 순간 청중들은 발표자의 속도보다 더 빠른 속도로 슬라이드 내용을 읽어나가게 되어 결국 프레젠테이션에 쉽게 흥미를 잃어버리게 됩니다.

하지만 스티브 잡스식의 프레젠테이션은 다릅니다. 그의 프레젠테이션을 유심히 살펴보면 1, 2초면 내용을 파악할 수 있는 간결한 문장에 한 두 컷의 이미지로 구성되어 있습니다. 만일, 내용이 많다 싶으면 빌드 효과로 한 문장씩 표현하여 최대한 간결함을 유지합니다. 보잘 것 없어 보이는 텍스트와 단순한 이미지를 전달하고 있음에도 불구하고 그의 프레젠테이션 진행 방식은 청중이 슬라이드 내용을 더 오래 기억하도록 만듭니다.

애플의 전 CEO, 스티브 잡스

프레젠테이션을 다루는 도서라면 단골 메뉴로 등장하는 인물이 하나있습니다. 바로 애플의 전 CEO 스티브 잡스입니다. 그의 프레젠테이션은 그 누구도 흉내내지 못하는 절제와 단순함, 강력하면서도 미묘한 슬라이드 디자인 등을 엿볼 수 있습니다.

스티브 잡스는 아이폰과 아이팟, 매킨토시 등을 만든 애플의 CEO이자 이 시대의 가장 훌륭한 발표자 중 한 사람입니다. 항상 검은 티셔츠와 청바지를 입고 프레젠테이션을 하는 그는 애플에서 나온 신제품을 직접 프레젠테이션을 진행함으로서 청중들에게 큰 감흥을 주었습니다. 일단, 그는 제품의 스펙 등을 설명할 때 어려운 용어나 전문적인 단어는 사용하지 않습니다. 청중들이 잘 이해할 수 있도록 최대한 쉽게 이야기합니다.

프레젠테이션에서 가장 중요한 요인 3가지를 뽑으라면 당연히 스토리와 디자인, 그리고 발표자의 역량입니다.

❶ 스토리가 좋으면 그 프레젠테이션은 기억에 오래 남으며, ❷ 디자인이 예쁘면 청중들에게 강렬한 인상을 남길 수 있습니다. 그리고 ❸ 발표자의 역량이 뛰어나면 프레젠테이션을 신뢰할 수 있습니다.

이 세 가지를 동시에 갖춘 것이 바로 스티브 잡스의 프레젠테이션이라고 할 수 있습니다.

누구나 최고의 프레젠테이션을 진행하고 싶고 많은 이의 환호를 받으며 무대에서 내려오고 싶을 것입니다.

스티브 잡스의 프레젠테이션을 보면 이 시대의 프레젠테이션은 어떻게 진행해야 하며 청중들과 어떤 방식으로 소통을 해야 하는지에 대한 정석을 느낄 수가 있습니다. 스티브 잡스의 프레젠테이션이 궁금하다면 아래의 링크를 참조하시기 바랍니다.

• 주소 : http://www.apple.com/quicktime/guide/appleevents

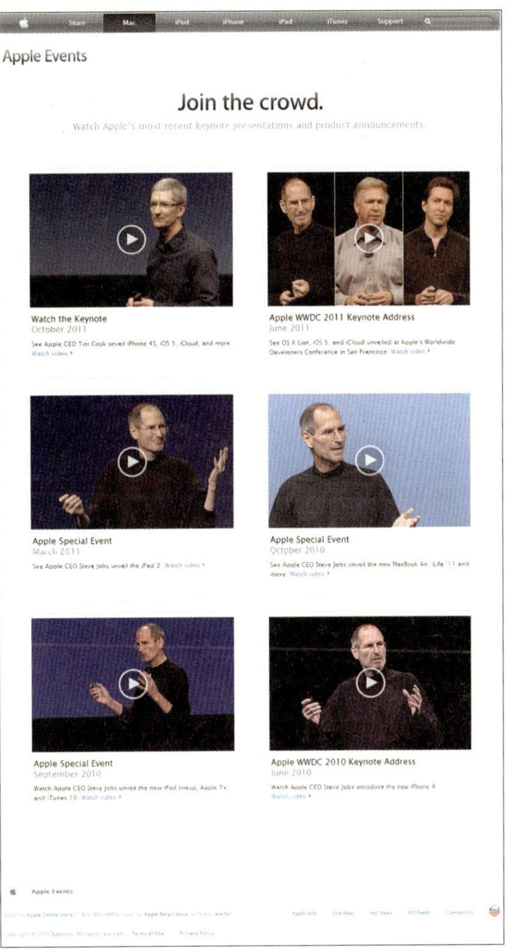

스티브 잡스가 진행한 프레젠테이션을 보면 공통된 특징이 있습니다. 바로 슬라이드 배경화면에 해당하는 테마와 사용하는 서체인데요. 애플사에서 진행한 세계 개발자 회의(WWDC)를 보면 고정적으로 사용하는 테마와 서체를 발견할 수 있습니다.

스티브 잡스가 주로 사용하는 테마는 그라디언트 테마입니다. 그라디언트 테마는 검정도 아니고 회색도 아닌 고급스러운 느낌이 드는 어두운 계열의 테마입니다. 아무래도 밝은 색보다는 어두운 색이 프레젠테이션을 진행할 때 부담스럽지 않은데요. 하지만 검정색이나 파란색과 같은 단색은 밋밋한 느낌이 드는 것도 사실입니다.

그렇다고 배경을 화려하게 치장하면 정작 중요한 내용이 죽어버릴 수도 있는데, 스티브 잡스가 사용하는 그라디언트 테마가 그 해답을 제시하고 있습니다. 무엇보다 배경을 제작하는 시간과 열정을 내용에 집중할 수 있게 만들어주기에 스티브 잡스를 비롯해 많은 이들에게 사랑받는 테마가 아닌가 싶습니다.

스티브 잡스가 사용하는 서체는 Myriad Apple 혹은 Helvetica 서체입니다. Myriad Apple 서체는 Adobe사에서 개발한 Myriad 서체를 애플사에 적합하도록 수정한 서체입니다. Myriad Apple 서체와 유사한 서체로는 Myriad, Myriad Pro 등이 있습니다. 참고로, Myriad 서체는 Adobe 사에서 나온 제품을 설치하면 자동으로 설치되어 사용할 수 있습니다.

맥(Mac)에 Myriad 계열의 서체가 없다면 비슷한 느낌의 Helvetica 서체를 사용하는 것도 좋은 방법입니다. Helvetica 서체는 맥(Mac) 기본서체로 무료로 사용할 수 있습니다.

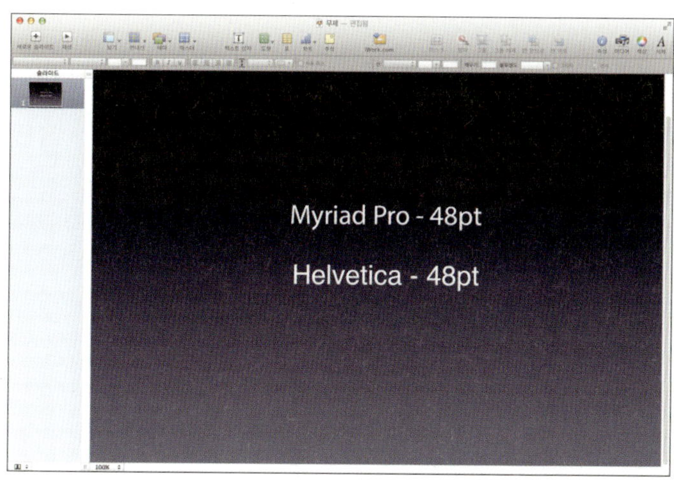

03 제한적인 애니메이션 효과

다양한 애니메이션 효과가 있는 파워포인트에 비해 쓸만한 애니메이션 효과는 키노트에 더 많은게 사실입니다. 물론 파워포인트가 2010, 2013으로 버전이 업그레이드되면서 키노트에 대적할만한 만족스러운 애니메이션 효과를 많이 제공하고 있지만 키노트 최신 버전이 2009년도 버전임을 고려하면 상대적으로 키노트가 얼마나 잘 만들어진 프레젠테이션 도구인지 알 수 있습니다.

키노트에서 사용하는 다양한 애니메이션 중 스티브 잡스가 주로 사용하는 애니메이션 효과는 나타내기 혹은 빌드 효과입니다. 핵심 키워드를 설명할 때에는 가끔씩 쿵하고 떨어뜨리기 효과나 플래시 효과 등도 사용합니다.

▲ 쿵하고 떨어뜨리기 효과

이 외에도 여러 개의 개체를 보여주고자 할 때에는 뒤집기 효과나 대상체 밀어내기, 이동 마법사 효과 등을 사용합니다. 키노트에는 특이하고 신기한 애니메이션 효과가 많지만 모든 애니메이션을 사용할 필요는 없습니다. 스티브 잡스가 주로 사용하는 애니메이션 효과를 핵심 포인트에 간헐적으로 사용하는 것만으로도 성공적인 프레젠테이션을 진행할 수 있으리라 생각합니다.

02 | 스토리 기획, 디자인하기

프레젠테이션 기획시 스토리를 기획하고 디자인에 신경을 써야합니다. 스토리가 있어야 자연스러운 내용 전개가 가능하고 디자인이 있어야 청중의 뇌리에 오랫동안 남을 수 있기 때문입니다. 또한, 시대가 변하고 수많은 디지털 도구가 생겨나고 있지만 반드시 머리 속의 아이디어와 생각을 빈 도화지에 그려보아야 합니다.

01 아날로그식 기획을 시작하자.

최근, 마인드맵 프로그램을 비롯하여 다양한 디지털 방법으로 기획을 할 수 있는 방법이 많이 소개되고 인기를 끌고 있지만 결코 손의 감각과 머리 속의 아이디어와 생각을 바로 그려볼 수 있는 종이와 펜 등의 아날로그 방법을 이길 수는 없습니다.

마인드맵은 내 생각을 혹은 내가 하고자 하는 일을 구체적으로 표현해 주는 도구이자 생각을 정리하기 위해 많은 영역에서 사용되고 있습니다. 사실, 스마트기기나 컴퓨터를 통해 이루어지는 디지털 기획은 우리의 손이나 머리 속 상상을 그대로 재현해 주기는 다소 무리가 있습니다. 필자의 경우, 프레젠테이션을 기획할 때나 디자인 시안 작업시, 혹은 도서를 집필할 때에는 먼저 A4 용지를 이용해 큰 줄기를 그려보며 전체적인 구도를 잡습니다. 디지털 방식보다 아날로그 방식이 프레젠테이션 슬라이드 작업이 되었든, 홈페이지 디자인 작업이 되었든, 혹은 그 어떤 창의적인 작품이 되었든 훨씬 좋은 결과물을 만들어 내는 것을 여러 번 보아왔기 때문입니다.

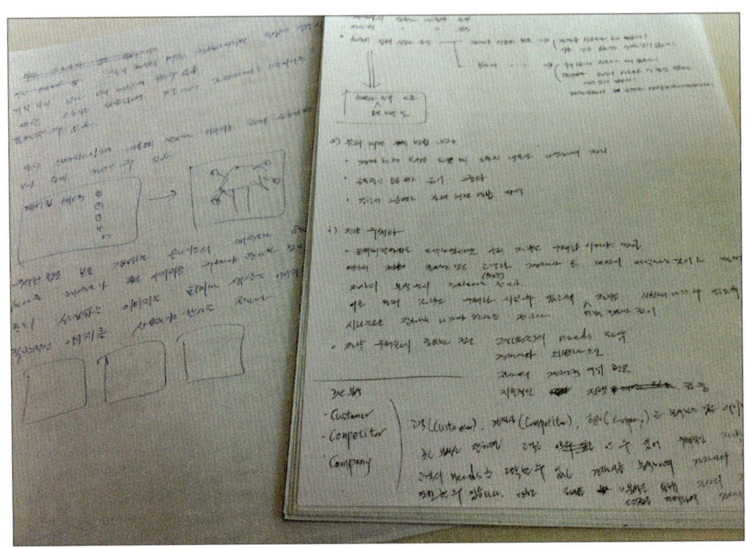

▲ A4 용지에 그리는 기획안

정리하자면, 프레젠테이션을 기획할 때 시나리오를 작성하거나 스토리보드를 만들 때에도 첫 단계에서는 종이와 펜을 활용하는 것이 좋습니다. 이를 도와주는 디지털 도구보다도 빠르고 보다 확실하게 좋은 결과물을 도출해 낼 수 있을 것입니다.

02 효율적인 디지털 도구로 기획하기

첫 단계에서는 종이와 펜을 활용한 아날로그식 기획이 반드시 필요하지만 그렇다고 디지털 도구가 불필요한 것은 아닙니다. 내용이 많아질수록 이를 정리하고 재구성할 필요가 있는데 이럴 때에는 아날로그보다 디지털 방식이 훨씬 효율적입니다.

특히, 기획안이나 생각을 정리할 필요가 있다면 마인드맵 프로그램으로 생각을 효율적으로 정리할 수 있습니다. 결국 키노트라는 프레젠테이션 도구에 작업을 하기 위해서는 디지털 도구의 도움을 받아야 하는데, 필자가 추천하는 마인드맵 도구를 소개합니다.

❶ 마인드노드(Mindnode)

마인드노드(Mindnode)는 맥(Mac) 전용 프로그램입니다. 시각적으로 다른 마인드맵 도구보다 깔끔한 인터페이스를 자랑하며, PDF로 저장하거나 프리마인드 포맷으로 저장, PNG, TIF, HTML, TXT 파일 등으로 저장할 수도 있습니다. 마인드노드는 무료 버전(Free)과 유료 버전(Pro)이 있는데 유료 버전은 파일 첨부와 파일 미리보기 기능을 지원합니다.

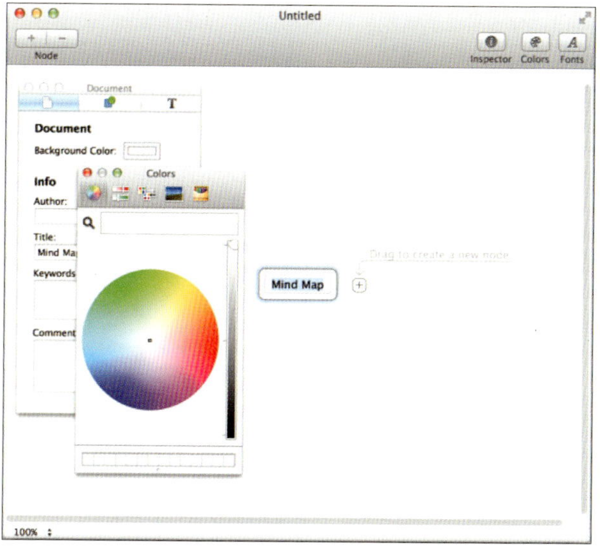

❷ XMind

XMind는 맥(Mac) 뿐 아니라 윈도우, 리눅스 등 다
양한 플랫폼에서 쓸 수 있는 마인드맵 프로그램입
니다. 무료버전과 유료버전이 있습니다. Export
기능으로 Freemind 포맷으로 저장을 하면 다른
마인드맵 프로그램에서도 불러와 사용할 수 있습
니다. XMind 홈페이지(http://www.xmind.net)
에 접속하면 맥용 XMind를 다운로드 받을 수 있
습니다.

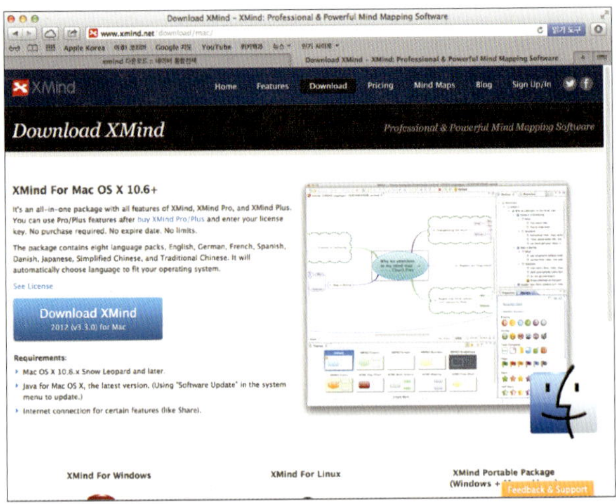

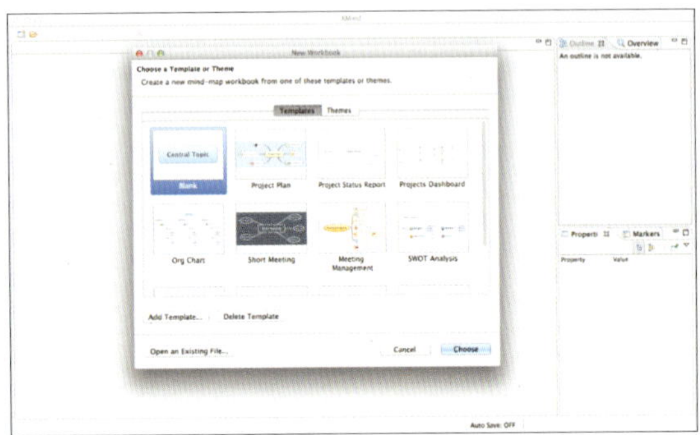

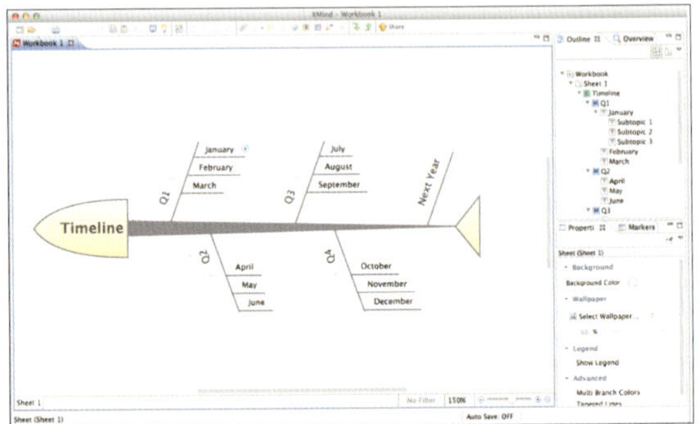

이 외에도 다양한 마인드 프로그램이 있습니다. 본인에게 가장 적합한 프로그램을 선택해 보기 바랍니다.

- **프리마인드** : 프리마인드는 무료이면서도 가볍고 배우기 또한 쉬운 마인드맵 프로그램입니다. 특히 한글 언어를
  지원하므로 국내에서도 많은 사용자가 이용하는 프로그램입니다. 프리마인드는 winAddon.com에서 300가지
  최고 무료 소프트웨어에 선정된 프로그램이기도 합니다.

- **Mind manager** : 전세계적으로 많은 사용자를 가지고 있는 마인드맵 프로그램입니다. 윈도우와 맥 버전 모두를
  제공하며, MS 오피스와도 완벽하게 연동되는 특징을 지니고 있습니다. 다만, 유료이기에 30일 테스트 버전을
  먼저 사용해 본 후 구입하는 것이 좋습니다.

- **씽크와이즈(윈도우용)** : 국내에서 많은 사용자를 확보하고 있는 국산 마인드맵 프로그램으로서 직관적이며, 한글
  메뉴를 통해 초보자들도 쉽게 마인드맵을 활용할 수 있습니다. MS 워드와 한글 프로그램으로 가져오기 혹은 내
  보내기 기능도 지원합니다. 체험판은 10일 동안 사용할 수 있습니다.

- **알마인드(윈도우용)** : 출시된지 얼마되지 않았지만 많은 사랑을 받고 있는 알마인드는 한글로 구성되어 있고,
  Mindjet, MindeManger 파일을 그대로 불러와 작업할 수 있는 특징이 있습니다. 또한, 맵 문서를 파워포인트,

엑셀, 워드 뿐만 아니라 텍스트, 그림, HTML 파일 등과 같이 다양한 형식으로 저장하여 열어볼 수 있어 편리합니다. 다른 마인드맵 프로그램보다 다소 무거운 면이 없진 않지만, 마인드맵을 처음 사용해 보는 분들에게 적합한 도구라 생각합니다.

 ## 스토리에 맞게 디자인하기

프레젠테이션의 내용을 청중들의 뇌리에 명확하게 남기는 방법 중 가장 쉽고 강력한 방법은 바로 스토리를 이용하는 방법입니다. 스토리를 이용한다는 것은 청중의 감성을 이용한다는 것이며, 이성적인 접근이 아닌 감성적인 접근을 통해 청중을 설득시키고 이해시킨다는 것을 의미합니다.

효과적인 프레젠테이션을 원한다면 스토리에 맞는 이미지나 멀티미디어적인 요소를 첨가해야 합니다. 스토리를 활용한 프레젠테이션의 장점은 청중들에게 보다 내용을 집중시킬 수 있고 그들의 기억 속에 오래 머무르게 할 수 있다는 점입니다. 스토리를 활용하게 되면 전달하려는 메시지를 비교적 자연스럽고 수월하게 표현할 수 있습니다.

다만, 스토리에 부합하는 이미지나 멀티미디어적인 요소를 찾는 것은 쉽지는 않습니다. 설명하고자 하는 내용에 적합한 이미지를 함께 삽입하여 표현해야 독자들이 쉽게 이해하고 전달받을 수 있기에 스토리에 부합하는 이미지를 찾는 것은 매우 중요합니다. 스토리에 맞는 슬라이드를 디자인하기 위해서는 높은 해상도의 이미지와 더불어 단순하면서도 직관적인 이미지를 사용하는 것이 좋은데 키노트에 활용할 수 있는 이미지는 구글 검색 등을 통해 구할 수 있습니다.

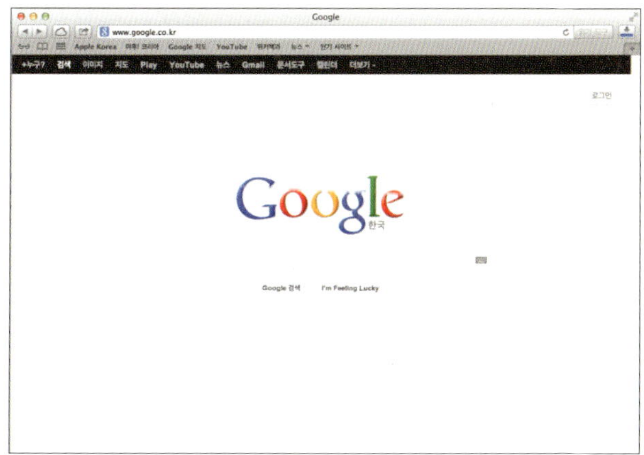

▲ 사이트 : http://www.google.co.kr

구글을 활용하면 이미지를 비롯한 사진, 클립아트 등을 보다 다양하게 검색할 수 있습니다. 국내 네이버나 다음과 같은 사이트가 검색해 주지 못하는 이미지까지 검색할 수 있으므로 이미지가 필요하다면 구글 사이트를 활용하는 것이 좋습니다.

구글 사이트가 편리한 이유 중 하나는 해상도를 선택하거나 얼굴 이미지나 클립아트 등 원하는 이미지만을 선택하여 검색할 수 있다는 점입니다. 슬라이드에 삽입하는 이미지는 해상도가 높아야 하기에 왼쪽의 목록 중에서 큰 사이트를 선택합니다. 또한, 얼굴 이미지나 클립아트 혹은 컬러, 흑백 등 원하는 유형을 선택합니다.

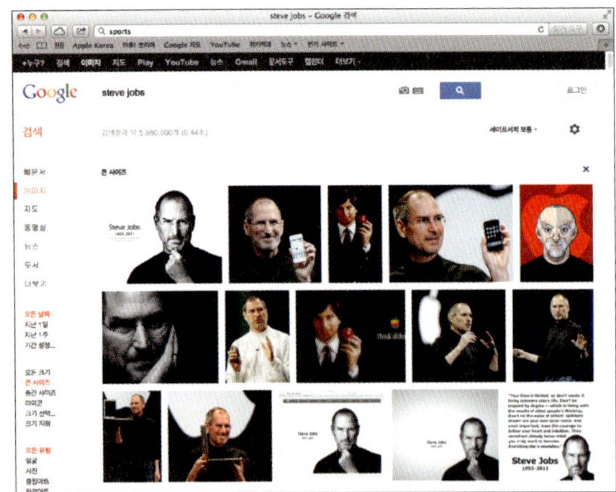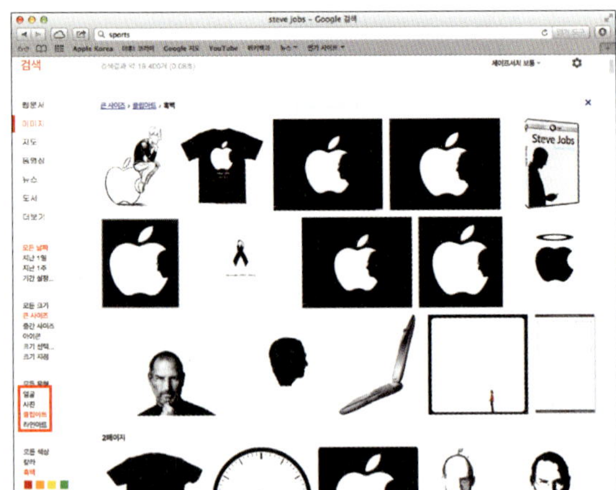

원하는 이미지가 검색이 되면 마우스 오른쪽을 클릭하여 복사한 후 키노트로 붙여넣기하여 슬라이드를 만들 수 있습니다. 이미지가 아닌 사람이나 동물 등의 사진을 활용하면 보다 효과적으로 프레젠테이션을 진행할 수 있습니다. 하지만 무수히 많은 사진들 중 청중의 마음을 사로잡을 수 있는 사진은 잘 선정해 보기 바랍니다.

04 이미지 정리와 검색 100% 활용하기

슬라이드 작성시 내용을 구성하고 원하는 느낌의 이미지를 정확히 찾아내기란 생각보다 쉽지 않습니다. 또한, 내 컴퓨터에 있는 무수히 많은 이미지를 제대로 정리하기도 쉽지 않습니다. 그렇다고 슬라이드를 작성할 때마다 유료 이미지 제공 사이트를 통해 이미지를 찾는 것 역시 많은 시간적, 물질적 비용이 필요하기에 이 역시 쉽지 않은 방법입니다.

그렇다면 이미지를 제대로 정리하고 효율적으로 검색하는 방법은 없을까요? 여기서는 무료로 제공되는 서비스만을 모아 원하는 느낌의 이미지를 손쉽게 가져오고 활용하는 방법에 대해서 살펴보도록 하겠습니다.

❶ 피카사(Picasa)를 활용하여 이미지 보관과 정리하기

Picasa라는 사이트는 구글에서 제공하는 서비스로서 사진 보관과 정리를 위해 특화된 이미지 검색 플러그인입니다. 이 서비스를 사용하기 위해서는 Picasa 프로그램을 내 컴퓨터에 설치해야 하는데, 일단 설치가 되면 내 컴퓨터 안에 분산되어 있는 모든 사진들과 동영상을 검색하여 시간대별로 한 화면에 정리해 줍니다.

특히, 사람의 얼굴을 인물별로 인식하여 자동으로 정리하는 기능은 매우 유용합니다. 먼저 Picasa를 통해 사람의 얼굴을 인식시킨 후 인식한 얼굴 중 하나를 선택하면 그 인물이 찍힌 모든 사진들이 검색되어 보여지게 됩니다. 내 컴퓨터 안에 프레젠테이션을 위한 사진들이 뒤죽박죽되어 정리가 되어 있지 않을 때 Picasa를 이용하면 손쉽게 정리가 가능하며, 비슷한 사진을 분류하여 원하는 사진을 쉽게 찾을 수 있습니다.

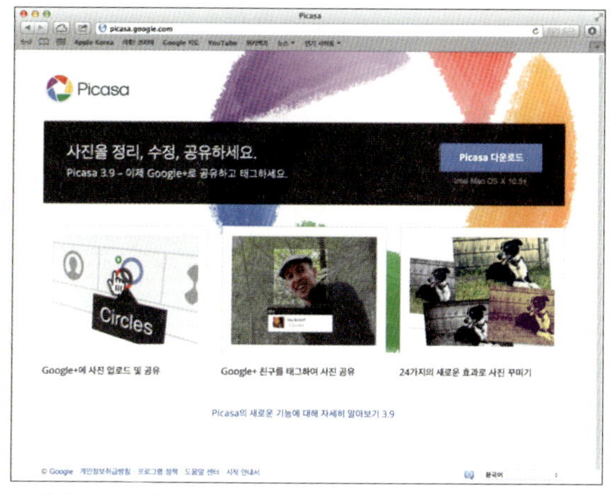
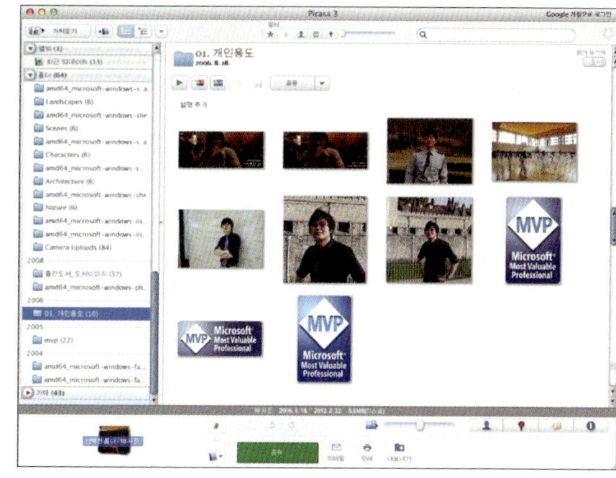

▲ 사이트 : http://picasa.google.com

❷ Flickr를 통한 저작권 없는 이미지 검색하기

국내에도 많이 알려진 Flickr의 가장 큰 특징은 전 세계의 다양한 사진을 빠르게 검색할 수 있다는 점입니다. 특히, 네이버나 다음처럼 국내의 이미지 검색에서 찾아지지 않는 이미지도 Flickr는 전 세계에서 올린 이미지를 검색할 수 있기에 원하는 이미지를 쉽게 찾을 수 있다는 장점이 있습니다.

특히, Flickr는 개인이 직접 찍은 사진을 서로 공유하는 기능도 활성화되어 있어 개인의 사진을 Flickr에 올려 공유하는 경우도 많이 있습니다. 이미지 검색시 [고급 검색]을 클릭하여 사진이나 동영상, 혹은 스크린샷이나 일러스트 등 원하는 컨텐츠 유형을 선택할 수 있고, 저작권 범위를 선택하여 원하는 이미지를 검색할 수도 있습니다.

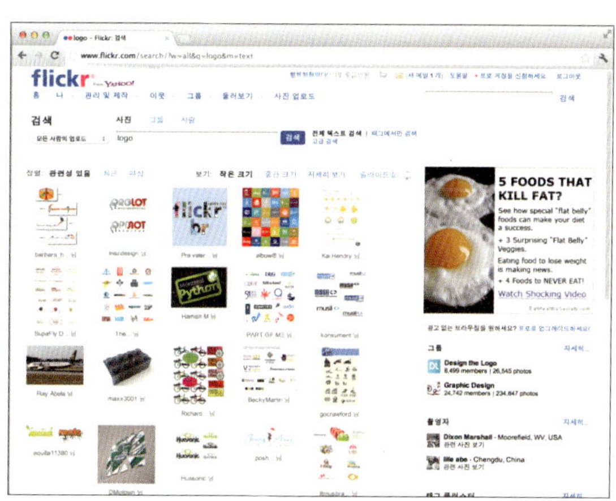

▲ 사이트 : http://www.flickr.com

특히, Creative Commons를 통해 이미지의 변경을 금지하는 저작권 표시 이미지와 저작권이 자유로운 비영리 사용권 이미지를 분류하여 검색할 수 있습니다. 그렇기에 배포를 목적으로 하는 프레젠테이션 작업시 유용하게 활용할 수 있습니다. 자세한 사항은 http://creativecommons.org 를 참조하시기 바랍니다.

▲ 저작권 표시 : 저작권이 존재하며, 다른 사람이 복사, 배포시 출처를 반드시 명시

▲ 비영리 : 다른 사람이 복사, 배포를 허용하지만 비영리 목적일 경우만 허용

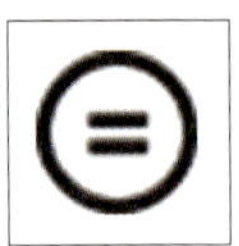

▲ 변경금지 : 내 작품을 변경하지 않고 그대로 사용할 경우만 허용

▲ 동일조건 변경허락 : 내 작품을 다른 사람이 배포할 수 있도록 허용

05 비교 대상을 시각화하라

슬라이드에서 비교 대상을 나열할 때는 텍스트보다 이미지나 표, 차트로 작성하는 것이 효과적입니다. 직관적으로 구성된 슬라이드는 의사결정을 내리기가 훨씬 용이하기 때문입니다.

비교대상을 나열하여 비교하고 싶다면 아래와 같은 사항을 유념해야 합니다.

① 경쟁 대상이 많더라도 대표적인 경쟁 대상을 선정하여 제한한다.
② 자사 제품이 우월하다는 점을 부각시킬 수 있는 색상을 선택한다.
③ 비교할 항목이 많을 경우 비슷한 항목은 과감히 제외하고 비교 우위에 있는 항목 위주로 작성한다.

비교 대상을 시각화할 때 흔히 사용하는 방법이 바로 색상 대비를 통한 포인트 강조 기법입니다. 이 기법은 시각적인 효과를 통해 사물을 강조하는 기법으로서 가장 단순하면서도 효과가 큰 방법입니다.

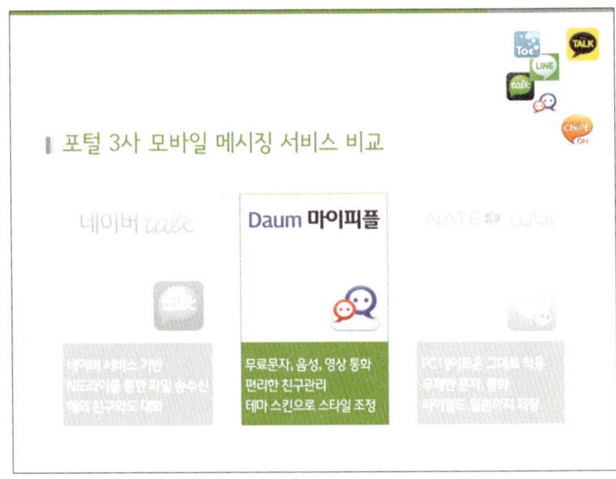

특정 부분을 강조하는 방법에는 크기를 대비시키거나 색조, 색상 대비와 같은 다양한 방법이 있습니다. 보다 명확히 강조하기 위해 다른 부분의 크기나 색상 등은 통일시키는 것이 좋습니다. 특정 부분을 강조해야 하는데 여기저기에 대비 효과가 적용되어 있다면 의도한 바와 다르게 청중들이 기억할 수 있기 때문입니다. 청중들은 발표자가 내용을 언급하기 전에 슬라이드의 내용을 먼저 눈으로 확인하는 습관이 있습니다. 그렇기에 나머지 부분은 음영 효과를 통해 흐리게 처리하게 되면 청중의 눈과 발표자의 이야기를 일치시킬 수 있습니다.

또한, 특정 부분을 보다 강조하고 싶다면 그 부분의 크기를 조금 키우거나 색상 대비를 통해 내용을 명확하게 인식시킬 수도 있습니다.

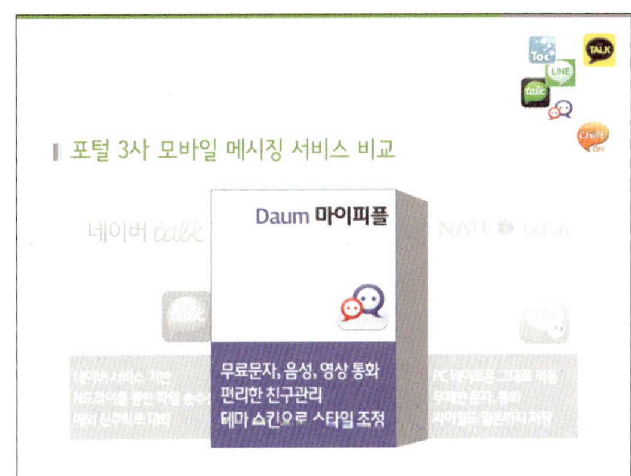

06 황금비율과 3분할 법칙을 활용하라

황금비율이란 우리가 알고 있는 직사각형 비율, 즉 1:618 의 비율을 말합니다. 보통 구도가 잘 갖춰진 이미지는 이런 황금비율이 잘 적용된 이미지라 할 수 있습니다.

이런 황금비율은 학생들의 교과서나 신용카드, 핸드폰, 명함 등 다양하게 응용되고 적용되고 있습니다. 물론 프레젠테이션을 할 때에도 황금비율의 원칙은 그대로 적용이 되는데, 보통 안정감과 편안함을 느낄 수 있도록 하는 구도로서 표준비율이라고도 합니다. 슬라이드에 4개의 교차선을 긋고 교차지점에 주요 피사체를 위치시키면 보다 안정감 있는 슬라이드를 연출할 수 있습니다.

보통 가로 3등분과 세로 3등분한 선을 분할선이라고 하며, 교차되는 지점을 교점이라고 합니다. 즉, 화면을 수직, 수평으로 나누어 9개의 사각형을 만들어 교차 지점에 피사체를 위치시켜 보다 안정적인 화면을 연출할 수 있습니다.

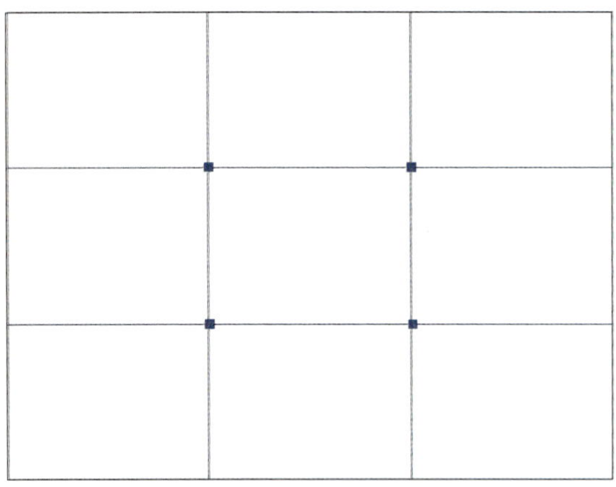

황금비율이라고 불리는 3분할 법칙은 DSLR 등의 카메라 촬영에서도 적용할 수 있습니다. 피사체를 뷰파인더로 바둑판 모양으로 나눠 9개의 사각형을 만들고 9개의 사각형의 각 교차점을 활용하여 피사체를 위치를 조절하여 사진을 찍을 수 있도록 안내하고 있습니다. 사람들이 시각적으로 어색하지 않고 가장 안정적이고 조화스럽게 볼 수 있는 비율이 바로 황금비율이기 때문에 이 원칙을 이해하고 있다면 프레젠테이션 디자인을 할 때에도 적용할 수 있습니다.

프레젠테이션에서 3분할 법칙은 슬라이드에 넣은 텍스트나 이미지 등 개체의 전체적인 균형이나 배열을 맞춘다거나 슬라이드 내의 시선 처리의 위치를 조절할 때 유용하게 활용할 수 있습니다. 또한, 피사체나 텍스트를 정가운데 배치하는 것보다 가장자리나 선의 교차점 부근에 배치하여 시각적으로 안정감과 편안함을 줄 수 있습니다.

매년 2월이면 캘리포니아에서 테크놀로지(Technology), 엔터테인먼트(Entertainmant), 디자인(Design)의 앞 글자를 따서 테드 컨퍼런스가 열립니다. 테드 컨퍼런스는 세계적인 사상가와 사회 운동가들이 다양한 이슈를 가지고 20분 내외의 짧은 시간 안에 수준 높은 강연을 제공하는 것으로 유명합니다.

시간이 제한적이다 보니 발표자는 간결하고 압축적인 이야기를 할 수밖에 없습니다. 그렇기에 군더더기 없는 내용은 물론이거니와 다양한 사람들의 다양한 이야기를 한 공간에서 들을 수 있기에 프레젠테이션 발표 스킬에 많은 도움을 받을 수 있습니다.

테드 컨퍼런스에서 진행했던 동영상은 테드 홈페이지에 올려져 있기에 언제든지 참고할 수 있으므로 프레젠테이션시 참고하기기 바랍니다. 물론 유명한 강연에는 한국어 자막이 붙어서 제공됩니다. 수 많은 강연자의 다양한 프레젠테이션 스타일을 연구해 보면 언젠가는 독자 여러분들도 멋진 프레젠테이션을 하는 주인공이 되어 있지 않을까 합니다.

테드 컨퍼런스의 강연 동영상은 아래의 주소를 통해 확인할 수 있습니다.

- **테드 컨퍼런스** : http://www.ted.com
- **한글판 테드 컨퍼런스** : http://www.ted.com/translate/languages/ko

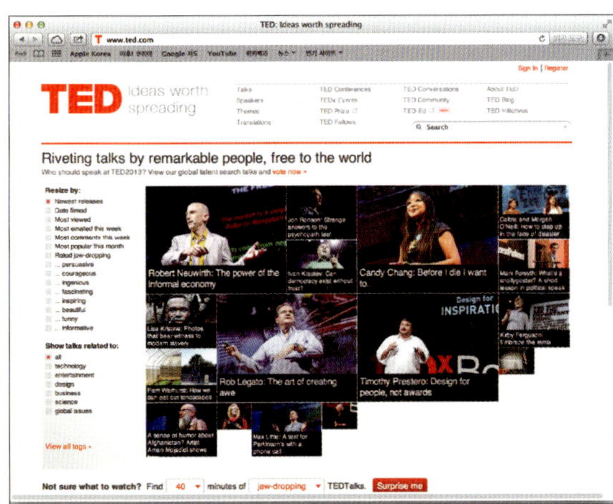

▲ 테드 컨퍼런스

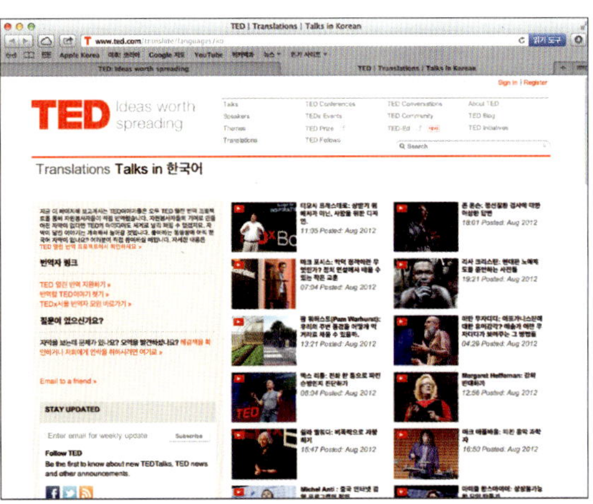

▲ 한글판 테드 컨퍼런스

슬라이드쉐어는 프레젠테이션 파일이나 PDF, Word 파일 등을 공유하는 사이트로서 공유된 자료도 카테고리별로 잘 정리되어 있으며, 파워포인트 파일도 PDF 파일 등으로 다운로드 받을 수 있습니다. 매일 다양한 주제의 프레젠테이션 슬라이드가 업로드되고 있으므로 기획과 디자인시 참조하면 좋습니다.

슬라이드쉐어(http://www.slideshare.net)에 접속하면 오늘의 우수 프레젠테이션이 소개되기도 하고 매일 매일 유저들에게 가장 많은 표를 얻은 슬라이드를 소개하기도 합니다. 특히, 다양한 슬라이드 소스를 얻거나 디자인 색감, 스타일 등을 공부하는 데에도 많은 도움을 받을 수 있습니다.

• **슬라이드쉐어** : http://www.slideshare.net

상단 메뉴바에서 인기 있는 슬라이드를 비롯하여 원하는 서비스를 제공받을 수 있습니다.

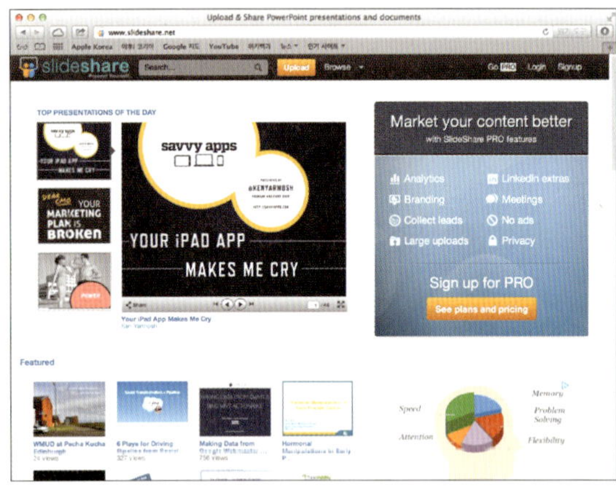
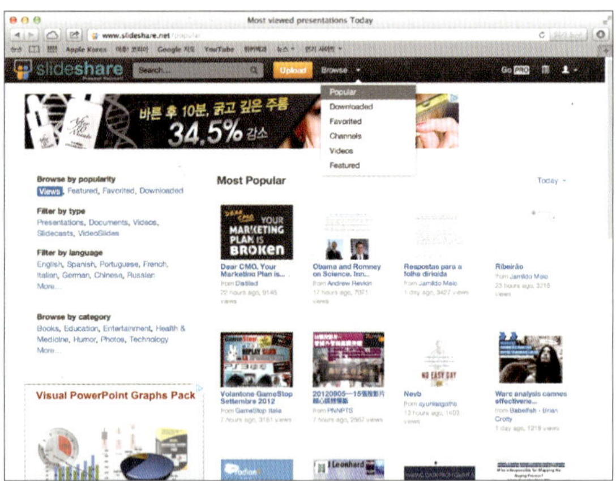

슬라이드쉐어 홈페이지에서 원하는 자료를 찾아 클릭합니다. 슬라이드쉐어 홈페이지에서 내용을 확인할 수 있으며, 확대를 눌러 큰 화면으로 프레젠테이션을 진행할 수도 있습니다. [Download]를 클릭하면 파일을 파워포인트 혹은 PDF 파일로 다운로드받아 실행할 수 있습니다.

Chapter 03 | 키노트 무작정 시작하기

키노트는 애플사에서 신제품을 발표할 때마다 사용하는 프레젠테이션 도구로 많은 분들의 관심과 사랑을 받고 있는 프로그램입니다. 키노트의 장점이라면 무엇보다 최적의 화면 전환 효과와 스마트 빌드 등의 세련된 기능, 그리고 비주얼적인 요소와 간편한 사용 방법 등이라 하겠습니다.

01 키노트란 무엇인가?

키노트(Keynote)는 2004년 맥월드 엑스포 기조연설에서 사용하기 위해 애플의 전 CEO인 스티브 잡스가 주도하에 만든 프레젠테이션 프로그램입니다. 마이크로소프트사의 파워포인트, 엑셀, 워드를 묶은 오피스 패키지처럼 키노트(Keynote), 넘버(Numbers), 페이지(Pages)를 묶은 아이워크(iWork) 패키지 중 하나이기도 합니다.

전 세계에서 가장 많은 사용자를 보유한 오피스 제품군은 단연 MS Office입니다. 하지만 맥북에서는 MS Office 보다 iWork가 주로 사용됩니다. 맥북에서도 맥용 MS Office를 설치하여 사용할 수 있지만 애플사에서 나온 iWork 패키지를 통해서도 다양한 업무를 처리할 수 있습니다.

아이워크(iWork)는 프레젠테이션 제작 도구인 키노트(Keynote)와 스프레드시트 도구인 넘버스(Numbers), 그리고 워드프로세서인 페이지스(Pages)로 구성되어 있는 맥용 오피스 프로그램입니다.

IWORK	VS	MS OFFICE
키노트	=	파워포인트
넘버	=	엑셀
페이지	=	워드

▲ 키노트

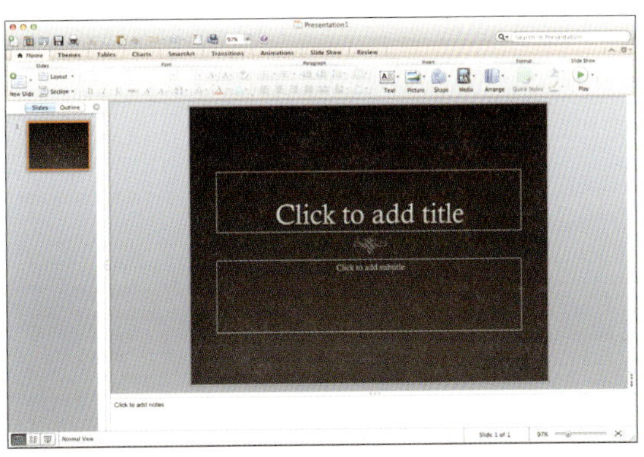

▲ 파워포인트(맥용)

키노트는 애플 온라인 홈페이지(http://www.apple.com/kr)에 접속 후 30일 평가판을 다운로드받아 사용해 볼 수 있습니다. 체험판은 유료 버전과 기능상 차이점은 없지만 30일 동안만 사용할 수 있습니다. 참고로, 체험판은 나중에 시리얼 번호만 따로 구입하여 정식 제품과 동일하게 사용할 수 있습니다.

1. 애플 온라인 홈페이지(http://www.apple.com/kr)에 접속합니다. 상단 메뉴 중에서 [Mac]을 선택합니다.

2. [응용 프로그램]을 선택한 후 [iWork]를 클릭합니다.

3. 페이지의 하단 부분에 있는 [iWork를 30일간 무료로 체험하세요.] 배너의 [지금 내려받기]를 클릭합니다.

4. [Free Download for Mac]을 클릭하여 iWork 무료 체험 버전을 다운로드 받습니다.

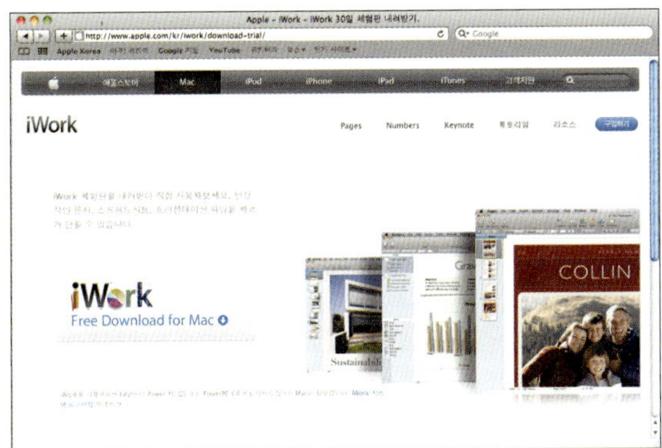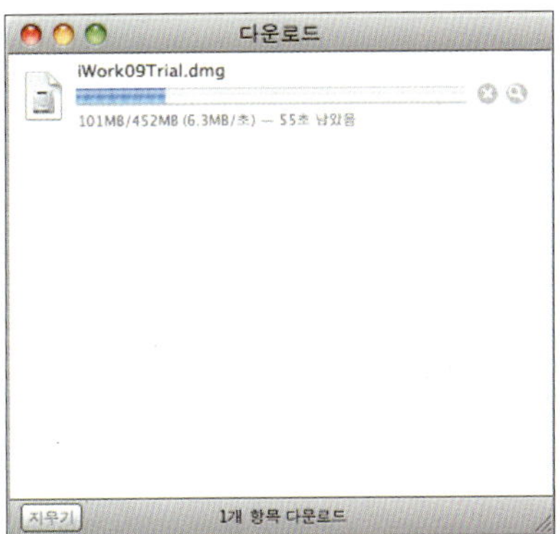

5. 인스톨 화면이 나타나면 [Install iWork '09 Trial]을 클릭하여 프로그램을 설치합니다. 이후에 나오는 모든 과정은 [예] 혹은 [계속]을 눌러 설치를 진행합니다.

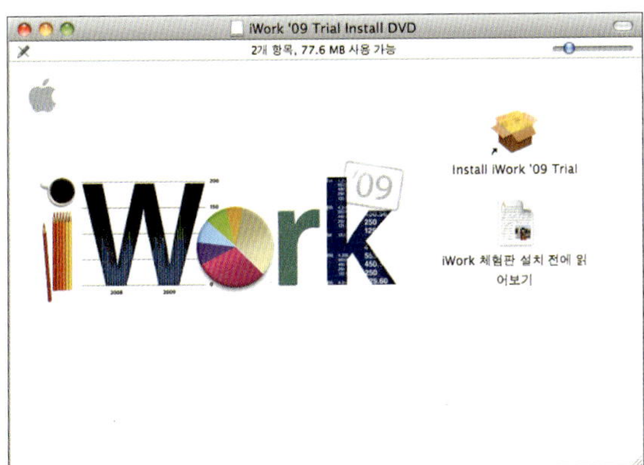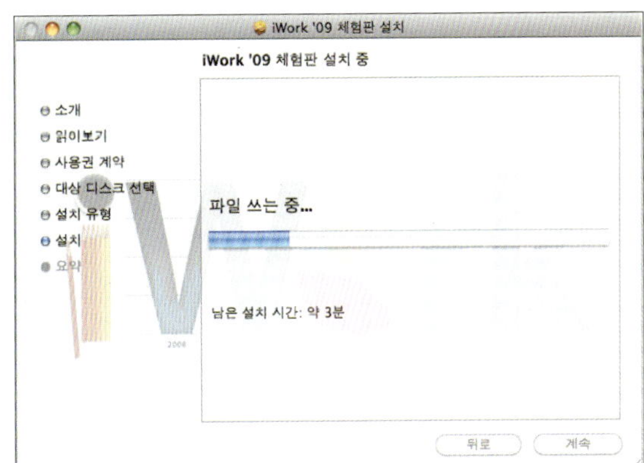

03 iCloud와 테마 선택 노하우

테마는 키노트를 처음 실행하면 나타나는 창으로 생성되는 테마는 미리 지정된 서체와 배경을 비롯하여 표 및 차트 등의 서식 스타일이 미리 구성되어 있습니다. 테마 선택 전 인트로 화면도 꼼꼼히 살펴보도록 합시다.

● iCloud와 나의 Mac

최근 iWork 9.2 버전이 새롭게 업데이트되었습니다. 키노트 역시 iWork 제품군이므로 함께 업데이트되었는데, 클라우드 서비스인 iCloud 기능이 많이 보강되었습니다. 맥(Mac) 소프트웨어 업데이트를 통해서 iWork 9.2를 다운로드 및 설치하면 다소 달라진 키노트를 체험할 수 있습니다.

키노트를 처음 실행하면 인트로 페이지가 나타납니다. [클릭하여 재생하기]를 눌러 키노트 영상을 통해 키노트를 배울 수 있으며, 그 외 비디오 튜토리얼, iCloud 등에 대한 정보도 얻을 수 있습니다. 키노트를 시작하기 위해 [닫기]를 클릭합니다.

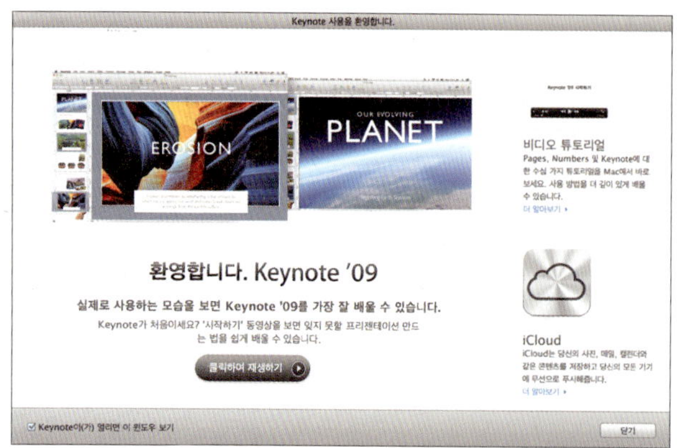

[iCloud]를 선택하면 본인의 iCloud에서 키노트 파일을 가져올 수 있으며, [나의 Mac]을 선택하면 맥(Mac)에서 작업한 키노트 파일을 가져올 수 있습니다. [iCloud]를 누르면 본인의 iCloud에 키노트 파일이 없으면 아무런 내용도 나타나지 않으며, 작업한 내용이 있으면 키노트 슬라이드가 나타나게 됩니다.

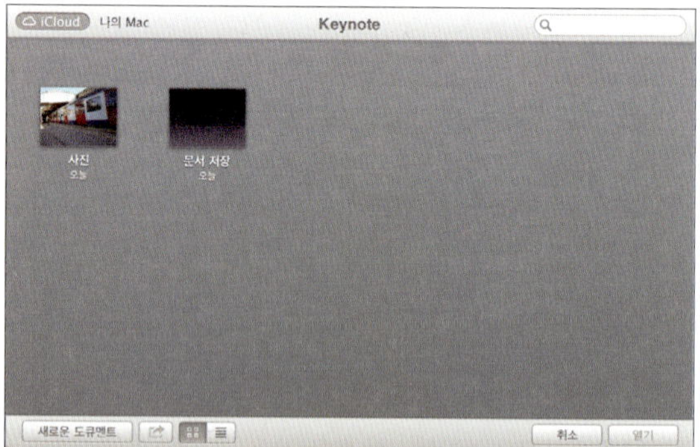

맥(Mac)에 있는 키노트 파일을 드래그인 드롭만으로도 iCloud와 연동시킬 수 있습니다. 맥(Mac)에 있는 키노트 파일을 찾아 iCloud로 드래그합니다.

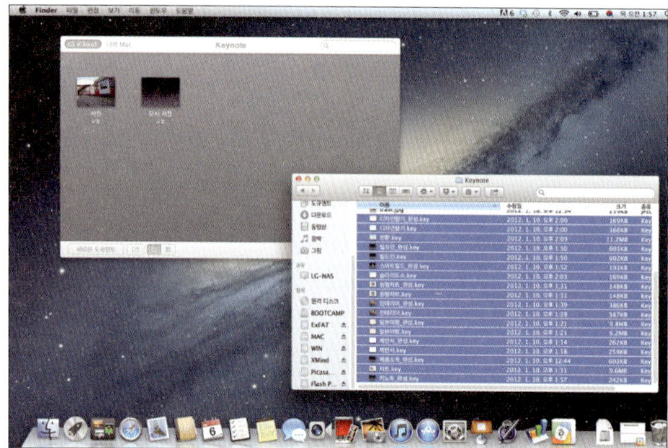

본인의 iCloud에 키노트 파일이 업로드되며 언제 어디서나 키노트 파일을 불러오거나 아이패드나 다른 맥(Mac)에서도 편하게 작업할 수 있습니다. 또한, 아이폰이나 아이패드의 폴더 기능처럼 유사 키노트 파일을 폴더로 묶어 관리할 수도 있습니다.

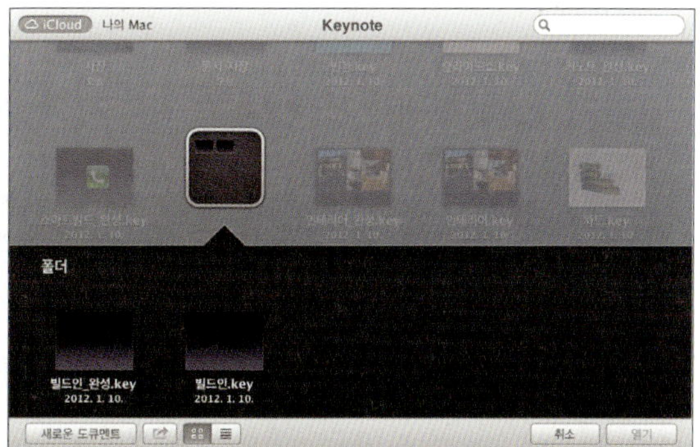

Keynote용 iCloud 화면 살펴보기

키노트가 업데이트되면서 기존 키노트 09 버전에서 보이지 않던 인트로 화면이 생성되었습니다. 본 화면에서는 iCloud를 통해 키노트 파일을 다운로드받거나 올릴 수 있게 되어 본인의 맥(Mac)이나 이동식 하드 없이도 클라우드 서비스를 통해 언제 어디서나 키노트 슬라이드 작업을 할 수 있게 되었습니다.

❶ **iCloud :** 본인이 가입한 iCloud 서비스에 접속하여 키노트 파일을 가져옵니다.

❷ **나의 Mac :** 맥(Mac)에 저장된 키노트 파일을 가져옵니다.

❸ **검색창 :** 키노트 파일을 검색할 수 있습니다.

❹ **iCloud에 관해 더 알아보기 :** iCloud 서비스가 생소한 분들은 iCloud에 관해 더 알아보기를 통해 내용을 파악할 수 있습니다.

❺ **새로운 도큐멘트 :** 새 키노트 슬라이드를 불러옵니다.

❻ **이메일/메시지/AirDrop :** 선택한 키노트 파일을 이메일, 메시지, AirDrop으로 연결할 수 있습니다.

❼ **썸네일/목록 보기 :** 키노트 파일을 썸네일 형식으로 보거나 목록 형식으로 볼 수 있습니다.

iCloud 살펴보기

최근 iWork 9가 9.2 버전으로 업데이트되면서 나타난 가장 큰 변화는 iCloud가 중심으로 등장했다는 점입니다. 키노트도 예외는 아닌데 여기서는 iCloud에 대해서 잠시 살펴보겠습니다.

iCloud는 맥(Mac)이나 아이폰, 아이패드 등에 저장된 사진이나 메일, 캘린더와 같은 컨텐츠를 저장하여 모든 애플 기기에서 무선으로 업로드하고 다운로드할 수 있는 서비스입니다.

- **사진 스트림** : iOS가 장착된 기기에서 사진을 찍으면 맥(Mac)이나 PC 등 모든 기기에서 자동으로 사진을 볼 수 있습니다. 즉, 아이폰에서 사진을 찍으면 아이패드, 아이팟, 맥(Mac) 등 본인의 기기에 자동으로 사진이 보내지고 거의 실시간으로 확인할 수 있습니다.

- **클라우드 문서** : 특히 키노트 문서를 만들 때 유용한데 모든 기기에 내용이 자동으로 업데이트 되어 회사에서 작업한 내용을 집이나 외부에서도 연장해서 작업을 이어갈 수 있습니다.

- **앱** : 아이폰에서 다운로드받은 앱이 아이패드나 아이팟에도 자동으로 나타납니다. 이미 한번 구입한 앱은 추가 비용없이 다른 기기에서 사용할 수 있습니다.

그 외에두 iCloud를 통해 캘린더, 연락처, 메일 등도 실시간 연동되며 iCloud에 가입하면 5GB의 무료 스토리지가 제공됩니다. iCloud는 http://www.icloud.com 을 통해 가입할 수 있으며, Apple ID로도 로그인할 수 있습니다.

테마 선택하기

다양한 테마 중에서 원하는 테마를 선택할 수 있습니다. 주의해야 할 점은 키노트 슬라이드의 해상도를 지정하는 [슬라이드 크기] 옵션입니다. 일반적으로 800*600 혹은 1024*768 로 설정한 후 사용할 수 있는데 사용할 프로젝터의 해상도에 맞춰 선택하는 것이 좋습니다. 즉, 와이드 해상도인 1280*720 과 같은 해상도를 선택했을 경우 프로젝터가 와이드 해상도를 지원하지 않는다면 의도한 바와 다르게 슬라이드가 표시될 수 있으므로 주의해야 합니다.

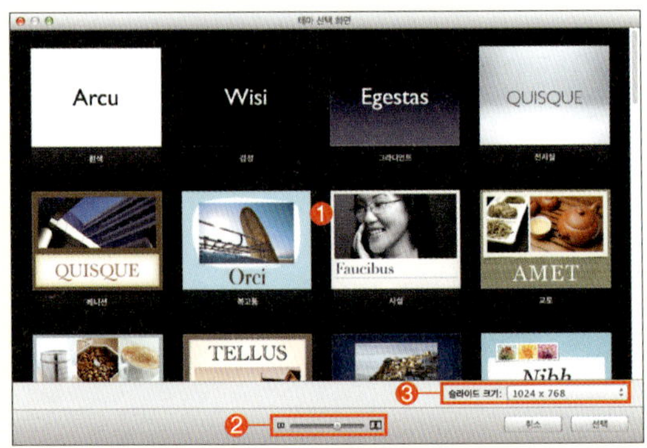

- ❶ **테마 선택 창** : 키노트에서 제공하는 다양한 테마를 선택할 수 있습니다.
- ❷ **미리 보기 조절** : 테마들의 크기를 조절하여 볼 수 있습니다.
- ❸ **슬라이드 크기 조절** : 슬라이드의 해상도를 조절할 수 있습니다. 해상도는 800*600에서부터 1920*1080까지 선택할 수 있습니다.

테마 적용하기

다양한 테마 중에서 원하는 테마를 선택하면 테마를 사용할 수 있지만 선택하기 전에도 테마가 어떤 속성과 서식을 지니고 있는지를 미리 알 수 있습니다. 테마 중 [그라디언트]를 선택한 후 마우스를 왼쪽에서 오른쪽으로 움직여 봅니다. [그라디언트]에 포함된 세부 슬라이드 디자인이 나타납니다.

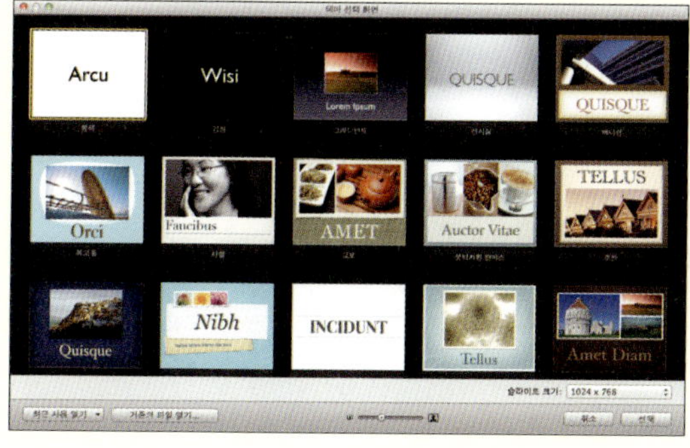

04 인터페이스 살펴보기

프로그램을 새롭게 배우기 위해서는 무엇보다 작업 화면에 구성되어 있는 도구의 명칭과 사용 방법에 대해서 확인하는 것이 좋습니다. 키노트의 화면 구성에 대해서 살펴보도록 하겠습니다.

● 작업 화면 살펴보기

파워포인트나 한쇼 등 프레젠테이션 프로그램을 한 번이라도 다루어본 적이 있다면 키노트 역시 어렵지 않게 사용할 수 있습니다. 키노트 작업 화면은 메뉴와 도구 막대를 비롯하여 슬라이드 창, 슬라이드 편집 화면 그리고 속성 윈도우 등으로 구성되어 있습니다.

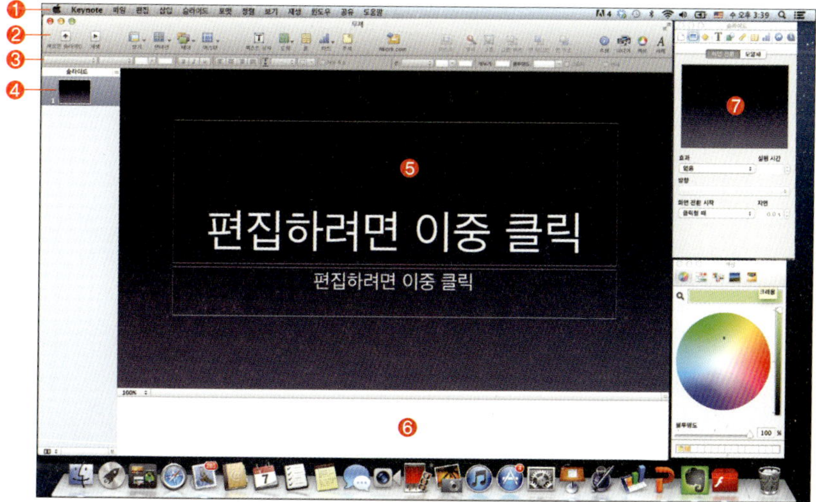

❶ **메뉴 막대** : 맥에 공통으로 나타나는 메뉴이지만 키노트를 실행하면 키노트만의 다양한 기능들을 확인할 수 있습니다.

❷ **도구 막대** : 키노트에서 주로 사용하는 메뉴를 아이콘 형식으로 확인할 수 있으며, 사용자화 기능으로 자주 사용하는 도구를 추가하거나 삭제할 수 있습니다.

❸ **포맷 막대** : 슬라이드 캔버스에서 특정 개체를 선택하면 그 개체에 해당하는 편집 메뉴가 나타납니다.

❹ **슬라이드 네비게이터** : 각각의 슬라이드를 미리보기 화면으로 보여줍니다.

❺ **슬라이드 캔버스** : 슬라이드 편집 화면으로 슬라이드 작업을 할 수 있는 공간입니다.

❻ **발표자 메모 입력란** : 프레젠테이션이 진행되는 동안 발표자가 참조할 수 있도록 발표자 메모 입력란에 내용을 입력할 수 있습니다.

❼ **속성 윈도우** : 세부적인 기능을 수행할 수 있도록 총 10개의 속성 항목을 선택할 수 있습니다.

● 메뉴 막대

맥에 공통으로 나타나는 메뉴이지만 키노트를 실행하면 키노트의 활성화 메뉴로 변경되어 나타납니다. 메뉴 막대를 통해 다양한 키노트 관련 기능을 선택할 수 있습니다.

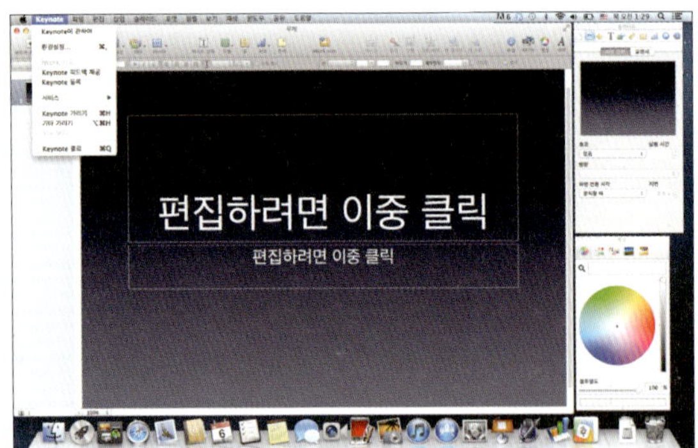
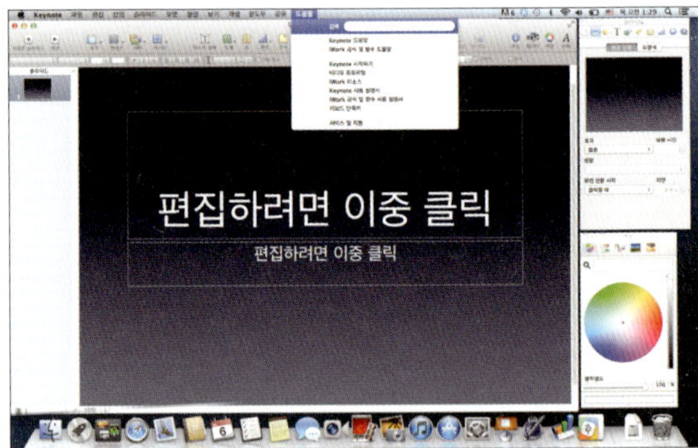

● 도구 막대

키노트에서 주로 사용하는 메뉴들이 아이콘 형태로 구성되어 있습니다. 도구 막대를 통해 원하는 기능을 빠르게 접근할 수 있습니다.

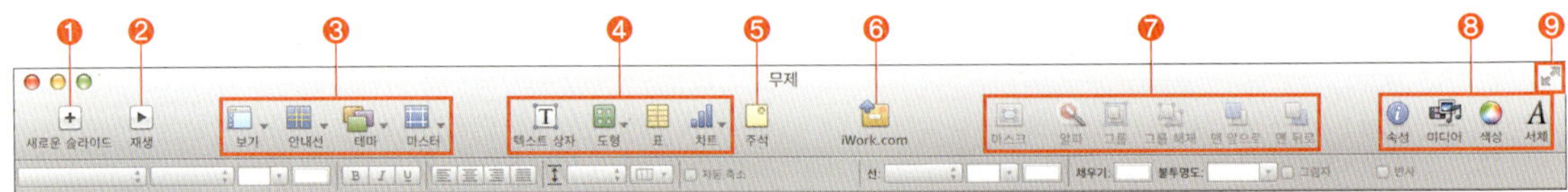

❶ **새로운 슬라이드** : 슬라이드를 추가합니다.

❷ **재생** : 슬라이드 쇼를 재생합니다.

❸ **보기, 안내선, 테마, 마스터** : 슬라이드 작업을 위해 네비게이터나 개요, 라이트 테이블 등을 불러오거나 테마, 또는 마스터 작업을 진행할 수 있습니다.

❹ **텍스트 상자, 도형, 표, 차트** : 슬라이드 작업을 위해 텍스트나 도형, 표나 차트를 삽입할 수 있습니다.

❺ **주석** : 슬라이드에 리뷰 주석을 추가합니다.

❻ **iWork.com** : iWork.com 사이트를 통해 도큐멘트를 공유합니다.

❼ **마스크, 알파, 그룹 등** : 사진에서 원하지 않는 부분을 마스크하거나 제거, 혹은 그룹 지정 등을 할 수 있습니다.

❽ **속성, 미디어, 색상, 서체** : 속성 윈도우를 비롯하여 다양한 서식을 지정할 수 있는 윈도우 창을 엽니다.

❾ **확대/축소** : 키노트 화면을 크게 확대하거나 작게 축소할 수 있습니다.

> 보다 넓은 창으로 슬라이드 작업을 위해 도구 막대를 없애려면 메뉴 막대에서 [보기]-[도구 막대
> 가리기]를 선택합니다. 다시 도구 막대를 나타내려면 [보기]-[도구 막대 보기]를 선택합니다.

● 포맷 막대

슬라이드 작업 화면에서 특정 개체를 선택하였을 때 개체에 따른 편집 메뉴가 나타나는데, 이를 포맷 막대라고 합니다. 포맷 막대는 도형이나 표 등 선택하는 개체에 따라 다르게 나타납니다.

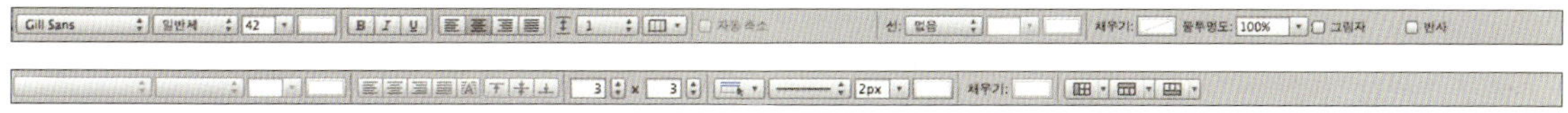

● 슬라이드 네비게이터

각각의 슬라이드 페이지가 미리 보기 형식으로 슬라이드 네비게이터에 나타납니다. 슬라이드 네비게이터에서는 각 슬라이드 페이지를 미리 보기 형식으로 볼 수도 있고 텍스트 개요도 볼 수 있습니다.

❶ **마스터 슬라이드 표시** : 마스터 슬라이드 표시 단추를 아래로 드래그하면 마스터 슬라이드가 표시됩니다.

❷ **슬라이드 들여넣기** : 슬라이드를 들여넣기하여 하나의 그룹으로 만들 수 있습니다. 들여넣기를 하기 위해서는 슬라이드를 오른쪽으로 드래그하거나 [**Tab**]을 누릅니다.

❸ **작업 중인 슬라이드** : 현재 작업 중인 슬라이드는 음영 표시로 나타납니다. 마우스를 드래그하여 위치를 조정할 수 있습니다.

❹ **펼침 목록** : 들여넣기된 슬라이드의 그룹을 보거나 가리려면 펼침 삼각형을 클릭합니다.

❺ **축소판 크기 조정 단추** : 축소판을 다양한 크기로 표시할 수 있습니다.

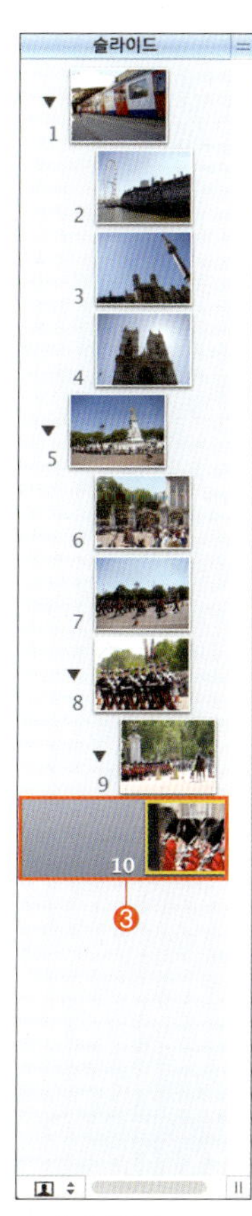

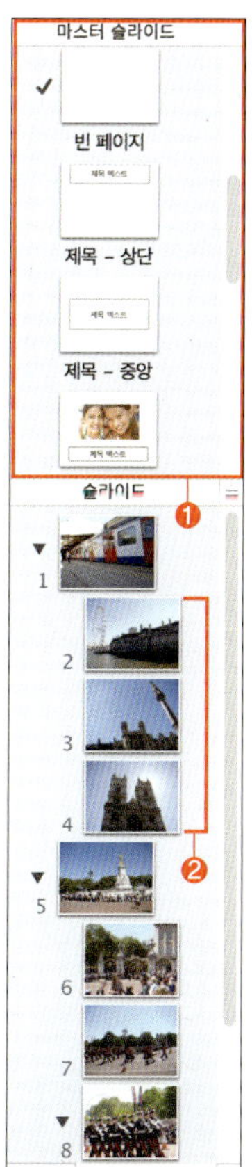

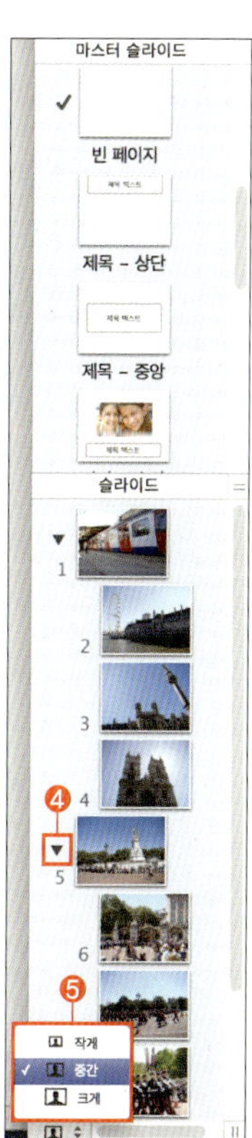

▲ 네비게이터   ▲ 마스터 슬라이드 표시   ▲ 축소판 크기 조정

보다 넓게 슬라이드 작업을 하기 위해 슬라이드 네비게이터를 잠시 숨겨 놓거나 다시
나타나게 할 수 있으며, 네비게이터 대신 개요 보기를 삽입할 수 있습니다. 보다 넓은
창에서 슬라이드 작업을 하기 위해 [도구 막대]에서 [보기]-[슬라이드만]을 선택하면
네비게이터가 사라집니다. 다시 [도구 막대]에서 [보기]-[네비게이터]를 선택하면 네
비게이터가 나타납니다.

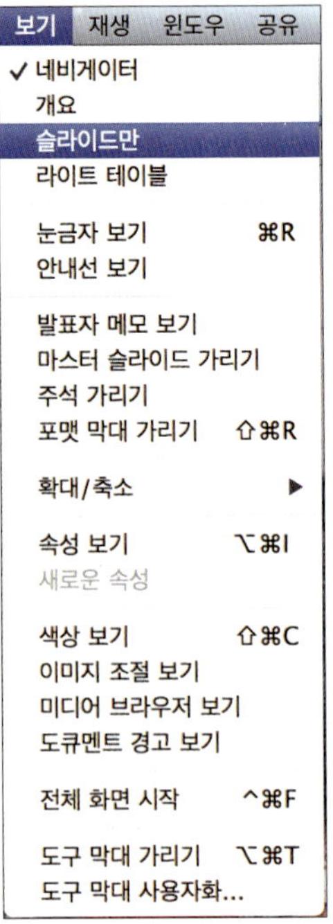

● 개요 보기

개요 보기는 프레젠테이션의 텍스트만을 볼 수 있기 때문
에 흐름을 잡거나 전체 스토리라인을 구성하는데 매우 효
과적입니다. 개요 보기는 [도구 막대]에서 [보기]-[개요]를
선택하여 확인할 수 있습니다.

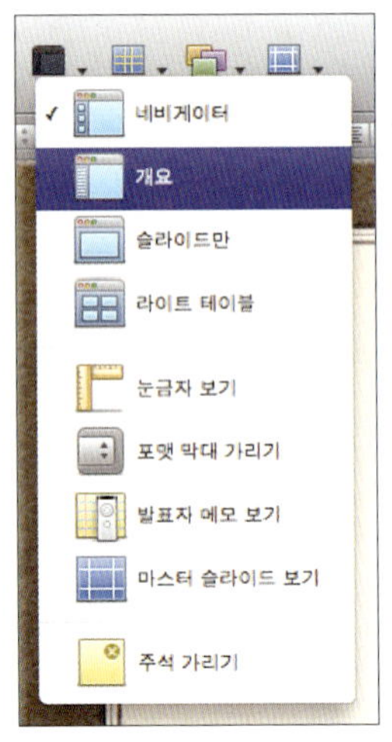

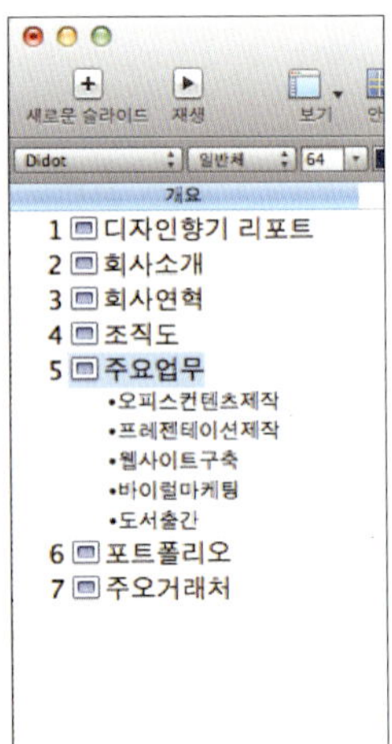

개요 보기에서 사용된 서체를 변경하려면 [메뉴 막대]에서 [Keynote]−[환경설정]을 클릭한 후 [일반]−[개요 보기 서체] 목록에서 서체와 크기를 선택합니다. 참고로, 개요 보기의 내용을 프린트하려면 [메뉴 막대]에서 [파일]−[프 린트]를 선택한 후 [세부사항 보기]−[개요]를 클릭하여 프린트합니다.

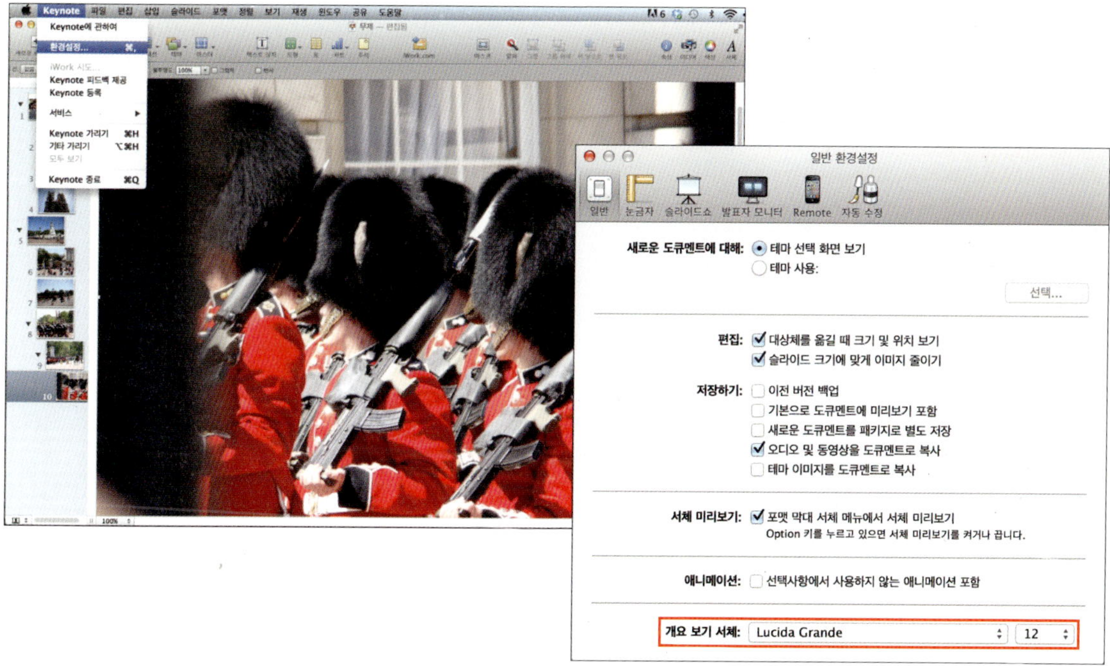

● 슬라이드 캔버스

슬라이드 작업이 이루어지는 공간으로 이미 생성 되어 있는 개체 틀에 작업을 하거나 도구 막대에 서 여러 도구를 불러와 작업할 수 있습니다. 슬라 이드 캔버스는 흔히 슬라이드 편집 화면이라고도 불리는데 말 그대로 슬라이드 편집이 이루어지는 공간이라고 보면 됩니다.

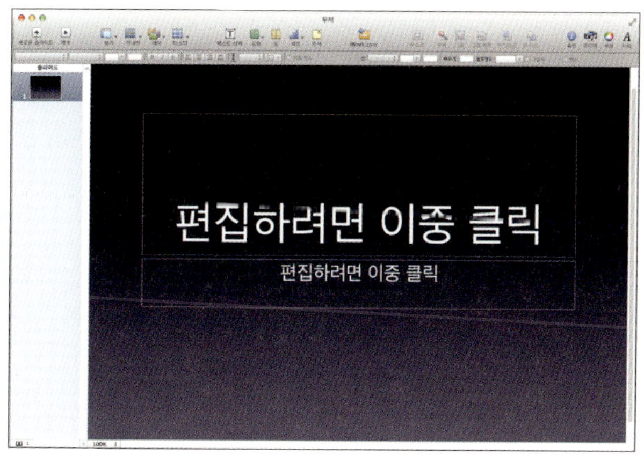

● 발표자 메모 입력란

프레젠테이션이 진행되는 동안 발표자가 참조할
수 있도록 발표자 메모 입력란에 내용을 입력할
수 있습니다. 발표자 메모 입력란은 [메뉴 막대]–
[보기]에서 [발표자 메모 보기]를 클릭하여 나타
낼 수 있습니다.

● 라이트 테이블 보기

슬라이드를 여러 개 작업하였다면 이를 축소하여
여러 화면으로 동시에 보면서 편집할 필요가 있
습니다. 이럴 때 라이트 테이블 보기를 통해 슬라
이드를 펼쳐 순서나 내용을 수정할 수 있습니다.
[도구 막대]–[보기]에서 [라이트 테이블]을 선택
하면 라이트 테이블을 불러올 수 있습니다. 축소
판 이미지를 확대하거나 축소하기 위해 왼쪽 하
단에 있는 축소판 단추를 클릭하여 크기를 선택
합니다.

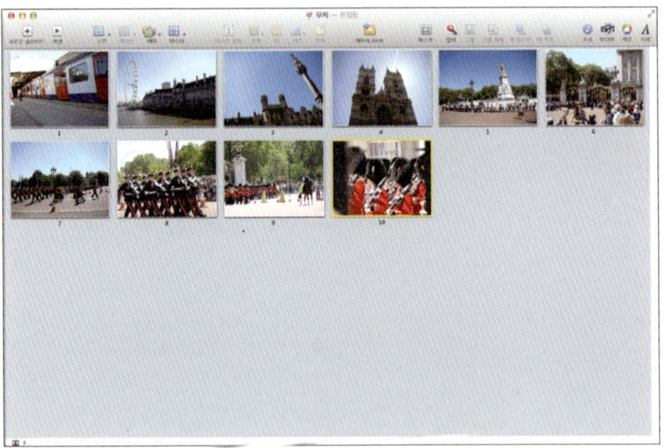

속성, 미디어, 색상, 서체 등으로 구성된 윈도우 도구는 슬라이드 캔버스에 여러 가지 슬라이드 작업을 할 때 다양한 기능을 구현하거나 다양한 서식을 지정할 수 있습니다.

● 속성 윈도우

키노트 작업시 세부적인 기능을 수행할 수 있도록 총 10개의 속성 항목을 선택할 수 있습니다. [메뉴 막대]−[속성]을 클릭하여 속성 윈도우를 열 수 있으며, option + ⌘ + I 를 눌러 불러올 수도 있습니다.

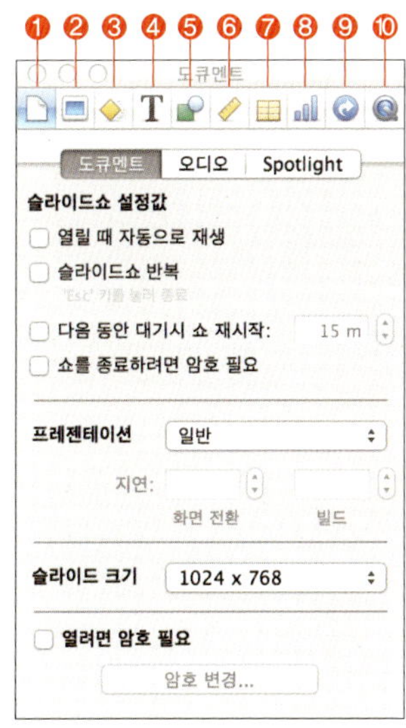

❶ **도큐멘트** : 슬라이드 쇼 설정 값을 비롯하여 슬라이드 크기, 암호 변경 등 키노트 문서를 다양하게 설정할 수 있습니다.

❷ **슬라이드** : 화면 전환 효과의 종류나 실행 시간, 방향 그리고 모양새 등을 설정할 수 있습니다.

❸ **빌드** : 빌드인, 빌드아웃을 비롯하여 다양한 애니메이션 효과를 설정할 수 있습니다.

❹ **텍스트** : 텍스트 서식을 비롯하여 간격이나 여백 삽입 등 다양한 텍스트 설정을 할 수 있습니다.

❺ **그래픽** : 도형의 채우기나 색을 설정하거나 그림자, 불투명도 등을 설정할 수 있습니다.

❻ **측정기** : 개체의 각도나 크기 등을 설정할 수 있습니다.

❼ **표** : 표의 열 너비나 행 높이, 셀 배경 등 표 서식을 설정할 수 있습니다.

❽ **차트** : 데이터 편집이나 차트 색상 등 다양한 차트 서식을 설정할 수 있습니다.

❾ **하이퍼링크** : 슬라이드에 들어갈 각 개체에 하이퍼링크를 활성화하거나 설정할 수 있습니다.

❿ **QuickTime** : 퀵타임을 이용하여 멀티미디어를 조정할 수 있습니다.

여러 개의 윈도우 도구 띄우기

키노트 작업시 가장 많이 활용되는 도구가 바로 속성 창과 같은 윈도우 도구입니다. 속성 창은 총 10가지로 분류할 수 있는데 여러 개의 속성 창을 띄워 놓고 작업하고 싶다면 option 을 누른 채 하나를 클릭하면 새로운 속성 창이 나타나게 됩니다.

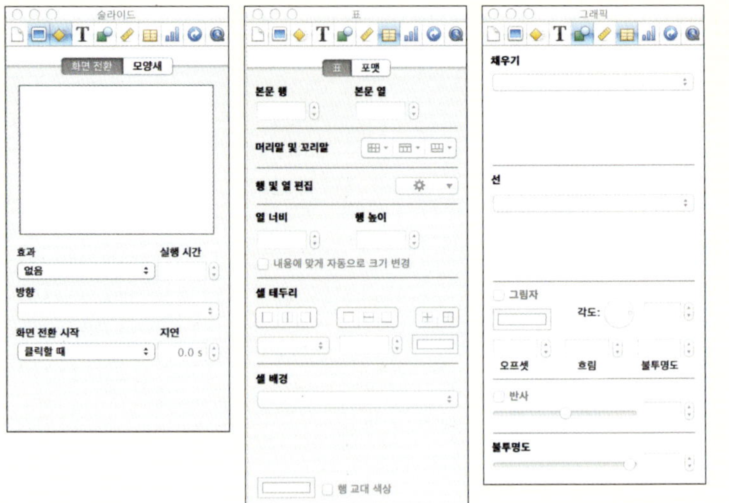

● 미디어 윈도우

미디어 윈도우는 iPhoto 보관함, iTunes 보관함 및 사진이나 동영상 폴더의 모든 미디어 파일을 불러올 수 있습니다. [메뉴 막대]–[미디어]를 선택하여 미디어 브라우저 윈도우를 불러올 수 있습니다.

● 색상 윈도우

색상 윈도우를 통해 개체의 색상을 선택할 수 있습니다. 자주 사용하는 색상은 색상 팔레트에 저장하여 편리하게
사용할 수 있으며, 검색 아이콘을 클릭하여 화면에서 일치하는 색상을 선택할 수도 있습니다. [메뉴 막대]–[색상]
을 선택하여 색상 윈도우를 불러올 수 있습니다.

❶ **색상 탭** : 여러 옵션을 이용하여 최적의 색상을 선택할 수 있습니다.

❷ **색상 검색 아이콘** : 검색 아이콘을 클릭한 후 화면에서 일치하는 색상을 선택할 수 있습니다.

❸ **색상 휠** : 색상 휠에서 색상을 선택합니다.

❹ **불투명도 조절 단추** : 색상의 투명도를 조절할 수 있습니다.

❺ **색상 팔레트** : 색상을 드래그하여 색상 팔레트에 저장할 수 있습니다.

● 서체 윈도우

서체 윈도우에서 서체 및 서체 크기, 색상 등을 선택할 수 있습니다. [메뉴 막대]–[서체]를 클릭하여 서체 윈도우를
불러올 수 있습니다. 미리보기 화면은 [설정] 단추를 클릭해 [미리보기 보기]를 선택해 열 수 있습니다.

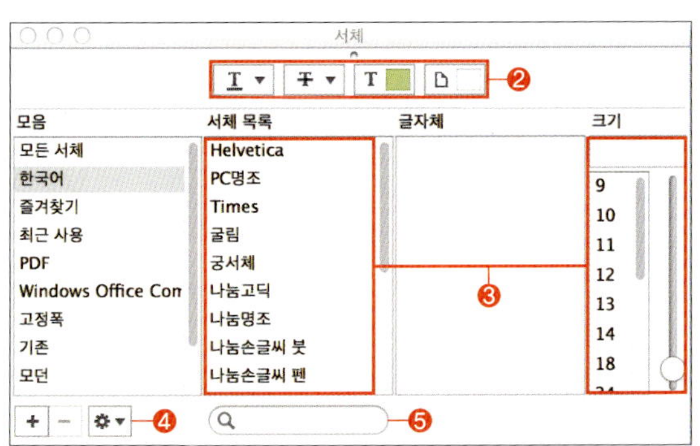

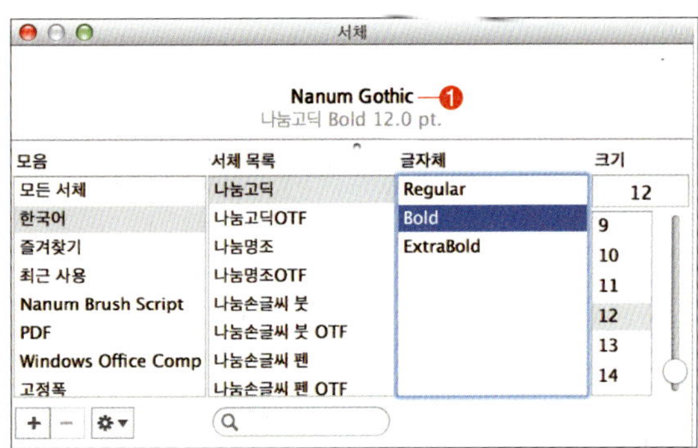

❶ **미리 보기** : 선택한 서체를 미리 볼 수 있습니다.

❷ **텍스트 효과 선택** : 밑줄, 취소선 등 다양한 텍스트 효과를 선택할 수 있습니다.

❸ **서체 선택** : 서체의 종류와 글자체, 크기 등을 선택할 수 있습니다.

❹ **설정 단추** : 설정 단추를 클릭하여 미리 보기 창을 열거나 색상이나 문자 등 서체 관리를 할 수 있습니다.

❺ **검색 창** : 서체의 이름을 입력하여 서체를 검색합니다.

06 도구 막대 사용자화

자주 사용하는 도구는 도구 막대에 넣거나 자주 사용하지 않는 도구는 도구 막대에서 삭제할 수 있는 기능이 '도구 막대 사용자화' 기능입니다. 도구 막대에서 마우스 오른쪽을 클릭하여 [도구 막대 사용자화]를 선택하거나 [메뉴 막대]에서 [보기]–[도구 막대 사용자화]를 선택하여 원하는 도구를 추가하거나 제거할 수 있습니다.

1. 도구 막대를 마우스 오른쪽으로 클릭한 후 [도구 막대 사용자화]를 선택합니다.

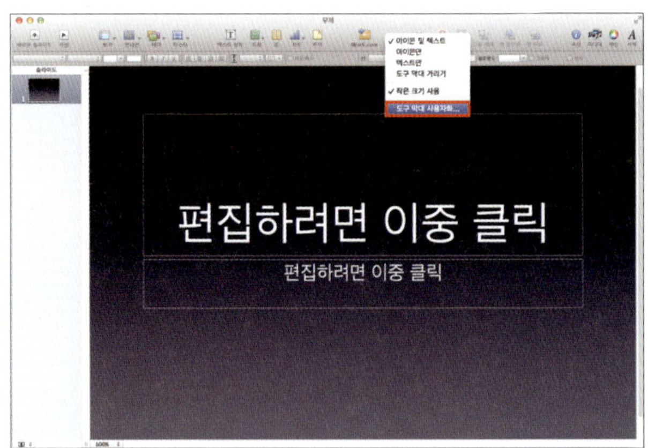

2. 도구 막대에 항목을 추가하기 위해 원하는 도구를 도구 막대로 드래그합니다.

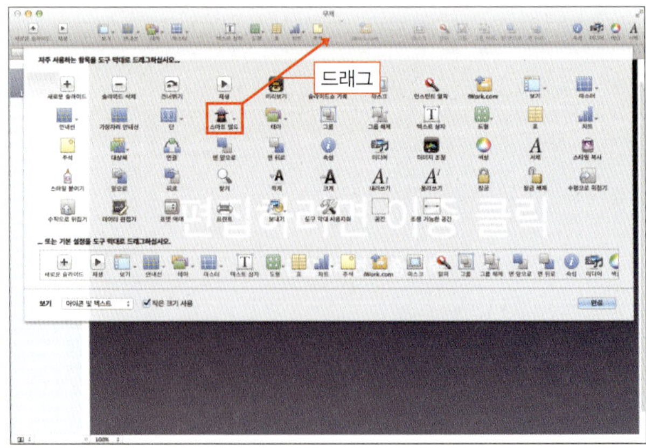

3. 도구 막대에 항목이 추가됩니다. 도구 막대에서 필요없는 항목을 제거하기 위해 도구를 도구 막대 밖으로 드래그합니다. 작업이 완료되었으면 [완료]를 클릭합니다.

 키보드 단축키 살펴보기

키노트에서 여러 작업을 빠르게 완료할 수 있도록 다양한 단축키를 제공하고 있습니다. 키노트에서는 어떤 단축키를 어떻게 활용할 수 있는지 알아보겠습니다.

1. [메뉴 막대]–[도움말]에서 [키보드 단축키]를 선택합니다.

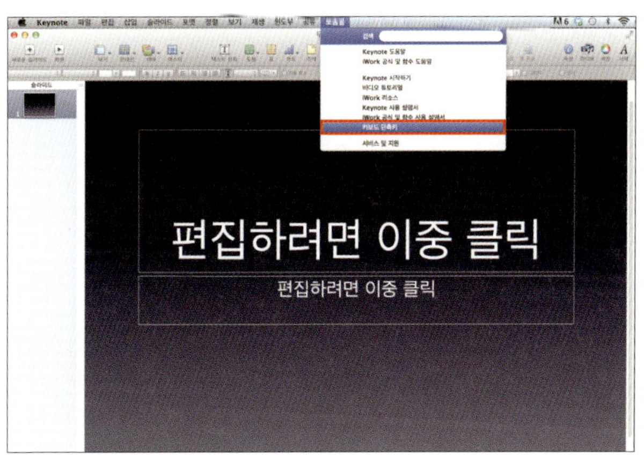

2. [도움말 센터] 윈도우가 나타납니다. 상당히 방대한 단축키가 나타나는데 여기서 원하는 단축키를 확인하여 기억해 놓도록 합시다.

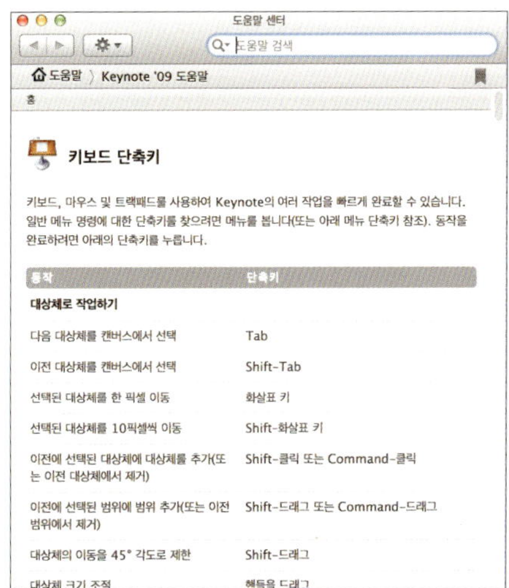

08 암호 지정하기

중요 문서의 경우 암호를 지정하여 문서를 보호할 수 있습니다. 암호를 지정할 때에는 암호 길이가 길고 품질 막대가 초록색일 때가 보다 안정적입니다.

1. [도구 막대]–[속성]을 클릭합니다. [도큐멘트]에서 [열려면 암호 필요]에 체크 표시합니다. 암호 입력란이 나타나면 열쇠 모양의 아이콘(🔑)을 클릭합니다.

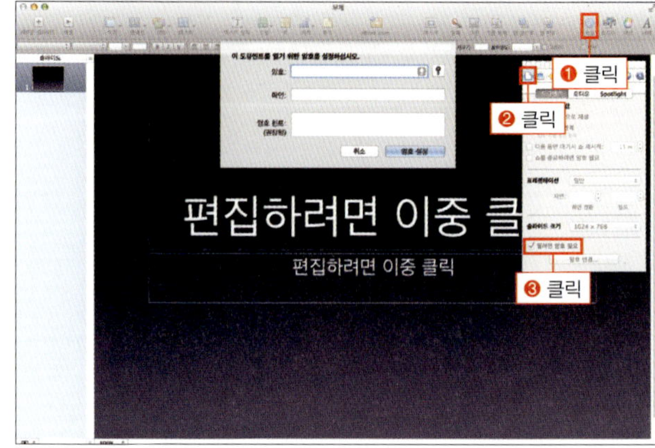

2. [암호] 입력란에 암호를 입력하면 암호에 따라 품질 막대의 색상이 변합니다. 초록색일 때 가장 안정적입니다. ⌘+S를 눌러 문서를 저장합니다.

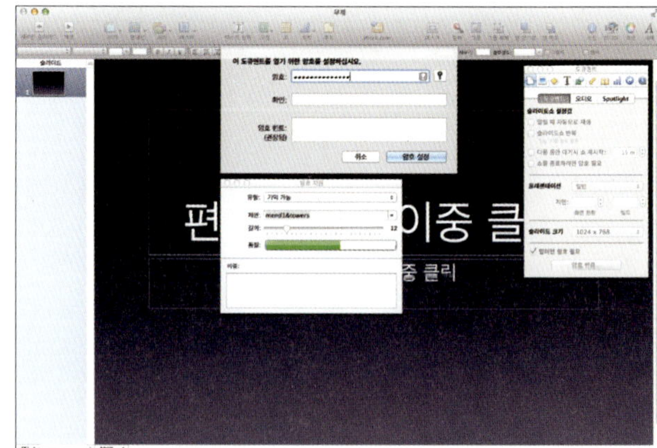

키노트 작업 중에는 슬라이드를 자주 저장해 주는 것이 좋습니다. ⌘+S를 누르면 빠르게 저장할 수 있습니다. 슬라이드 작업시 아무런 작업을 하지 않은 슬라이드라도 저장부터 하고 시작하는 습관을 들이도록 합시다.

● 슬라이드 저장하기

슬라이드를 저장하기 위해서는 [파일]-[저장]을 선택하거나 ⌘+S를 누릅니다.

1. [메뉴 막대]에서 [파일]-[저장]을 선택하거나 ⌘+S를 누릅니다.

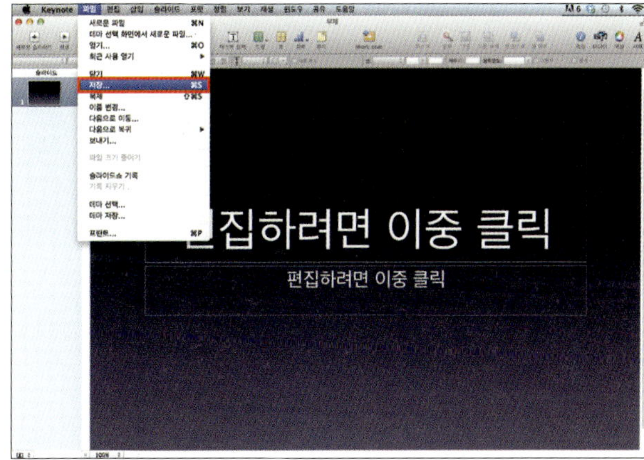

2. [별도 저장]에 문서 제목을 입력합니다. [위치] 항목을 클릭합니다.

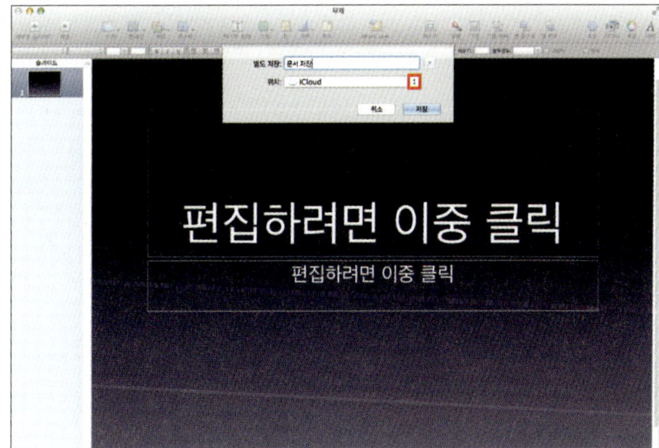

3. [위치] 항목을 클릭하면 맥(Mac) 뿐 아니라 이동식 디스크 등 본인이 연결한 저장 매체가 뜨게 됩니다. 저장 위치를 선택합니다. 여기서는 [도큐멘트]를 선택합니다. [열기](▲)를 클릭합니다.

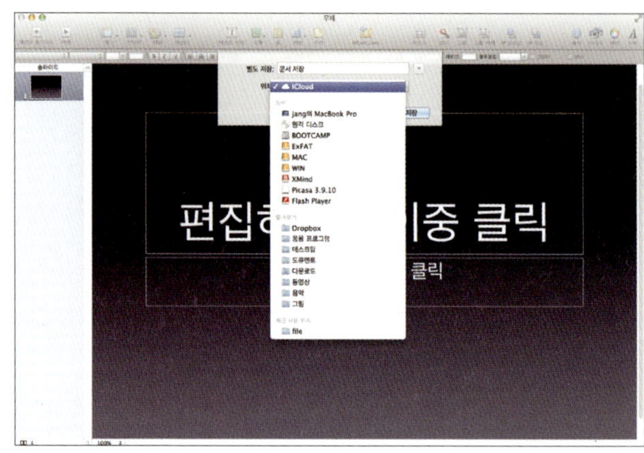

| tip |

[iCloud]를 클릭하면 본인의 아이클라우드 계정에 저장됩니다. [iCloud]를 사용하기 위해서는 iCloud 서비스에 가입해야 합니다.

4. [도큐멘트] 폴더가 열리며 키노트 슬라이드를 저장할 수 있습니다.

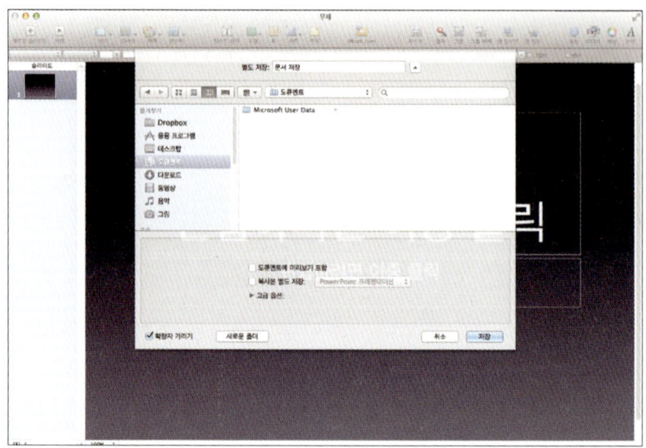

[저장하기] 설정하기

[저장하기] 창에는 저장과 관련하여 다양한 설정을 할 수 있습니다. 특히, 오디오 및 동영상과 같은 파일을 도큐멘트로 복사할지 등을 선택할 수 있습니다. 도큐멘트에 복사하면 오디오 및 동영상 파일이 도큐멘트에 포함되므로 파일의 용량이 늘어납니다.

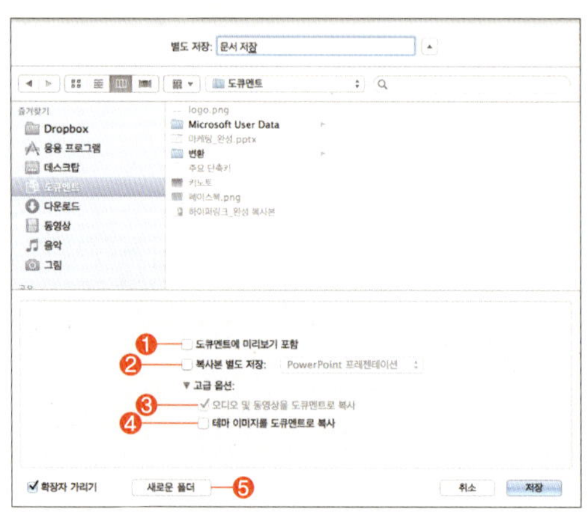

❶ **도큐멘트에 미리 보기 포함** : 키노트를 실행하지 않더라도 파일의 내용을 미리 볼 수 있습니다.

❷ **복사본 별도 저장** : 복사본을 별도로 저장할 수 있습니다. 예를 들어, [PowerPoint 프레젠테이션]을 선택하면 파워포인트 파일로도 함께 저장됩니다.

❸ **오디오 및 동영상을 도큐멘트로 복사** : 도큐멘트로 복사에 체크하면 오디오 및 동영상 파일을 키노트 파일에 함께 저장합니다. 만일, 체크 표시를 하지 않으면 다른 맥(Mac)에서 열었을 경우 파일이 정상적으로 재생되지 않을 수 있습니다.

❹ **테마 이미지를 도큐멘트로 복사** : 테마를 적용했을 때 테마 이미지를 도큐멘트에 포함합니다.

❺ **새로운 폴더** : 새로운 폴더를 만들어 저장합니다.

● 백업 버전 자동 저장하기

백업 버전을 자동 저장하면 항상 마지막으로 저장된 버전을 백업할 수 있습니다. 즉, 프레젠테이션을 저장할 때마다 백업 버전 역시 새로운 백업 파일로 대처됩니다.

1. [메뉴 막대]에서 [Keynote]-[환경설정]을 클릭합니다.

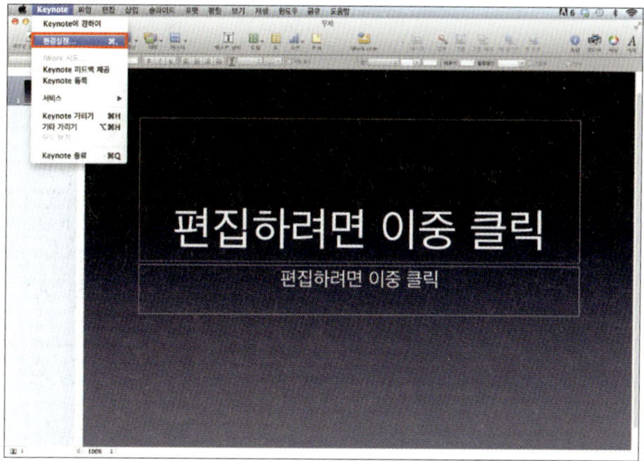

2. [일반]의 [이전 버전 백업]에 체크 표시합니다. [닫기]를 클릭합니다.

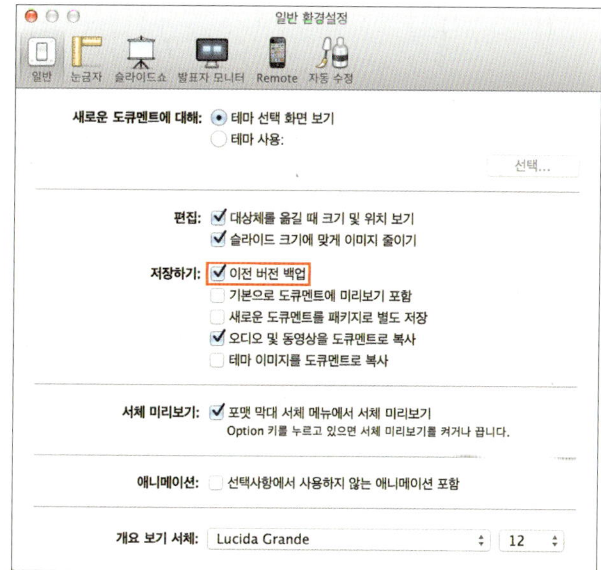

키노트는 다른 이름으로 저장하기 대신 [복제] 기능을 제공합니다. 또한, 이전에 저장한 시점으로 문서를 되돌릴 수 있는 저장 시점으로 복귀하기 기능을 제공합니다.

● 파일 복제하기

[복제] 기능은 키노트 문서를 하나 더 복제해 주는 기능으로 백업본을 만들거나 문서를 안전하게 배포할 때 사용할 수 있습니다.

1. [메뉴 막대]에서 [파일]-[복제]를 클릭하여 문서를 복제합니다.

2. 경고 창이 나타나면 [저장하기]를 클릭하여 복제한 문서를 저장합니다. 파일이 복제되며 제목 표시줄에 '복사본'이라는 문구가 뜹니다.

● 다음으로 복귀하기

다음으로 복귀라는 저장 시점으로 복귀하기 기능은 최근 저장 버전으로 복귀하거나 저장된 모든 버전 탐색을 통해 이전에 저장한 시점으로 문서를 되돌릴 수 있는 기능입니다.

1. [메뉴 막대]에서 [파일]-[다음으로 복귀]를 클릭한 후 [모든 버전 탐색]을 클릭합니다.

2. 지금까지 저장된 모든 버전이 열립니다. 원하는 복귀 지점을 선택한 후 [복원]을 누릅니다.

 파워포인트 파일을 키노트에 불러오기

[메뉴 막대]에서 [파일]–[열기]를 클릭하여 '*.ppt' 혹은 '*.pptx'라는 확장자를 지닌 파워포인트 파일을 선택하면 키노트에서 다른 설정 없이 파워포인트 파일을 불러올 수 있습니다.

◉ **예제 파일** : CD₩sample₩파일복제.pptx
◉ **완성 파일** : CD₩sample₩파일복제_완성.key

1. [메뉴 막대]에서 [파일]–[열기]를 클릭한 후 파워포인트 파일을 선택합니다. [열기]를 클릭합니다.

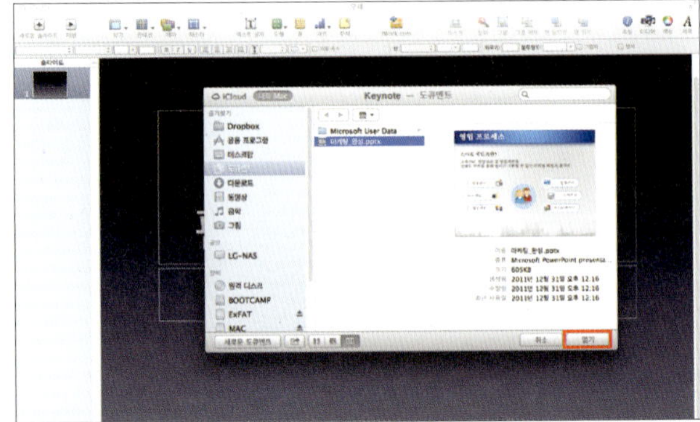

2. 경고창이 나타나면 [확인]을 클릭합니다.

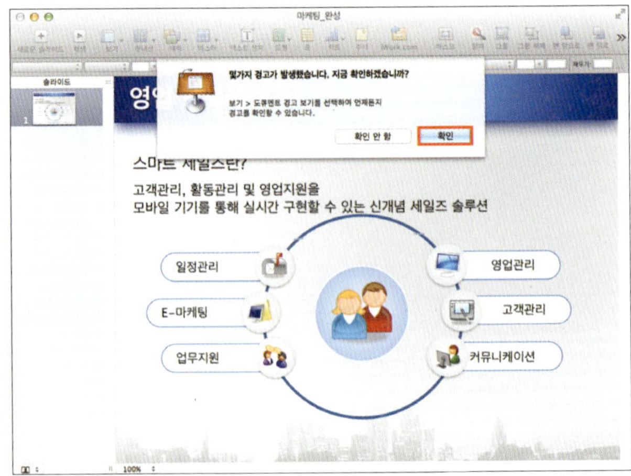

3. 몇 가지 유실된 서체나 기능 목록이 나타납니다. [닫기]를 클릭하거나 [모두 지우기]를 클릭합니다.

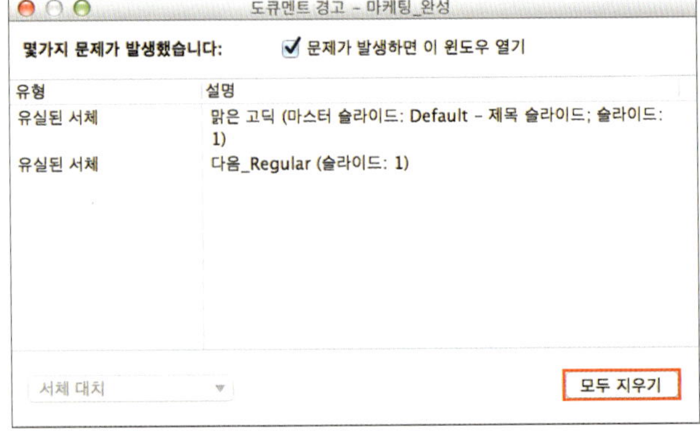

4. 파워포인트 파일이 별도의 설정없이도 키노트에서 바로 열리며 수정이나 프레젠테이션을 바로 진행할 수 있습니다.

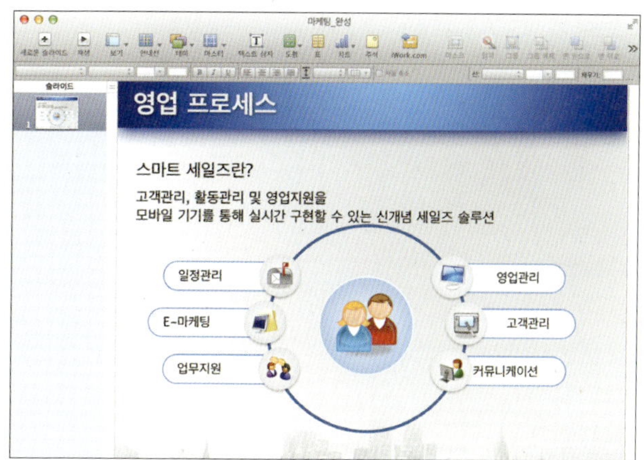

| tip |

파워포인트 파일을 키노트에 불러오면 서체를 비롯해 여러 서식이 지원되지 않기 때문에 슬라이드 모양이 정상적으로 보이지 않을 수 있습니다.

한컴 오피스 한글 뷰어 설치하기

국내에서 가장 많은 사용자를 보유한 워드 프로그램은 한컴 오피스의 한글입니다. 아쉽게도 맥(Mac)에서는 한글 프로그램을 설치할 수 없지만 한글 뷰어는 설치할 수 있습니다.

윈도우에서 작업했거나 다른 사용자가 공유해 준 한글 문서는 앱스토어에서 한글 뷰어를 설치하여 확인하기 바랍니다.

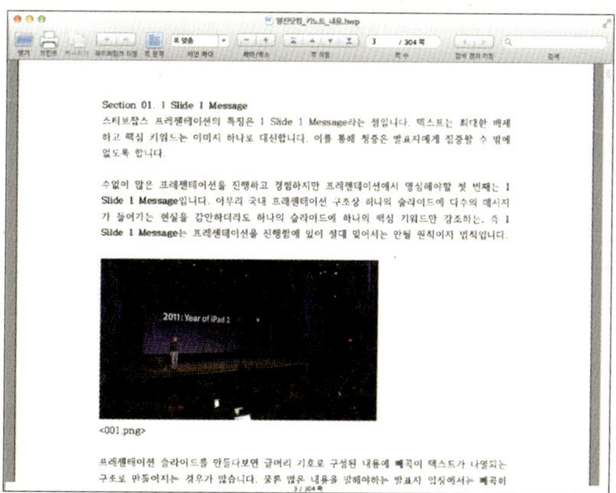

04 | 키노트의 힘은 윈도우 창

파워포인트가 주요 기능을 리본 메뉴 및 탭으로 실행할 수 있다면, 키노트는 각종 윈도우 창을 통해 실행할 수 있습니다. 각각의 기능이 체계적으로 구분되어 있어 윈도우 창만 제대로 활용해도 키노트로 슬라이드를 쉽게 만들 수 있습니다.

01 도큐멘트 속성 윈도우

도큐멘트 속성 윈도우는 10개의 아이콘 중에서 첫 번째 아이콘으로 슬라이드 쇼 설정을 비롯하여 사운드 조절, 슬라이드 정보 입력 등을 할 수 있습니다.

● [도큐멘트] 탭

[도큐멘트] 탭은 슬라이드 쇼를 비롯하여 슬라이드 크기, 암호 설정 등을 할 수 있습니다. 특히, 슬라이드 크기를 변경하면 슬라이드의 모든 개체가 슬라이드 크기에 맞게 자동으로 조정됩니다.

● [오디오] 탭

[오디오] 탭은 슬라이드에 배경 음악을 삽입하거나 목소리를 녹음할 수 있습니다. 배경음악을 넣기 위해 [사운드 트랙]에서 [iTunes 보관함]에 보관 중인 음악을 선택한 후 [사운드 트랙] 영역으로 드래그하면 자동 삽입됩니다. [슬라이드쇼 기록] 에서는 프레젠테이션에 목소리를 녹음할 수 있는데 [기록]을 클릭하면 자동으로 슬라이드 쇼가 진행되며 슬라이드마다 내용을 녹음할 수 있습니다.

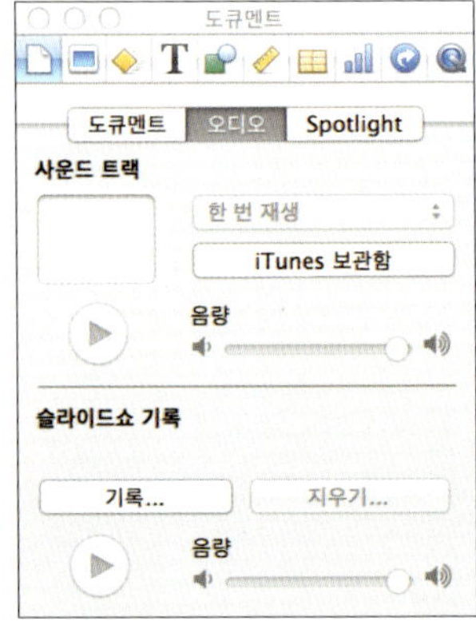

● [Spotlight] 탭

[Spotlight] 탭에서는 저자를 비롯하여 슬라이드 제목, 키워드, 주석 등을 입력할
수 있습니다. [Spotlight] 탭에서 입력한 정보는 [Finder] 등에서 검색어로 활용
됩니다. 키노트 작업 후에는 [Spotlight] 탭을 통해 저자명 및 제목, 키워드, 주석
등을 입력해 놓는 것이 좋습니다.

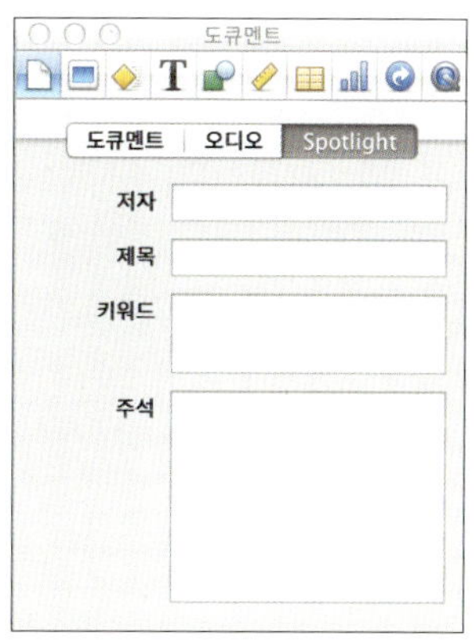

02 슬라이드 속성 윈도우

슬라이드 속성 윈도우는 10개의 아이콘 중에서 두 번째 아이콘으로 화면 전환을 비롯하여 마스터 및 레이아웃 설정을 진행할 수 있
습니다.

● [화면 전환] 탭

[화면 전환] 탭은 슬라이드에 적용할 화면 전환 효과를 비롯하여 화면 전환 옵
션 값을 지정할 수 있습니다. 특히, 실행 시간을 설정하면 마우스로 클릭하거나
별도의 설정 없이도 다음 화면으로 자동 이동하는 시간을 지정할 수 있습니다.

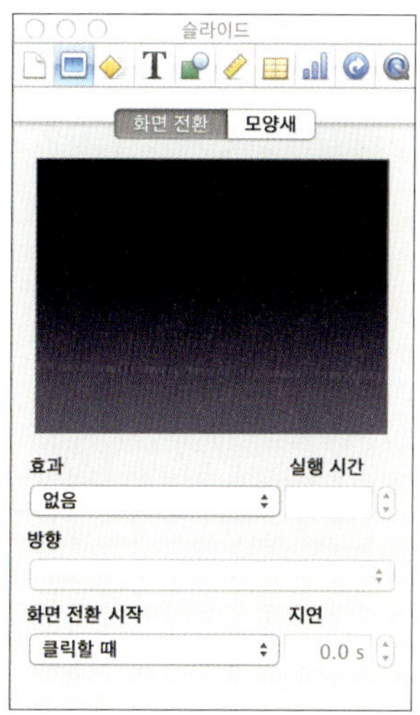

● [모양새] 탭

[모양새] 탭은 슬라이드의 배경을 채우거나 제목이나 본문, 슬라이드 번호 등의
마스터 및 레이아웃을 지정할 수 있습니다. 특히 슬라이드의 배경을 그라디언트
로 채우거나 이미지 등으로 채울 때에 사용할 수 있으며, 나만의 슬라이드 마스
터를 만들 때에 주로 사용합니다.

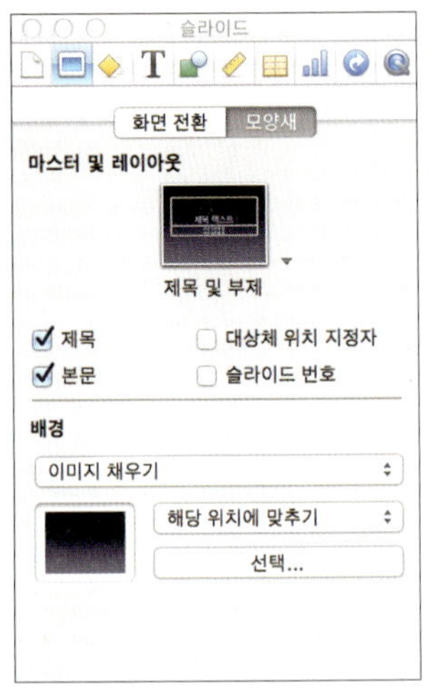

03 빌드 속성 윈도우

빌드 속성 윈도우는 10개의 아이콘 중에서 세 번째 아이콘으로 지정한 개체에 빌드인, 빌드아웃 효과를 주거나 동작 효과를 줄 수 있
습니다.

● [빌드인] 탭

선택한 개체에 빌드인 효과를 주면 등장하는 애니메이션
효과를 낼 수 있습니다. [빌드인] 탭에는 나타내기, 닦아내
기, 뒤집기, 부메랑, 섬광 등 다양한 빌드인 효과를 지정할
수 있습니다. 특히 빌드 효과 옵션을 통해 애니메이션 방향
이나 실행 시간, 순서 등을 지정할 수 있습니다.

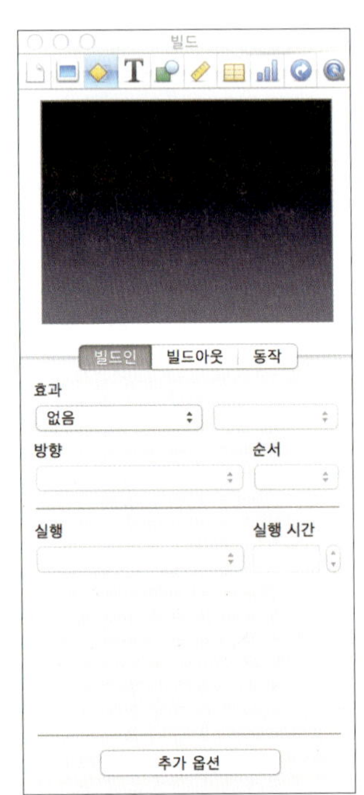

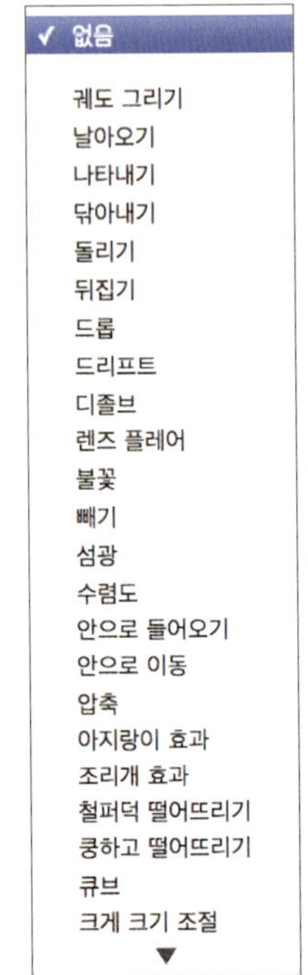

● **[빌드아웃] 탭**

선택한 개체에 빌드아웃 효과를 주면 사라지는 애니
메이션 효과를 줄 수 있습니다. [빌드인] 탭과 마찬가
지로 [빌드아웃] 탭도 다양한 애니메이션 효과가 포
함되어 있습니다. 또한, 빌드 효과 옵션을 통해 애니
메이션 방향이나 실행 시간, 순서 등을 지정할 수 있
습니다.

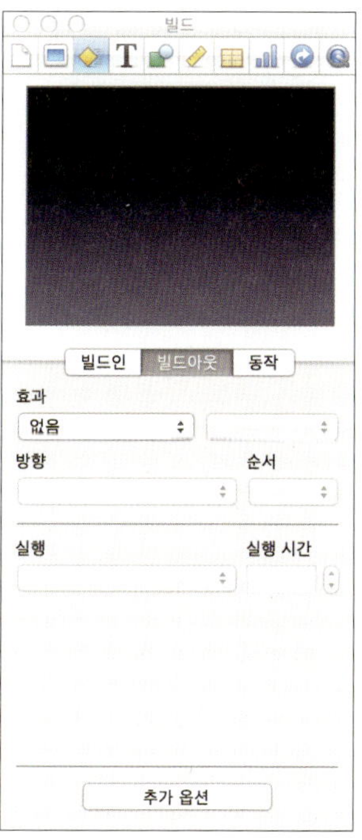

● **[동작] 탭**

동작 효과는 빌드인, 빌드아웃과 함께 개체에 추가할
수 있는 효과로 빌드인과 빌드아웃 효과를 강조하기
위해 적용할 수 있는 효과입니다. 참고로 동작 효과는
빌드인과 빌드아웃처럼 나타나고 사라지는 효과가 아
닌 개체를 이동시키거나 확대, 축소 혹은 불투명도를
주는 등 각각의 개체에 개별적으로 줄 수 있습니다.

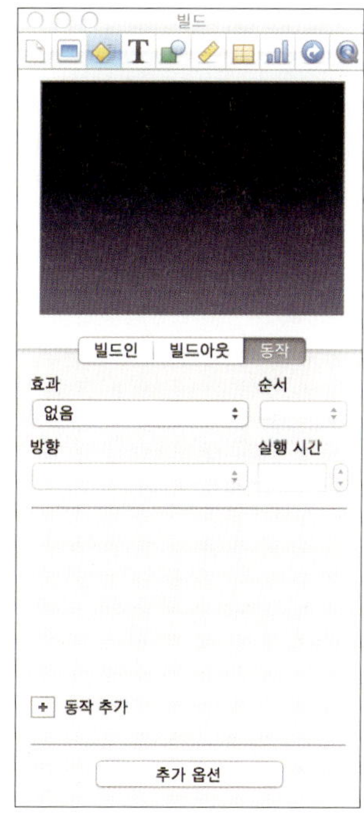

텍스트 속성 윈도우는 10개의 아이콘 중에서 네 번째 아이콘으로 텍스트와 관련된 다양한 옵션을 지정할 수 있습니다. 텍스트 속성 윈도우는 자주 사용되므로 ⌘ + T 단축키를 기억하고 있는 것이 좋습니다. 단축키를 눌러 텍스트 속성 윈도우를 띄워 작업할 수 있습니다.

● [텍스트] 탭

[텍스트] 탭은 입력한 텍스트의 색상이나 간격, 여백 등을 지정할 수 있습니다. 텍스트 입력 후 가장 많이 사용하는 탭으로 특히 텍스트 사이의 간격이나 여백 등을 설정할 때 주로 사용합니다.

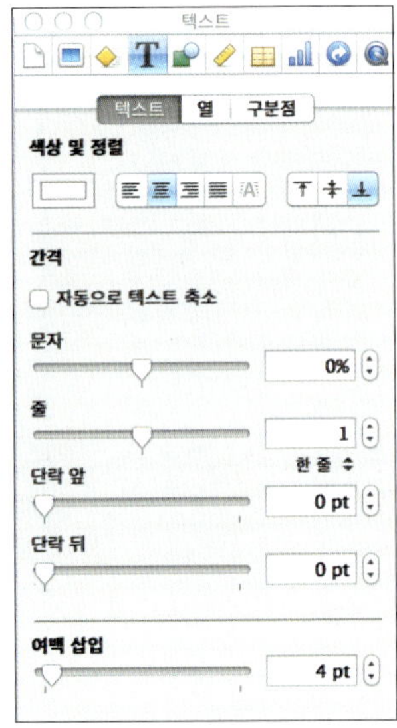

● [열] 탭

[열] 탭에서는 텍스트 상자의 단을 나눠 내용을 입력하거나 [단]의 개수를 조절할 수 있습니다. 특히, 1단으로 구성된 슬라이드를 잡지나 신문 형식처럼 2단이나 3단으로 구성하거나 단의 여백도 쉽게 설정할 수 있습니다.

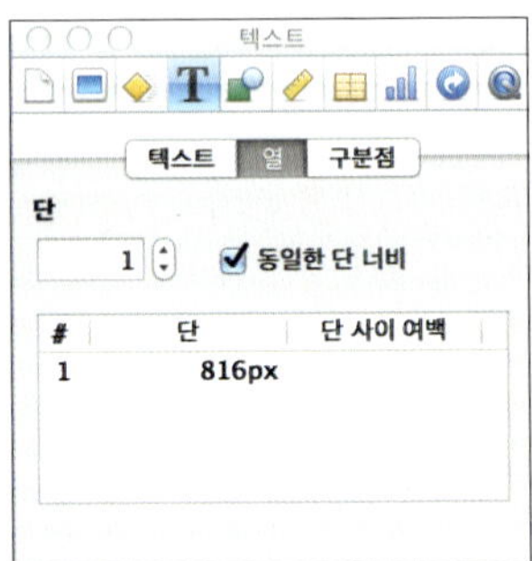

● [구분점] 탭

[구분점] 탭은 글머리 기호를 말하는 것으로 텍스트 상자에 입력한 내용에 텍스트 구분점이나 이미지 구분점 혹은 번호 구분점을 삽입하고 싶을 때 사용합니다. 글머리 기호는 하나의 슬라이드에 많은 내용을 나열해야 할 때 주로 사용되며 아라비아 숫자나 아이콘, 기호 등으로 꾸밀 수 있습니다.

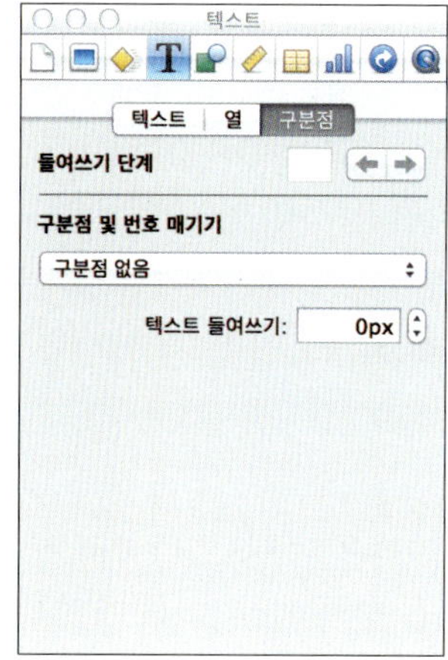

구분점 없이 텍스트 단락 구분하기

[구분점] 탭을 통해 구분점을 삽입하면 return 을 누를 때마다 새로운 구분점이 삽입됩니다. 구분점 없이 텍스트 단락을 구분하고 싶다면 Shift + return 를 누른 후 텍스트를 입력하면 됩니다.

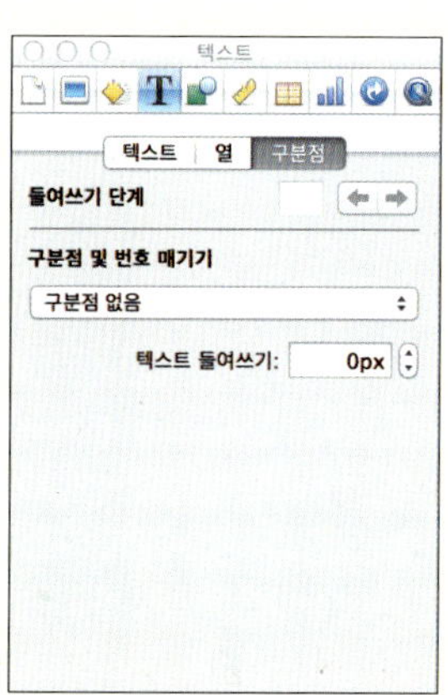

그래픽 속성 윈도우는 10개의 아이콘 중에서 다섯 번째 아이콘으로 도형이나 선에 색상이나 그라디언트, 배경 그림을 채우거나 선이나 그림자, 반사 등의 효과를 줄 수 있습니다. 그래픽 속성 윈도우는 다른 윈도우보다 활용도가 비교적 높은 편인데 도형이나 선을 꾸미거나 변형을 통해 슬라이드에 활기를 불어넣을 수 있습니다.

❶ **채우기** : 삽입한 도형이나 선에 속성을 지정할 수 있습니다.

❷ **선** : 삽입한 선의 속성을 지정할 수 있습니다.

❸ **그림자** : 삽입한 개체에 그림자 속성을 지정할 수 있습니다.

❹ **반사** : 삽입한 개체에 반사 효과를 지정할 수 있습니다.

❺ **불투명도** : 삽입한 개체에 불투명도를 지정해 투명한 개체로 만들 수 있습니다.

측정기 속성 윈도우는 10개의 아이콘 중에서 여섯 번째 아이콘으로 개체의 크기를 변경하거나 위치를 지정할 수 있습니다. 슬라이드에 삽입한 각종 개체의 위치를 변경하거나 각도 조절이 필요할 경우 사용할 수 있으며, 특히 개체의 세밀한 크기 변경 혹은 위치 조정이 필요할 때 주로 사용합니다.

❶ **파일 정보** : 선택한 개체의 파일 정보가 나타납니다.

❷ **크기** : 개체의 정확한 크기를 확인하거나 수치를 입력하여 크기를 변경할 수 있습니다. [비율 유지]에 체크 표시를 하면 가로, 세로 비율이 일정하게 조절되며, [원래 크기]를 클릭하면 처음의 크기로 자동 변경됩니다.

❸ **위치** : 선택한 개체의 X, Y 좌표 위치를 표시하며, 좌표 위치를 입력하여 위치를 이동할 수 있습니다.

❹ **회전** : 선택한 개체에 회전을 주거나 뒤집기 할 수 있습니다.

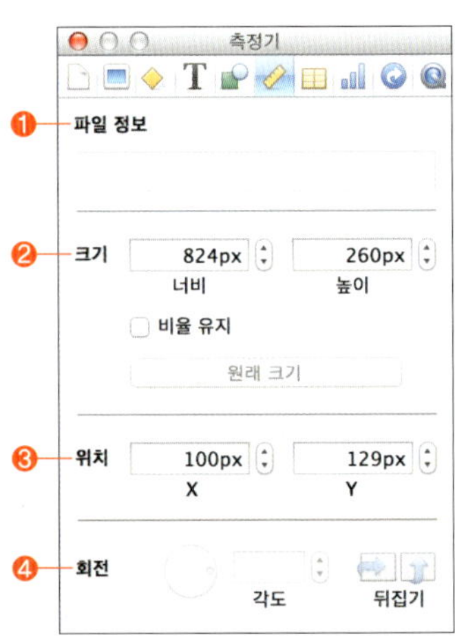

표 속성 윈도우는 10개의 아이콘 중에서 일곱 번째 아이콘으로 삽입한 표의 행이나 열을 추가하거나 열 너비, 행 높이 등을 지정할 수 있습니다.

● [표] 탭

[표] 탭에서는 본문 행이나 열의 개수를 지정하거나 머리말 및 꼬리말, 열 너비 및 행 높이 등을 지정할 수 있습니다. 삽입한 표는 슬라이드 서식에 따라 색상이나 글꼴이 다르게 표현됩니다. 그렇기에 [표] 탭을 통해 표 서식에 변화를 주는 것이 필요합니다.

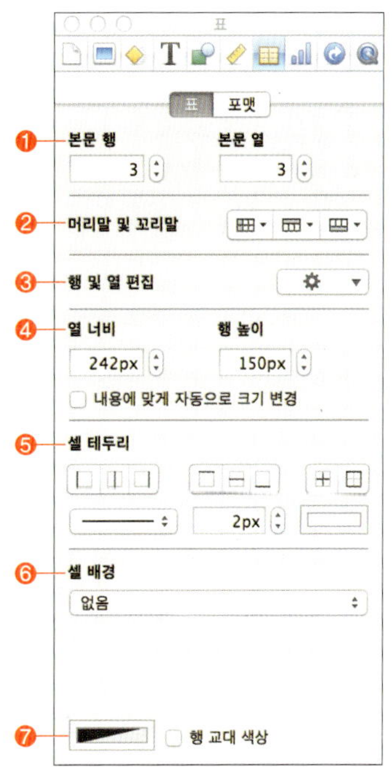

❶ **본문 행/본문 열** : 본문 행이나 열의 개수를 지정할 수 있습니다.

❷ **머리말 및 꼬리말** : 머리말 및 꼬리말 옵션을 지정할 수 있습니다.

❸ **행 및 열 편집** : 행이나 열을 편집합니다.

❹ **열 너비/행 높이** : 열 너비를 비롯해 행 높이를 지정할 수 있습니다. '내용에 맞게 자동으로 크기 변경'에 체크 표시를 하면 열 너비, 행 높이를 지정하지 않아도 내용에 맞게 자동으로 열이나 행 크기가 변경됩니다.

❺ **셀 테두리** : 셀 테두리를 투명하게 지정하거나 원하는 색상으로 변경하거나 두께 등을 지정할 수 있습니다.

❻ **셀 배경** : 표의 배경을 지정할 수 있습니다.

❼ **대체 행 색상/행 교대 색상** : 대체 행 색상을 지정하거나 표에 교대로 음영을 지정할 수 있습니다.

● [포맷] 탭

[포맷] 탭에서는 숫자나 통화, 백분율과 같은 셀 포맷을 비롯해 함수 등을 설정할 수 있습니다. 엑셀과 같은 스프레드시트 프로그램에서만 계산이나 소건 포맷을 지정할 수 있는 것은 아닙니다. 함수를 이용해 합계, 평균 등을 구하거나 소숫점 이하 자리수를 지정하는 등 생각보다 유용한 표 기능을 담당하는 탭입니다.

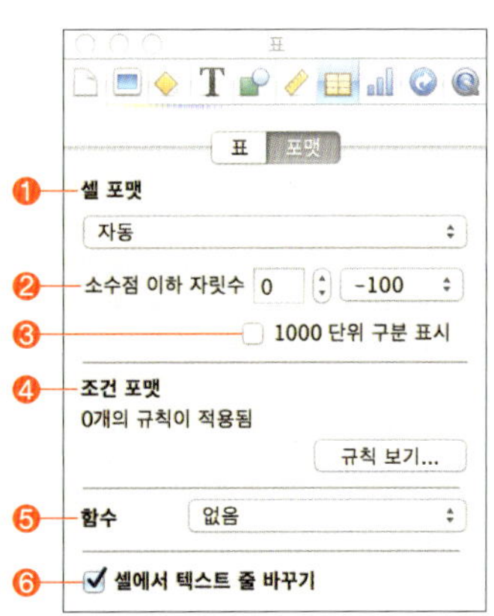

❶ **셀 포맷** : 각각의 셀에 입력된 내용에 숫자나 통화, 백분율, 텍스트 등 포맷을 변경할 수 있습니다.

❷ **소수점 이하 자릿수** : 소수점 이하 자릿수를 지정할 수 있습니다.

❸ **1000 단위 구분 표시** : 천 단위마다 구분 표시를 지정할 수 있습니다.

❹ **조건 포맷** : 다음과 같음, 다음과 같지 않음, 다음보다 큼, 다음보다 작음 등 조건 포맷을 지정할 수 있습니다.

❺ **함수** : 합계, 평균, 최소, 최대 등 엑셀에서 적용할 수 있는 함수를 표에도 지정할 수 있습니다.

❻ **셀에서 텍스트 줄 바꾸기** : 셀에서 텍스트 줄 바꾸기를 지정할 수 있습니다.

08 차트 속성 윈도우

차트 속성 윈도우는 10개의 아이콘 중에서 여덟 번째 아이콘으로 삽입한 차트의 차트 모양을 변경하거나 3차원 효과를 주는 등 다양한 속성을 지정할 수 있습니다.

● [차트] 탭

[차트] 탭은 차트 사이의 간격을 조절하거나 막대 모양 등을 지정할 수 있습니다. 또한, 3차원 효과를 지정할 수도 있습니다.

❶ **제목 보기/범례 보기** : 차트에 제목이나 범례를 표시하거나 삭제할 수 있습니다.

❷ **막대 포맷** : 막대 사이의 간격이나 세트 사이의 간격을 조절할 수 있습니다.

❸ **3D 장면** : 차트에 3차원 효과를 지정할 수 있는데 차트의 방향을 자유롭게 변경하거나 입체감을 늘리거나 줄일 수 있습니다.

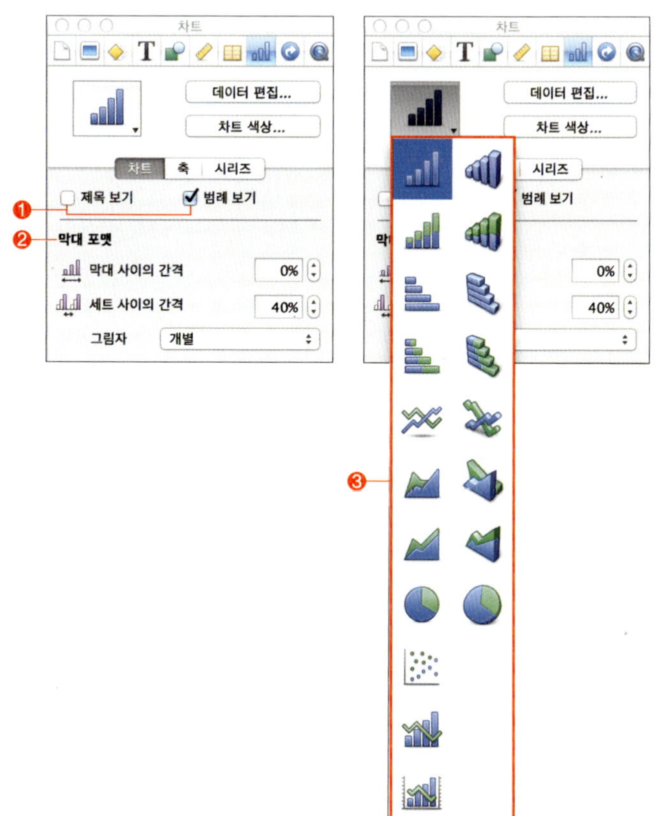

● [축] 탭

[축] 탭에서는 X축을 비롯하여 Y축의 값을 조절할 수 있습니다.

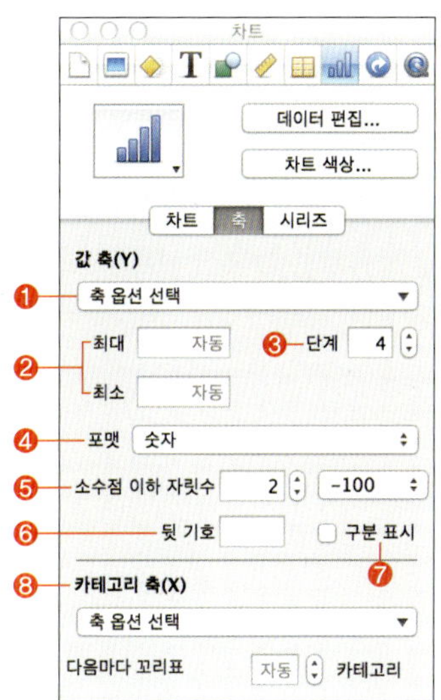

❶ **값 축** : 값 축의 옵션을 선택할 수 있습니다.

❷ **최대/최소** : 자동으로 지정된 값을 임의로 지정할 수 있습니다.

❸ **단계** : 단계를 변경할 수 있습니다.

❹ **포맷** : Y축에 표시된 카테고리 값을 숫자나 통화, 백분율 등으로 변경할 수 있습니다.

❺ **소수점 이하 자릿수** : 소수점 이하 자릿수를 변경할 수 있습니다.

❻ **뒷 기호** : 뒷 기호를 지정할 수 있습니다.

❼ **구분 표시** : 구분 표시에 체크표시를 하여 차트에 구분 표시를 지정할 수 있습니다.

❽ **카테고리 축** : 카테고리 축 옵션을 선택할 수 있습니다.

● [시리즈] 탭

[시리즈] 탭에서는 차트의 각 항목에 수치 값을 지정하거나, 위치를 변경할 수 있습니다.

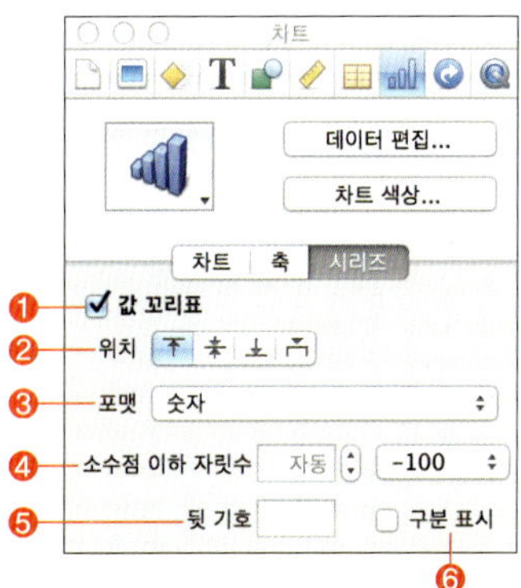

❶ **값 꼬리표** : 값 꼬리표를 지정할 수 있습니다.

❷ **위치** : 값 꼬리표의 위치를 상단, 중간, 하단 중 선택할 수 있습니다.

❸ **포맷** : 값 꼬리표의 포맷을 숫자나 통화, 백분율 등으로 변경할 수 있습니다.

❹ **소수점 이하 자릿수** : 소수점 이하 자릿수를 변경할 수 있습니다.

❺ **뒷 기호** : 뒷 기호를 지정할 수 있습니다.

❻ **구분 표시** : 구분 표시에 체크표시를 하여 차트에 구분 표시를 지정할 수 있습니다.

09 하이퍼링크 속성 윈도우

하이퍼링크 속성 윈도우는 10개의 아이콘 중에서 아홉 번째 아이콘으로 선택한 개체에 하이퍼링크를 걸어 홈페이지 주소로 바로 이동하게 하거나 다른 키노트 파일을 연결할 수 있습니다.

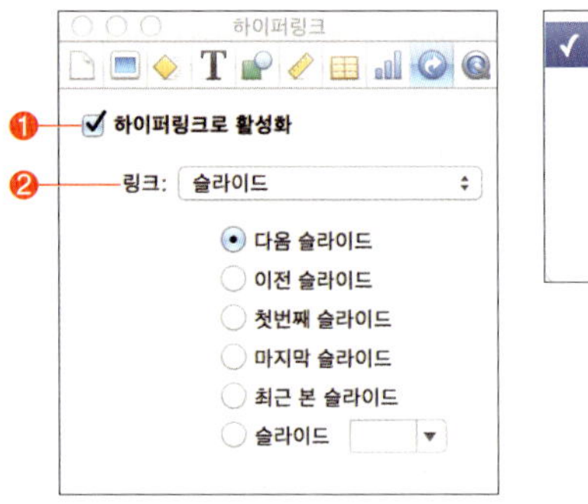

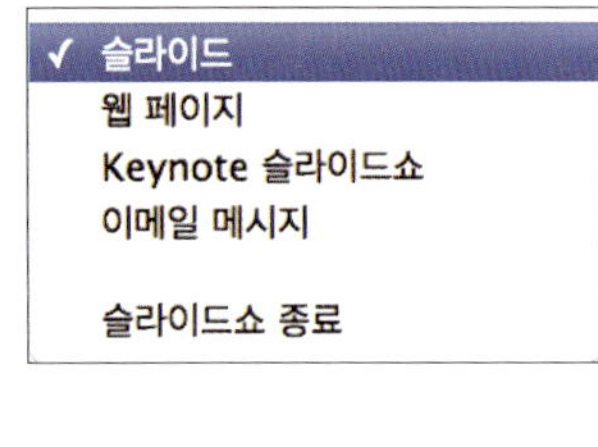

❶ **하이퍼링크로 활성화** : 체크 표시를 하면 텍스트나 그림 등의 개체에 하이퍼링크를 적용할 수 있습니다.

❷ **링크** : 슬라이드, 웹 페이지, Keynote 슬라이드쇼 등으로 링크를 설정할 수 있습니다.

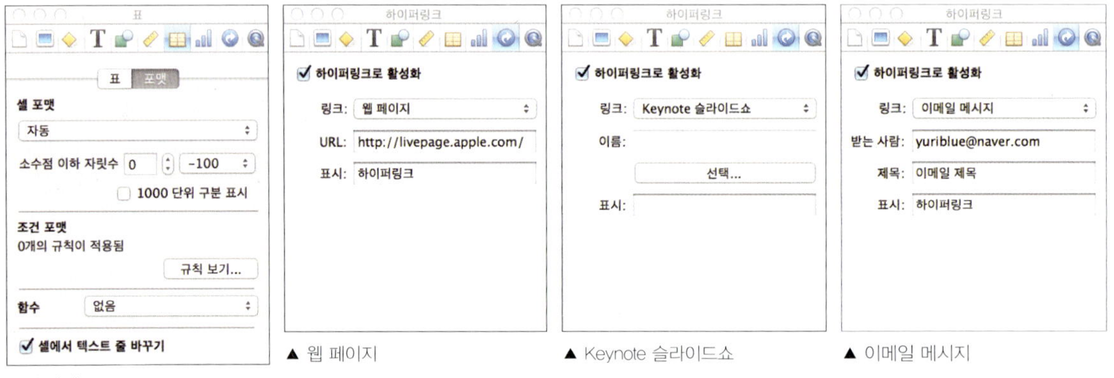

▲ 슬라이드

▲ 웹 페이지

▲ Keynote 슬라이드쇼

▲ 이메일 메시지

10 QuickTime 속성 윈도우

QuickTime 속성 윈도우는 10개의 아이콘 중에서 마지막 아이콘으로 슬라이드에 삽입한 동영상을 조절하거나 시작 지점과 끝 지점을 선택해 필요한 부분만 재생할 수 있습니다.

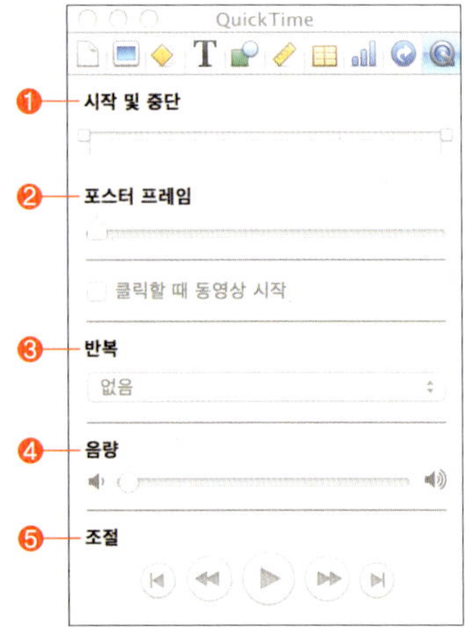

❶ **시작 및 중단** : 선택한 동영상의 시작 지점과 끝 지점을 선택해 필요한 부분을 재생할 수 있습니다.

❷ **포스터 프레임** : 원하는 위치를 지정해 동영상 표지를 선택할 수 있습니다.

❸ **반복** : 동영상을 반복 재생할지 선택할 수 있습니다.

❹ **음량** : 동영상의 음량을 조절할 수 있습니다.

❺ **조절** : 재생 및 빨리 감기, 되감기 등 재생 관련 조절을 할 수 있습니다.

프레젠테이션을 완성시켜주는 도구

프레젠테이션을 완성시켜주는 도구나 프로그램은 무수히 많습니다. 물론, 이 책에서는 키노트에 대해서 살펴보고 있지만 이 외에도 한쇼, 프레지, 파워포인트 등 프레젠테이션을 위한 도구는 우리가 알고 있는 것보다 많습니다.

국내의 경우 파워포인트의 영향력이 그 어떤 프레젠테이션 도구보다도 크다고 할 수 있습니다. 이런 현상은 국내의 프레젠테이션 제작 환경 자체가 맥(Mac)이 아닌 윈도우에서 최적화되어 있으며 파워포인트 위주이기 때문입니다. 그렇다고 하더라도 프레젠테이션을 위한 도구를 파워포인트로 한정할 필요는 없다는 사실은 이 책을 보고 있는 독자라면 충분히 공감하리라 봅니다. 여기서는 프레젠테이션을 위한 도구로 자주 언급되고 사용되는 프로그램을 한번 모아봤습니다. 자신의 프레젠테이션의 목적에 맞게 도구를 적절히 활용해 보시기 바랍니다.

❶ 프레지

프레지는 웹 상에서 프레젠테이션을 실행하고 공유할 수 있는 프레젠테이션 도구입니다. 기존의 프레젠테이션 도구가 한 장 한 장의 슬라이드를 작성하여 순차적으로 보여주는 방식이었다면 프레지는 한 장의 캔버스 위 내용을 펼쳐 놓고 줌 인, 줌 아웃 방식과 Path라는 기능으로 자연스럽게 보여주게 됩니다.

줌 인, 줌 아웃 기능은 애니메이션 효과가 없어도 마치 살아 움직이는 듯한 화면을 구현할 수 있는 특징이 있습니다. 특히, 한 장의 캔버스 위에 모든 내용이 기록되기 때문에 시각적으로 이미지가 끊어지지 않고 자연스럽게 프레젠테이션이 가능합니다. 다만, 그만큼 스토리가 탄탄해야 하며, 창의적인 발상이 없다면 자칫 지루한 프레젠테이션이 될 수 있습니다.

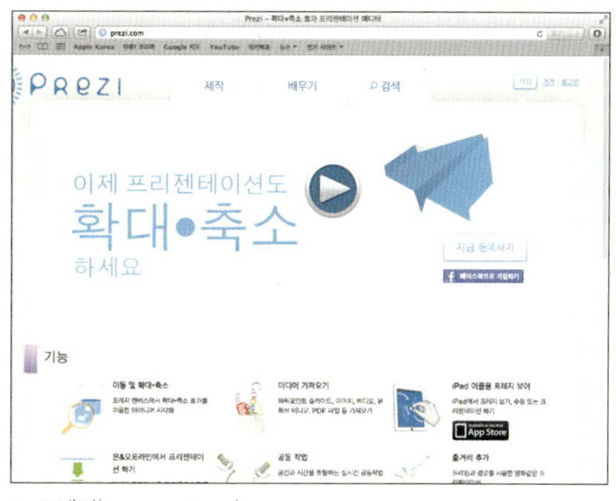

▲ 프레지(www.prezi.com)

프레지는 웹 상에서 만들어지는 프레젠테이션이지만 여타의 프레젠테이션 도구들처럼 사진이나 동영상 첨부도 가능하며, 플래시 파일로도 추출할 수 있습니다. 다만, 100MB 까지만 무료로 제공되며 그 이상은 유료로 전환하여야 합니다. 하지만 프로그램을 내 컴퓨터에 설치할 필요가 없기 때문에 인터넷만 가능한 곳이라면 언제 어디서나 프레젠테이션이 가능하며 프레지 홈페이지 상에 본인만의 공간에 자료를 업로드할 수 있기 때문에 여러 사람들과 내용을 공유하거나 메일로 배포할 수도 있습니다.

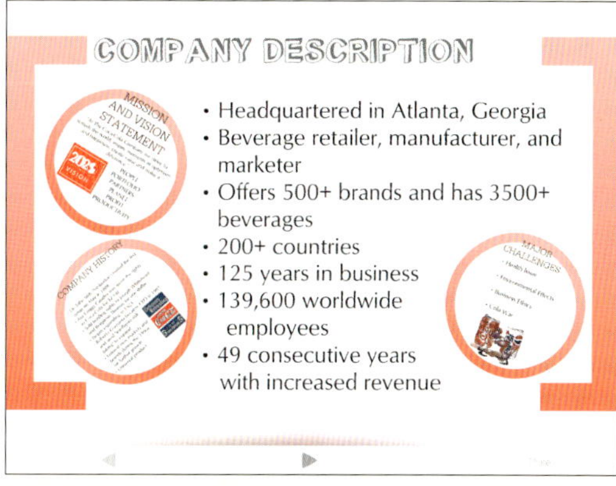

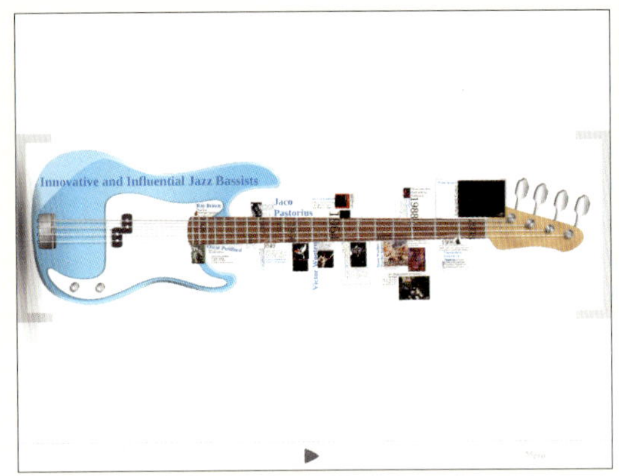

▲ 출처 : 프레지(www.prezi.com)

프레지를 사용하기 위해서는 프레지 홈페이지(http://www.prezi.com)에 접속하여 Public, Enjoy, Pro 등 일반용 계정과 Edu Enjoy, Edu Pro 등 교육용 계정으로 가입하면 됩니다. 일반용 계정은 무료로 사용할 수 있는 Public 계정과 유료로 사용할 수 있는 Enjoy, Pro 계정으로 구성되어 있으며, 학생과 교사를 위한 교육용 계정은 학생이나 교사를 대상으로 보다 저렴하게 프레지를 사용할 수 있도록 제공됩니다.

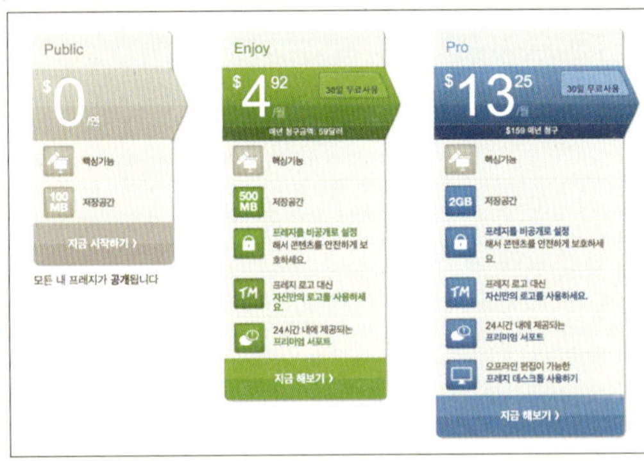

❷ 슬라이드 로켓

고급스러운 애니메이션 효과와 디자인을 손쉽게 만들 수 있는 슬라이드 로켓(http://www.sliderocket.com)은 파워포인트로만 프레젠테이션을 할 수 있다는 고정관념을 깰 수 있는 유용한 프레젠테이션 도구입니다.

SlideRocket Lite 버전은 무료이며, 보다 다양한 기능을 사용하려면 SlideRocket Pro를 구매하는 것이 좋습니다.

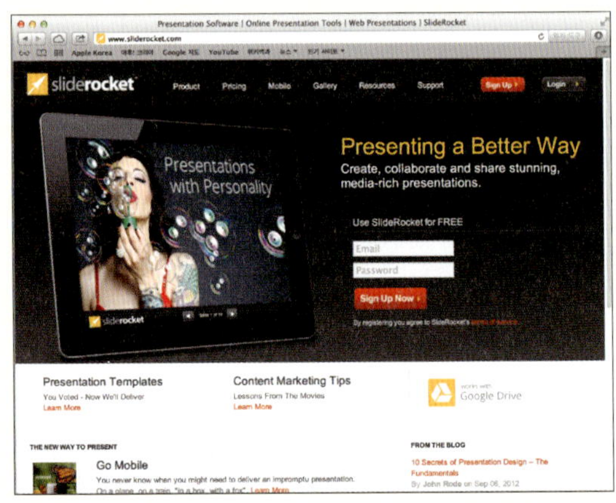

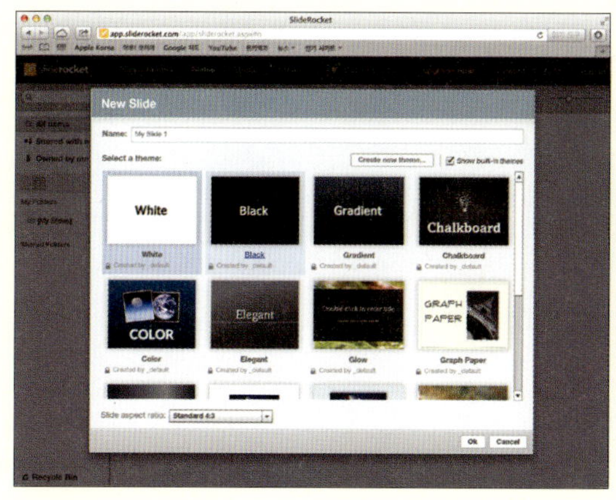

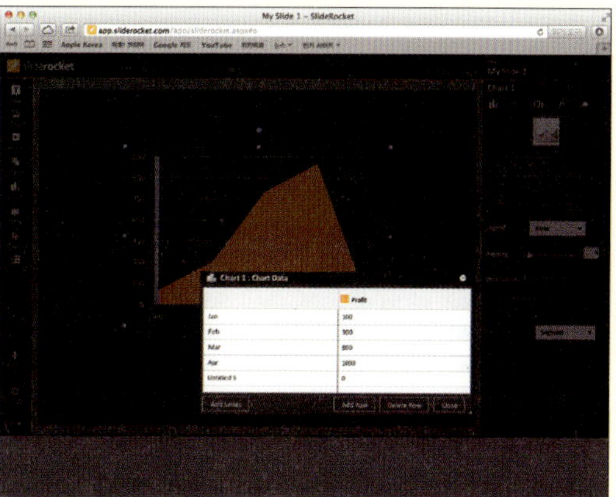

❸ 한쇼 2010 (윈도우용)

한쇼는 파워포인트와 거의 흡사한 인터페이스와 사용법을 가지고 있습니다. 쉽고 빠르게 전문가 수준의 프레젠테이션을 만들어 주는 40여 종의 테마와 테마별 활용 슬라이드로 구성된 디자인마당, 그리고 150여종의 디자인 서식을 제공하고 있습니다.

한쇼의 고급 디자인 서식을 활용하면 디자인적인 감각이 없거나 빠르게 슬라이드 작업을 해야 할 경우 유용하게 사용될 수 있는데, 파워포인트와 호환이 되기 때문에 한쇼의 결과물을 파워포인트에 불러 계속 작업할 수 있습니다. [보기] 탭-[작업창]을 클릭한 후 [작업 창 메뉴]에서 [디자인]을 선택하면 150여 종의 다양한 디자인 서식을 선택할 수 있습니다. 전문가의 솜씨가 느껴지는 디자인이 모두 무료로 제공됩니다.

한쇼 2010의 가장 큰 장점은 테마별로 다양하게 적용할 수 있는 디자인마당이 존재한다는 점입니다. 여러 도해나 도형을 직접 제작할 필요노 없으며, 전문가 수준의 디자인을 바로 사용할 수 있습니다. [편집] 탭에서 [디자인마당]을 클릭하면 15개 정도의 슬라이드 도해가 나타납니다. 필요한 디자인을 그대로 사용할 수도 있으며 [모든 디자인을 새 슬라이드로 추가하기]를 클릭하여 한꺼번에 적용할 수도 있습니다.

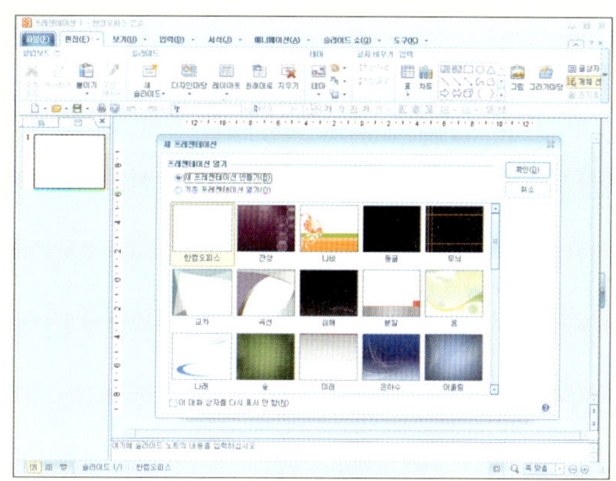

▲ 한쇼 2010

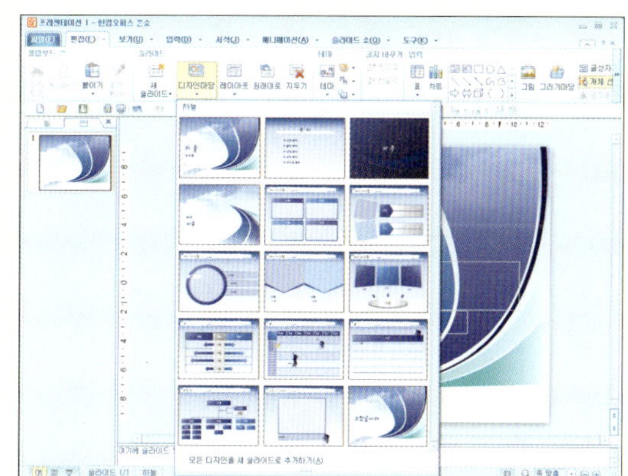

▲ 한쇼 디자인마당

Keynote

02

키노트
디자인하기

이제 본격적으로 키노트 슬라이드를 작성해 보도록 하겠습니다. 키노트는 다른 프레젠테이션 도구와 달리 직관적으로 개체를 선택하고 구성할 수 있습니다. 생각보다 단순해 보이는 메뉴와 속성 윈도우를 가지고 여러 기능을 조합해 다른 프레젠테이션 도구가 할 수 없는 다양한 모션 및 디자인을 적용해 보도록 하겠습니다.

01 텍스트 슬라이드 디자인하기

프레젠테이션의 슬라이드 제작의 기본은 텍스트 디자인입니다. 어떤 서체를 선택할 것이고 가독성과 판독성을 고려한 서체의 크기, 그리고 글자와 글자 사이의 간격이나 정렬은 어떻게 할 것인지 선택하는 것만으로도 성공적인 프레젠테이션 혹은 실패하는 프레젠테이션이 될 수 있습니다.

01 서체 선택의 중요성

슬라이드 작업을 할 때 서체를 선택하는 일은 매우 중요합니다. 시각적인 속성을 지니고 있는 서체는 슬라이드 전체에 동일하게 들어가는 요소이기 때문에 잘못 선택한 서체는 전체 슬라이드를 망치게 되는 요소가 되기도 합니다.

마이크로소프트사의 경우 파워포인트 2007 버전부터 맑은 고딕이라는 서체가 기본 설정됩니다. 맑은 고딕은 비교적 완성도가 높고 보편적으로 사용하던 HY 견고딕이나 유료로 구매하여 사용하던 RIX 고딕, 윤고딕체 등과 비슷한 시각적인 속성을 가지고 있어 높은 가독성을 가져올 수 있습니다. 국내 프레젠테이션 프로그램인 한쇼 2010의 경우에도 프레젠테이션에 적합한 함초롬체를 기본 제공하고 있습니다.

키노트의 경우 아쉽게도 고딕체 이외에는 설정하여 사용할 수 있는 한글 서체가 없습니다. 키노트가 한글 서체를 다양하게 제공하지는 않지만 다행히 인터넷 상에는 유명 포털이나 기업체에서 자사의 아이덴티티가 묻어있는 서체를 무료로 제공하는 사례가 많아지고 있습니다. 맥(Mac)용으로 제공되는 경우도 많기에 이를 사용하면 서체에 대한 고민은 덜어낼 수 있습니다.

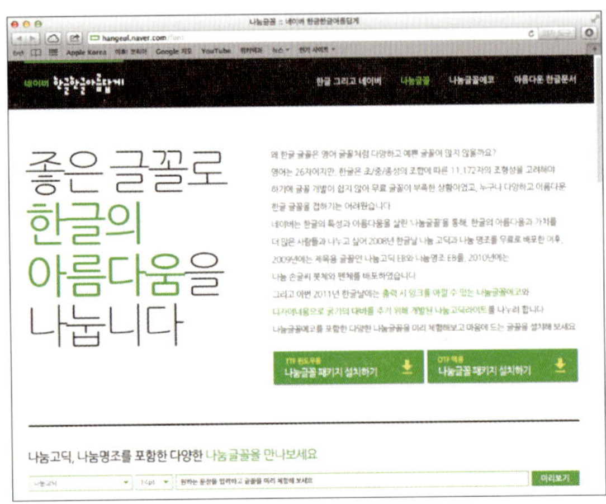

▲ 나눔글꼴체

▲ 다음체

유명 포털이나 기업체에서 자사 서체 공유는 기업의 공익성을 높이는 측면도 있지만 아무래도 자사 서체를 공유함으로써 서체 브랜딩을 구축하고자 하는 목적이 가장 크리라 봅니다. 이제는 나눔체나 다음체 등을 인터넷 홈페이지나 블로그, 그리고 인쇄물 등에서도 흔히 볼 수 있으며 이 서체를 사용해 본 적이 있는 사람, 혹은 디자인 종사자라면 서체를 보는 순간 제일 먼저 네이버나 다음이 떠오르게 될 것입니다. 목적이 어떻든 서체 공개는 이를 사용하는 사용자 측면에서는 매우 반가운 소식일 것입니다.

프레젠테이션 작업시 주로 사용되는 무료 서체

생각보다 인터넷상에는 무료로 다운로드 받아 사용할 수 있는 서체가 많습니다. 이를 설치하여 프레젠테이션 작업시 유용하게 활용해 보기 바랍니다. 일부는 맥용이 아닌 윈도우용으로 제공되고 있으니 참고하기 바랍니다.

- **나눔체** : http://hangeul.naver.com/font
- **다음체** : http://info.daum.net/Daum/info/introduceOfCl.do
- **서울 남산/한강체** : http://design.seoul.go.kr/dscontent/designseoul.php?MenuID=490&pgID=237
- **조선일보 명조체** : http://font.chosun.com/
- **한겨레신문 결체** : http://www.hanmalgal.org/
- **헤움체** : http://www.heumm.com/bbs/board.php?bo_table=download
- **한컴 함초롱체** : http://www.hancom.co.kr/downLoad.downView.do?targetRow=1&seqno=3136&mcd_save=005
- **제주도 제주서체** : http://www.jeju.go.kr/contents/index.php?mid=010212
- **윤바탕/윤고딕체** : http://yoonfont.co.kr/yfi/
- **한글 상상체** : http://yoonfont.co.kr/2008SS/

---

02 가독성과 판독성에 고려한 서체와 크기

슬라이드 제작시 가장 고려해야하는 사항이 바로 "가독성"입니다. 선택하는 서체의 종류와 서체의 크기에 따라 가독성에 많은 차이가 날 수 있습니다. 먼저 주로 사용하는 서체의 종류와 크기에 따라 어떤 느낌이 나는지 한번 살펴보도록 하겠습니다.

● 가독성

가독성이란 시야에 보이는 텍스트 등의 개체를 얼마나 빨리 쉽게 읽을 수 있느냐를 말합니다. 프레젠테이션에서 일명 신명조체라고 불리는 세리프체를 사용하지 않는 것도 바로 가독성 때문입니다.

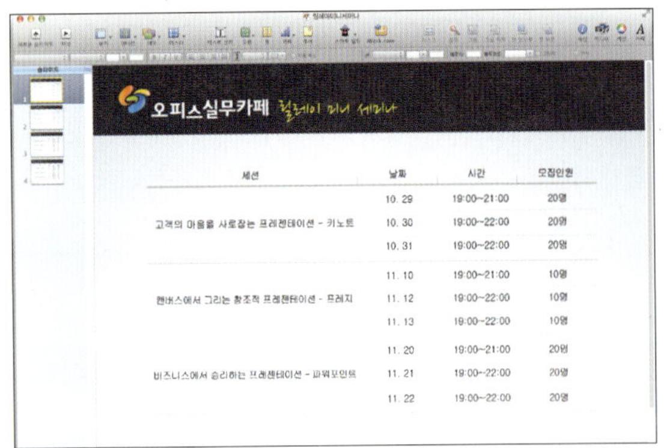

▲ 키노트 기본 제공 서체 – 굴림체

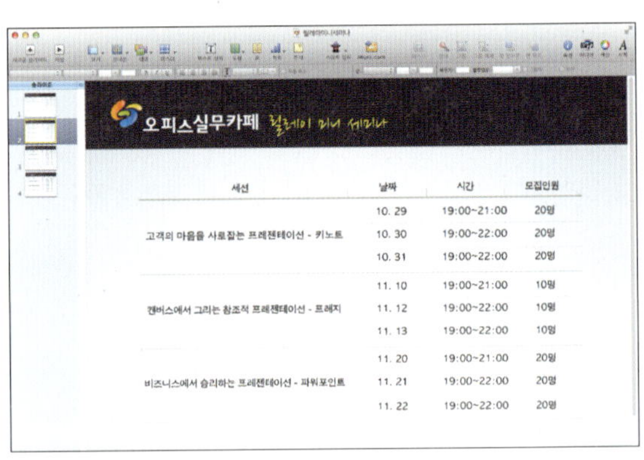

▲ 키노트 기본 제공 서체 – 고딕체

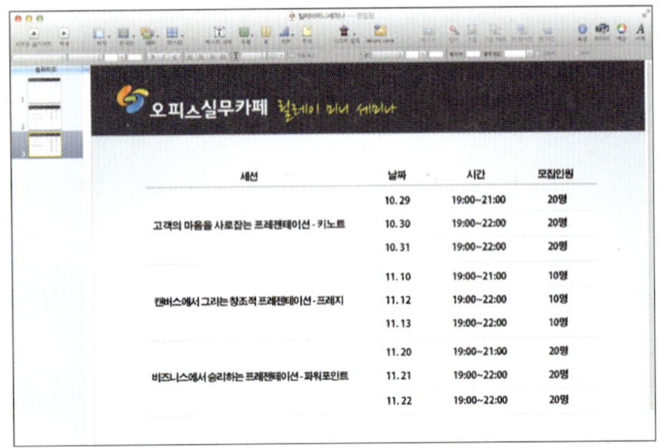

▲ 키노트 사용 가능 서체 – Adobe 고딕체

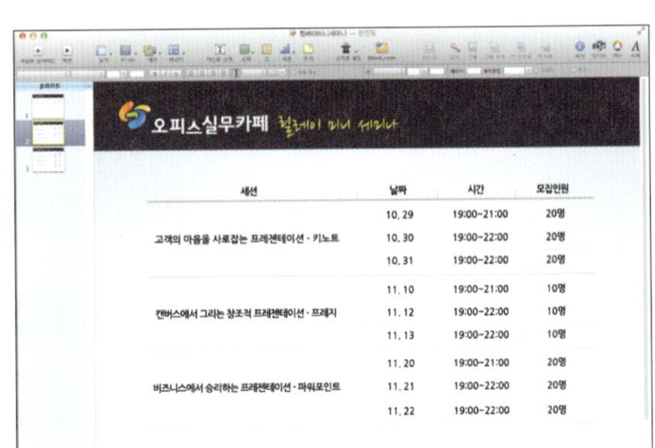

▲ 맥(Mac) 무료 배포 서체 – 나눔체

세리프체는 상하의 획에 붙이는 가는 장식 선을 의미하는데 장식 선으로 인해 서체가 미려해질 수는 있지만 주목도를 떨어뜨리는 우를 범할 수 있습니다. 그렇기에 세리프체는 문서용 글씨체로서 문서 편집이나 잡지, 신문 등 인쇄용도로 적합합니다.

프레젠테이션에서는 이런 문제로 인해 세리프체보다는 산(san)세리프체를 주로 사용합니다. 일명 고딕체라고 불리는 산세리프체는 상하의 획이 없는 서체로서 딱딱한 느낌이 드는 서체입니다. 세리프체가 반영된 명조체보다는 산세리프체가 반영된 나눔체나 다음체가 읽기 수월해 보이는 것도 고딕체 계열이 주목도가 높기 때문입니다.

▲ 세리프체와 산세리프체

● **판독성**

서체를 선택할 때는 판독성도 고려해야 합니다. 판독성이란 얼마나 빨리 판단할 수 있느냐를 말합니다.

서체를 선택할 때에는 가독성과 판독성에 유념해야 하며 서체에 따른 크기도 생각해야 하는데, 여러 의견이 있긴 하지만 프레젠테이션을 할 경우 14pt 이하의 글꼴은 사용해서는 안됩니다. 14pt 이하의 서체는 스크린에 투과하였을 때 먼 거리에서는 명확하게 어떤 글인지를 확인할 수 없기에 가독성과 판독성이 좋다, 좋지 않다를 평가할 수조차 없을 듯합니다.

여러 의견들이 있지만 프레젠테이션을 할 때 서체의 크기 가이드라인은 다음과 같습니다. 참고로, 서체 크기에 정확한 정답은 없습니다. 프레젠테이션의 구조와 디자인에 따라 적절한 크기로 작업을 하면 됩니다.

글꼴의 크기

① 표지 제목 : 44pt

② 목차 및 간지 : 36~40pt

③ 슬라이드 제목 : 30~34pt

④ 슬라이드 소제목 : 20~22pt

⑤ 슬라이드 내용 : 14~18pt

03 글자와 글자 사이의 간격, 자간

서체의 종류나 서체의 크기를 어떻게 선택하느냐에 따라 가독성과 판독성을 높여줄 수 있지만 글자와 글자 사이의 간격을 뜻하는 자간을 적절히 조절해도 가독성과 판독성을 높여줄 수 있습니다.

키노트의 기본 자간은 0%입니다. 만일 자간이 마이너스(−)가 되면 글자와 글자 사이의 간격이 줄어들며, 자간이 플러스(+)가 되면 글자와 글자 사이의 간격이 늘어납니다. 서점에서 책을 고를 때에도 잘 읽혀지는 책이 있는가 하면 잘 읽혀지지 않는 책도 있는데 이는 자간의 간격 때문인 경우가 많습니다.

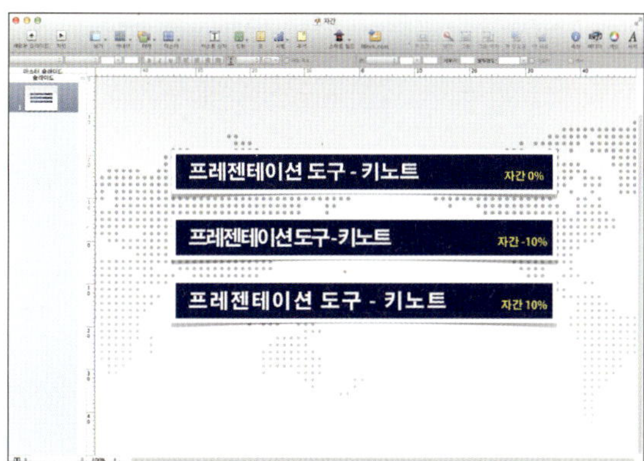

▲ 자간에 따른 텍스트 길이 비교

포토샵 등에서 텍스트 작업을 할 때 보통 자간의 간격을 −5% 혹은 −10%, 서체에 따라서는 −20% 까지 주는 이유는 가독성을 높여주기 위한 방안이자 보다 나은 디자인을 위한 방안이 되기도 합니다.

키노트에서 서체의 자간을 변경하기 위해 [도구 막대]에서 [속성] 아이콘을 클릭한 후 [텍스트] 아이콘을 선택합니다. 문자 입력란에 자간 간격을 입력하거나 조절 단추를 드래그하여 자간 간격을 조절합니다. 왼쪽으로 이동할수록 자간이 좁아지고, 오른쪽으로 이동할수록 자간이 넓어집니다.

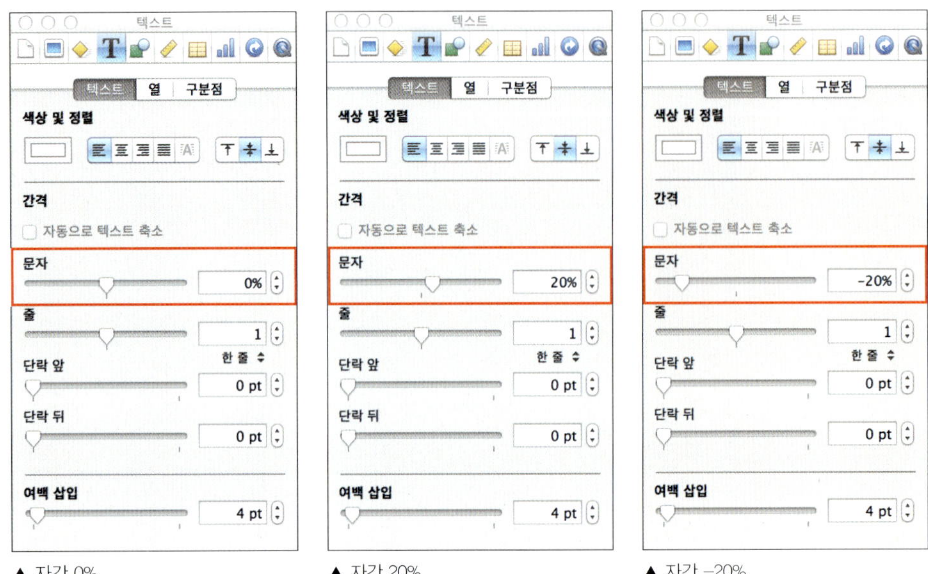

▲ 자간 0%　　　　▲ 자간 20%　　　　▲ 자간 −20%

04 자동설치나 서체 관리자로 서체 설치하기

앞에서도 언급했지만 프레젠테이션 작업시 서체를 선택하는 것은 매우 중요합니다. 시각적인 속성을 지닌 서체는 전체 페이지에 동일하게 들어가는 요소이기 때문에 잘못 선택한 서체는 전체 프레젠테이션을 망치게 되는 요소가 되기도 합니다.

여기서는 네이버의 '나눔체', 다음의 '다음체' 등을 무료로 다운로드 받아 사용해 보도록 하겠습니다. 우리가 가장 많이 접하는 디자인 요소가 바로 텍스트, 즉 서체이므로 멋진 서체를 선택하는 것이야말로 디자인적으로 한 단계 업그레이드되는 요소라고 것을 명심하고 프레젠테이션 요소에 어울리는 서체를 어떻게 선택할 것인지 고민해 보기 바랍니다.

● 네이버 나눔체 설치하기

나눔체를 설치하고 싶다면 나눔체 제공 홈페이지인 http://hangeul.naver.com/font에 접속한 후 지시하는 대로 설치하면 컴퓨터에 자동으로 설치가 완료됩니다.

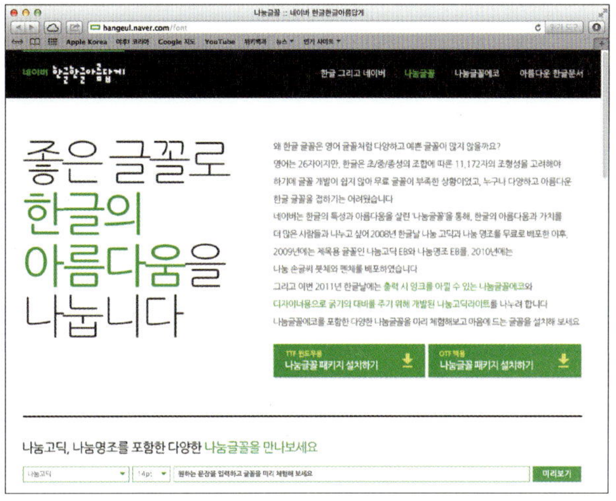

▲ 네이버 나눔체 다운로드 사이트

1. 'http://hangeul.naver.com/font' 에 접속한 후 맥(Mac) 용을 설치합니다

2. 다른 프로그램을 설치하는 것과 동일하게 사용자 환경에 맞춰 설정을 따라해 가며 설치합니다.

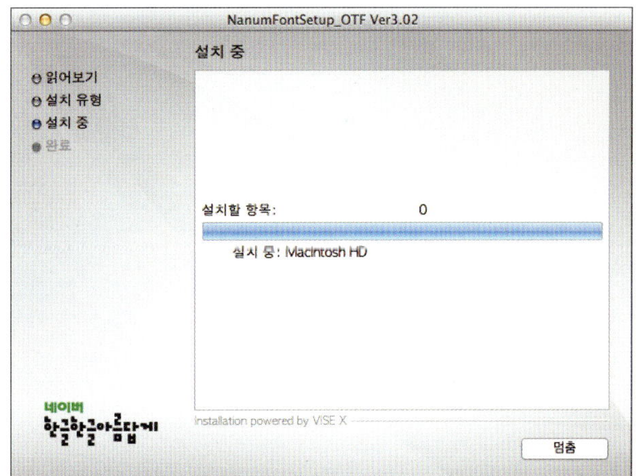

3. 제대로 설치되었는지 키노트에서 확인합니다.

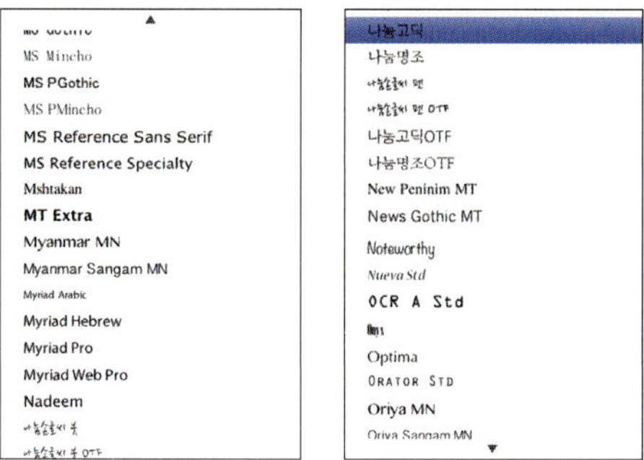

● 서체 관리자로 다음체 설치하기

다음 포털에서 제공하는 다음체의 경우 네이버 나눔체처럼 자동으로 설치를 지원하지 않습니다. 이럴 경우에는 서체를 먼저 다운로드 한 후 [서체 관리자]를 이용하면 됩니다.

1. 'http://info.daum.net/Daum/info/introduceOfCI.do' 접속한 후 서체를 다운로드 받습니다.

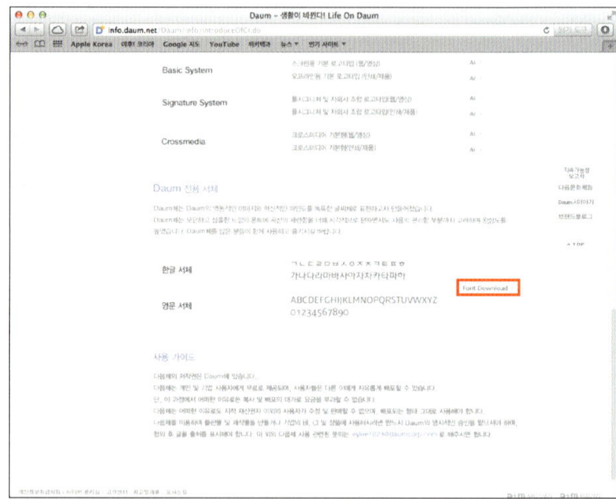

2. [Finder]–[응용 프로그램]–[서체 관리자]를 실행합니다.

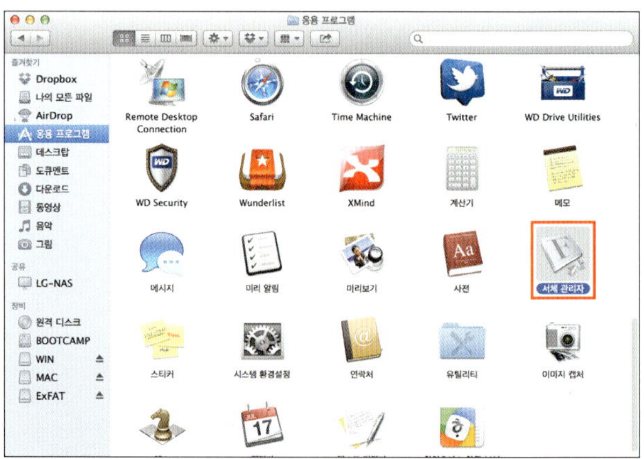

3. [서체 관리자] 창이 나타나면 아래쪽 가운데에 위치한 [+]를 클릭합니다.

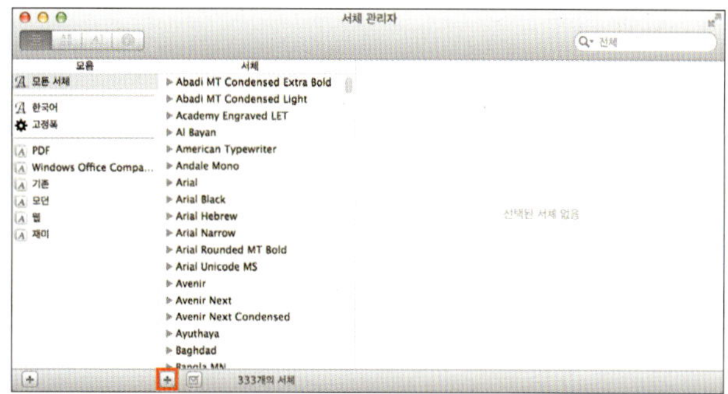

4. 설치할 서체가 있는 폴더를 선택합니다. [열기]를 클릭하여 설치합니다.

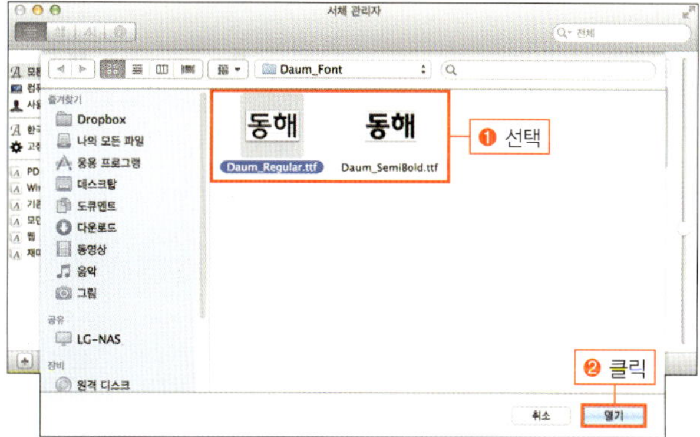

5. 다음체가 설치되었는지 [서체 관리자] 창에서 확인합니다.

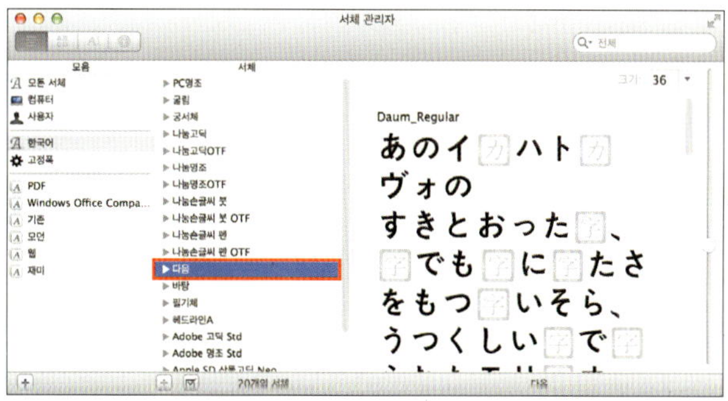

● 서체 그룹 만들기

슬라이드를 만들 때 사용하는 서체만을 나만의 서체 그룹으로 만들어 활용할 수 있습니다. 키노트에 사용할 서체는 보통 몇 가지 안 되기 때문에 서체 그룹으로 만들어 놓으면 편하게 텍스트 작업을 할 수 있습니다.

1. [Finder]-[응용 프로그램]-[서체 관리자]를 실행하여 [서체 관리자] 창을 불러옵니다. [서체 관리자] 창이 나타나면 아래 왼쪽에 위치한 [+]를 클릭합니다.

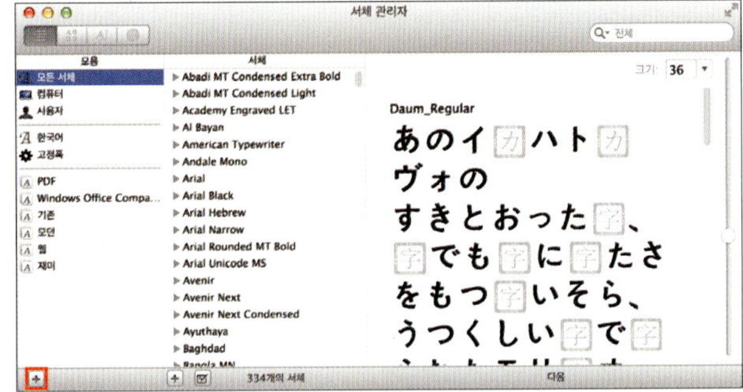

2. [모음] 영역에 [이름없는 서체 모음] 그룹이 생기면 더블 클릭하여 이름을 『키노트』로 변경합니다.

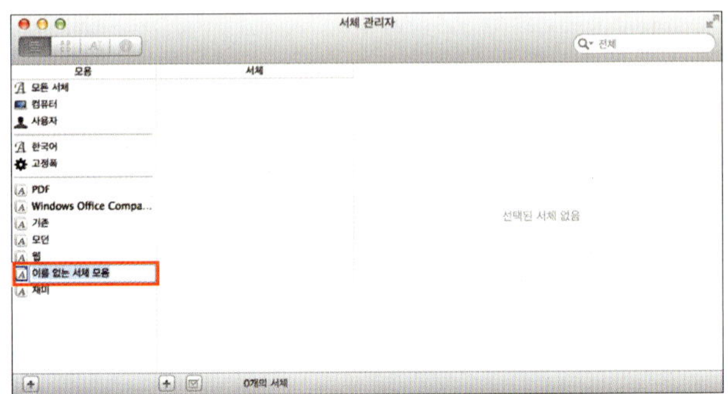

3. [모음] 영역에서 [모든 서체]를 클릭하여 모든 서체를 불러온 후 [시체 목록] 영역에서 기노트에서 사용할 서체를 선택한 후 [키노트] 모음으로 드래그합니다.

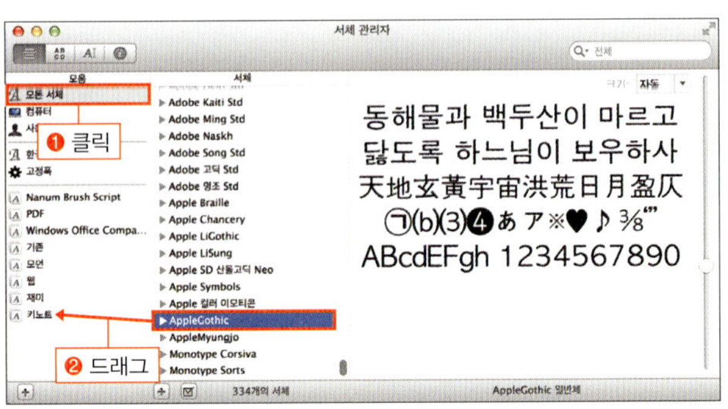

4. [서체 관리자] 창에서 [키노트] 모음을 클릭하면 만들어진 서체 그룹을 확인할 수 있습니다.

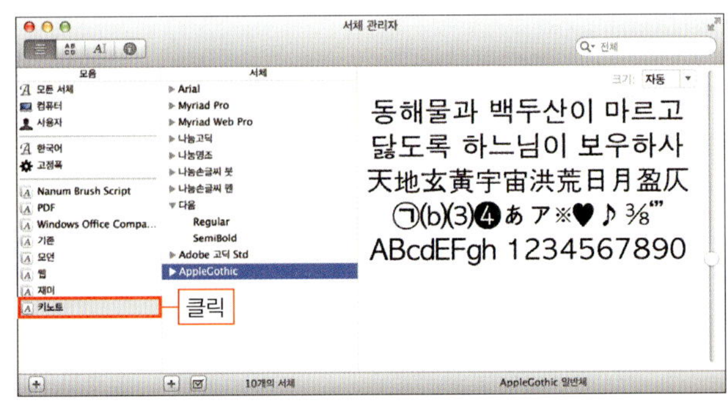

키노트에서 제공하는 44가지 테마슬라이드는 [도구 막대]에서 [새로운 슬라이드]를 클릭하여 추가할 수 있습니다. 슬라이드가 추가되면 해당하는 마스터가 자동으로 설정됩니다. 여기서는 슬라이드를 추가하고 텍스트 개체를 삽입하는 방법에 대해서 살펴보도록 하겠습니다.

Preview

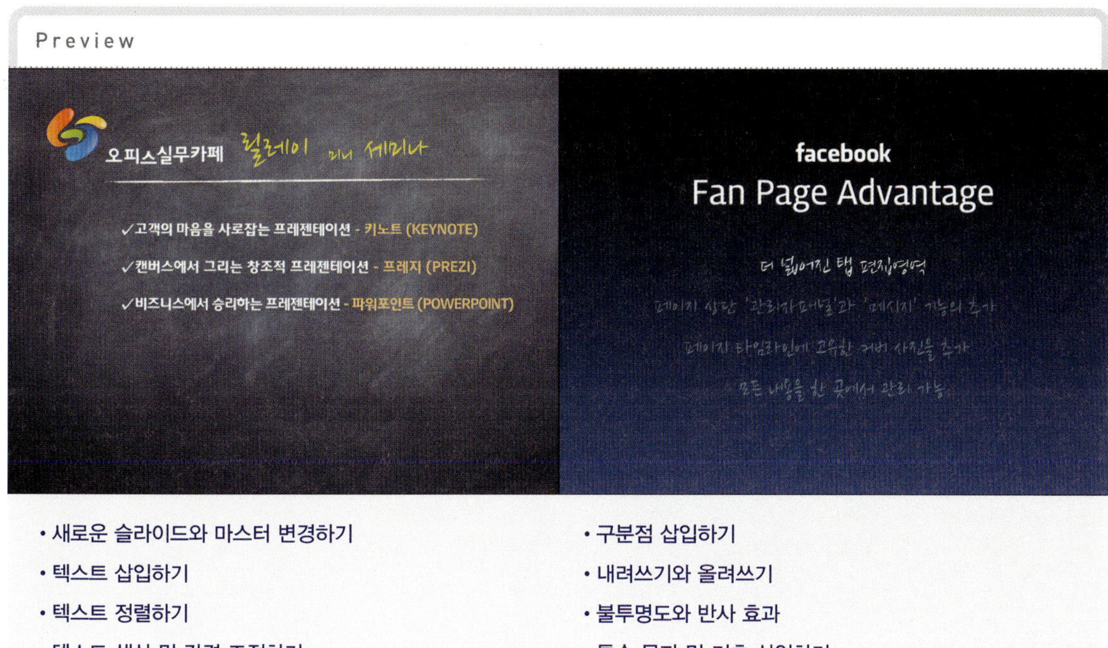

- 새로운 슬라이드와 마스터 변경하기
- 텍스트 삽입하기
- 텍스트 정렬하기
- 텍스트 색상 및 간격 조절하기
- 구분점 삽입하기
- 내려쓰기와 올려쓰기
- 불투명도와 반사 효과
- 특수 문자 및 기호 삽입하기

● 새로운 슬라이드와 마스터 변경하기

[도구 막대]에서 [새로운 슬라이드]를 선택하면 새로운 슬라이드를 쉽게 추가할 수 있습니다. 또한, 슬라이드를 추가하면 마스터가 자동 설정되어 나타나는데, 마음에 들지 않는 마스터를 원하는 마스터로 변경할 수도 있습니다.

1. [도구 막대]에서 [새로운 슬라이드]를 선택합니다.

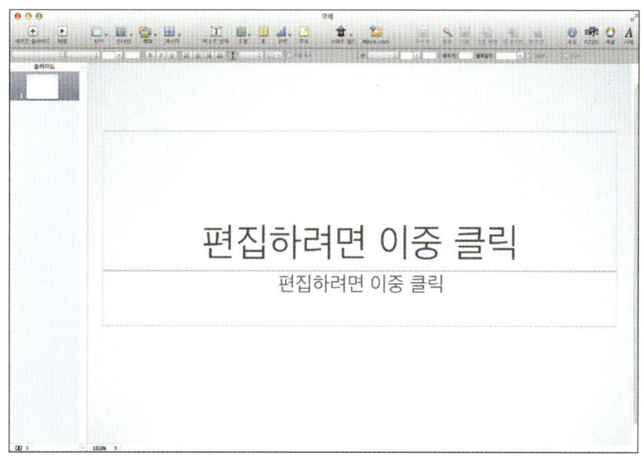

2. 새로운 슬라이드가 추가됩니다. [도구 막대]
에서 [마스터]를 클릭합니다. 선택한 테마에 해당
하는 다양한 마스터가 나타납니다. 원하는 마스
터를 선택합니다. 여기서는 빈 페이지를 선택합
니다.

3. 빈 페이지로 슬라이드의 모양이 변경됩니다.

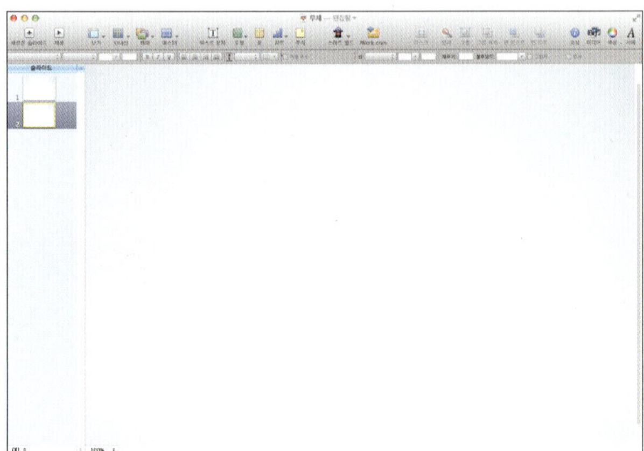

● **텍스트 삽입하기**

텍스트는 슬라이드 작업시 가장 기본이 되는 작업입니다. 색상이나 서체, 줄 간격 등을 텍스트의 스타일을 지정하여 텍스트 슬라이드를 완성해 보겠습니다.

1. 텍스트 상자를 삽입하기 위해 [도구 막대]에서 [텍스트 상자]를 선택합니다. 캔버스에서 텍스트 상자가 입력되면 내용을 입력한 후 모양 조정 핸들을 드래그하여 위치를 조절합니다.

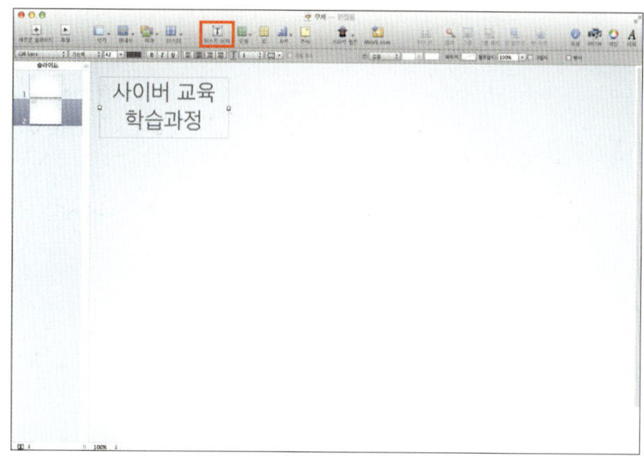

2. [포맷 막대]에서 [왼쪽 정렬]을 클릭한 후 [서체 목록]을 선택하여 서체를 변경하거나 [크기]를 클릭하여 서체 크기를 변경합니다.

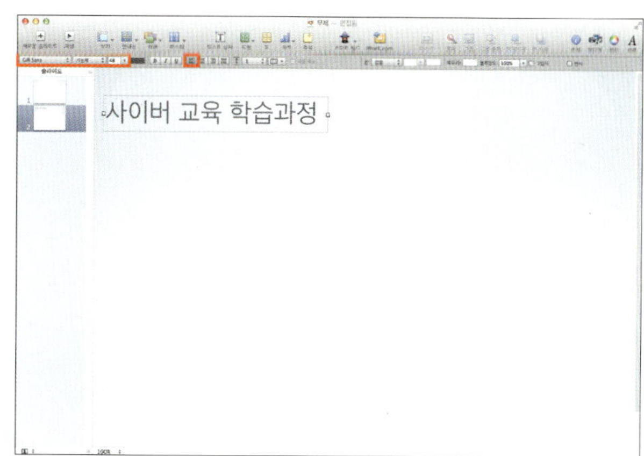

3. [도구 막대]에서 [서체] 아이콘을 클릭하거나 ⌘+T를 눌러 나타나는 [서체] 창에서도 서체 및 서체 크기를 선택할 수 있습니다.

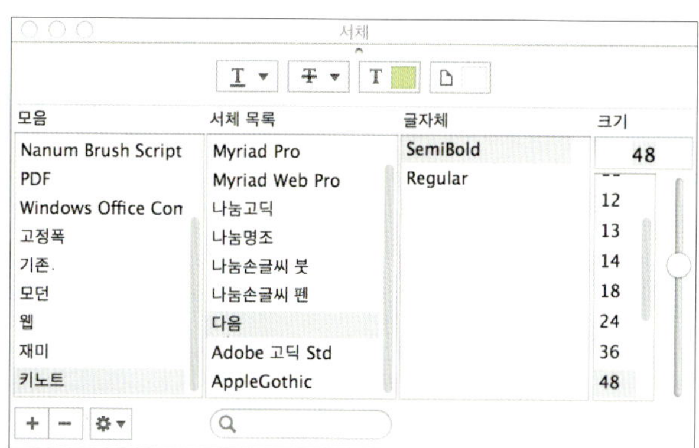

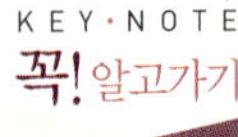

단축키 활용하기

텍스트를 입력한 후 텍스트 크기는 [포맷 막대]에서 조절할 수 있지만 단축키를 활용하면 보다 편하게 조절할 수 있습니다.

1pt 늘림	⌘ + +
1pt 줄임	⌘ + −

● 텍스트 정렬하기

여러 개의 텍스트 상자를 위치나 모양에 상관없이 입력하여도 한 번에 정렬할 수 있습니다.

◉ **예제 파일** : CD₩sample₩오피스실무카페.key
◉ **완성 파일** : CD₩sample₩오피스실무카페_완성.key

1. [텍스트 상자]를 추가하여 다음과 같이 여러 개의 텍스트 개체를 입력합니다. 정렬할 텍스트 상자를 모두 선택한 후 [메뉴 막대]에서 [정렬]−[대상체 정렬]−[왼쪽]을 클릭합니다.

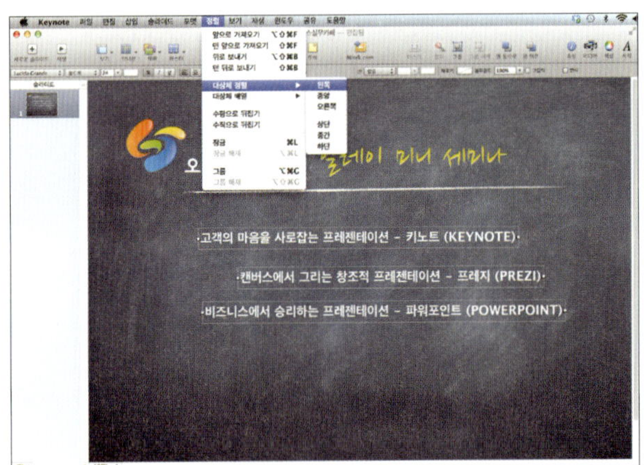

2. 혹은 슬라이드 편집 화면에서 마우스 오른쪽을 클릭한 후 [대상체 정렬]−[왼쪽]을 선택합니다.

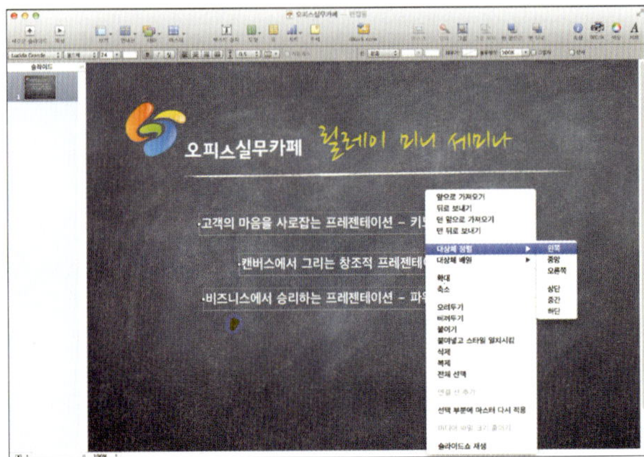

3. 대상체가 모두 왼쪽 정렬이 되면 이번에는 세로 간격을 동일하게 배열하기 위해 [메뉴 막대]에서 [정렬]-[대상체 배열]-[세로 방향]을 클릭합니다.

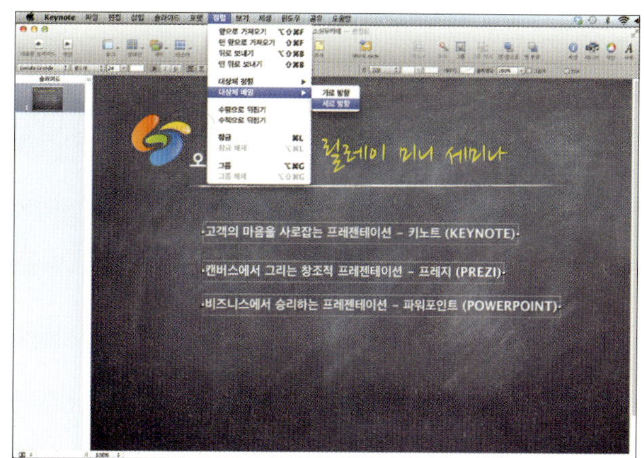

문단 구분하기

텍스트 입력 후 `return`을 누르면 문단이 구분됩니다. 만일 문단을 구분하지 않고 줄 바꿈만 하고 싶다면 `Shift` + `return`을 누르면 됩니다.

문단 구분	`return`
문단 구분 없이 줄 바꿈만	`Shift` + `return`

● 텍스트 색상 및 간격 조절하기

포맷 막대를 활용하면 다양한 텍스트 서식을 변경할 수 있지만 텍스트 윈도우를 활용하면 보다 섬세하게 텍스트 서식을 적용할 수 있습니다.

1. 색상 변경을 원하는 텍스트를 드래그합니다. [도구 막대]에서 [속성]을 클릭한 후 [속성] 윈도우가 나타나면 [텍스트] 속성 윈도우를 클릭한 후 [색상]을 클릭합니다. [색상] 윈도우가 나타나면 원하는 색상을 선택합니다.

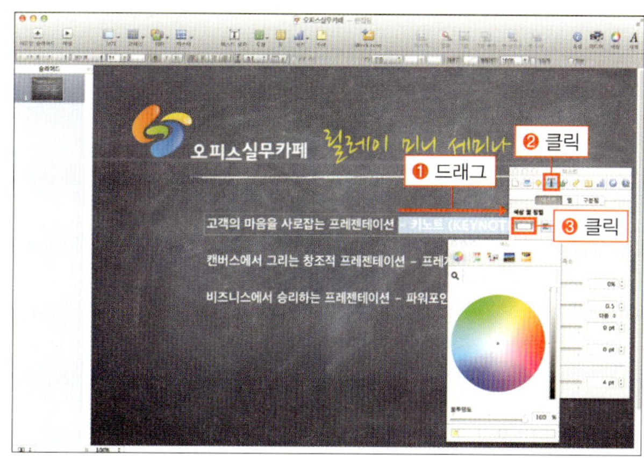

2. 또는, [도구 막대]의 [서체] 아이콘을 클릭한 후 [서체 색상] 아이콘을 선택하여 원하는 색상을 선택할 수도 있습니다.

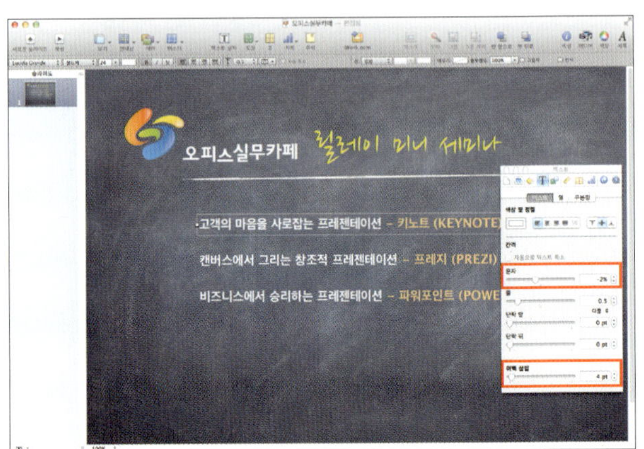

> | tip |
>
> 변경을 원하는 텍스트를 드래그하여 선택한 후 [포맷 막대]에서 [서체 색상] 아이콘을 클릭하여 원하는 색상을 선택할 수도 있습니다.

3. 색상을 수정했으면 이번에는 간격을 조절해 보겠습니다. [도구 막대]에서 [속성]을 클릭한 후 [속성] 윈도우가 나타나면 [텍스트] 속성 윈도우를 클릭한 후 [문자]와 [여백 삽입] 조절 단추를 이용해 문자 간격과 여백을 조절합니다.

[텍스트] 탭 살펴보기

[텍스트] 탭을 이용하면 줄 간격을 비롯하여 단락 등을 빠르고 쉽게 조절할 수 있습니다.

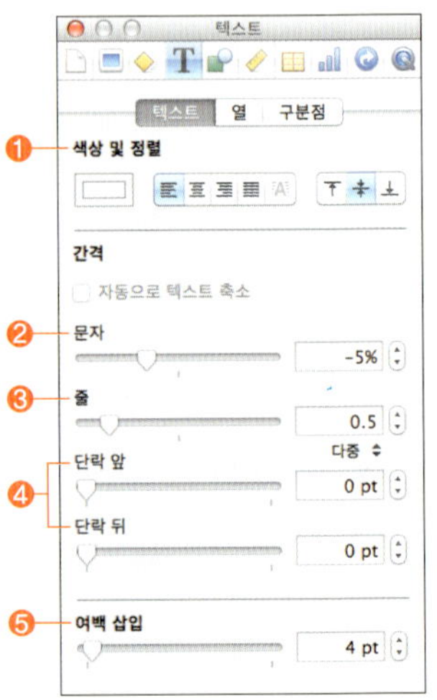

① **색상 및 정렬 :** 텍스트의 색상을 비롯하여 정렬 방식을 지정할 수 있습니다.
② **문자 :** 글자와 글자 사이의 자간을 조절할 수 있습니다. 왼쪽으로 이동할수록 자간이 좁아지고, 오른쪽으로 이동할수록 자간이 넓어집니다.
③ **줄 :** 행과 행 사이의 행간을 조절합니다. 왼쪽으로 이동할수록 행간이 좁아지고, 오른쪽으로 이동할수록 행간이 넓어집니다.
④ **단락 앞/단락 뒤 :** 단락의 앞과 뒤 간격을 조절합니다.
⑤ **여백 삽입 :** 텍스트 상자의 여백을 조절합니다.

눈금자를 이용해 단락 조절하기

눈금자를 슬라이드에 표시하면 눈금자 위에 조절 바가 나타납니다. 이를 드래그하면 단락을 쉽게 조절할 수 있습니다.

[메뉴 막대]에서 [보기]–[눈금자 보기]를 선택하여 눈금자를 슬라이드에 표시한 후 단락을 조절하고 싶은 텍스트를 드래그하여 선택합니다. 눈금자 위의 조절 바를 드래그합니다.

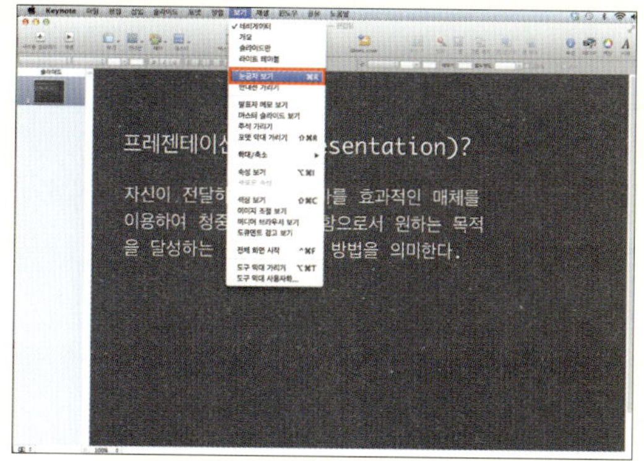
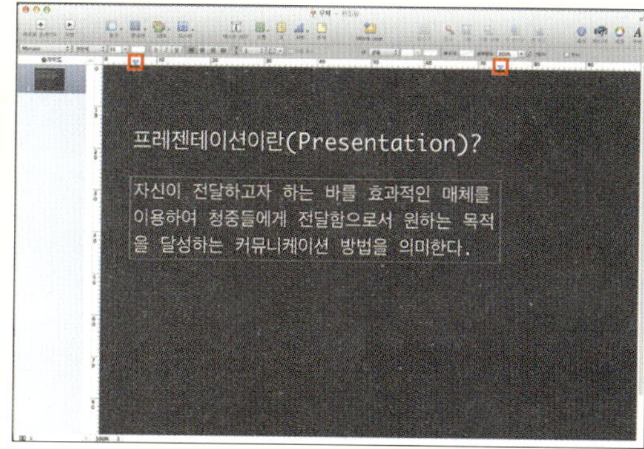

● 구분점 삽입하기

슬라이드에 구분점을 삽입할 수 있습니다. 구분점이란 텍스트 앞에 붙는 글머리 기호를 말하는 것으로 항목을 나열하거나 순서를 지정할 때 유용하게 사용됩니다.

1. 텍스트 상자를 모두 선택합니다. [구분점]을 클릭한 후 [구분점 및 번호 매기기]에서 [이미지 구분점]을 선택합니다.

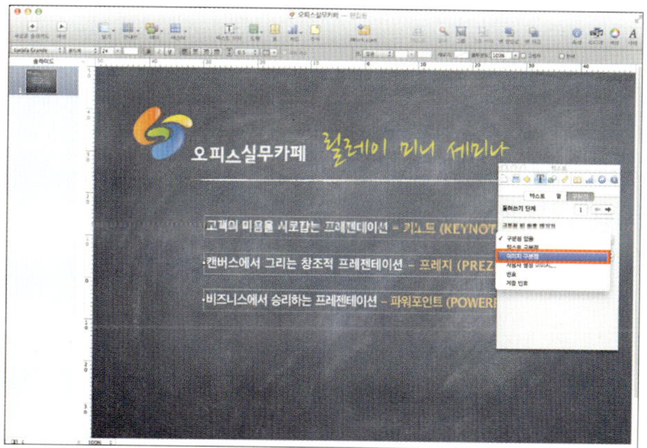

2. 원하는 이미지를 선택한 후 [크기] 및 [구분점 들여쓰기] 입력란에 원하는 수치를 입력하여 구분 점을 완성합니다.

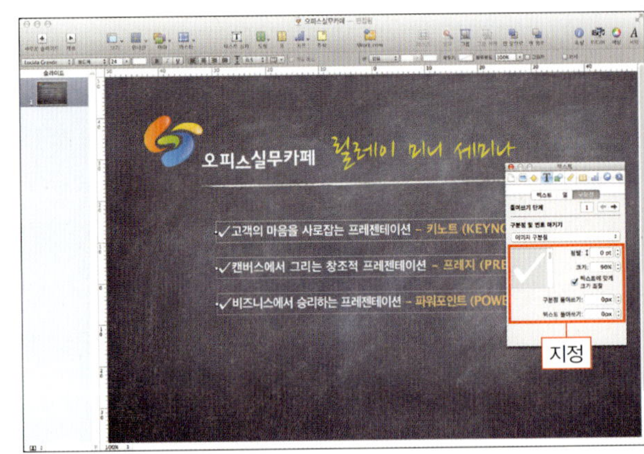

| tip |
구분점을 활용하여 텍스트에 번호를 매길 수 있으며, 들여쓰기 레벨을 적용하여 구분점 간격도 조절할 수 있습니다. 다양한 방법을 응용하여 원하는 텍스트 서식을 완성할 수 있습니다.

● 내려쓰기와 올려쓰기

삽입한 텍스트를 기준선에서 내려쓰기 혹은 올려쓰기를 지정할 수 있습니다.

1. 내려쓰기나 올려쓰기를 할 텍스트를 드래그 하여 선택한 후 [메뉴 막대]에서 [포맷]-[서체]- [기준선]-[내려쓰기] 혹은 [올려쓰기]를 클릭합 니다.

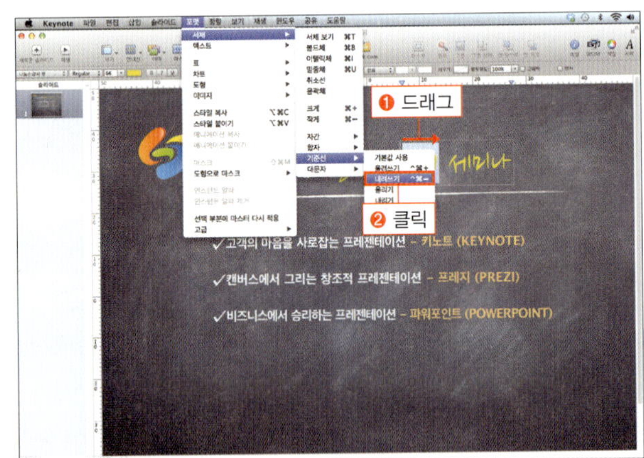

2. 텍스트가 내려쓰기 혹은 올려쓰기로 지정됩 니다.

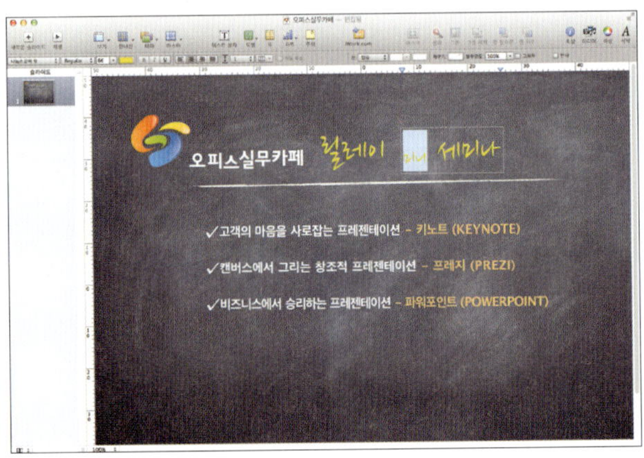

● 불투명도와 반사 효과

서체에 불투명도와 반사 효과를 적용하여 보다 효과적인 프레젠테이션을 할 수 있습니다. 불투명도는 서체에 투명도를 적용하여 흐릿하게 나타낼 수 있으며, 반사 효과는 서체에 그림자처럼 멋진 서식을 만들 수 있습니다.

◎ 예제 파일 : CD₩sample₩불투명도.key
◎ 완성 파일 : CD₩sample₩불투명도_완성.key

1. 불투명도를 적용할 텍스트 개체를 모두 선택합니다. [포맷 막대]의 불투명도에서 수치를 조절합니다.

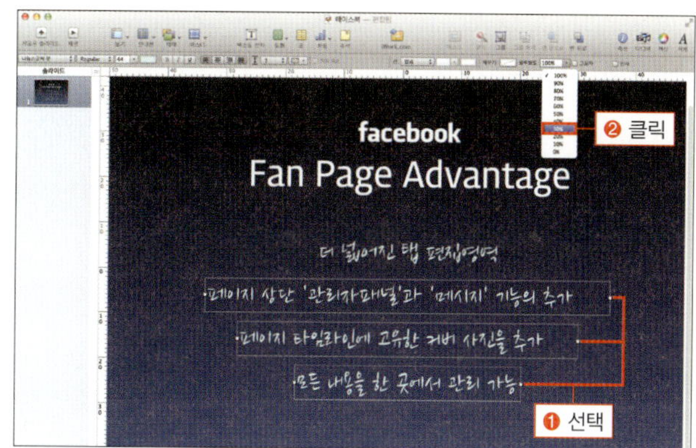

2. 반사 효과를 적용할 텍스트 개체를 선택한 후 [포맷 막대]의 [반사]에 체크 표시합니다.

KEY·NOTE
꼭! 알고가기

[그림자 옵션] 설정하기

[포맷 막대]에서 [그림자] 항목에 체크 표시를 하여 텍스트에 그림자를 지정한 후 그림자 옵션을 지정하면 보다 세밀한 그림자 조정이 가능합니다.

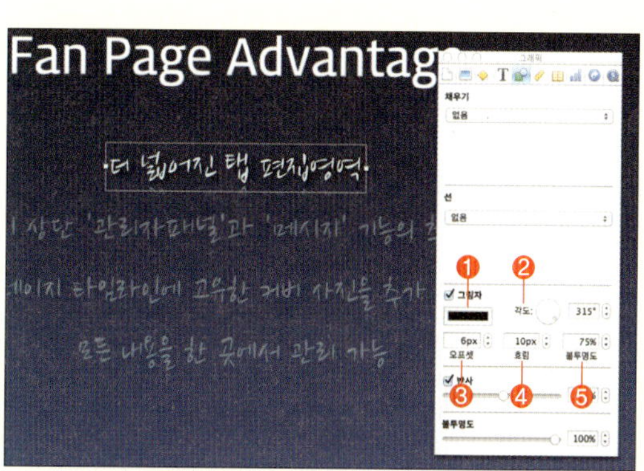

❶ **색상** : 그림자의 색상을 변경합니다.
❷ **각도** : 그림자의 각도를 조절합니다.
❸ **오프셋** : 그림자의 위치를 지정합니다. 크기가 클수록 그림자의 위치가 멀어집니다.
❹ **흐림** : 그림자의 흐림을 지정합니다.
❺ **불투명도** : 그림자의 불투명도를 지정합니다.

● 특수 문자 및 기호 삽입하기

특수 문자나 기호를 삽입하기 위해서는 [메뉴 막대]–[편집]–[특수 문자]를 선택해 [문자] 윈도우를 엽니다.

1. [메뉴 막대]–[편집]–[특수 문자]를 선택해 [문자] 창을 엽니다.

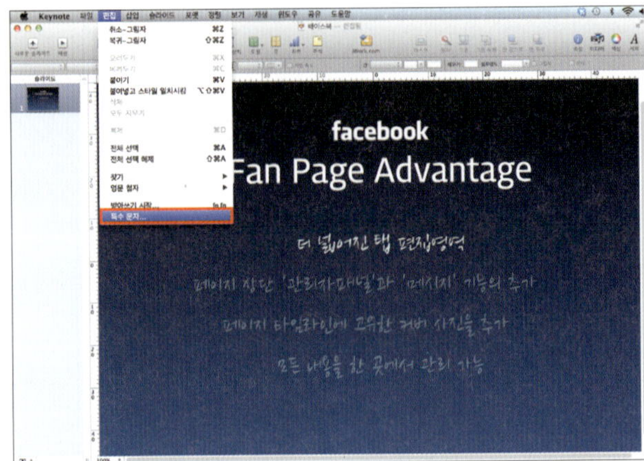

2. 원하는 항목의 특수 문자나 기호를 선택한 후 캔버스로 드래그합니다. 만일, 보이지 않는다면 키노트가 지원하지 않는 특수 문자나 기호라는 의미로 다른 특수 문자나 기호를 선택합니다.

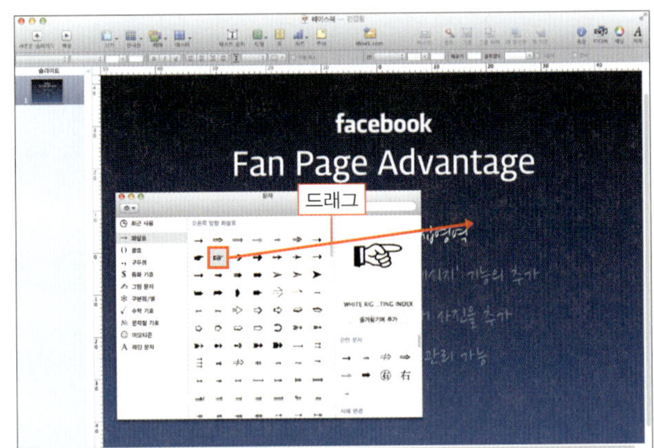

개체 위치 이동하기

슬라이드 상의 개체를 이동할 때에는 1픽셀 혹은 10픽셀 단위로 이동을 할 수 있습니다. 키노트의 방향키를 누르면 1픽셀씩 이동을 할 수 있으며, Shift 를 누른채 방향키를 누르면 10픽셀씩 이동을 할 수 있습니다.

1픽셀 단위로 이동	방향키
10픽셀 단위로 이동	Shift +방향키

여러 장의 슬라이드를 제작할 때 제목 위치와 부제목, 내용 위치 등은 동일한 위치에 있는 것이 보기에 좋습니다. 물론 마스터를 이용하거나 동일한 레이아웃을 사용하면 문제될 것은 없지만 빈 화면 레이아웃이나 구성에 따라 제목과 부제목, 내용 등이 수시로 변경될 경우에는 눈금자와 안내선을 적절히 활용하는 것이 좋습니다.

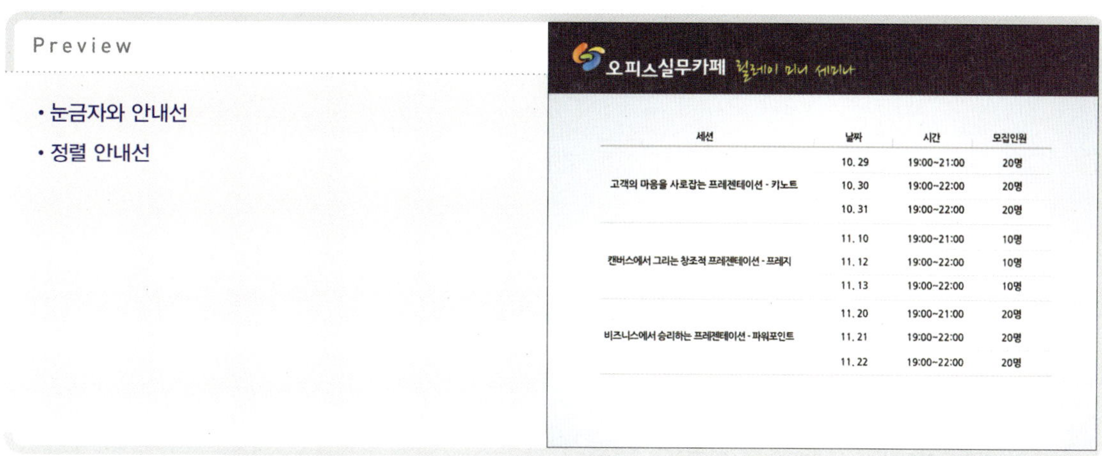

Preview

• 눈금자와 안내선
• 정렬 안내선

● 눈금자와 안내선

눈금자와 안내선은 포토샵이나 일러스트레이터 등의 디자인이나 편집 프로그램에서 주로 사용되는 기능이지만 파워포인트나 키노트 등의 프레젠테이션 프로그램에서도 자주 사용됩니다.

◎ **예제 파일 :** CD₩sample₩릴레이미니세미나.key

1. [메뉴 막대]에서 [보기]-[눈금자 보기] 메뉴를 클릭하거나 ⌘+R 을 누르면 슬라이드 편집 영역에 눈금자가 표시됩니다.

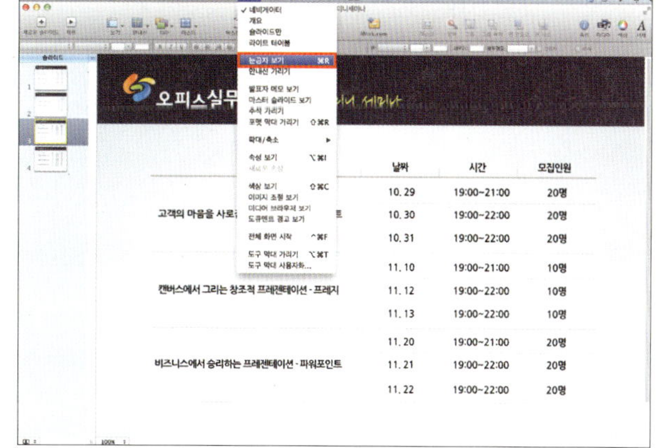

| tip |
눈금자의 기본 단위는 픽셀(Pixel)입니다. [Keynote]-[환경설정]에서 [눈금자] 탭을 클릭해 기본 단위를 변경할 수 있습니다.

2. 눈금자 부분에서 마우스를 드래그하면 안내선이 슬라이드에 표시됩니다. 안내선은 원하는 개수만큼 슬라이드에 표시할 수 있습니다. 참고로, 슬라이드 편집 화면 밖으로 드래그하면 안내선을 삭제할 수 있습니다.

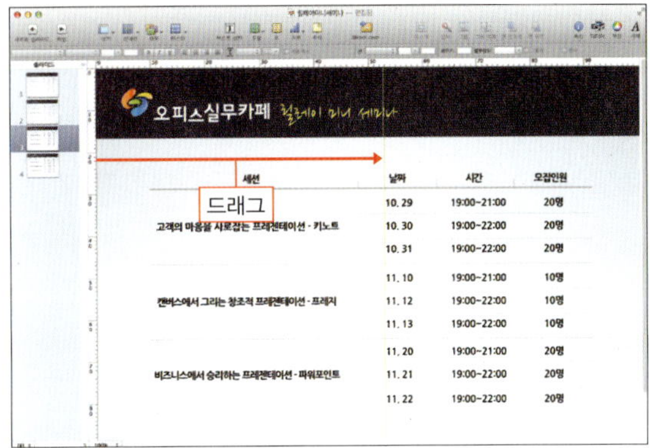

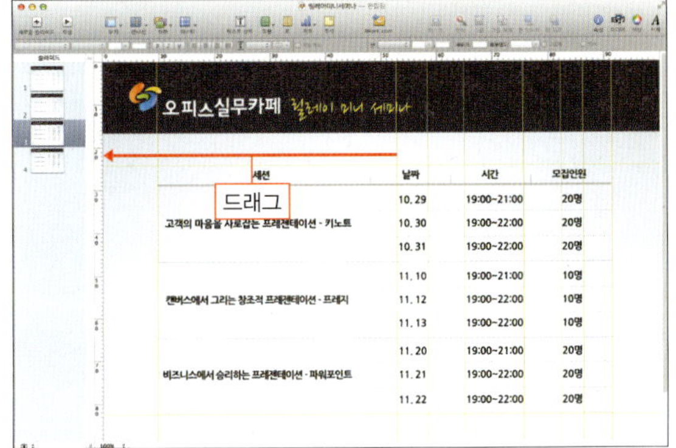

한번 추가된 안내선은 작성한 슬라이드 전체에 동일하게 표시되기에 제목이나 부제목, 내용 텍스트 위치, 혹은 이미지 등의 개체 위치를 정확히 정할 수 있습니다.

● 정렬 안내선

정렬 안내선이란, 슬라이드 편집 화면에 삽입한 텍스트나 이미지 등의 개체 위치를 정렬할 때 사용되는 기능입니다. 정렬 안내선 기능을 켜 놓으면 각각의 개체의 위치를 이동할 때 자동으로 안내선이 표시되면서 정확한 위치로 개체를 정렬할 수 있습니다.

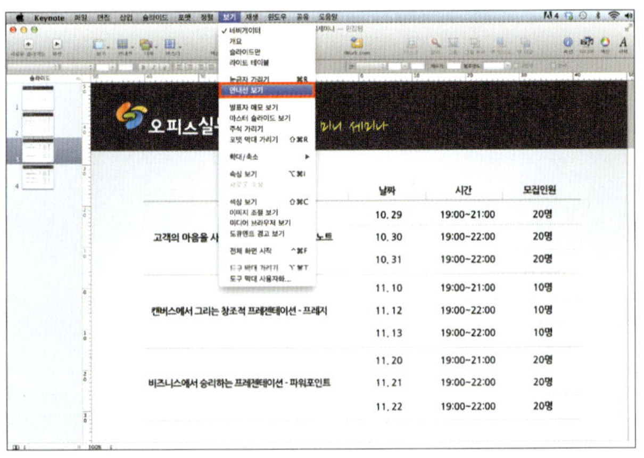

안내선 색 설정하기

안내선은 원하는 색상으로 손쉽게 수정할 수 있습니다. [환경설정]–[눈금자] 탭에서 마스터 격자선을 비롯하여 정렬 안내선 등을 [색상] 윈도우를 통해 수정합니다.

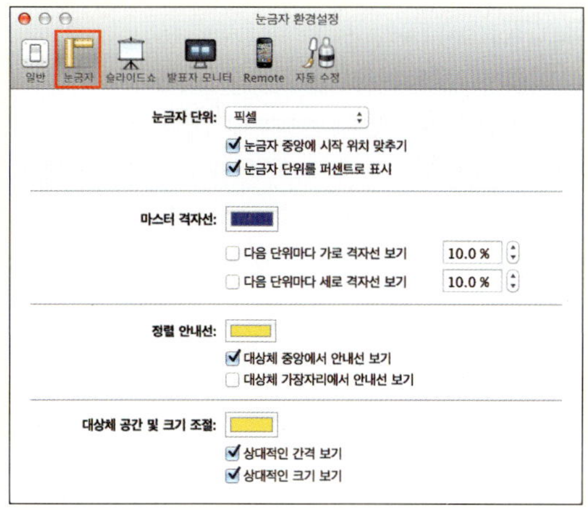

07 텍스트 한번에 변경하기

슬라이드 작업을 하다보면 대문자는 소문자로 변경하거나 소문자는 대문자로, 혹은 용어가 변경되어 전체 슬라이드에 표시된 단어를 변경해야 할 경우가 있습니다.

Preview

- 대문자, 소문자 한번에 변경하기
- 단어 한번에 변경하기

● 대문자, 소문자 한번에 변경하기

한번에 대문자로 변경하고 싶거나 소문자로 변경하고 싶을 때 혹은 단어의 첫 글자만 대문자로 변경하고 싶다면 [포맷]-[서체]-[대문자] 항목을 통해 변경할 수 있습니다.

◎ **예제 파일** : CD\sample\정보화추진계획서.key
◎ **완성 파일** : CD\sample\정보화추진계획서_완성.key

1. 변경을 원하는 텍스트를 모두 선택한 후 [메뉴 막대]에서 [포맷]-[서체]-[대문자]에서 [모두 대문자]를 선택합니다.

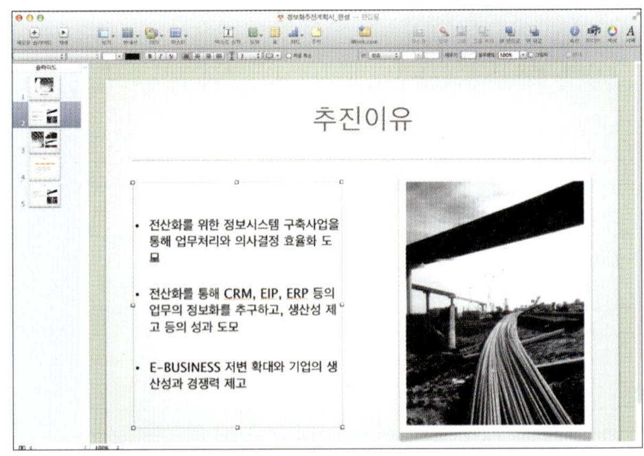

| tip |
만일, 단어의 첫글자만 대문자로 변경하고 싶다면 [메뉴 막대]에서 [포맷]-[서체]-[대문자]에서 [제목]을 선택합니다.

2. 모두 대문자로 한번에 변경됩니다.

● 단어 한번에 변경하기

대, 소문자가 아닌 전체 슬라이드에 입력한 특정 단어를 한번에 변경하고 싶을 경우에는 [편집]−[찾기] 항목을 통해 변경할 수 있습니다.

1. [메뉴 막대]에서 [편집]−[찾기]−[찾기]를 클릭합니다.

2. [찾기 및 대치] 창이 나타나면 [찾기] 입력란에는 찾을 단어를 입력하고 [대치] 입력란에는 변경할 단어를 입력한 후 [다음]을 클릭합니다.

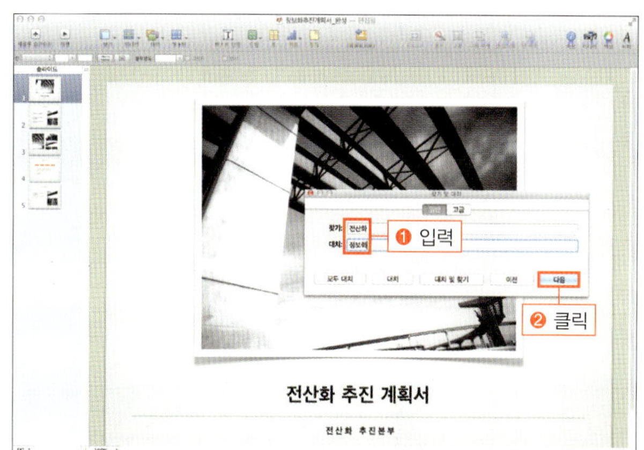

3. '전산화' 라고 적힌 텍스트가 '정보화' 로 모두 변경됩니다.

08 다단 편집하기

슬라이드에 많은 내용을 입력해야 하거나 보다 읽기가 편하게 만들기 위해서는 텍스트를 둘 이상의 열로 입력하거나 변경하여 디자인할 수 있습니다.

Preview

- 1단을 2단으로 변경하기
- 단 크기나 단 사이 여백 설정하기

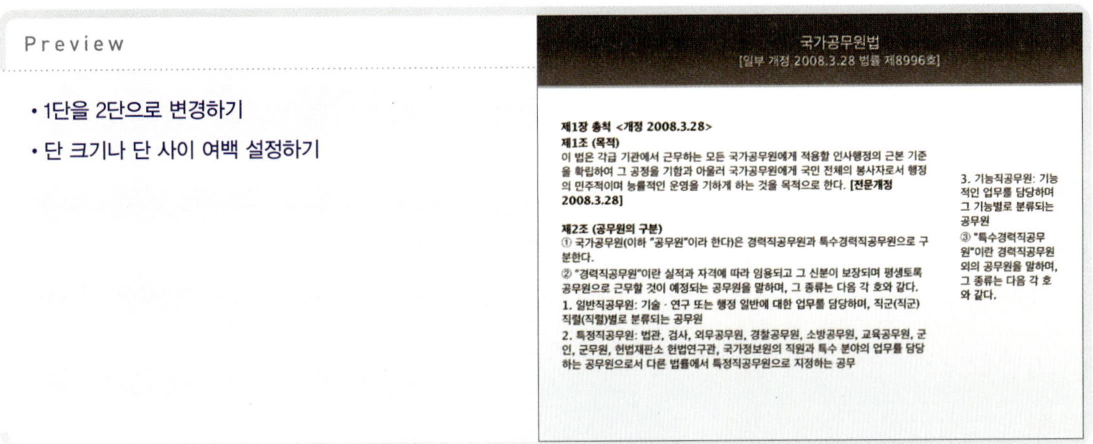

● 1단을 2단으로 변경하기

슬라이드에 입력하는 텍스트는 기본으로 1단으로 구성됩니다. 이를 2단, 3단, 4단으로 변경할 수 있습니다.

◎ 예제 파일 : CD₩sample₩국가공무원법.key

◎ 완성 파일 : CD₩sample₩국가공무원법_완성.key

1. 단을 변경하고 싶은 개체 틀을 선택합니다. [포맷 막대]에서 [다단]을 클릭합니다. 원하는 단을 선택합니다. 여기서는 [2단]을 선택합니다.

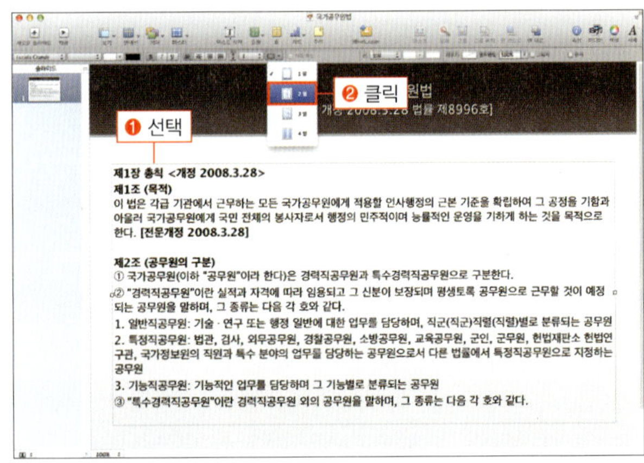

2. 1단으로 구성된 텍스트가 2단으로 변경됩니다.

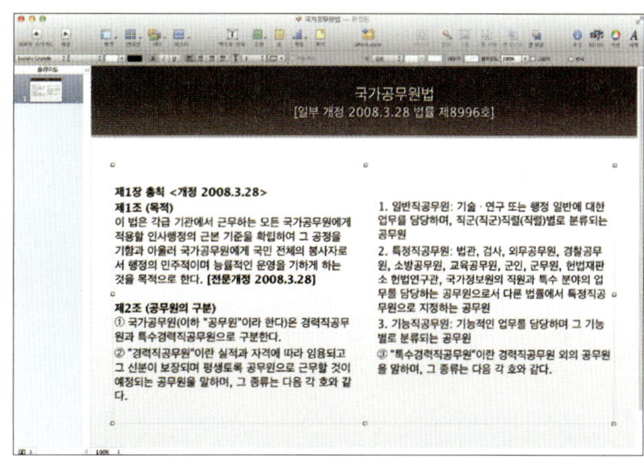

● 단 크기나 단 사이 여백 설정하기

[도구 막대]의 [속성]을 클릭한 후 [텍스트] 속성 창을 클릭하면 단 크기나 단 사이의 여백을 설정할 수 있습니다.

1. [도구 막대]의 [속성]을 클릭한 후 [텍스트]-[단]을 선택합니다. 여기서 원하는 단을 변경하거나 단 사이 여백에 수치를 입력할 수 있습니다.

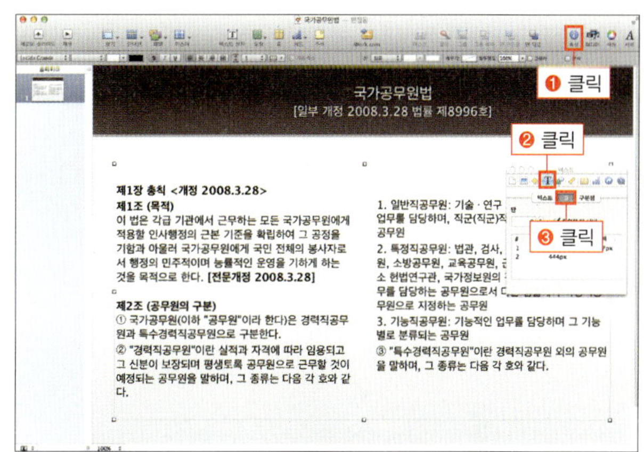

2. 단 크기를 변경하기 위해 단과 단 사이 여백의 수치를 더블클릭해 변경합니다.

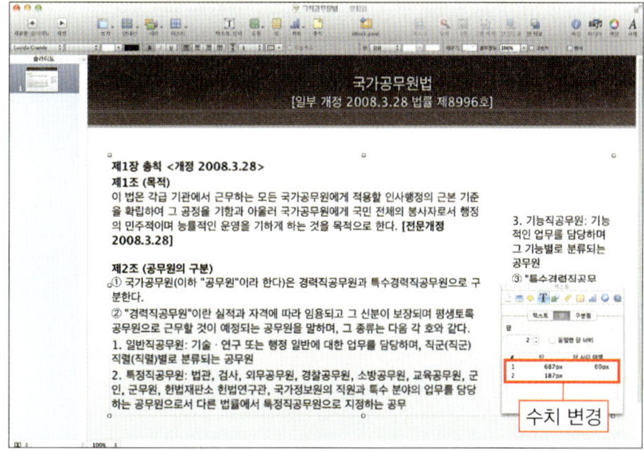

02 도형, 이미지 슬라이드 디자인하기

아무리 잘된 기획으로 내용을 구성하였다고 하더라도 일관성 없는 색상과 스타일로 슬라이드가 구성되면 결과론적으로 실패할 프레젠테이션이 될 수 있습니다. 키노트에서 가장 많이 활용하는 개체 중 하나가 바로 도형이나 이미지 개체입니다. 도형이나 이미지를 통해 다양한 슬라이드를 만들 수 있지만 이 역시 일관성을 유지해야합니다. 여기서는 도형 및 이미지 개체를 활용하는 방법에 대해서 살펴보도록 하겠습니다.

01 색이 주는 느낌을 숙지하자

슬라이드 디자인 전에 반드시 숙지하고 있어야 하는 것이 색상과 명도, 채도 등 색과 관련된 사항입니다. 색상표는 색상을 선택할 때 어떤 색상이 조화로운지, 색상의 상관관계가 색 배열에 어떤 영향을 미치는지를 알려주는 중요한 도구입니다. 색상환에는 12가지 색상이 있으며, 삼원색은 파란색, 노란색, 빨간색이며, 이 세가지 색상을 섞어 이차색을 만들고, 삼원색과 이차색을 섞어 삼차색을 만들게 됩니다.

● 먼셀의 20 색상환

먼셀의 20 색상환은 색상의 변화를 표시하기 위해 여러 색상을 둥근 원으로 표현한 것을 말합니다. 20 색상환은 빨강, 노랑, 초록, 파랑, 보라의 기본 5가지 색을 바탕으로 5가지 색의 중간색인 주황, 황록, 청록, 남색, 자주를 첨가한 다음 10가지의 중간색을 첨가하여 20 색상환이 만들어졌습니다.

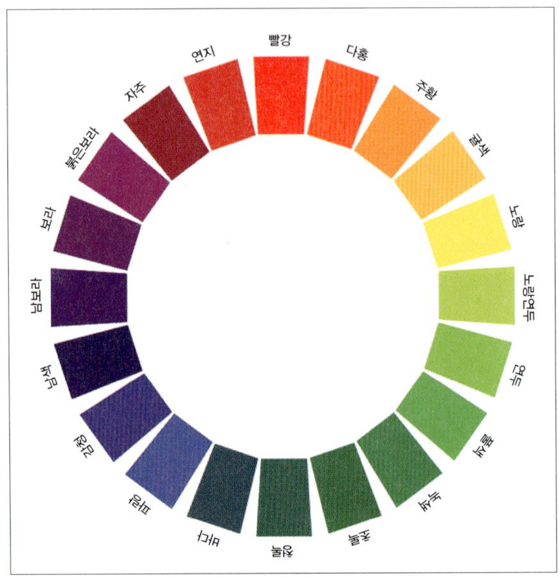

▲ 먼셀의 20 색상환

색상환에서 거리가 가장 먼 색 즉, 색 생환에서 서로 마주보고 있는 색상을 보색이라 하고, 색상차가 작은 색들로 색상환에서 가장 가까운 거리의 색을 유사색이라고 합니다. 그리고 색상차가 큰 색들로 색상환에서 서로 다른 색이나 거의 반대편에 위치한 색들을 반대색이라고 합니다.

● 색이 주는 느낌을 숙지하자

각각의 색상에 따라서 색이 주는 느낌이 있습니다. 슬라이드를 작성할 때에는 이런 색이 주는 느낌을 숙지하고 비슷한 색상으로 디자인하는 것이 중요합니다.

특히 빨강, 주황, 노랑 등은 주목성이 높은 색상인데 이를 따뜻한 느낌의 온색이라 하여 난색이라 하며, 초록, 파랑, 남색 등은 차가운 느낌이 드는 한색이라 할 수 있습니다.

색		느낌
흰색		순수, 순결, 깨끗
검정		침묵, 부정, 암흑, 죽음, 세련, 우아
빨강		정렬, 열정, 공격, 경고
주황		건강, 에너지, 활동, 활기, 따뜻
노랑		생동, 상쾌, 친절, 여성
초록		젊음, 환경, 자연, 건강
파랑		믿음, 젊음, 신뢰, 남성
남색		숭고, 냉철
보라		우아, 고급, 세련
자주		승리, 열정, 패기

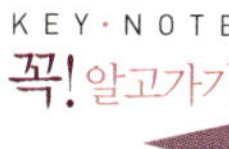

색상과 명도, 채도 살펴보기

색상이란 색의 종류를 말하며, 명도는 색의 밝고 어두운 정도, 채도는 색의 맑고 탁함을 말합니다.

· 색상(Hue)
색상이란 빨간, 파랑, 노랑 등 우리가 눈으로 느낄 수 있는 다양한 색상을 말합니다.

· 명도(Lightness/Value)
명도는 색의 밝고 어두운 정도를 나타내는 것으로서 명도는 색의 명시성과 가독성을 결정지어 주는 중요한 요소입니다. 밝은 색에 가까울수록 고명도이며, 어두운 색에 가까울수록 저명도입니다. 참고로, 명도가 가장 높은 색은 흰색이고 가장 낮은 색은 검정입니다.

· 채도(Chroma/Saturation)
채도는 색의 맑고 탁한 정도를 나타내는 것을 말합니다. 즉, 색의 선명한 정도를 말하는데 순색일수록 채도가 높고, 여러 가지 색이 섞여 있을 경우 채도가 낮다고 합니다.

기업의 아이덴티티를 유지하고 최소한의 슬라이드 레이아웃을 지키면서 색상과 스타일을 유지하는 것이 프레젠테이션에 어울리는 색상 선택하기의 핵심입니다. 여기서는 가이드라인과 스타일가이드에 대해서 잠시 살펴보고, 웹 상에서 무료로 이용할 수 있는 Kuler 와 Colourloves 서비스를 통해 프레젠테이션에 어울리는 색상을 선택하는 방법에 대해서 살펴보겠습니다.

● 가이드라인과 스타일 가이드

가이드라인이나 스타일 가이드는 프레젠테이션에서 공통적으로 사용될 내용 배치나 색상 구성, 서체 종류 및 크기 등의 디자인을 미리 정의해 놓은 문서를 말합니다. 보통 파워포인트나 키노트와 같은 프로그램에서는 테마나 슬라이드 마스터가 스타일 가이드 역할을 대신하기도 합니다. 하지만, 회사나 개인별로 주로 사용하는 색상과 이미지, 그리고 템플릿 등을 정리해 놓은 파일이나 문서를 가지고 있는 것이 좋습니다.

가이드라인이 있으면 프레젠테이션의 제작 시간을 단축시켜주며, 나아가 더 나은 슬라이드를 구성하게 해 줍니다. 클라이언트, 즉 주최 측에서 표준화된 가이드라인을 제시해 주기도 합니다. 디자이너 여럿이서 슬라이드 디자인 작업을 진행하게 된다면 특히 규격화된 스타일 가이드가 필요합니다. 스타일 가이드의 내용을 준수하여 슬라이드의 틀이나 폰트, 색상 등 일관성이 있는 디자인이 나오게 될 것이기 때문입니다.

보다 나은 프레젠테이션 디자인을 원한다면 지금 당장 여러분만의 스타일 가이드를 만들어 보기 바랍니다. 가이드라인에 특별한 규칙은 없습니다. 제목 및 내용 글꼴 크기나 서체, 가로 및 세로 여백 등 슬라이드 작업시 지켜야 하는 내용들을 명시해 슬라이드 작업시 규격이나 규칙을 지정해 보기 바랍니다.

● 색상 조합을 찾아주는 Adobe사의 Kuler

Kuler를 이용하면 회사의 아이덴티티를 유지하기 위해 회사의 로고 색상을 추출하여 프레젠테이션의 슬라이드 색상으로 그대로 사용할 수도 있습니다. 회사 로고의 색상 배합을 활용해 슬라이드 배경 작업은 물론이고 슬라이드 내용 작성도 할 수 있습니다.

Kuler는 포토샵 등으로 유명한 Adobe사에서 제공하는 색 배합 소프트웨어로서 색 보기, 배합 등 다양한 색상을 추출할 수 있으며, 포토샵 등의 프로그램으로 색상을 가져와 작업을 이어할 수 있다는 장점이 있습니다.

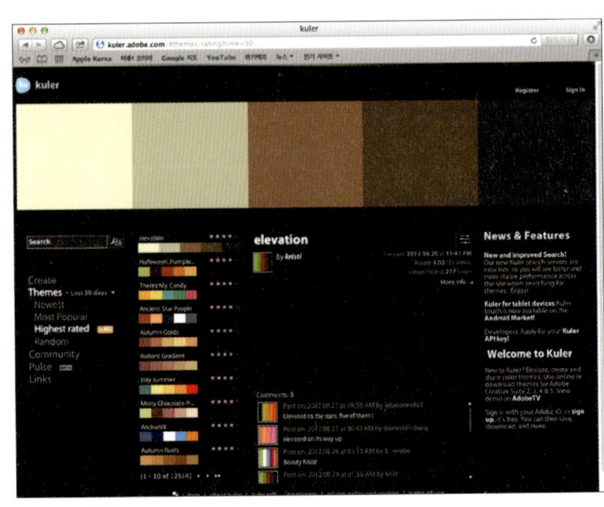

▲ Kuler 사이트

Kuler를 이용하면 프레젠테이션 작업시 색상에 관한 테마를 잡는데 유용합니다. 보통 회사에서 사용하는 슬라이드는 전형적인 색상과 이미지를 주로 사용하게 되는데, 이는 통일된 느낌의 슬라이드 제작을 가능하게 하며, 잘못된 색상 사용으로 발생할 수 있는 혼란을 방지할 수 있는 장점도 있습니다.

Kuler에는 여러 사용자가 올려놓은 다양한 색상 조합을 볼 수 있는데 그 중 가장 추천을 많이 받은 색상 조합이나 생각하고 있는 색상 조합을 선택해 프레젠테이션에 그대로 적용할 수 있습니다.

● Kuler로 슬라이드 색상 추출하기

색상을 선택할 때 전문적인 감각이 없으면 제대로 색상이 배합된 슬라이드를 작성하기는 쉽지 않습니다. Kuler는 이런 고민들을 한번에 해결할 수 있는 유용한 도구로서 로고나 이미지에 포함되어 있는 색상을 추출하여 파워포인트 테마로 구성하여 프레젠테이션을 구성할 수 있습니다.

1. Kuler 사이트에 접속하면 메인 화면에 여러 개의 색상표가 나타납니다. 다양한 색상표는 사용자들이 올린 색상이 추출되어 표시됩니다. 원하는 색상을 선택하여 사용할 수 있지만 여기서는 직접 이미지를 가져와 색상을 추출해 보도록 하겠습니다. [Create]를 클릭합니다.

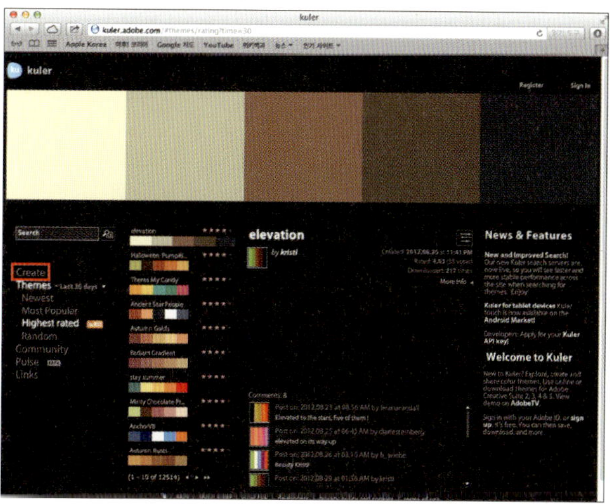

2. 샘플 이미지가 올려져 있습니다. [upload]를 클릭하여 원하는 이미지를 불러옵니다.

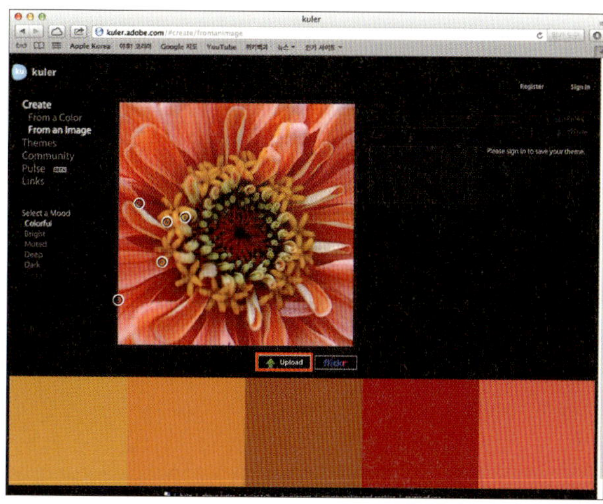

3. 여기서는 회사 로고를 가져와 보았습니다. 로고의 여러 색상 중에서 추출을 원하는 색상을 마우스로 드래그하여 선택합니다. [Title]과 [Tags]에 내용을 입력한 다음 [Save]를 클릭합니다. 많은 사람들과 공유를 할 수 있으며, 본인만 사용할 수 있도록 지정할 수 있습니다. [Title]에 입력하는 내용은 포토샵 등의 Adobe 프로그램에서 Kuler를 불러올 때 사용됩니다.

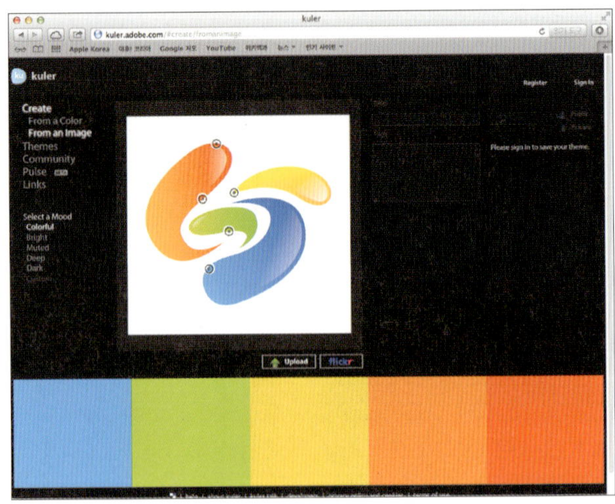

저장하는 기능은 로그인이 되어 있을 경우에 사용이 가능합니다. Adobe사에 등록된 아이디를 그대로 사용할 수 있으며, 본 사이트에서 회원가입할 수도 있습니다.

4. 저장이 되면 추출된 색상이 나타납니다. [Mykuler]에서 'Adobe Illustrator Swatch Exchange File'로 저장도 가능하며 저장한 테마의 색상을 변경할 수도 있습니다. 테마 이름 옆의 두 번째 버튼인 [Download this theme as an Adobe Swatch Exchange file]을 클릭하여 테마를 저장합니다. '*.ase'라는 확장자를 지닌 파일로 저장됩니다.

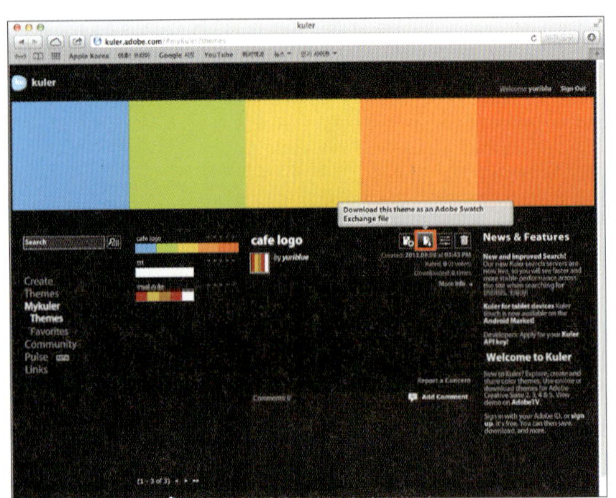

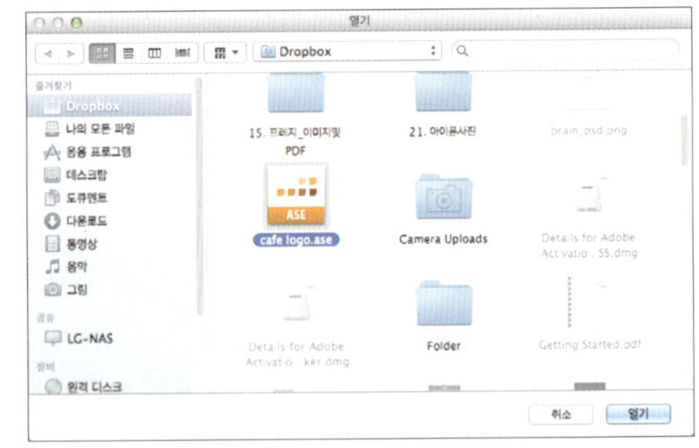

5. 포토샵을 엽니다. 포토샵에서 [SWATCHES] 혹은 [색상 견본]의 드롭다운 단추를 클릭하여 [Load Swatch] 혹은 [색상 견본 불러오기]를 클릭하여 저장해 놓았던 테마를 불러옵니다.

6. [SWATCHES] 혹은 [색상 견본]에 테마가 추
가됩니다. 추출된 색상을 활용하여 프레젠테이션
슬라이드의 배경을 만듭니다.

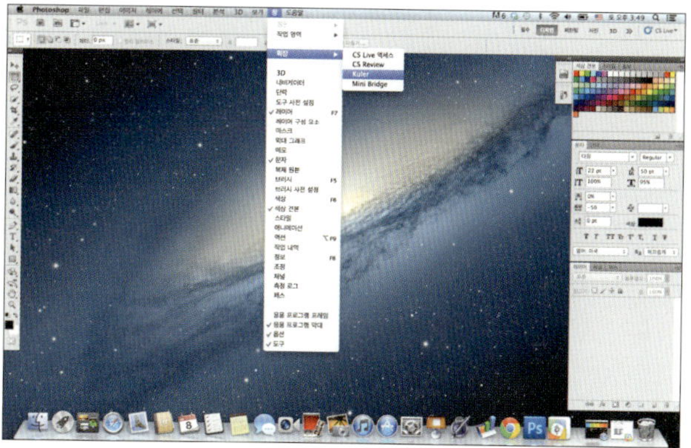

[Window]-[Extensions]-[Kuler] 사용 방법

[Window]-[Extensions]-[Kuler] 혹은 [창]-[확장]-[Kuler]를 선택하면 [Kuler] 창이 나타납니다. 다양한 테마 중 원하는 테마
를 선택하여 [SWATCHES] 혹은 [색상 견본]에 색상을 추가할 수 있습니다.

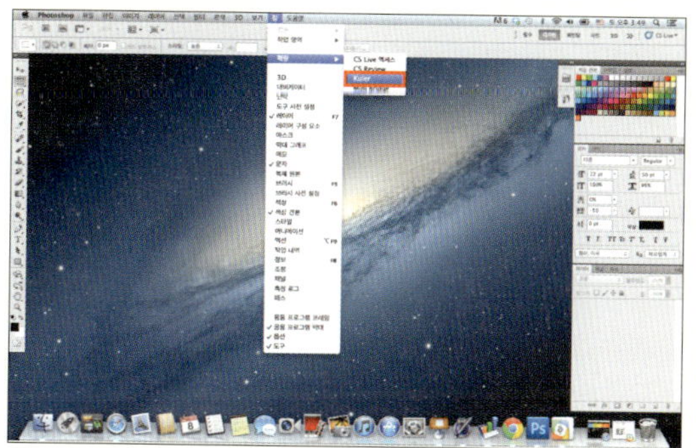

● Colourloves로 색상 조합 찾기

Kuler와 유사한 색상을 추출할 수 있는 사이트 중에서 Colourloves는 RGB 색상을 바로 적용할 수 있어 Kuler 보다 다소 편리합니다. 색상 조합을 위한 Palettes 뿐 아니라 Patterns, Pattern Templates, Shapes, Colors 등 다양한 메뉴를 제공하고 있습니다.

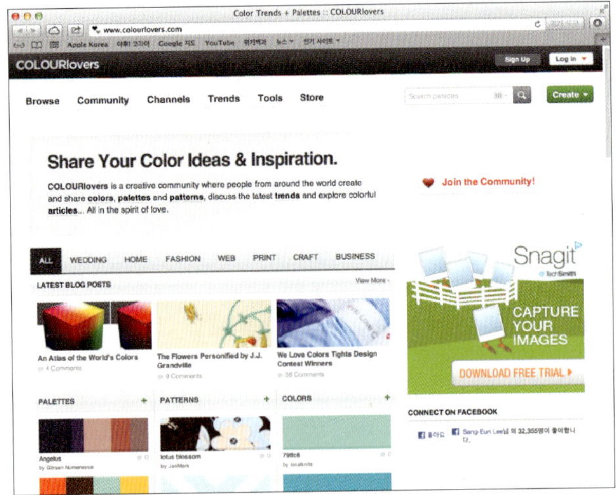

▲ Colourlovers 사이트

각각의 패턴에는 RGB 값이 적혀 있기에 이를 키노트에서 바로 적용할 수 있습니다. 여기서는 [Browse]−[Palettes]을 선택해 적합한 색상 조합을 찾아보도록 하겠습니다.

- **사이트 :** http://www.colourlovers.com

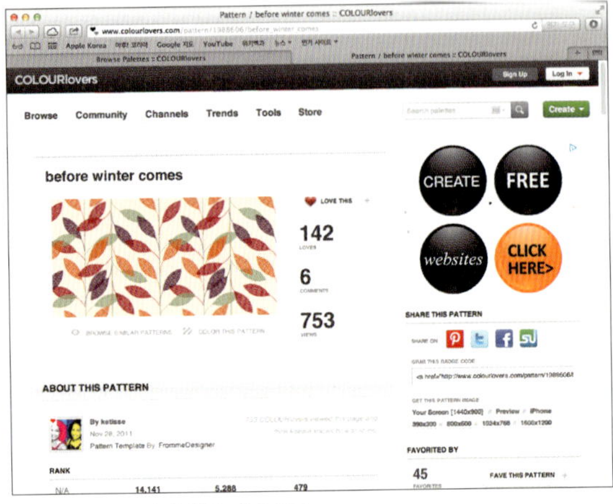

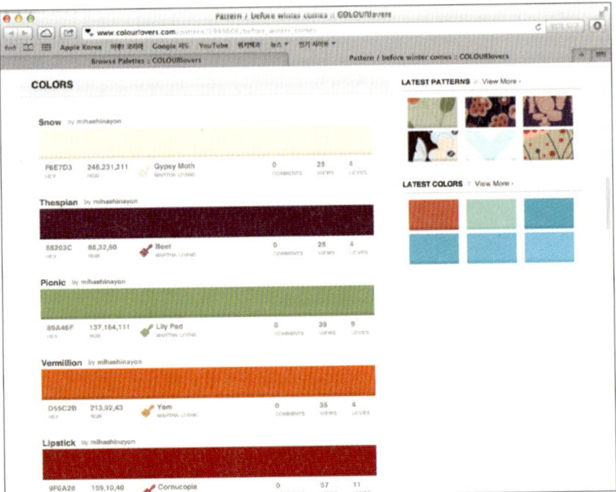

▲ Colourlovers에서 색상 패턴 찾기

1. Colourlovers 사이트에 접속한 후 Patterns, Pattern Templates, Shapes, Colors 중에서 [Browse]–[Palettes]를 선택합니다.

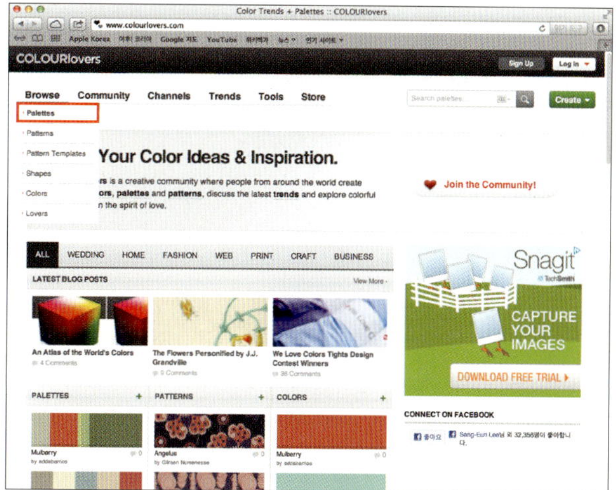

2. 다양한 색상 패턴이 나타나면 [MOST FAVORITES]을 선택해 가장 인기있는 패턴을 불러옵니다.

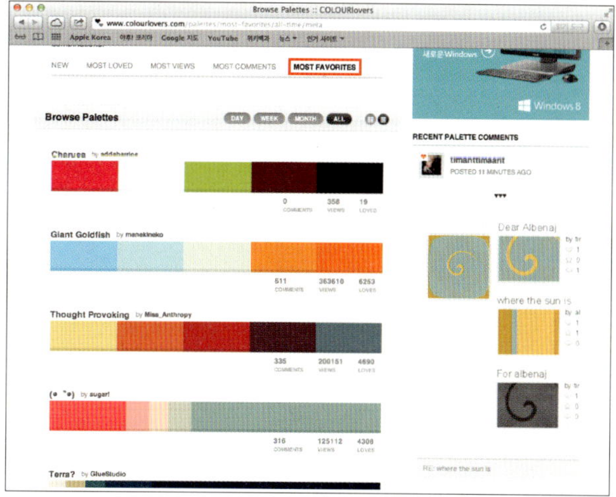

3. 각각의 패턴에는 RGB 값이 적혀 있습니다. RGB 값을 기억한 후 키노트에 입력합니다.

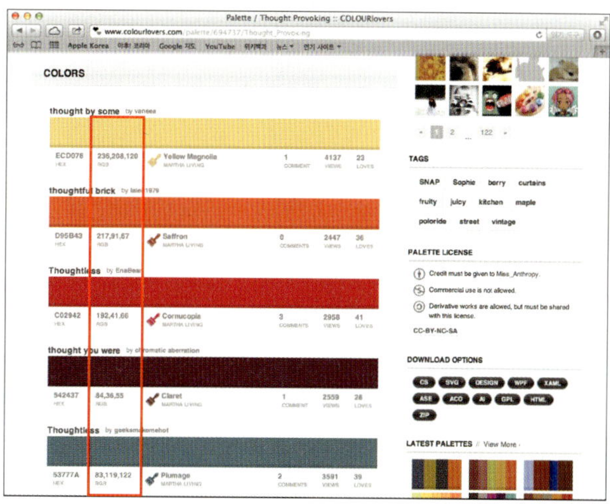

미국의 어도비사에서 개발한 포토샵 및 일러스트레이터는 간단한 이미지 보정에서부터 오래된 사진 복원, 이미지 합성, 문자 디자인, 로고 디자인 등 다양한 작업을 가능하게 하는 프로그램입니다. 전문적인 기능까지 알 필요는 없지만 이미지 보정이나 패스 사용 방법 정도를 알고 있으면 보다 다양한 이미지를 키노트에서 연출할 수 있습니다. 이에 앞서 키노트의 다양한 이미지 조정 기능에 대해서도 살펴보겠습니다.

Preview

- 키노트 이미지 조정 기능 살펴보기
- [이미지 조절] 창
- 이미지 조절하기
- 색상 복사하기
- 포토샵과 일러스트레이터 활용하기

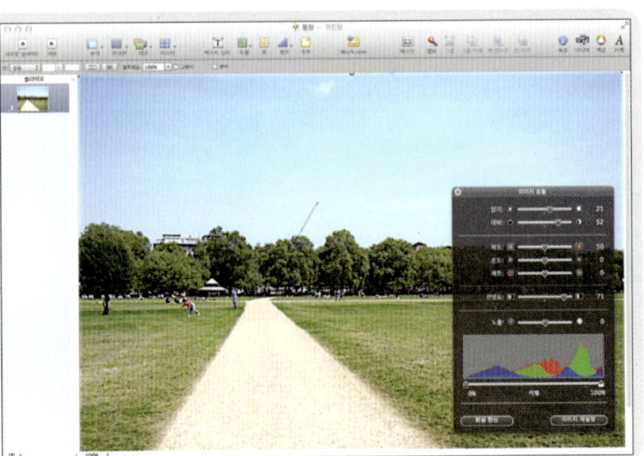

● 키노트 이미지 조정 기능 살펴보기

톤이 다양하지 못한 이미지의 빛을 제대로 잡아주거나 칙칙하고 어두운 이미지를 다소 밝게 보정하려면 보통 포토샵 등의 이미지 저작 도구를 이용해야 하지만 포토샵 없이도 키노트 기능을 활용하면 쉽게 이미지의 선명도나 밝기 등을 조절할 수 있습니다.

▲ 키노트 보정 전

▲ 키노트 보정 후

▲ 키노트 이미지 조정 기능

키노트에는 이미지의 밝기나 대비, 채도, 온도, 색조 등 다양한 이미지 조절 기능이 포함되어 있습니다. 포토샵과 같은 도구에서 사용할 수 있는 다양한 이미지 조절 기능을 배워보도록 하겠습니다.

● [이미지 조절] 창

[이미지 조절] 창의 조절 단추를 활용하면 밝기, 대비, 채도 등 다양한 이미지 속성을 조절할 수 있습니다.

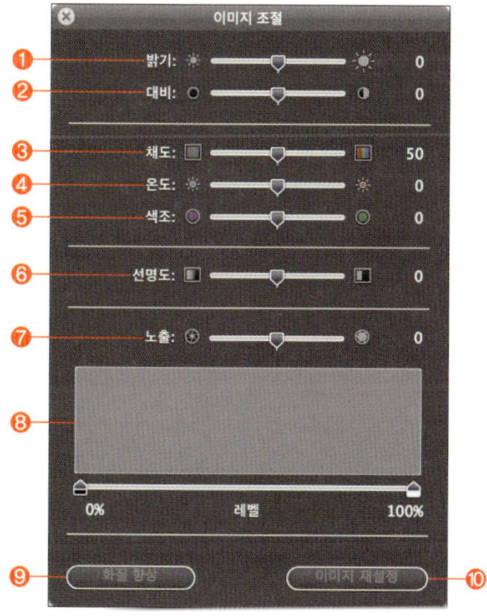

❶ **밝기** : 이미지의 밝기를 조절합니다. 수치가 '+'가 되면 더 밝게 조절됩니다.

❷ **대비** : 이미지의 밝고 어두운 부분의 차이를 조절합니다. 수치가 '+'가 되면 가장자리의 색상이 더욱 뚜렷해집니다.

❸ **채도** : 이미지의 색상의 강도를 조절합니다.

❹ **온도** : 이미지의 따뜻한 톤과 차가운 톤의 양을 조절합니다.

❺ **색조** : 색의 3가지 속성 중 명도와 채도의 상태를 조절합니다.

❻ **선명도** : 이미지의 초점을 선명하게 하거나 흐리게 합니다.

❼ **노출** : 이미지의 밝기나 어두움을 조절합니다. 수치가 '+'가 되면 더 밝아집니다.

❽ **레벨** : 전체 색상 정보를 표시합니다. 레벨을 움직여 색상을 조절합니다.

❾ **화질 향상** : 이미지의 화질을 자동으로 조절합니다.

❿ **이미지 재설정** : 이미지를 원래대로 복원합니다.

▲ 밝기

▲ 대비

▲ 채도

▲ 온도

▲ 색조

▲ 선명도

▲ 노출

▲ 레벨

▲ 화질 향상

● 이미지 조절하기

직접 키노트에 삽입한 이미지를 조절해 보겠습니다. 이미지를 조절하기 위해서는 [이미지 조절] 창을 불러와야 합니다.

◎ **예제 파일** : CD\sample\풍경.key

◎ **완성 파일** : CD\sample\풍경_완성.key

1. 이미지를 선택한 후 [메뉴 막대]-[보기]-[이미지 조절 보기]를 클릭합니다.

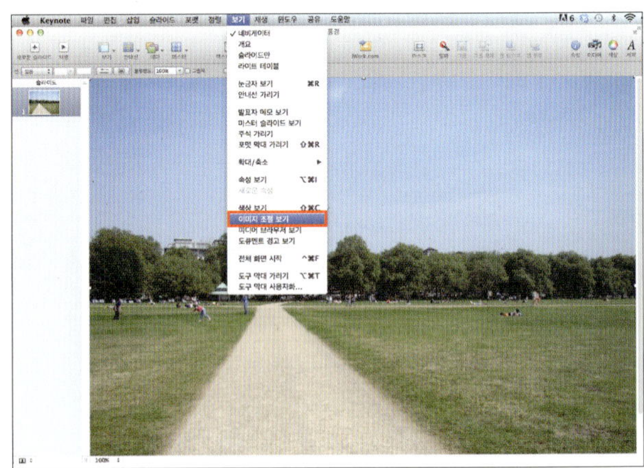

2. [이미지 조절] 창이 나타납니다. 원하는 조절 단추를 드래그하여 이미지를 조절합니다. 여기서는 대비를 조절해 보겠습니다. 대비 조절 핸들을 오른쪽으로 드래그합니다. 가장자리의 색상이 더욱 선명해지는 것을 확인할 수 있습니다.

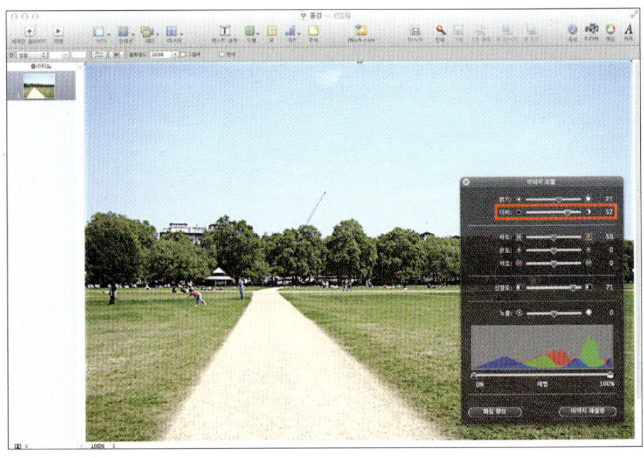

● 색상 복사하기

⌘ + option + I 를 눌러 [속성] 윈도우를 불러 [그래픽] 아이콘을 클릭하면 슬라이드에 지정된 색상을 복사할 수 있습니다.

[그래픽] 윈도우에서 [채우기] 영역의 색상을 클릭합니다. [색상] 윈도우가 나타나면 [돋보기] 아이콘을 클릭한 후 슬라이드 상에 복사하고 싶은 색상을 클릭합니다. [색상] 윈도우의 색상이 선택한 색상으로 바로 변경됩니다.

● 포토샵과 일러스트레이터 활용하기

약간의 포토샵이나 일러스트레이터 기능을 알면 슬라이드에 들어갈 도형이나 그림을 보다 멋지게 만들 수 있습니다. 또한, 이미지의 선명도와 밝기, 대비 등을 조절하는 것 역시 간편하게 적용할 수 있습니다.

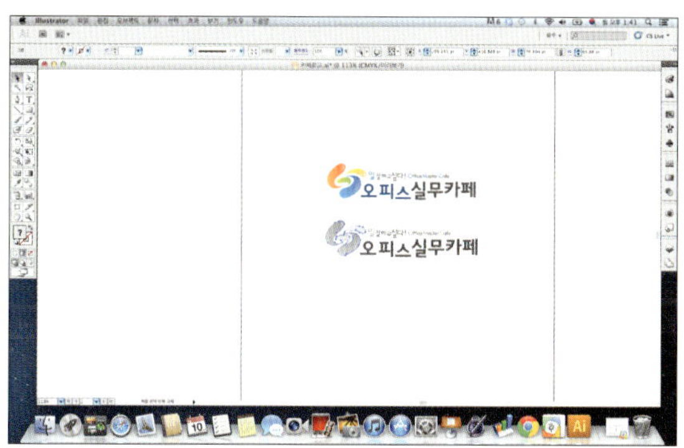

▲ 로고 디자인 작업

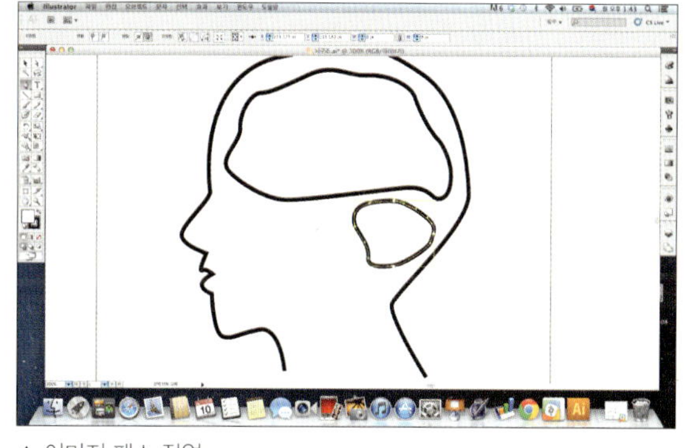

▲ 이미지 패스 작업

▲ 포토샵을 이용한 다이어그램 완성

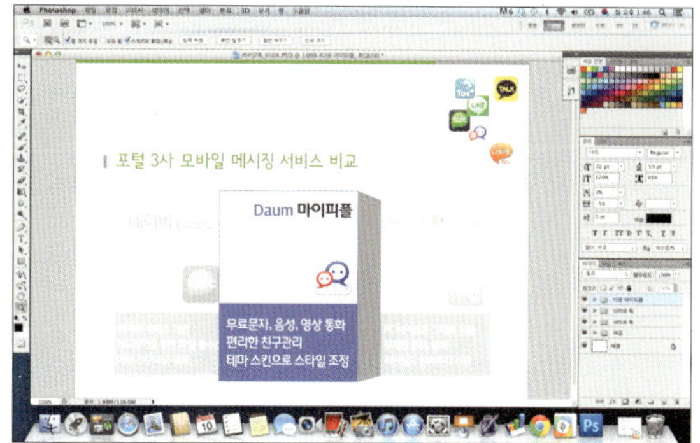

특히 키노트는 포토샵과 일러스트레이터에서 만든 이미지나 개체를 별도의 저장이나 변환없이 [Ctrl]+[C], [Ctrl]+[V]만으로 간단히 가져올 수 있습니다. 먼저 일러스트레이터에서 만든 이미지를 [Ctrl]+[C]한 후 키노트에서 [Ctrl]+[V]하면 그대로 가져올 수 있습니다.

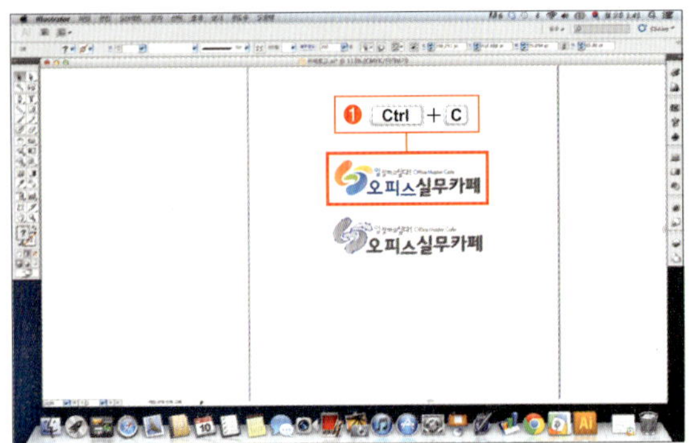
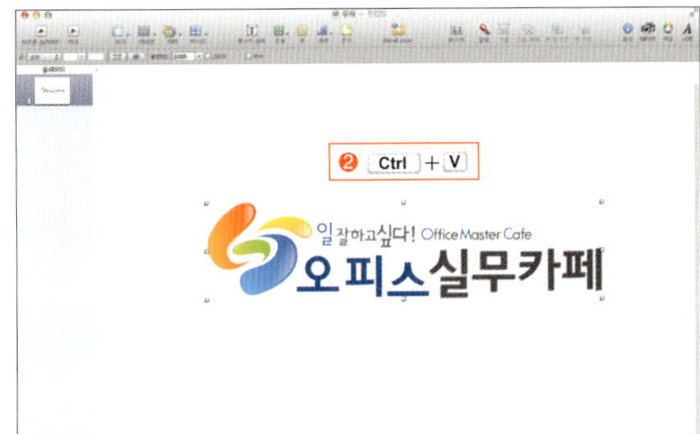

04 이미지 삽입하고 서식 지정하기

이제 본격적으로 키노트에서 이미지를 삽입하고 서식을 지정하는 방법에 대해서 살펴보겠습니다. 도형이나 이미지 개체를 활용하기 위해서는 먼저 색상 윈도우에 대해서 살펴볼 필요가 있습니다. 각각의 색상 윈도우는 사용자에 따라서 필요한 윈도우를 선택하여 사용할 수 있게 제공하고 있습니다.

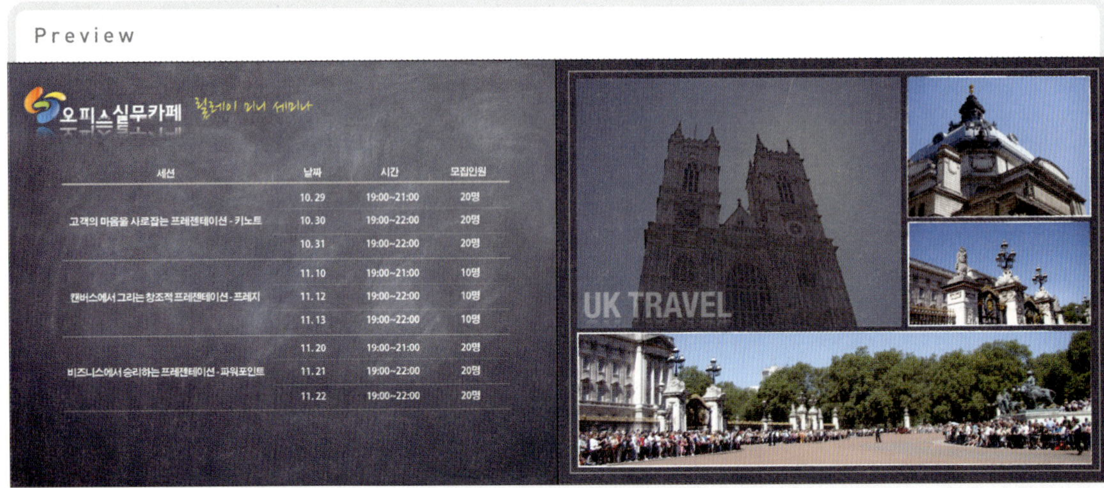

- 색상 윈도우
- [그래픽 속성] 창
- 이미지 삽입하고 효과 적용하기
- 선과 그림 프레임

● 색상 윈도우

키노트에서 제공하는 색상 윈도우는 색상 원판, 색상 슬라이더, 색상 팔레트, 이미지 팔레트, 크레용 등 5개의 색상 윈도우를 가지고 있습니다.

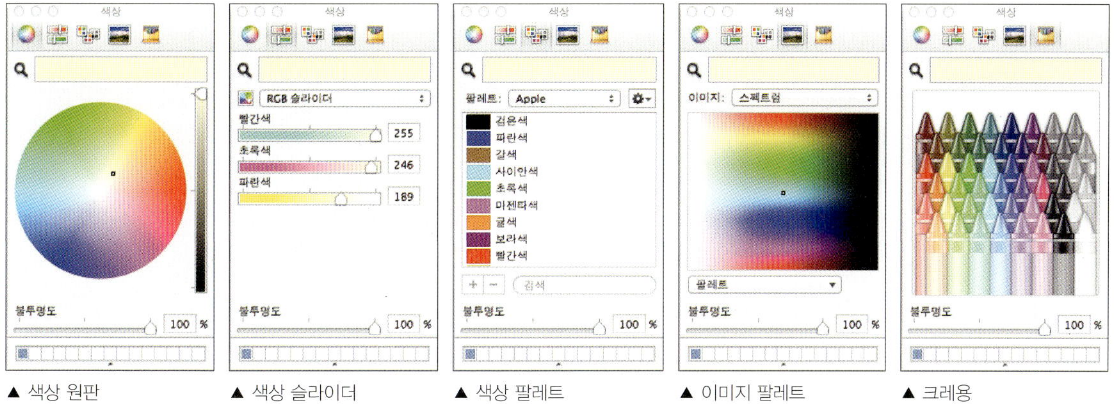

▲ 색상 원판   ▲ 색상 슬라이더   ▲ 색상 팔레트   ▲ 이미지 팔레트   ▲ 크레용

- **[색상 원판] 탭** : 색상 원판은 원판으로 구성된 색상 중 원하는 색상을 선택하거나 오른쪽 세로 조절 단추를 드래그하여 색상 톤을 선택합니다.
- **[색상 슬라이더] 탭** : 색상 슬라이더는 4가지 색상 슬라이더를 지원합니다. [Gray Scale 슬라이더], [RGB 슬라이더], [CMYK 슬라이더], [HSB 슬라이더] 중에서 원하는 슬라이더를 선택하여 색상을 조절할 수 있습니다.
- **[색상 팔레트] 탭** : 색상 팔레트는 4가지 색상 팔레트를 지원합니다. [웹 전용 색상], [크레용], [Developer], [Apple] 팔레트 중에서 원하는 팔레트를 선택하여 색상을 조절합니다.
- **[이미지 팔레트] 탭** : 이미지 팔레트는 다양한 색상 팔레트를 통해 색상을 선택할 수 있으며, [팔레트] 메뉴를 통해 클립보드나 맥(Mac)에 저장된 이미지의 색상을 그대로 가져와 표현할 수 있습니다.
- **[크레용] 탭** : 크레용 모양으로 여러 가지 색상을 나열해 놓고 있기에 원하는 색상을 쉽게 선택할 수 있습니다.

● [그래픽 속성] 창

[그래픽 속성] 창에서는 색상 채우기를 비롯해 선, 그림 프레임 등을 선택할 수 있습니다.

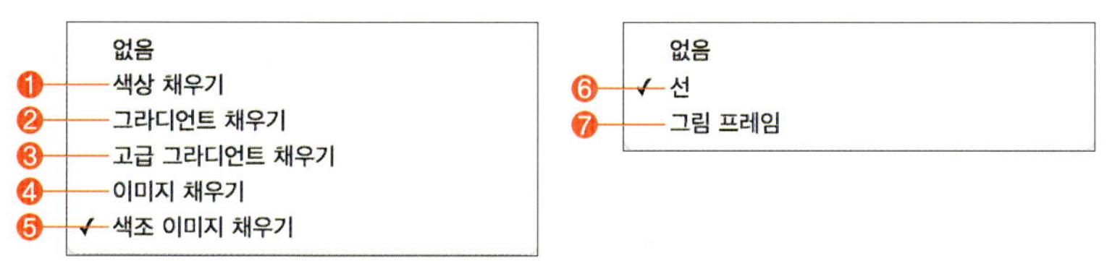
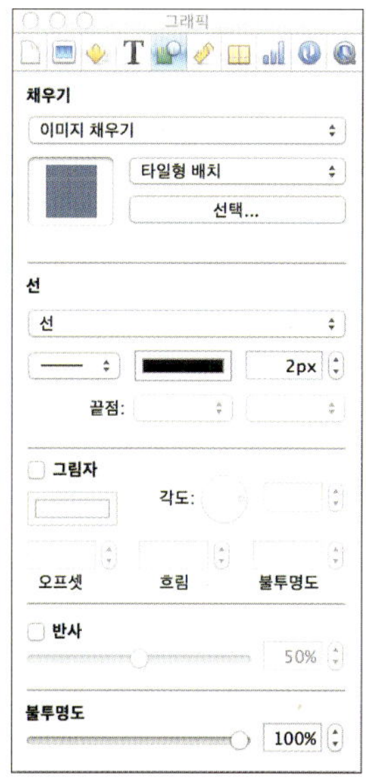

❶ **색상 채우기** : 색상을 선택합니다.

❷ **그라디언트 채우기** : 2가지 색으로 조합된 색상으로 채웁니다.

❸ **고급 그라디언트 채우기** : 3가지 이상의 색으로 조합된 색상으로 채웁니다. 또한, 선형 및 원형 그라디언트를 선택할 수 있습니다.

❹ **이미지 채우기** : 선택한 도형에 색상 대신 이미지를 채울 수 있습니다.

❺ **색조 이미지 채우기** : 선택한 도형에 색조 이미지를 채울 수 있습니다.

❻ **선** : 선 종류를 비롯해 색상이나 두께 등을 선택할 수 있습니다.

❼ **그림 프레임** : 액자와 같은 그림 프레임을 개체에 삽입할 수 있습니다.

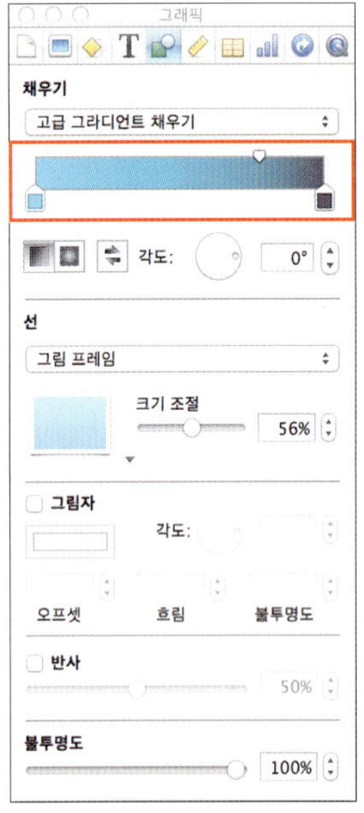

만일, 그라디언트 채우기나 고급 그라디언트 채우기를 선택하면 조절 단추가 나타납니다. 조절 단추를 선택한 후 색상을 변경하거나 위치를 조절하여 그라디언트 효과를 원하는 만큼 줄 수 있습니다. 또한, 그라디언트 조절 단추에 커서를 올리면 + 기호가 나타납니다. 이를 클릭하면 또 다른 조절 단추가 나타납니다. 이런 방법으로 여러 개의 그라디언트 조절 단추를 생성할 수 있습니다. 조절 단추를 삭제하고 싶으면 그라디언트 조절 단추 밖으로 옮겨 놓으면 삭제할 수 있습니다.

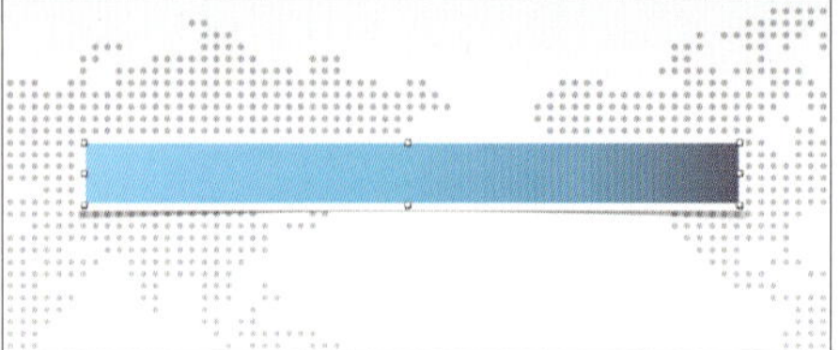

● 이미지 삽입하고 효과 적용하기

키노트에서 이미지를 삽입하기 위해서는 바탕화면이나 [Finder]에 있는 사진을 드래그하여 삽입하거나 미디어 브라우저를 활용해 미디어 콘텐츠를 불러올 수 있습니다. 참고로, 키노트는 TIFF 파일을 비롯하여, GIF, JPG, PDF, PSD 등 다양한 포맷을 불러올 수 있습니다.

◎ **예제 파일** : CD₩sample₩로고.key, 로고.png

◎ **완성 파일** : CD₩sample₩로고_완성.key

1. [Finder]의 그림 폴더에서 원하는 이미지를 캔버스로 드래그합니다.

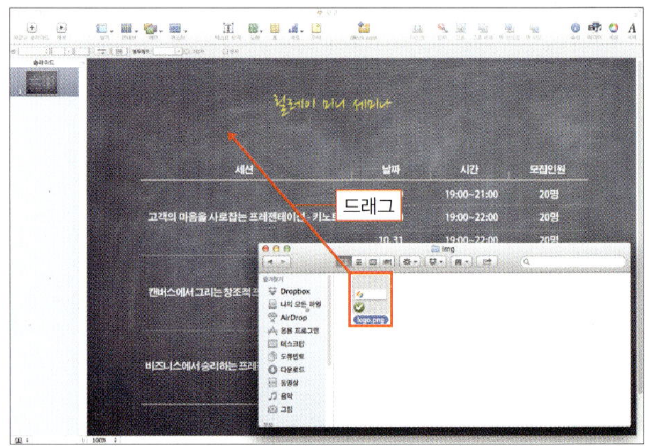

2. 이미지가 삽입되면 [그래픽] 윈도우를 열어 그림자와 반사, 불투명도 효과 등을 적용합니다.

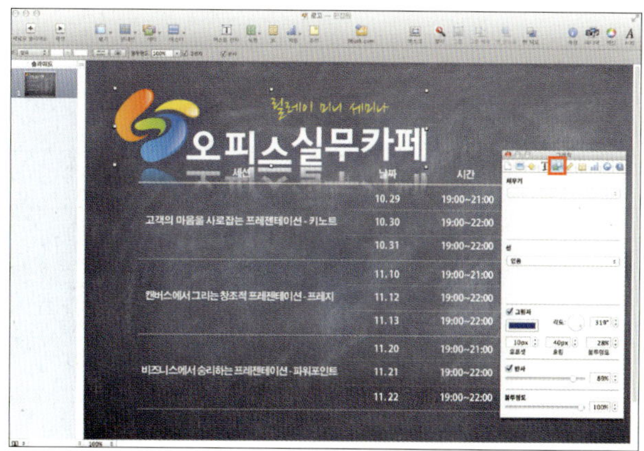

3. 이미지의 크기와 위치를 조정하여 완성합니다.

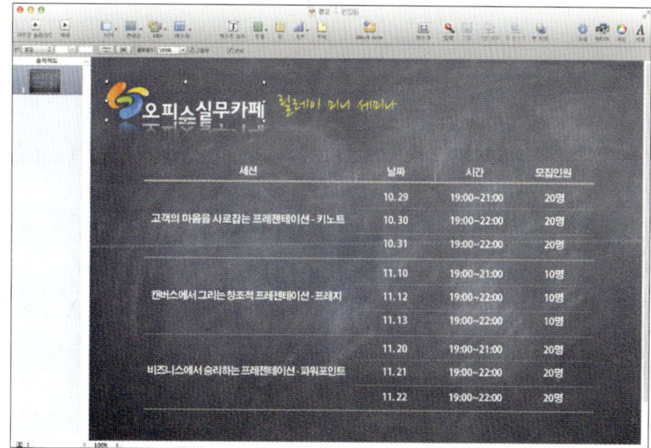

인터넷에서 이미지 다운로드 받기

프레젠테이션 자료를 만들다보면 인터넷에서 다양한 이미지 파일을 다운로드 받아야 합니다. 여기서는 이미지 파일을 다운로드 받아 파인더에서 찾는 방법에 대해서 살펴보도록 하겠습니다.

❶ 웹 페이지에서 원하는 이미지를 마우스 오른쪽으로 선택한 후 [이미지 파일을 "다운로드"에 저장]을 클릭합니다.

❷ 독의 [다운로드] 스택에 이미지가 나타납니다. 참고로,
저장한 이미지는 파인더의 [다운로드] 폴더에서 확인
할 수 있습니다.

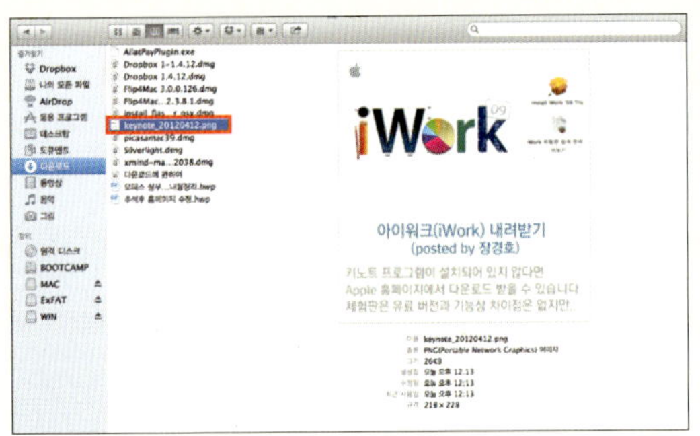

● 선과 그림 프레임

삽입한 이미지는 선 스타일을 변경하거나 그림자, 반사 효과 등을 적용할 수 있습니다. 또한, 그림 프레임에서 원
하는 스타일을 적용하여 색다른 이미지로 변경할 수도 있습니다.

◎ 예제 파일 : CD\sample\영국.key
◎ 완성 파일 : CD\sample\영국_완성.key

1. 개체를 선택합니다. [그래픽] 윈도우를 열어 [선]-[선]을 선택합니다. [선 유형]을 클릭하여 원하는 유형과 [선
색상]을 클릭하여 색상을 선택합니다.

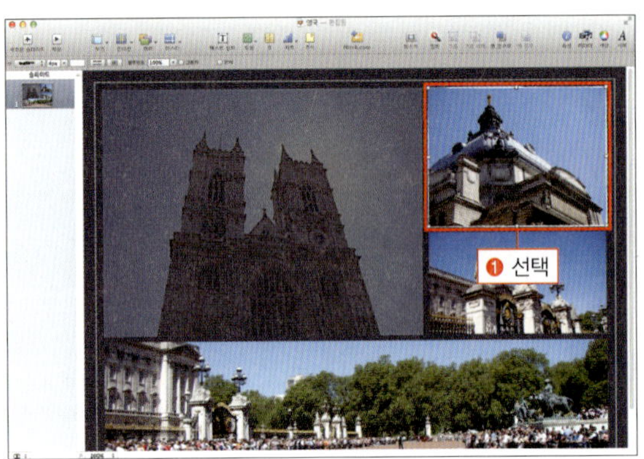

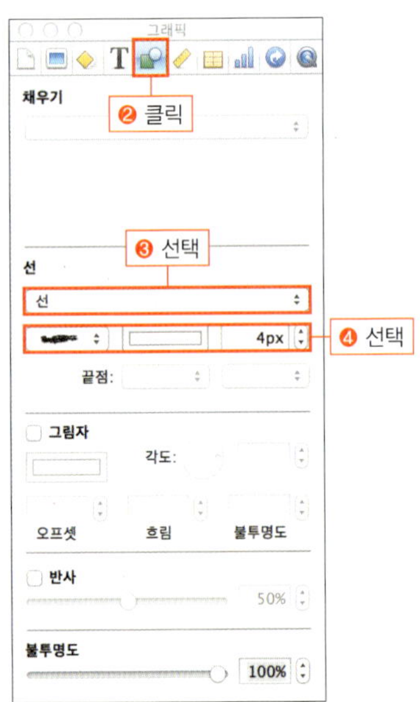

2. 나머지 그림에도 서식을 지정합니다. 텍스트 등을 입력하여 슬라이드를 완성합니다.

| tip |
선 스타일이나 그림 프레임을 삭제하려면 [그래픽] 윈도우에
서 [선—없음]을 선택합니다.

05 배경 투명하기 만들고 그림자, 반사 효과 주기

이미지를 삽입하다보면 불필요한 배경이 삽입될 때가 있습니다. 포토샵과 같은 이미지 편집 도구를 활용하면 쉽게 제거할 수 있지만 키노트의 인스턴트 알파 도구를 활용하여도 배경이나 요소를 제거할 수 있습니다. 또한, 입체 효과를 위해 그림자나 반사 효과를 줄 수 있습니다.

Preview

- 배경 투명하게 만들기
- 그림자 효과와 반사 효과 활용하기

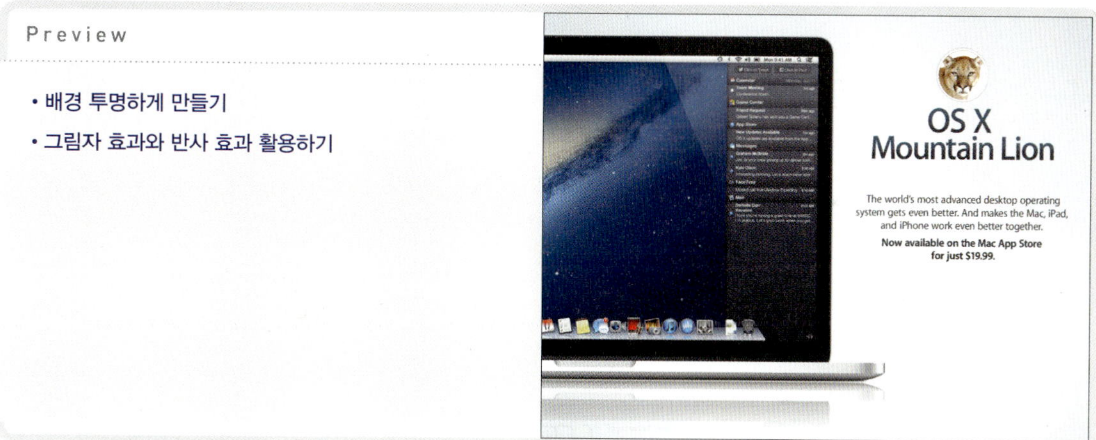

● 배경 투명하게 만들기

배경을 투명하게 만들기 위해서는 [도구 막대]의 [알파] 기능을 활용하면 됩니다. 배경은 많은 색상보다 단조로운 색상으로 구성되어 있을 때 보다 투명하게 만들 수 있습니다.

◎ 예제 파일 : CD\sample\mac.key

◎ 완성 파일 : CD\sample\mac_완성.key

1. 슬라이드를 연 후 배경이 있는 이미지를 불러옵니다.

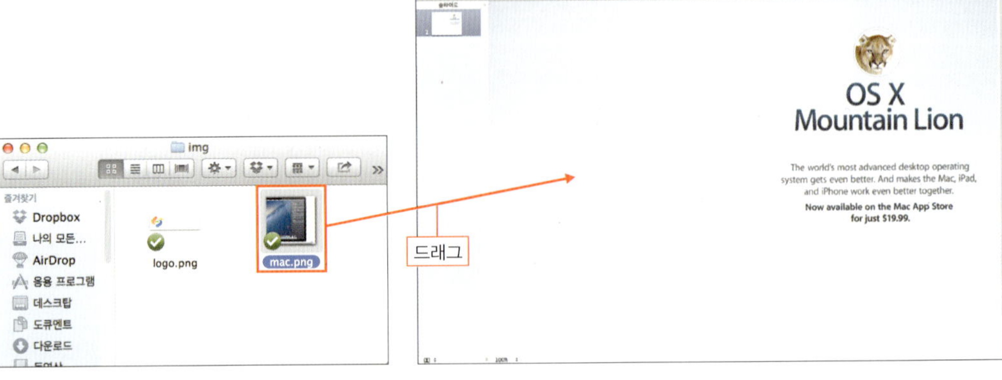

2. [도구 막대]에서 [알파]를 클릭한 후 투명하게 지정할 부분을 마우스로 드래그합니다.

3. 배경이 깨끗하게 제거되지 않으면 몇 차례 반복하여 배경을 삭제합니다.

4. 배경을 제거했지만 다시 배경을 살리고 싶다면 [메뉴 막대]의 [포맷]-[인스턴트 알파 제거]를 클릭합니다.

● 그림자 효과와 반사 효과 활용하기

이미지에 입체감을 주기 위해 그림자 효과를 적용하거나 고급스러운 느낌을 주기 위해 반사 효과를 적용할 수 있습니다.

1. 보다 세련된 이미지 작업을 위해 그림자나 반사 효과를 주도록 하겠습니다. [그래픽] 속성 윈도우를 연 후 [반사] 조절 핸들을 드래그하여 수치를 조정합니다.

2. 그림자 효과 등을 지정한 후 완성합니다.

키노트에는 마스크라는 독특한 기능이 있습니다. 마스크를 통해 이미지의 필요한 영역만을 슬라이드에 표시할 수 있으며, 특정 부분만 확대, 축소할 수 있습니다.

Preview

- 마스크 편집하기
- 도형으로 마스크 만들기

● 마스크 편집하기

마스크 기능은 불필요한 부분에 마스크를 씌워 슬라이드에 표시하지 않는 기능입니다. 이를 통해 굳이 이미지를 편집하거나 자를 필요없이 간단하게 이미지 편집 작업을 할 수 있습니다.

◎ **예제 파일 :** CD₩sample₩london.key, london.jpg
◎ **완성 파일 :** CD₩sample₩london_완성.key

1. 마스크 기능을 사용하기 전에 마스크를 적용할 이미지를 불러옵니다.

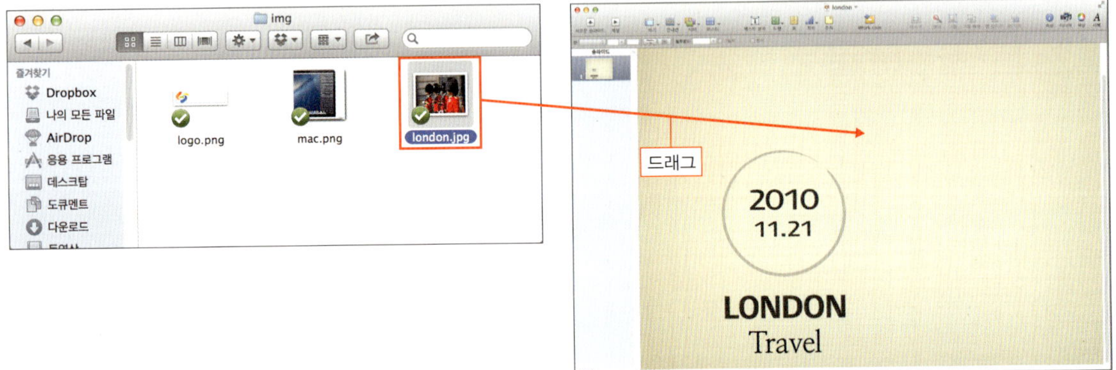

2. 마스크 작업시에는 슬라이드 캔버스를 작게 축소하여 작업하는 것이 좋습니다. 화면 크기를 [75%]로 조절합니다.

3. [도구 막대]의 [마스크] 아이콘을 클릭합니다. [마스크 편집] 창과 마스크 영역이 활성화되면 크기 조절 핸들을 이동하여 삭제할 부분을 가립니다.

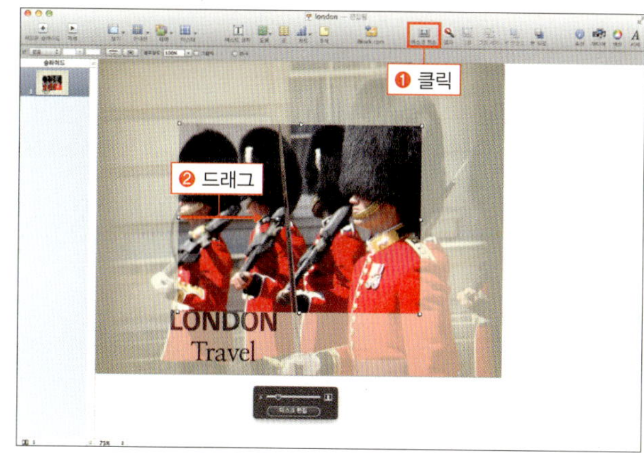

4. 흐리게 표시되는 부분은 슬라이드 캔버스에서 보여지지 않을 부분이고, 선명하게 표시되는 부분은 슬라이드 캔버스에 보여질 부분입니다. 원하는 크기 및 위치를 적절히 조절합니다.

5. 크기 조절 핸들을 드래그하면 마스크 자체의 크기를 변경할 수 있지만 마스크 영역 전체를 드래그하면 마스크 영역을 변경할 수 있습니다. 또한, [마스크 편집] 창의 조절점을 드래그하면 이미지의 특정 부분을 확대/축소할 수 있습니다.

6. 편집을 완료하려면 마스크 영역을 더블클릭하거나 [마스크 편집] 창의 [마스크 편집]을 클릭합니다. 재편집을 하려면 편집을 완료할 때와 마찬가지로 마스크 영역을 더블클릭하거나 [마스크 편집]을 클릭합니다.

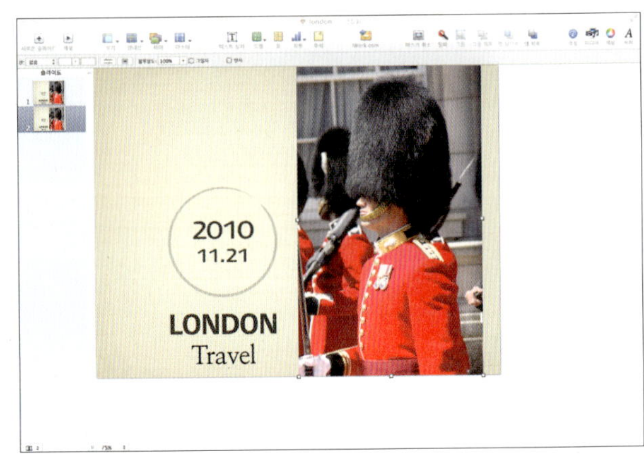

● 도형으로 마스크 만들기

직사각형을 비롯하여 모서리가 둥근 직사각형, 타원형, 삼각형 등 다양한 도형으로 마스크를 만들 수 있습니다.

1. 이번에는 도형으로 마스크를 만들어 보겠습니다. 먼저 슬라이드를 복제하기 위해 미리보기 화면에서 마우스 오른쪽을 클릭해 [복제]를 선택합니다.

2. 슬라이드가 복제되면 이미지를 선택한 상태에서 [메뉴 막대]에서 [포맷]-[도형으로 마스크]를 클릭합니다. 사용할 수 있는 다양한 도형이 나타납니다. 여기서는 [설명 풍선]을 선택합니다.

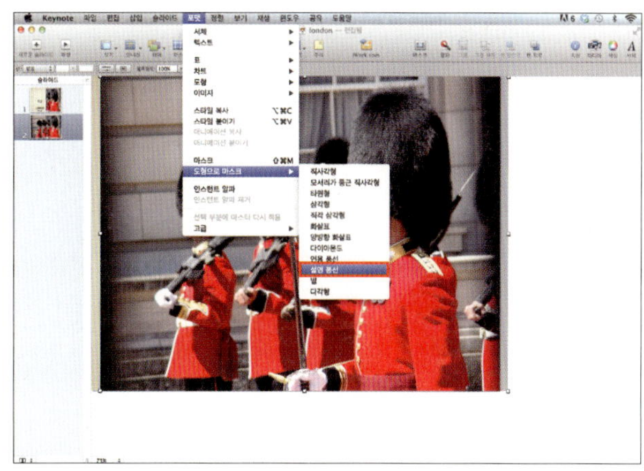

3. 마스크가 설명 풍선 모양으로 변경됩니다.

4. 크기 및 위치를 조절합니다. 설명 풍선의 경우, 모양 조절 핸들이 함께 표시되기에 이를 적절히 조절하여 원하는 설명 풍선 모양을 만들 수 있습니다.

5. 편집을 완료하려면 마스크 영역을 더블클릭하거나 [마스크 편집] 창의 [마스크 편집]을 클릭합니다.

마스크 기능으로 이미지 편집하기

마스크를 활용하면 이미지의 필요없는 부분은 가리고 필요한 부분만을 나타내거나 간단한 보정을 통해 다른 느낌의 슬라이드를 완성할 수 있습니다.

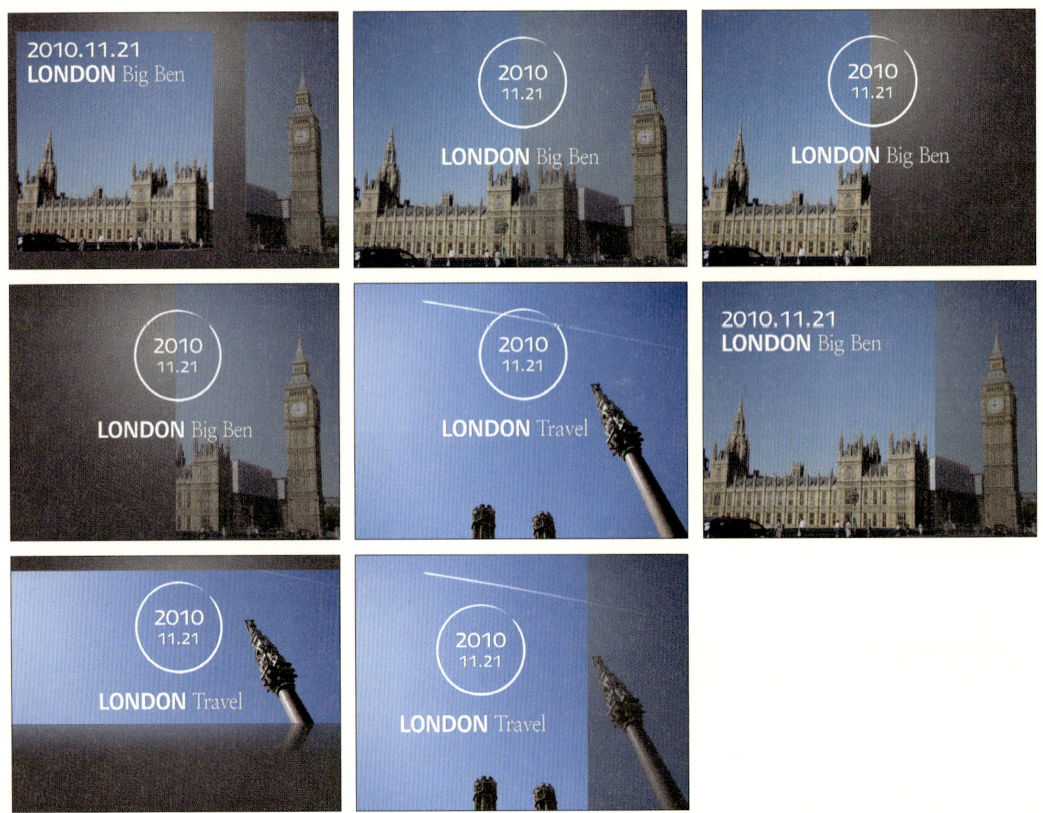

굳이 화려한 색상의 배경이 아니더라도 단색이나 그라디언트 배경만으로도 고급스런 배경 슬라이드를 만들 수 있습니다. 여기서는 선형과 원형 그라디언트로 배경을 만들어보도록 하겠습니다.

Preview

- 선형 그라이언트
- 원형 그라디언트

● 선형 그라이언트

선형 그라디언트는 두 가지 색상만 지정해 주면 중간 색상이 자동으로 지정되어 비교적 편하게 배경 슬라이드를 만들 수 있습니다.

◎ **예제 파일** : CD\sample\그라디언트배경.key
◎ **완성 파일** : CD\sample\그라디언트배경_완성.key

1. 선형 그라디언트를 적용하기 위해서 직사각형 도형을 하나 삽입하겠습니다. [도구 막대]의 [도형] 아이콘을 클릭한 후 [직사각형] 도형을 선택한 후 슬라이드 크기에 맞게 도형을 삽입합니다.

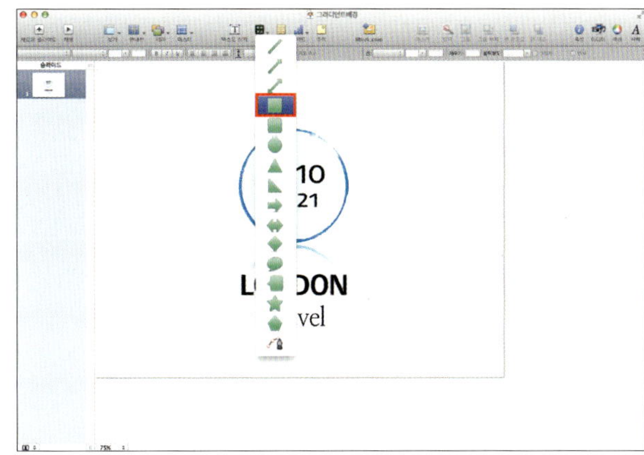

| tip |

현재 캔버스의 크기는 '100%'가 아닌 '75%'입니다. 슬라이드 캔버스의 크기를 75% 정도로 조절한 후 작업하면 슬라이드에 삽입하는 다양한 개체를 보다 쉽게 컨트롤 할 수 있습니다.

2. [속성] 윈도우를 클릭하여 [그래픽] 아이콘을 선택합니다. [채우기]-[그라디언트 채우기]를 선택합니다.

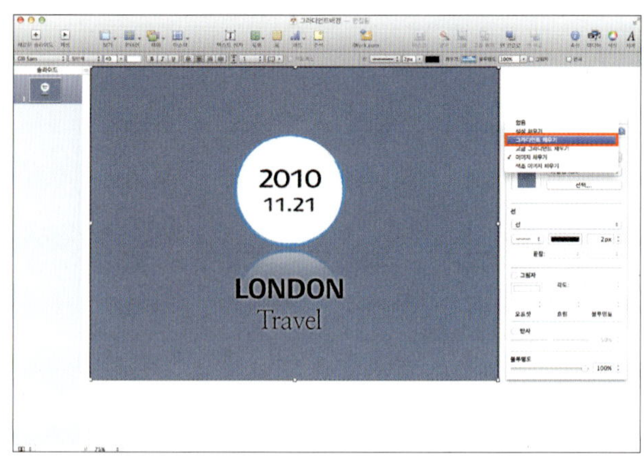

3. [색상]을 클릭합니다. [색상] 윈도우가 나타나면 원하는 색상을 선택합니다.

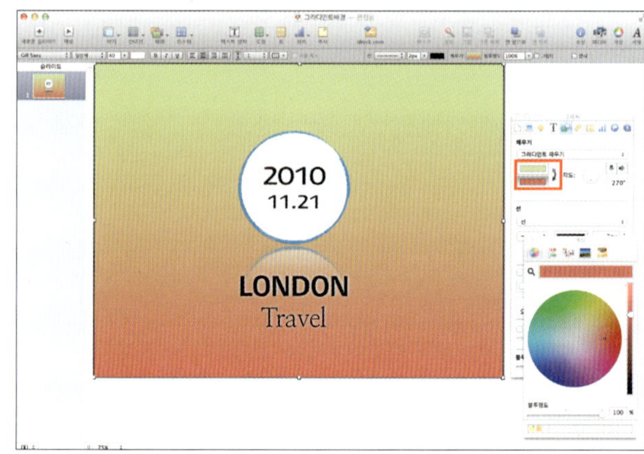

● 원형 그라디언트

원형 그라디언트를 지정하면 보다 고급스러운 배경을 만들 수 있습니다. 만드는 방법은 선형 그라디언트를 만드는 방법과 비슷합니다.

1. 원형 그라디언트는 고급 그라디언트를 통해 만들 수 있습니다. 먼저 슬라이드를 복제한 후 그라디언트가 적용된 도형을 선택합니다. [채우기]-[고급 그라디언트 채우기]를 선택한 후 원하는 색상을 선택합니다.

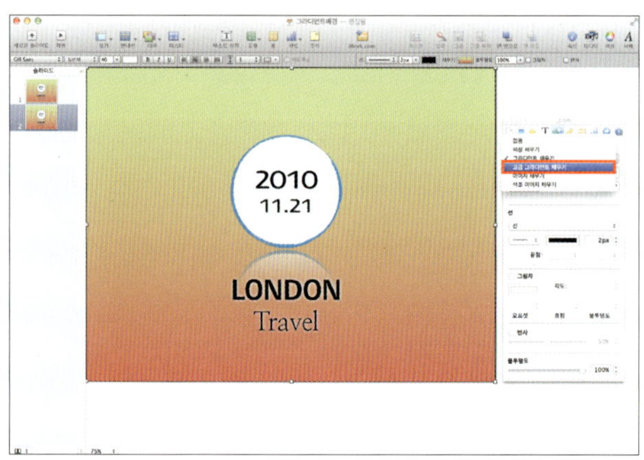

2. 그라디언트 채우기의 경우 색상 비율을 비롯하여 각도 등을 조절하여 다양한 방법으로 배경을 만들 수 있습니다. 원하는 형식으로 배경을 만들어 봅시다.

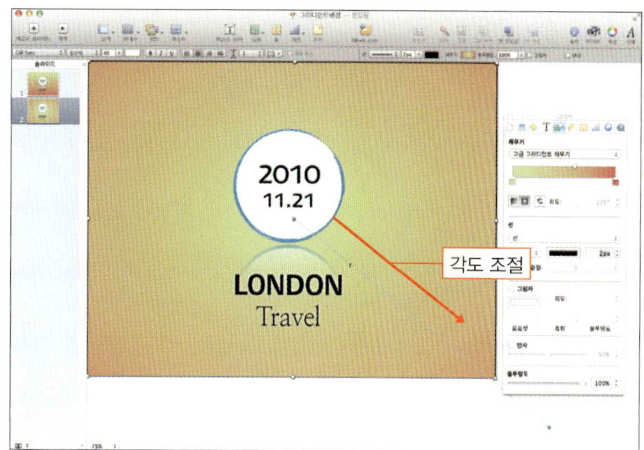

슬라이드 디자인 작업시 놓쳐서는 안되는 13가지 이야기

❶ 최대한 단순하게 만들어라

파워포인트는 프레젠테이션을 하기 위한 도구에 불과합니다. 청중은 화려한 슬라이드 디자인을 보러온 것이 아니라 프레젠테이션의 메시지를 들으러 왔다는 점을 결코 잊어서는 안됩니다.

❷ 텍스트를 최소화하라

텍스트는 메시지를 정확하게 전달할 수 있는 요소임에는 틀림없지만 과도한 텍스트는 청중의 집중도를 낮추며 지루하게 만들 수 있다는 점을 명심하기 바랍니다. 슬라이드에서 나열식 텍스트의 비중은 최소화하고 이미지와 하나의 단락으로만 구성된 강력한 메시지로 청중들이 프레젠테이션에 집중하도록 만들기 바랍니다.

❸ 높은 해상도의 이미지를 사용하라

텍스트의 비중을 낮추되 이미지의 비중은 높일 필요가 있습니다. 다만, 이미지의 해상도는 최대한 높아야 합니다. 동일한 내용임에도 사용하는 이미지에 따라서 전혀 다른 슬라이드가 만들어질 수 있습니다.

❹ 색상에 신경을 써라

슬라이드 작성시 가장 어려워하는 부분이 바로 적절한 색상 배합입니다. 색상의 선택은 전문적인 감각이 없으면 적용하기가 쉽지 않습니다. 디자인은 많이 보면 볼수록 감각이 늘어납니다. 그렇기에 색상 감각이 없다면 최소한 전문가가 만든 슬라이드 색상을 참고하고 컬러 사용에 대한 기초적인 지식 정도는 연구하는 것이 좋습니다. 전문가가 만든 슬라이드를 보고 적절한 색상 배합을 연구해 보기 바랍니다.

❺ 2가지 이상의 서체는 사용하지 말아라

내용을 전달함에 있어 서체의 선택은 매우 중요합니다. 동일한 내용도 서체에 따라서 느낌이 많이 달라지며, 청중의 이해도 역시 많은 차이가 날 수 있습니다. 슬라이드에는 2가지 이상의 서체를 사용하는 것은 좋지 않습니다.

❻ 3가지 이상의 애니메이션은 사용하지 말아라

애니메이션은 프레젠테이션을 더욱 돋보이게 할 수 있는 요소이긴 합니다. 하지만 제공되는 애니메이션 효과가 많기 때문에 여러 효과를 사용하고 싶은 욕심이 생기게 마련입니다. 하지만 프레젠테이션에서 애니메이션은 자제해야 합니다. 애니메이션을 꼭 써야한다면 2~3가지의 효과만으로 청중들에게 강력한 메시지를 전달하기 바랍니다.

❼ 로고는 필요한 페이지에만 넣어라

슬라이드 마스터를 이용해 회사 로고를 전체 페이지에 넣을 수는 있겠지만 회사 로고를 모든 페이지에 넣는 것은 바람직한 방법은 아닙니다. 모든 페이지에 로고를 넣는다고 회사의 이미지가 브랜딩 되는 것은 아닙니다. 회사 로고는 첫 페이지와 마지막 페이지만 남기고 나머지는 버리도록 합시다. 진짜 브랜딩은 프레젠테이션 내용 속에 있습니다.

❽ 만드는 시간보다 발표 내용에 집중하라

프레젠테이션은 청중을 얼마만큼 이해시킬 수 있느냐에 목적이 있습니다. 프레젠테이션을 만들 수 있는 도구. 즉 파워포인트나 키노트와 같은 프로그램이 워낙 잘 만들어져 있어 이제는 아마추어 정도의 실력만으로도 멋진 슬라이드를 만들 수 있습니다. 그렇기에 슬라이드 디자인에 많은 시간을 허비하는 것은 좋지 않습니다. 발표를 어떻게 잘 할 수 있느냐에 집중해야 합니다.

❾ 결론부터 디자인하라

프레젠테이션에서는 항상 결론부터 말하는 습관을 가져야 합니다. 또한, 근거나 출처가 없는 내용이라면 사례나 예시를 통해 그 내용을 사실로 입증해야 하고, 될 수 있으면 근거나 출처를 제시하여 청중에게 믿음을 주어야 합니다. 결론부터 말하면 청중은 그 내용에 집중할 수 있고 발표자는 내용을 쉽게 전달할 수 있습니다.

❿ 핵심 내용을 다 보여주지 말아라

프레젠테이션에서는 핵심 키워드를 청중들에게 명확하게 제시해야할 필요가 있지만 그렇다고 슬라이드 화면에 모든 내용을 넣을 필요는 없습니다. 화면에 핵심 내용이 모두 들어가 있으면 청중은 내용을 읽기에 급급하여 프레젠터의 이야기에 집중하지 못할 수 있습니다. 스티브 잡스의 프레젠테이션처럼 핵심 내용은 모두 보여주지 말고 청중들의 궁금증을 유도할 필요가 있습니다.

⓫ 경쟁사와 차별화하라

비지니스 프레젠테이션에서 이기려면 경쟁 기업과 차별화가 필수적입니다. 기능적으로 동일한 내용이라 하더라도 슬라이드 상에서는 차별화가 가능합니다. 경쟁사보다 어떤 방식으로 청중들에게 어필할 수 있고 더 좋게 포장할 수 있을지 항상 고민하여야 합니다. 프로그램 상으로도 다른 모든 경쟁사가 파워포인트로 작업했다면 키노트. 프레지 등으로 차별화하는 방법노 좋은 방법입니다.

⓬ 대표 키워드를 디자인하라

프레젠테이션에는 대표 키워드가 존재하는데 이를 반복적으로 적용하여 청중들에게 인식시킬 필요성이 있습니다. 대표 키워드는 전체 프레젠테이션에서 반복적으로 전달할 필요가 있으며 이를 통해 청중은 중요한 메시지라고 인식하게 됩니다. 그렇기에 슬라이드 디자인시 이를 충분히 숙지하여야 합니다.

⓭ 표지는 생명이다

우리가 책을 구매할 때 가장 먼저 눈이 가는 요소가 무엇일까요? 바로 표지입니다. 출판사와 저자도 물론 중요하지만 무엇보다 첫 인상. 즉 책의 표지를 보고 먼저 선택하게 됩니다. 이것이 바로 1차적인 선택이고 그 다음이 내용입니다. 프레젠테이션도 마찬가지입니다.

키노트에는 화살표, 직사각형, 원형, 그리고 자유형까지 총 15개의 도형을 선택할 수 있습니다. 삽입한 도형은 선으로 변경할 수도 있으며 종류에 따라서 원하는 모양으로 편집할 수 있습니다.

Preview

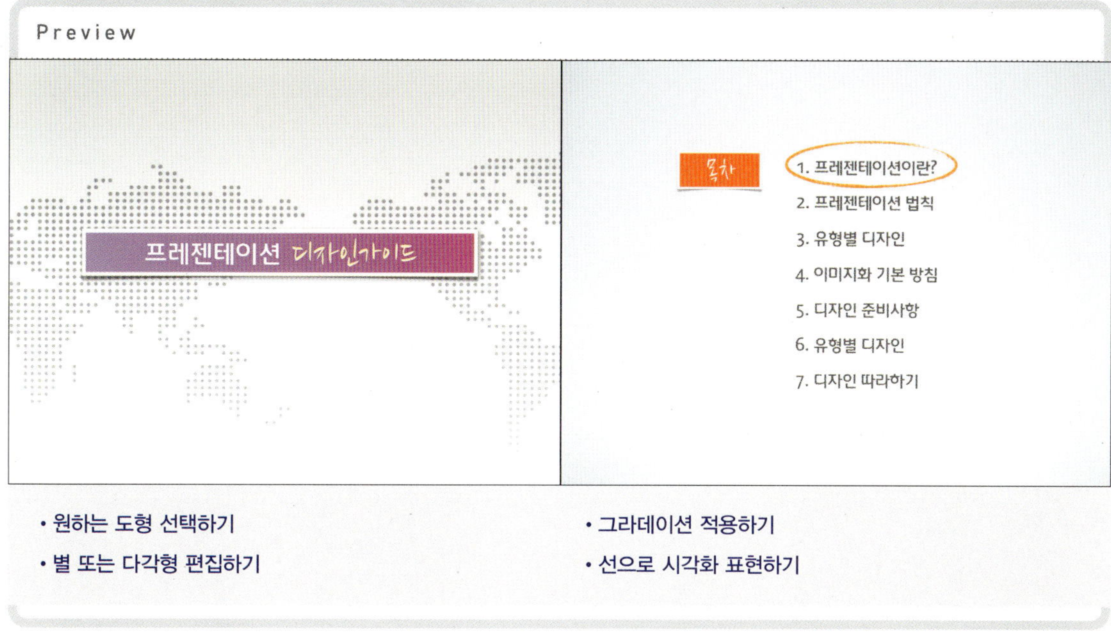

- 원하는 도형 선택하기
- 별 또는 다각형 편집하기
- 그라데이션 적용하기
- 선으로 시각화 표현하기

● 원하는 도형 선택하기

[도구 막대]에서 [도형]에서 원하는 도형을 선택할 수 있습니다. 한번 선택한 도형도 속성에 따라 다양한 모양으로 변형할 수 있습니다.

1. [도구 막대]에서 [도형]을 클릭하여 원하는 도형을 선택합니다.

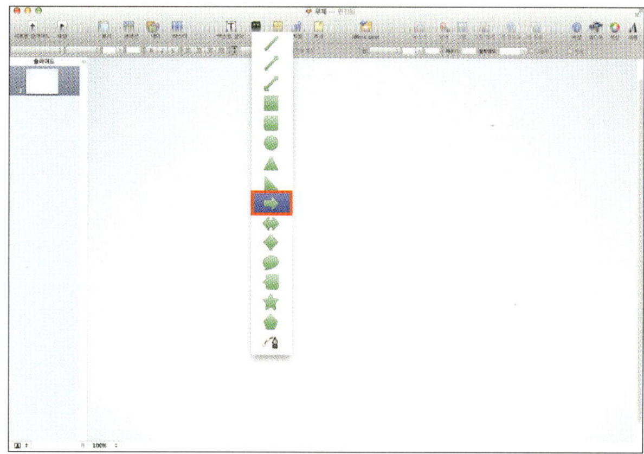

2. 초록색의 모양 조정 핸들을 움직이면 원하는
모양으로 변경할 수 있습니다.

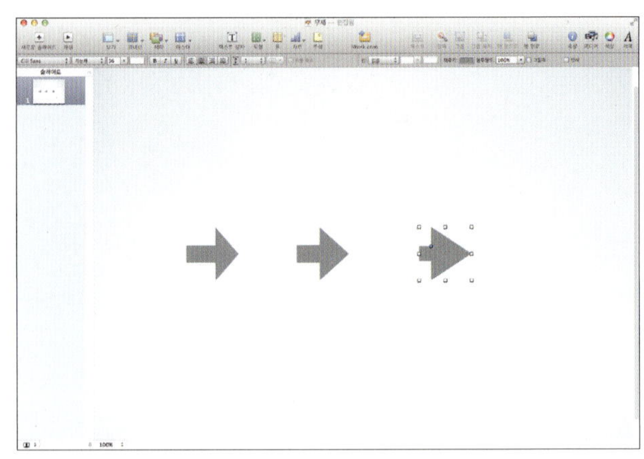

● 별 또는 다각형 편집하기

별 모양의 경우 꼭짓점 수를 늘리거나 줄일 수 있으며, 별 꼭짓점 사이의 각도를 더 날카롭게 하거나 부드럽게 조
절할 수도 있습니다. 물론 다각형 역시 변의 수를 늘리거나 줄일 수 있습니다.

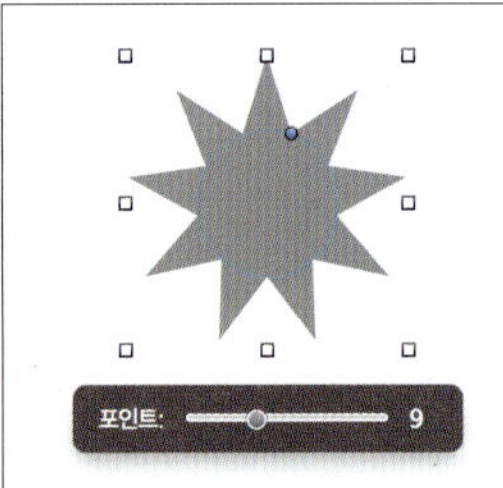

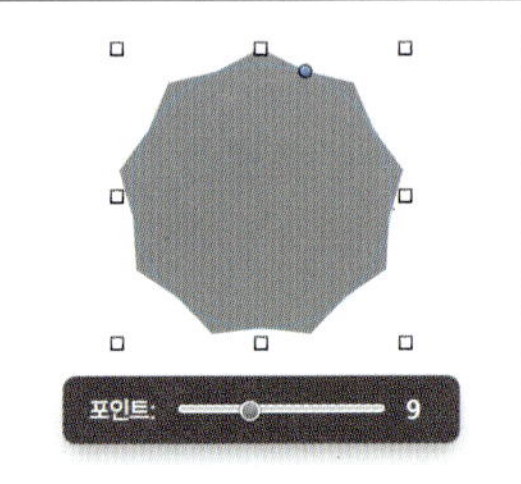

1. [도구 믹대]에서 [도형]을 클릭하여 [별]을 신
택한 후 삽입합니다.

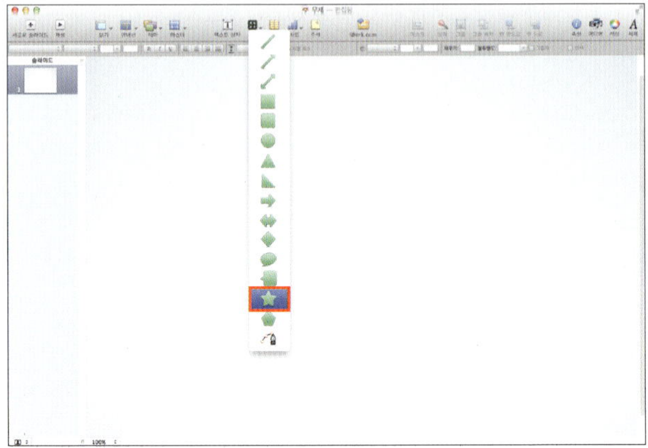

2. 별을 선택하면 [포인트] 창이 나타나는데 조절
단추를 드래그하여 원하는 포인트를 줍니다.

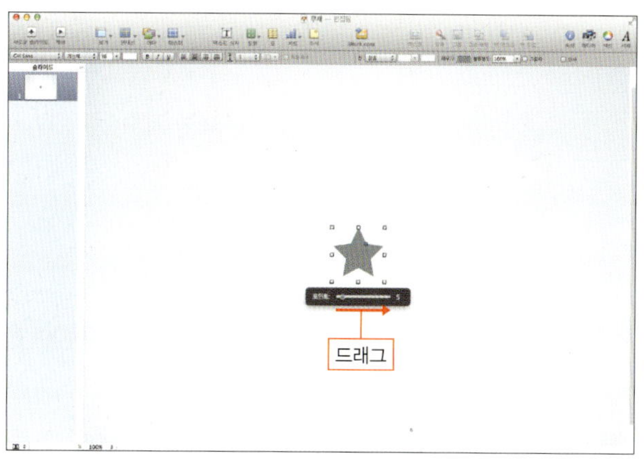

● 그라데이션 적용하기

도형에 색상이나 이미지를 넣거나 그라데이션 효과를 줄 수 있습니다. 다양한 채우기 효과를 지정해 보도록 하겠
습니다.

◉ 예제 파일 : CD\sample\도형_그라디언트.key
◉ 완성 파일 : CD\sample\도형_그라디언트_완성.key

1. 여기서는 제목 슬라이드의 제목 타이틀 도형
을 만들어 보겠습니다. 도형을 선택한 후 [그래픽]
윈도우에서 [채우기]-[색상 채우기]를 선택합니
다. [색상]을 클릭하여 원하는 색상을 선택합니다.

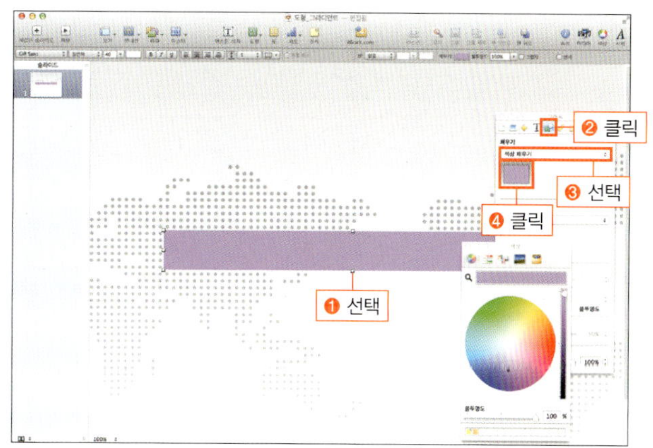

2. 그라데이션의 경우 [채우기]-[그라데이션 채
우기] 혹은 [고급 그라데이션 채우기]를 선택한 후
시작점과 끝점의 색상을 선택하고, 각도를 조정하
여 그라데이션을 지정합니다.

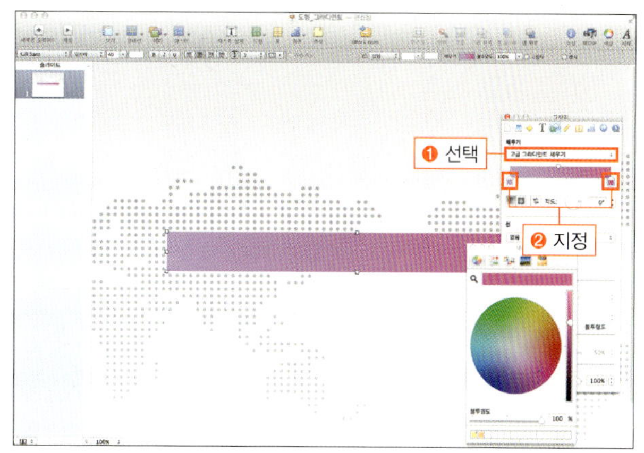

3. [선]−[그림 프레임]을 선택한 후 원하는 그림 프레임을 선택합니다. [그림자]에 체크 표시를 하여 제목 타이틀 배너를 완성합니다.

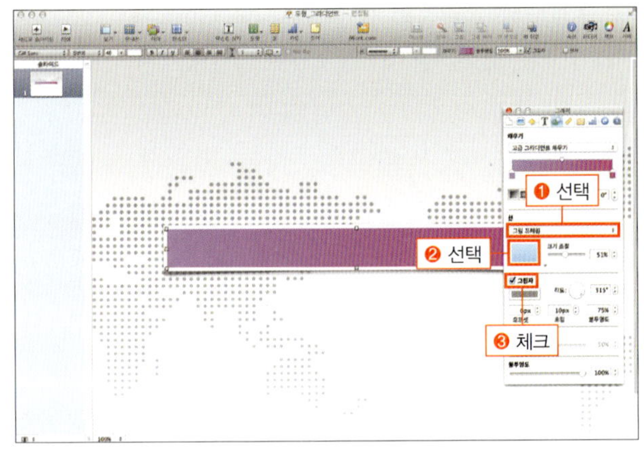

4. 텍스트를 입력하여 제목 슬라이드를 완성합니다.

● 선으로 시각화 표현하기

원형을 삽입한 후 선 스타일을 변경하는 것만으로도 슬라이드에 시각적인 효과를 넣을 수 있습니다.

◎ **예제 파일** : CD₩sample₩프레젠테이션_강의안.key
◎ **완성 파일** : CD₩sample₩프레젠테이션_강의안_완성.key

1. [도구 막대]의 [도형]을 눌러 [원형]을 선택합니다.

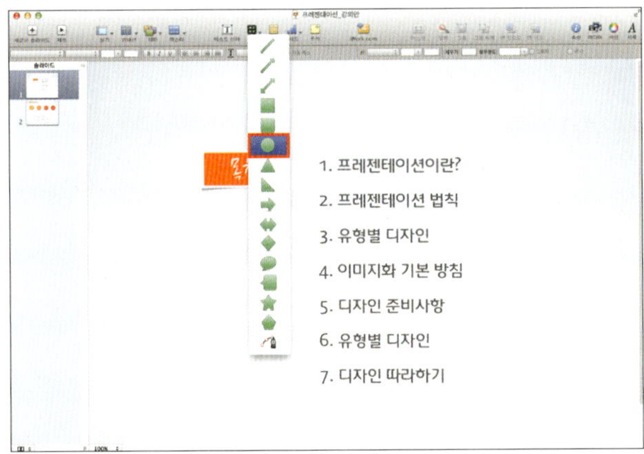

2. 원형의 위치 및 크기를 조정합니다. [속성] 윈도우의 [그래픽]을 선택한 후 [채우기]–[없음], [선]을 클릭한 후 제일 마지막 스타일을 선택합니다.

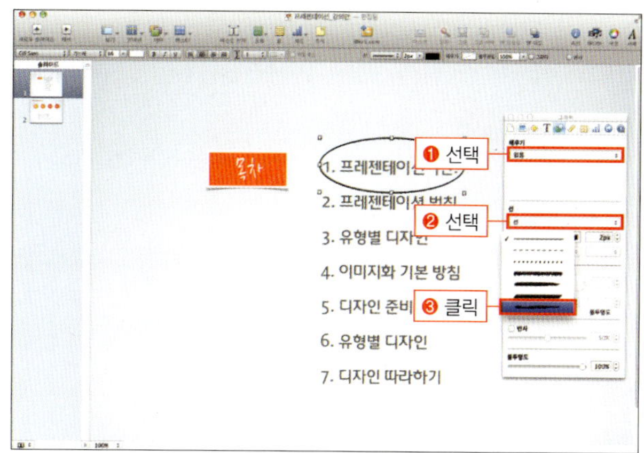

3. [색상]을 선택한 후 [크레용]을 클릭합니다. 원하는 색상을 선택합니다.

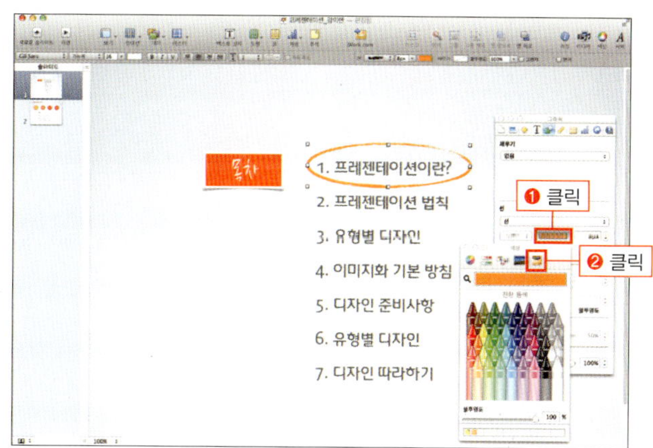

4. 단순한 선으로 표현된 원형 도형에서 선만 변경해도 멋진 도형을 완성할 수 있습니다. 두 번째 슬라이드를 선택한 후 4개의 원형 도형을 선택합니다. [속성] 윈도우의 [그래픽]을 선택한 후 [선]을 클릭한 후 제일 마지막 스타일을 선택합니다.

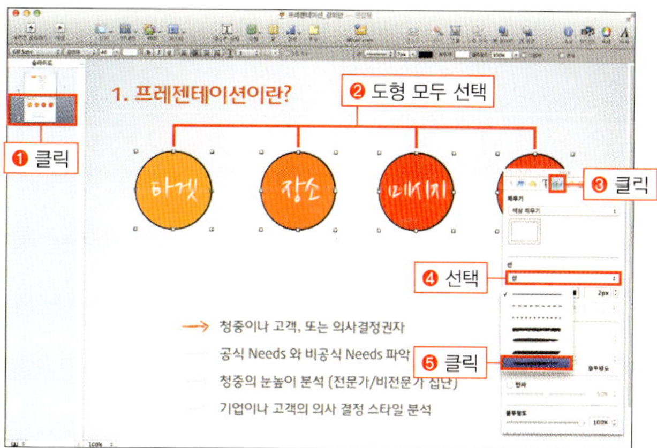

5. 선 크기를 조절한 후 [색상]을 선택합니다. [크레용]을 클릭한 후 원하는 색상을 선택합니다.

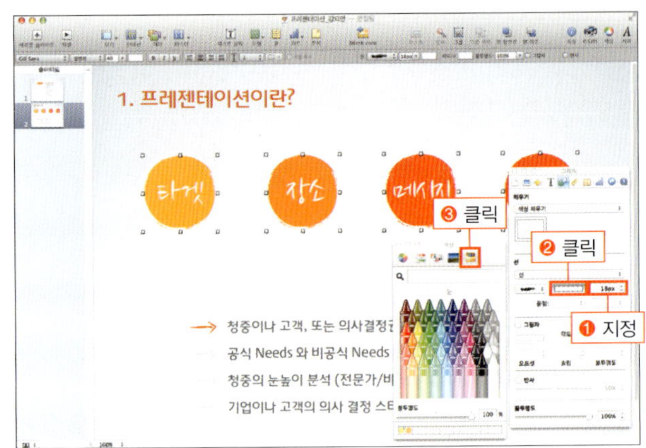

09 개체 잠금 및 그룹 지정하기

개체 잠금이란 다른 개체를 수정할 때 잠금한 개체는 움직이거나 수정이 되지 않도록 고정하는 기능을 말하며, 그룹 지정이란 여러 개체를 하나로 묶어 관리하는 기능을 말합니다.

Preview

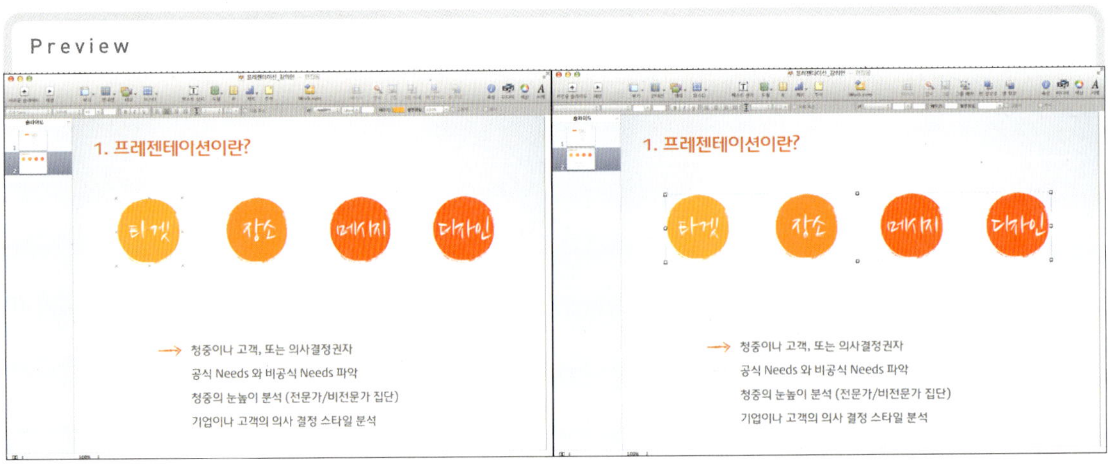

• 개체 잠금하기

• 그룹 지정하기

● 개체 잠금하기

슬라이드 편집 화면에 텍스트나 이미지 등 다양한 개체가 있다면 뜻하지 않은 개체가 선택될 경우가 있습니다. 이 럴 때에는 잠금 기능을 이용해 고정시킨 후 작업하는 것이 좋습니다.

1. 개체를 선택한 후 [메뉴 막대]에서 [정렬]−[잠 금]을 클릭하거나 ⌘+L 을 누릅니다.

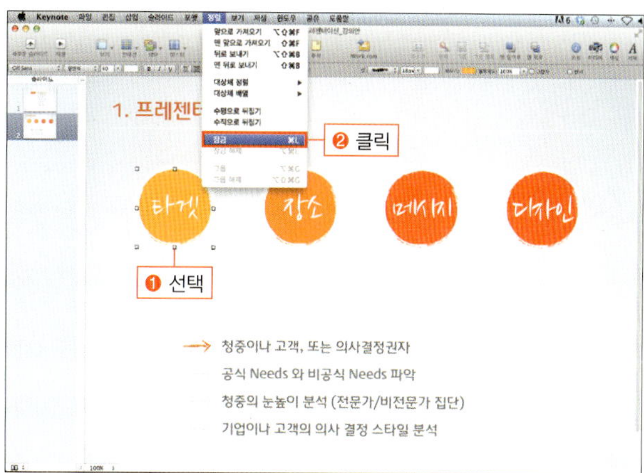

2. 잠금 설정이 된 개체를 선택하면 크기 조절 핸 들에 [X] 표시가 나타나는 것을 확인할 수 있습니 다. 잠금 기능을 해제하기 위해서는 [메뉴 막대]에 서 [정렬]−[잠금 해제]를 클릭하거나 option + ⌘ +L 을 누릅니다.

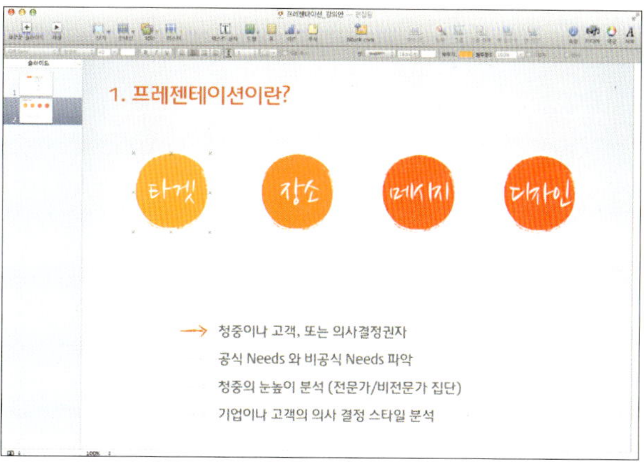

● 그룹 지정하기

여러 개체를 하나로 묶어주는 그룹을 활용하면 한꺼번에 개체를 이동하거나 애니메이션 효과를 주는 등 편리하게 개체를 관리할 수 있습니다.

1. 그룹으로 지정할 개체를 모두 선택한 후 [도구 막대]에서 [그룹]을 클릭하거나 `option` + `⌘` + `G` 를 누릅니다.

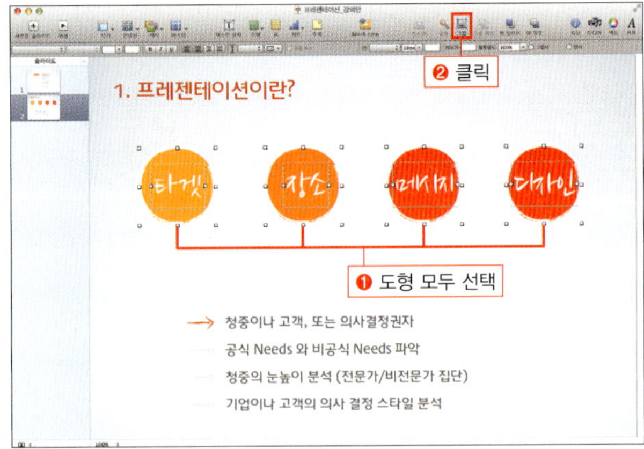

2. 그룹으로 지정된 개체를 드래그하면 한번에 이동이 되며 다양한 효과를 하나의 개체로 취급하여 적용할 수 있습니다. 그룹 해제를 할 경우에는 [도구 막대]에서 [그룹 해제]를 클릭하거나 `Shift` + `option` + `⌘` + `G` 를 누릅니다.

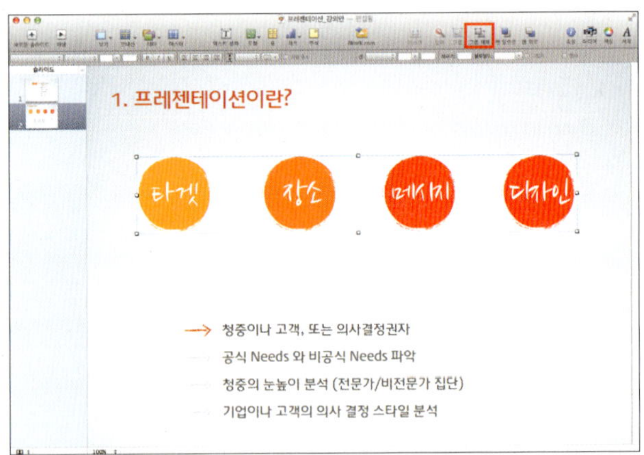

정렬이나 배열이 되어 있지 않는 그림이나 도형, 텍스트 상자 등의 개체를 일직선 상이나 간격을 동일하게 지정하는 등 개체를 배분할 수 있습니다.

Preview

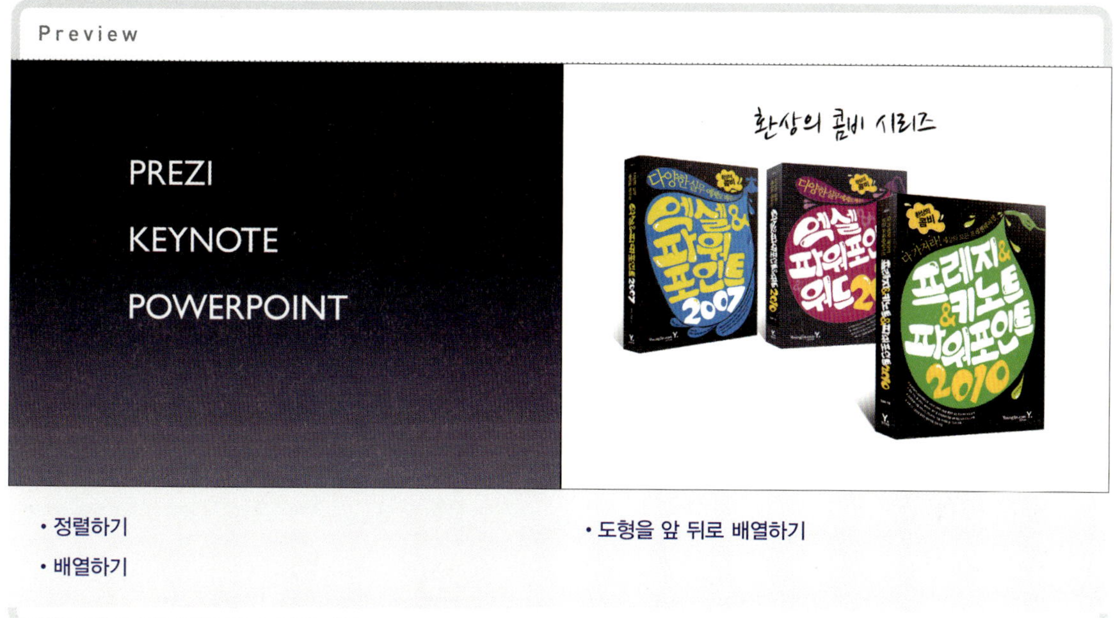

· 정렬하기

· 배열하기

· 도형을 앞 뒤로 배열하기

● 정렬하기

여러 개체를 선택한 후 왼쪽, 중앙 혹은 오른쪽, 또는 상단, 중간, 하단으로 한번에 정렬할 수 있습니다.

◎ 예제 파일 : CD\sample\정렬과배열.key

◎ 완성 파일 : CD\sample\정렬과배열_완성.key

1. 개체를 왼쪽으로 동일하게 정렬해 보겠습니다. 정렬을 원하는 개체를 모두 선택한 후 마우스 오른쪽을 클릭하여 [대상체 정렬]-[왼쪽]을 클릭합니다.

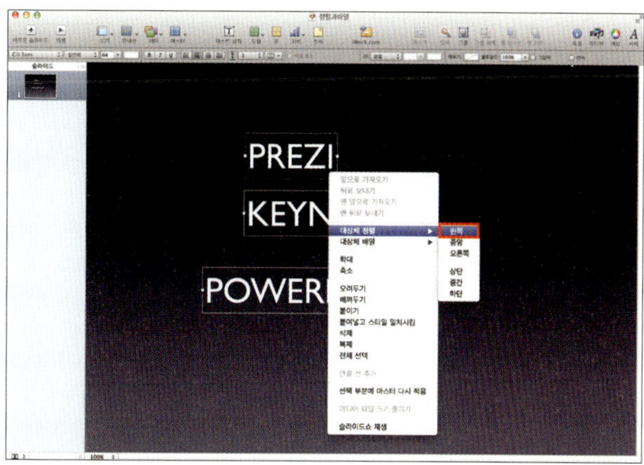

2. 가장 왼쪽에 있는 개체를 기준으로 정렬됩니다.

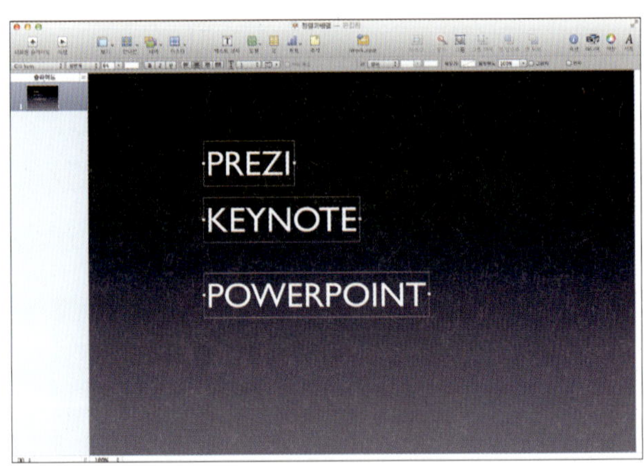

● **배열하기**

배열 기능은 선택한 개체 사이 사이의 간격을 모두 동일하게 맞추는 기능입니다. 배열은 가로나 세로 방향으로 선택할 수 있는데 여기서는 가로 방향으로 배열해 보겠습니다.

1. 배열을 원하는 개체를 모두 선택한 후 마우스 오른쪽을 클릭하여 [대상체 배열]–[세로 방향]을 클릭합니다.

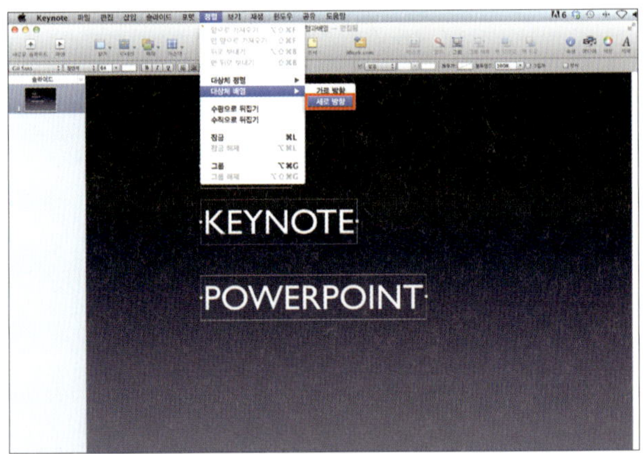

2. 개체 사이 사이의 간격이 동일하게 배열됩니다.

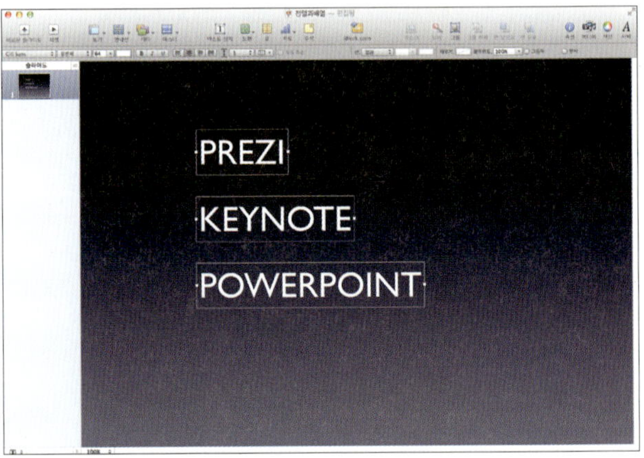

● 도형을 앞 뒤로 배열하기

여러 개의 도형이 겹쳐진 상태에서 원하는 도형을 맨 앞 혹은 맨 뒤로 보낼 수 있습니다.

◎ **예제 파일** : CD₩sample₩환상의콤비.key
◎ **완성 파일** : CD₩sample₩환상의콤비_완성.key

1. 배열을 변경하고 싶은 도형을 마우스 오른쪽으로 선택한 후 [앞으로 보내기], [뒤로 보내기], [맨 앞으로 가져오기], [맨 뒤로 보내기] 중 원하는 항목을 선택합니다.

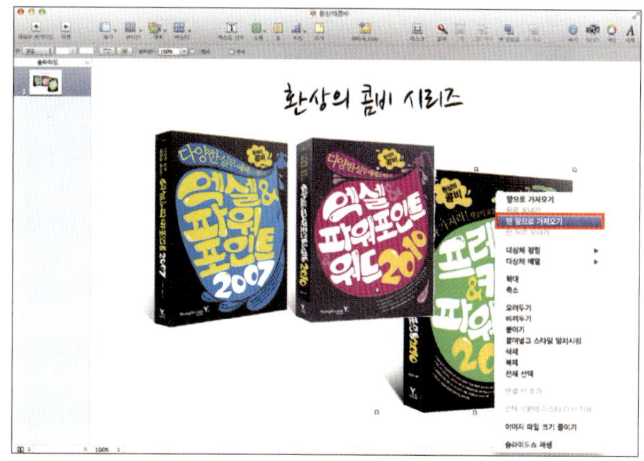

2. 선택한 항목의 배열이 변경됩니다.

로고 활용하기

회사의 상징과도 같은 로고는 생각보다 활용도가 높습니다. 자사 홈페이지를 비롯하여 명함, 봉투, 쇼핑백 등에서 자사 로고가 활용될 수 있습니다. 물론 경쟁 프레젠테이션이나 사업이나 제품 소개 프레젠테이션에도 로고를 적절히 활용하여 기업을 효과적으로 홍보할 수 있습니다.

❶ 자사 로고 변환하기

중소규모 이상의 회사는 자사 로고의 원본을 공개하거나 부서의 담당자가 일러스트레이터(AI) 파일로 보관하고 있을 것입니다. AI 파일은 벡터 파일이기에 크기를 아무리 확대하여도 깨지지 않으며 각 개체별로 선택하여 색상 등을 쉽게 변경할 수 있기에 디자인 편집시 자주 사용되는 파일 형식입니다.

로고는 원본 파일과 함께 블랙과 화이트 버전을 따로 만들어 이동식 디스크에 보관해 놓는 것이 좋습니다. 블랙과 화이트 버전으로 따로 보관하는 이유는 앞으로 만들 슬라이드 문서의 배경 색상과 관련이 있습니다. 밝거나 어두운 계열의 배경일 경우 로고에 따라 색상이 어울리지 않을 수도 있습니다. 그렇기에 블랙과 화이트 버전으로 로고를 만들어 놓으면 적재적소에 로고를 활용할 수 있습니다.

키노트는 일러스트레이터(AI) 파일을 바로 삽입할 수 있지만 혹시 파워포인트나 프레지 등에서 로고를 활용해야 한다면 PNG나 GIF 파일로 변환해서 가지고 있어야 합니다. 로고는 언제나 활용할 수 있도록 여러 형식과 확장자로 저장해 놓는 것이 좋습니다.

❷ 경쟁사 로고를 수집하기

자사로고 뿐만 아니라 경쟁사의 로고나 유사 업종의 로고, 그리고 국내외 주요 회사의 로고 때 시간이 날 때마다 수집해 놓기 바랍니다. 이런 로고는 슬라이드 작성시 적지 않은 도움을 받을 수 있습니다.

보통의 로고는 로고의 회사 홈페이지에서 다운로드 받을 수 있으며 Flicker 등의 이미지 검색 사이트를 통해서도 수집할 수도 있습니다. 또한, 인터넷 사이트인 kmug.co.kr 혹은 인터넷 카페의 로고 자료실 등에서 손쉽게 구할 수 있습니다.

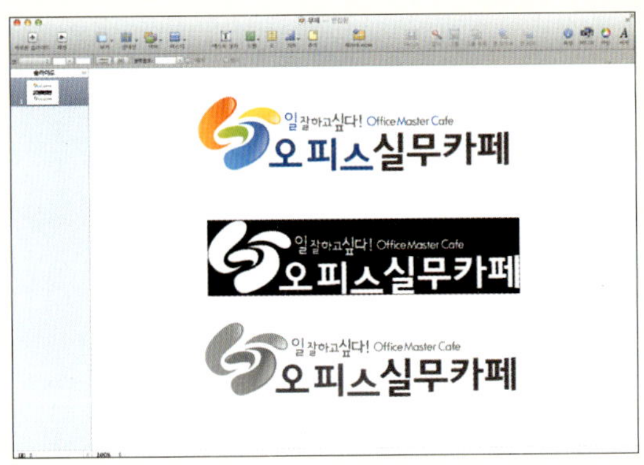

▲ 오피스 실무카페 로고

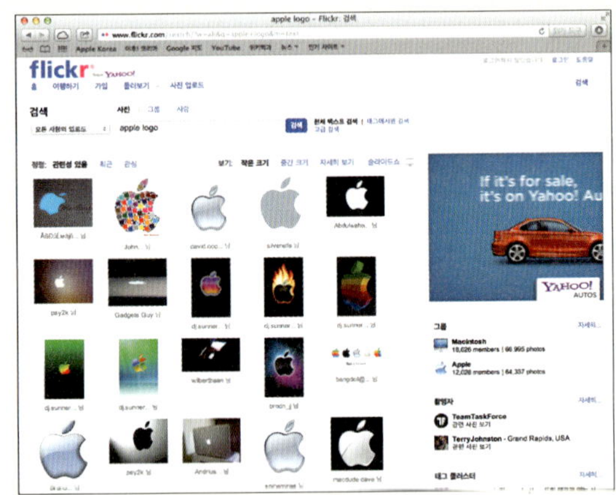

▲ flickr.com에서 로고 검색

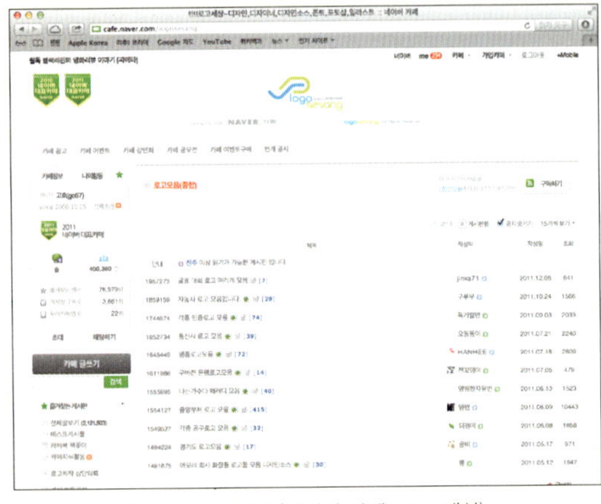

▲ 로고 자료실에서 로고 검색 (네이버 카페 : 로고세상)

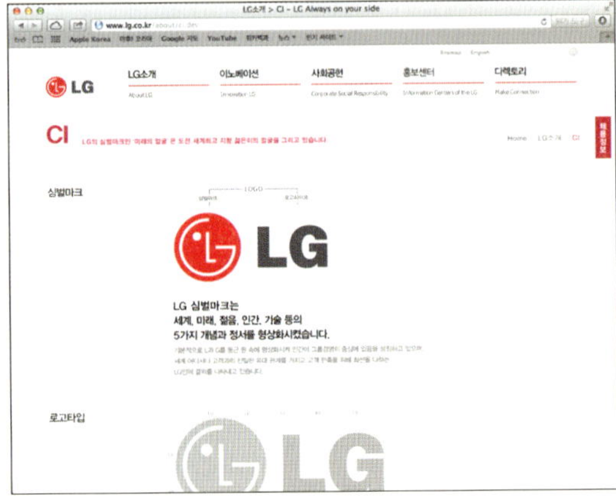

▲ 기업 홈페이지의 CI, 홍보자료실 등에서 로고 검색

03 | 동영상과 오디오 활용하기

키노트에 삽입할 수 있는 오디오 및 동영상 파일은 MOV, MP3, MPEG, AIFF, AAC 등의 미디어 파일입니다. 오디오 및 동영상 파일을 키노트에 삽입할 때에는 [미디어 브라우저]를 통해 삽입하거나 [Finder]를 통해 삽입할 수 있습니다.

01 동영상과 오디오를 삽입하는 다양한 방법

키노트에서 동영상이나 오디오를 삽입하기 위해서는 삽입할 소스가 필요합니다. 본인이 직접 찍은 동영상이나 오디오 소스를 사용하는 것이 가장 좋은 방법이지만, 그 외 합법적으로 동영상이나 오디오 소스를 구할 수 있는 방법이 있습니다.

● iLife를 통해 오디오 파일 활용하기

맥(Mac)에 기본 설치되어 있는 iLife 프로그램에는 다양한 멀티미디어 파일이 존재합니다. 이런 멀티미디어 파일을 키노트로 불러와 사용할 수 있습니다.

iLife 프로그램에 포함된 오디오 파일은 [Mac HD]–[라이브러리]–[Audio]–[Apple Loops]–[Apple] 폴더에서 가져올 수 있습니다.

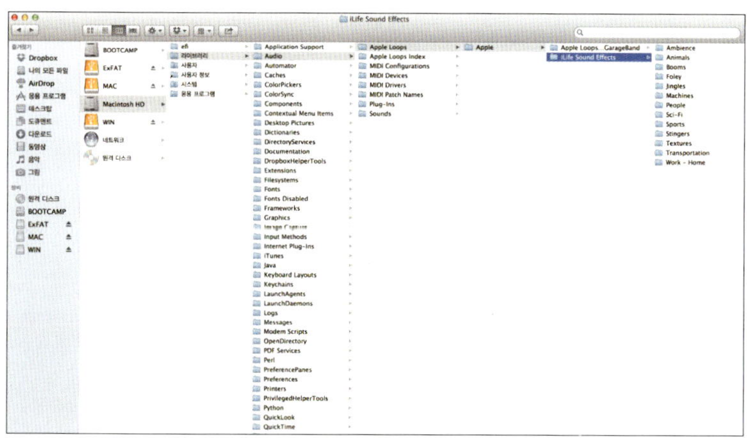

| tip |
[Mac HD] 폴더는 [Finder]에서 [이동]–[컴퓨터]를 선택한 후 찾을 수 있습니다.

● 2012 WWDC 애플 키노트 영상 다운로드 받기

키노트 강좌를 하거나 샘플을 다룰 때 주로 사용하는 영상은 WWDC 애플 키노트 영상입니다. 이런 영상을 어떻게 구했을까요? 불법적인 다운로드가 아닌 정당한 방법으로 애플 키노트 영상을 구할 수 있습니다.

애플사는 자사 영상을 스트리밍 서비스 혹은 다운로드를 제공하고 있는데 아이튠즈 설치 후 아래 주소로 접속하면 실시간 스트리밍으로 볼 것인지 다운로드 받을 것인지를 선택할 수 있습니다.

• 주소 : http://itunes.apple.com/us/podcast/apple-keynotes-1080p/id509310064

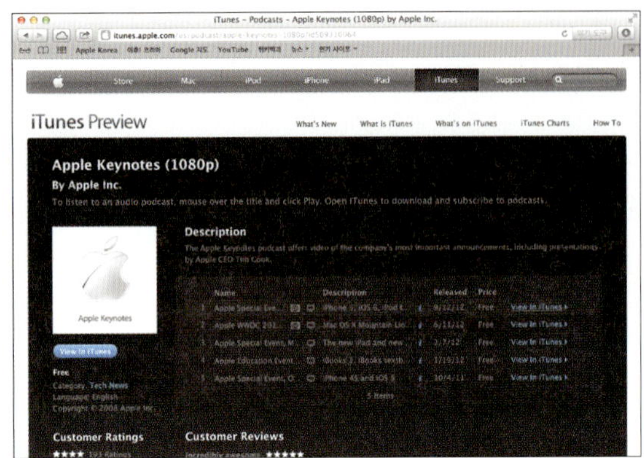

● wmv 파일을 키노트에서 재생하기

키노트는 wmv와 같은 윈도우 파일 형식을 완벽하게 지원하지 않습니다. wmv 파일은 mov 혹은 mp4 파일로 변한 후 키노트에 삽입하는 것이 가장 좋은 방법이나, wmv 재생 프로그램인 Flip4Mac WMV Player을 맥(Mac)에 설치하여 wmv 파일을 재생할 수 있습니다.

Flip4Mac WMV Player은 공식 홈페이지 혹은 네이버나 다음 등의 포털을 통해 다운로드받을 수 있습니다.

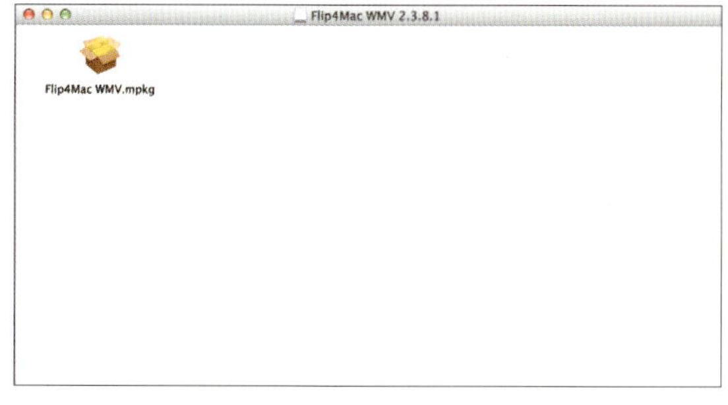

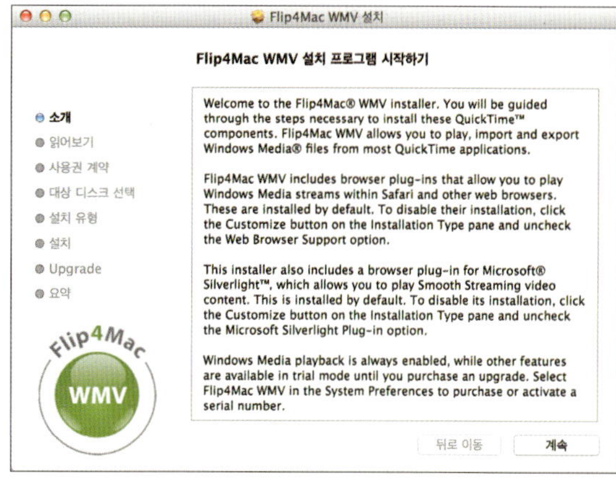

02 오디오 추가하고 재생하기

슬라이드 쇼에 오디오 파일을 추가하여 멀티미디어적인 효과를 구현할 수 있습니다. 오디오는 각각의 슬라이드에 개별적으로 삽입할 수 있으며, 전체 슬라이드에 연속적으로 나오도록 삽입할 수도 있습니다.

Preview

- 오디오 파일 삽입하기
- 전체 페이지에 오디오 추가하기

● 오디오 파일 삽입하기

먼저 [Finder]를 이용한 오디오 파일 삽입하는 방법에 대해서 살펴보겠습니다. 오디오 파일은 각각의 슬라이드에 개별적으로 삽입할 수 있으며, 전체 슬라이드에 동일하게 삽입할 수도 있습니다.

◎ 예제 파일 : CD₩sample₩오디오.key
◎ 완성 파일 : CD₩sample₩오디오_완성.key

1. [Finder]에서 사운드가 있는 폴더를 엽니다. 슬라이드 캔버스로 오디오 파일을 드래그합니다.

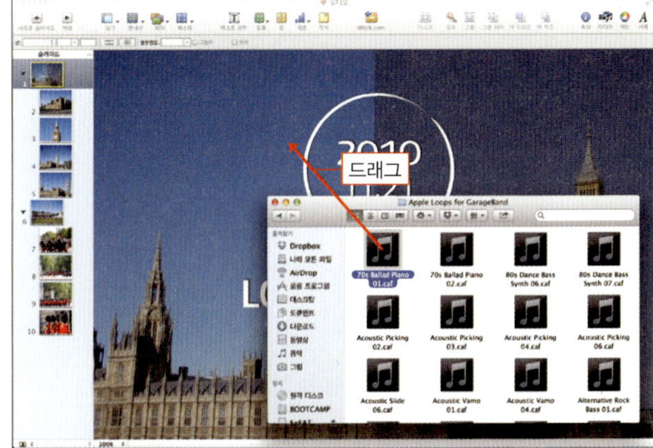

| tip |

[미디어] 창을 통해서도 오디오 파일을 삽입할 수 있습니다. [도구 막대]에서 [속성] 아이콘을 클릭한 후 [미디어] 창을 연 후 오디오 파일을 드래그합니다.

2. 캔버스에 스피커 모양의 아이콘이 표시됩니다. 스피커 모양을 더블 클릭하면 사운드를 들을 수 있습니다.

| tip |

사운드 모양의 아이콘은 슬라이드 쇼를 진행하거나 인쇄할 경우 나타나지 않습니다.

● 전체 페이지에 오디오 추가하기

위와 같은 방법으로 하면 각각의 슬라이드에 개별적으로 오디오 파일을 재생할 수 있지만, 아래 방법을 활용하면 슬라이드 전체에 오디오 파일을 연속적으로 재생할 수 있습니다.

1. [도구 막대]에서 [속성] 아이콘을 클릭한 후 [도큐먼트] 탭을 클릭하고 [오디오] 탭을 선택합니다.

2. [Finder] 혹은 [iTunes 보관함]에서 사운드가 있는 폴더를 엽니다. 슬라이드 캔버스로 오디오 파일을 드래그합니다.

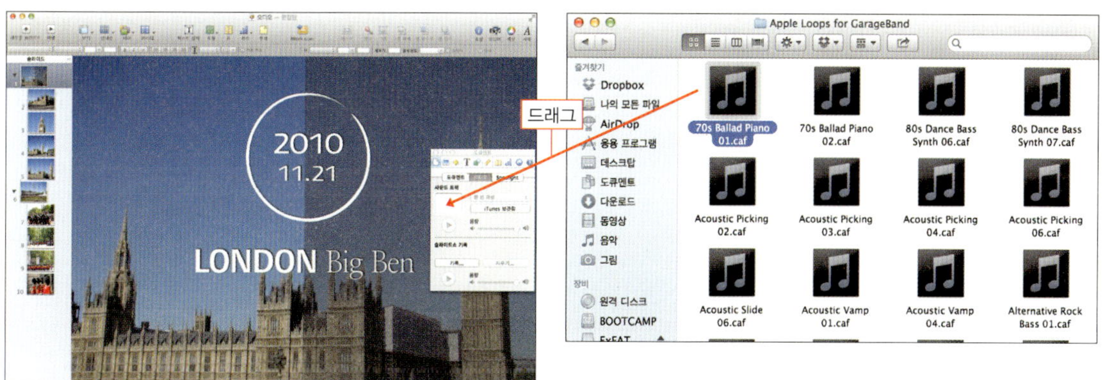

3. [한 번 재생]이나, [반복] 중에서 원하는 항목을 선택합니다. 여기서는 [반복]을 선택합니다.

| tip |

오디오를 삭제하려면 [사운드 트랙]에 포함된 오디오 파일 아이콘을 윈도우 창 밖으로 드래그합니다.

이번에는 동영상을 추가하고 재생하는 방법에 대해서 살펴보겠습니다. 삽입하는 방법은 오디오와 거의 동일합니다.

Preview

- 동영상 파일 추가하기
- 동영상 파일에 서식 지정하기

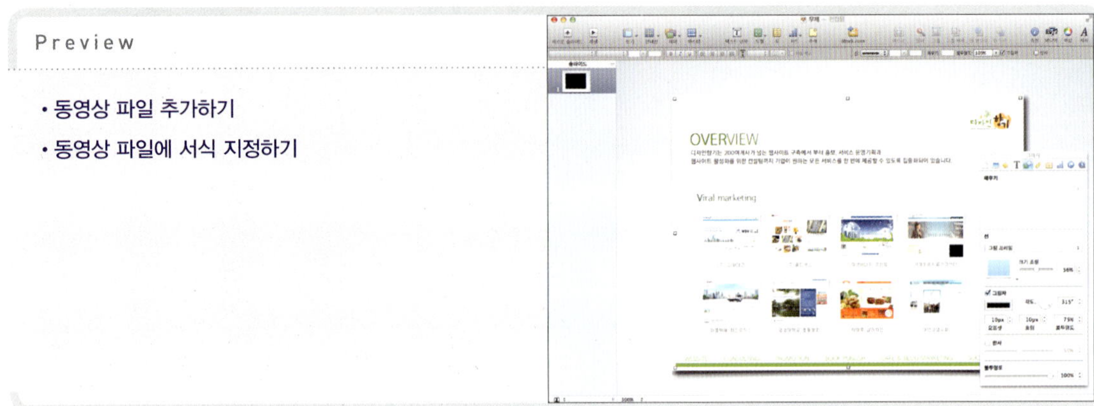

● 동영상 파일 추가하기

동영상 파일 역시 [Finder]나 [미디어] 창을 통해 삽입할 수 있습니다.

◉ **예제 파일** : CD\sample\디자인향기_영상.key, designaroma.wmv

◉ **완성 파일** : CD\sample\디자인향기_영상_완성.key

1. [Finder]에서 슬라이드 캔버스로 동영상 파일을 드래그합니다.

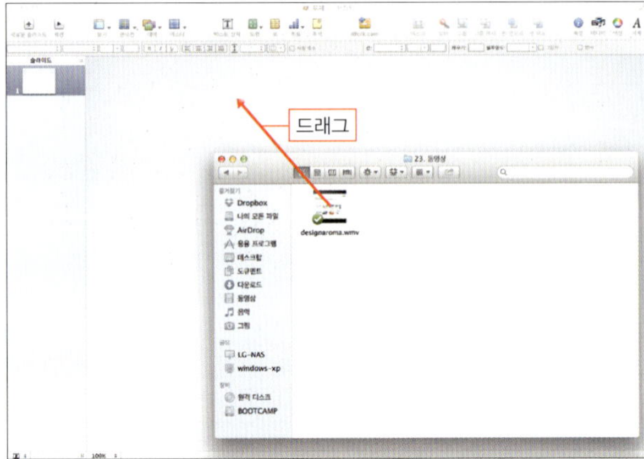

2. [도구 막대]–[속성]을 클릭한 후 [QuickTime]
탭을 선택합니다. [QuickTime] 윈도우가 열리면
[조절] 단추를 통해 재생 및 빨리 감기, 되감기 등
다양한 기능을 활용할 수 있습니다.

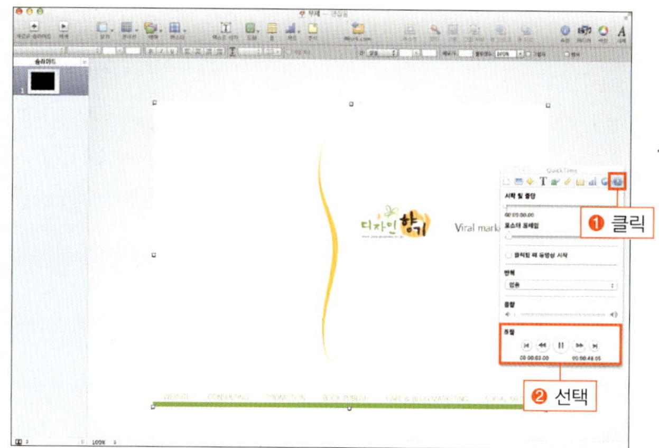

QuickTime 속성과 재생 기능

QuickTime 속성을 통해 여러 가지 재생 관련 기능을 사용할 수 있습니다. [도구 막
대]에서 [속성] 아이콘을 클릭한 후 [퀵타임] 속성 아이콘을 클릭하면 다양한 재생 기
능을 실행할 수 있습니다.

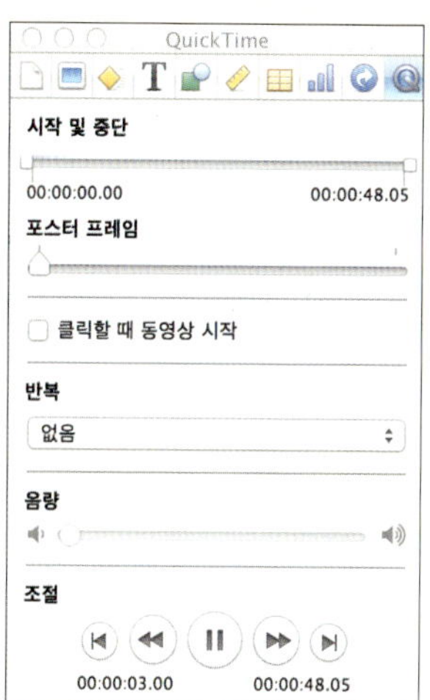

● 동영상 파일에 서식 지정하기

동영상 파일에는 [그래픽] 창을 활용하여 다양한 서식을 지정할 수 있습니다. 예를 들어 동영상 파일에 액자 모양의 프레임을 넣을 수도 있으며, 그림자 효과 등도 지정할 수 있습니다.

1. 슬라이드에 삽입된 동영상을 선택한 후 [도구 막대]에서 [속성] 창을 선택합니다. [그래픽] 탭을 클릭한 후 [선]–[그림 프레임]을 선택합니다.

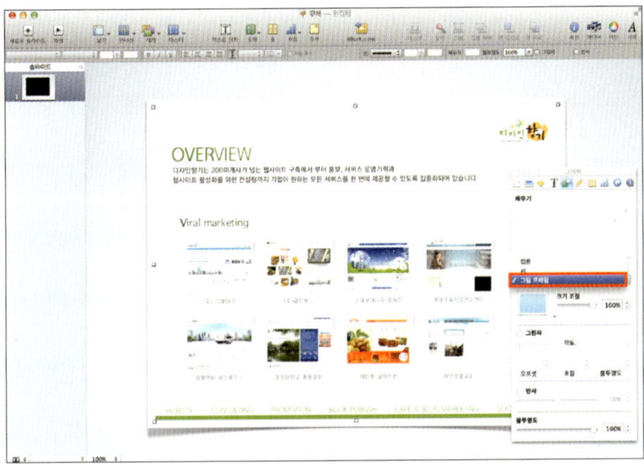

2. 동영상에 그림 프레임이 적용되면 그림 프레임 두께를 [크기 조절] 핸들을 이용해 조절합니다.

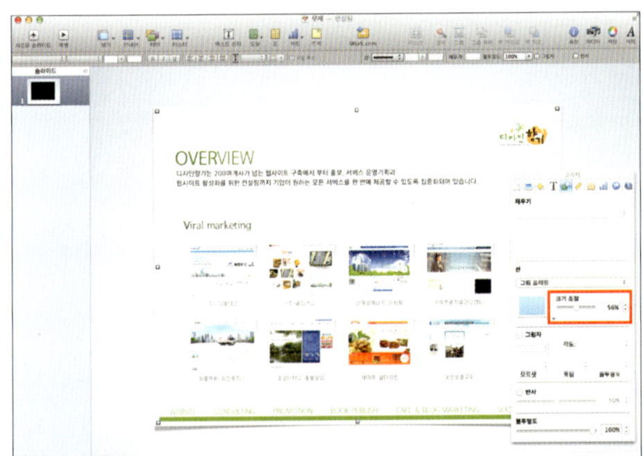

3. [그림자]에 체크 표시를 한 후 오프셋, 흐림, 불투명도 등을 조절하여 서식을 지정합니다.

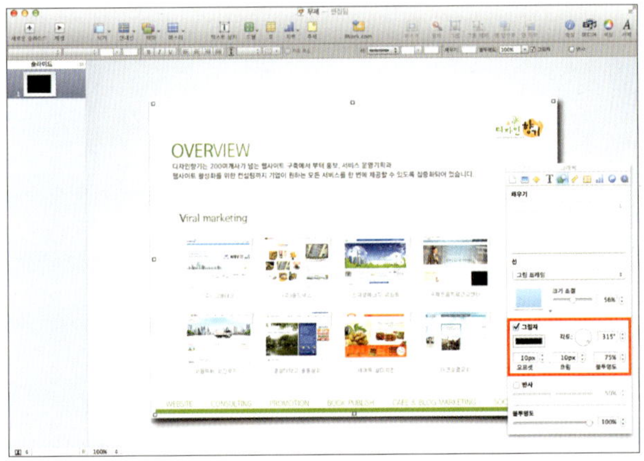

동영상 시적점이나 중단점을 편집하거나 편집한 동영상의 파일 크기를 줄이는 등 동영상 편집 프로그램에서 지정할 수 있는 다양한 기능을 키노트에서도 지정할 수 있습니다.

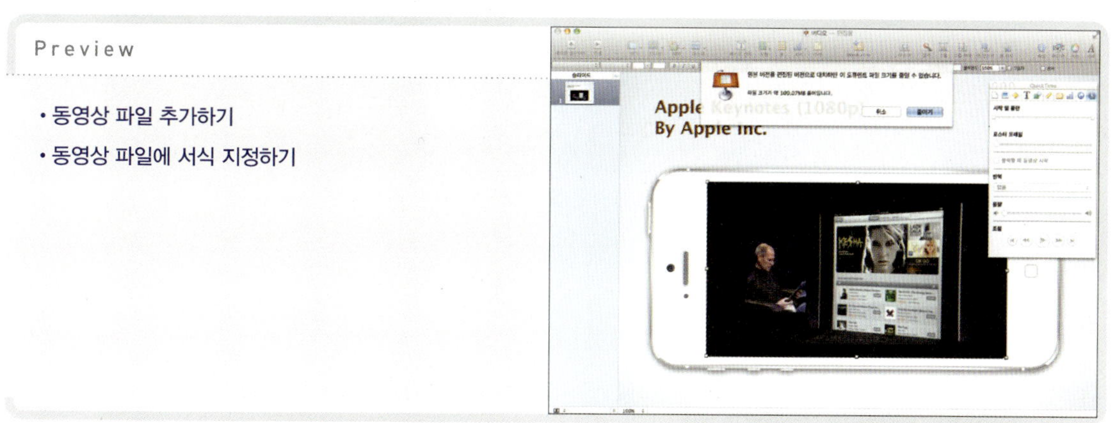

Preview

- 동영상 파일 추가하기
- 동영상 파일에 서식 지정하기

● 동영상 시작점, 중단점 편집하기

동영상의 재생 시간이 길 경우 필요한 부분만 보여주고 싶을 때가 있습니다. 이럴 때에는 [QuickTime] 윈도우의 [시작 및 중단] 항목에서 원하는 부분만 편집할 수 있습니다.

◎ 예제 파일 : CD\sample\비디오.key
◎ 완성 파일 : CD\sample\비디오_완성.key

1. 동영상을 선택한 상태에서 [QuickTime]–[시작 및 중단]에서 시작점과 중단점을 드래그하여 동영상을 재생할 부분만 지정합니다.

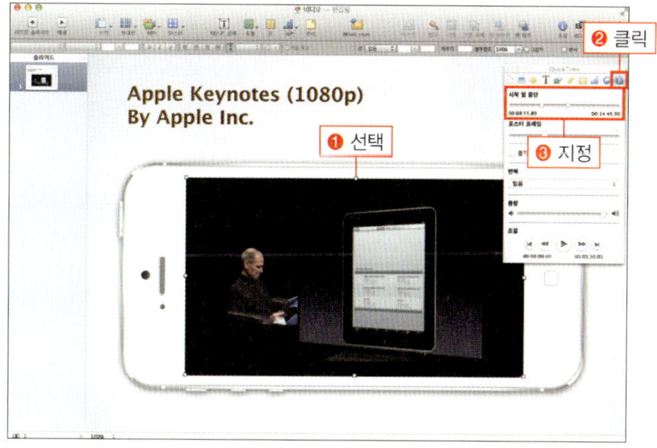

2. 재생하면 시작점부터 중단점까지의 동영상만
재생됩니다.

● 동영상 파일 크기 줄이기

편집한 동영상은 동영상 파일 크기 줄이기를 통해 동영상의 용량을 줄일 수도 있습니다.

1. 재생할 부분 지정이 완료되었다면 마우스 오
른쪽을 클릭해 [동영상 파일 크기 줄이기]를 클릭
합니다.

2. 동영상 파일 크기 줄이기를 선택하면 편집된
동영상 부분만 남겨 놓고 나머지 부분은 삭제되어
동영상 용량을 많이 줄일 수 있습니다.

슬라이드 쇼를 진행할 때 동영상 슬라이드의 경우 검은색의 화면이나 동영상 첫 이미지가 표시됩니다. 하지만 다른 이미지를 동영상 표지로 사용하고 싶은 경우가 있습니다. 여기서는 동영상 표지를 지정하고 동영상이나 텍스트, 이미지 등이 함께 있는 슬라이드의 경우 순서를 지정하여 표시하는 방법에 대해서 살펴보겠습니다.

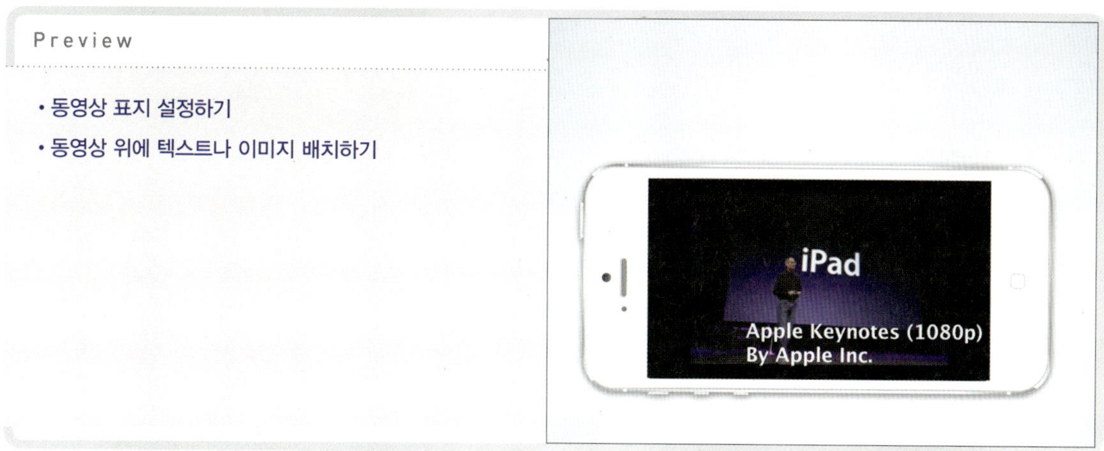

Preview

· 동영상 표지 설정하기
· 동영상 위에 텍스트나 이미지 배치하기

● 동영상 표지 설정하기

동영상 표지를 지정하여 동영상을 재생하기 전에 이미지로 표시할 수 있습니다. 키노트에서 이를 포스터 프레임이라고 부르고 있습니다.

1. [QuickTime]−[포스터 프레임]에서 핸들을 드래그하여 원하는 이미지를 선택합니다. [클릭할 때 동영상 시작]에 체크 표시를 합니다.

2. 선택한 이미지는 동영상을 재생하기 전에 표지로 사용됩니다.

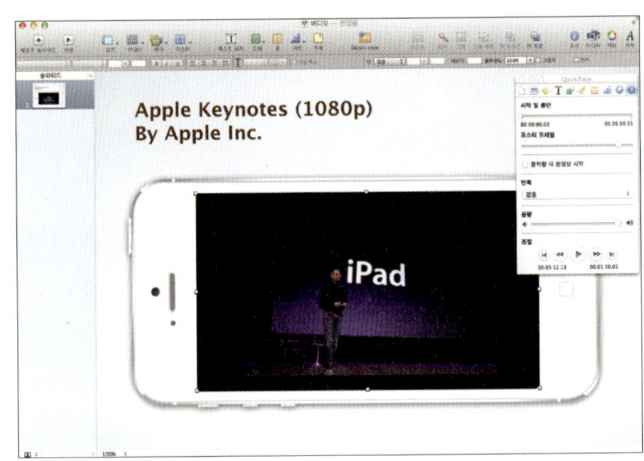

● 동영상 위에 텍스트나 이미지 배치하기

키노트 동영상의 특징은 동영상 위에 텍스트나 이미지를 배치할 수 있다는 점입니다. 동영상을 만든 회사의 로고나 특정 텍스트를 지속적으로 보여주고 싶다면 한번 활용해 보기 바랍니다.

1. 동영상을 삽입한 후 텍스트나 이미지를 삽입합니다. 여기서는 제목 텍스트를 드래그하여 가져온 후 색상을 변경합니다. 텍스트나 이미지가 동영상에 가려져 표시된다면 텍스트나 이미지를 선택한 후 [맨 앞으로]를 클릭합니다.

2. 슬라이드 쇼를 통해 동영상 위에 텍스트가 제대로 나타나는지 확인합니다.

개체 순서 변경하기

화면에 표시된 개체의 순서를 변경하고 싶다면 마우스 오른쪽을 클릭하여 [앞으로 가져오기], [뒤로 보내기], [맨 앞으로 가져오기], [맨 뒤로 보내기]를 클릭해도 되지만 단축키를 기억하고 있다면 보다 빠르고 편리하게 개체 순서를 변경할 수 있습니다.

맨 뒤로 보내기	Shift + ⌘ + B
뒤로 보내기	Shift + option + B
맨 앞으로 가져오기	Shift + ⌘ + F
앞으로 가져오기	Shift + option + ⌘ + F

Chapter 04 | 차트 및 도표 삽입하기

슬라이드에서 비교 대상을 나열할 때는 텍스트보다 이미지나 표, 차트로 작성하는 것이 효과적입니다. 직관적으로 구성된 슬라이드는 의사결정을 내리기가 훨씬 용이하기 때문입니다. 키노트는 데이터를 수치화하여 멋진 차트를 만들거나 데이터를 정리하여 깔끔한 도표를 만들 수 있는 기능을 제공하고 있습니다. 참고로 키노트는 그 어떤 프로그램보다 차트나 도표를 만들기 쉽습니다. 청중들에게 차트나 도표의 메시지를 잘 전달할 수 있는 방법을 배워보고 남들과 다른 차트나 도표를 만드는 방법에 대해서 살펴보겠습니다.

01 차트 작성 노하우 알아보기

시각적인 흐름은 항상 좌에서 우로 진행됩니다. 우리가 자사의 매출 그래프를 그리거나 경쟁사와 비교 그래프를 그린다면 그래프 중 나타내고 싶은 그래프는 항상 오른쪽에 배치하는 것이 좋습니다. 보통 오른쪽 위로 상승하는 모양은 긍정적인 결과를 의미하며, 오른쪽 아래로 하락하는 모양은 부정적인 결과를 의미합니다.

만일 A라는 회사의 매출액이 저조하여 자사와 많은 차이가 난다면 자사의 그래프의 A라는 회사 옆으로 이동시켜 마치 자사의 매출액이 상당히 뛰어난 것처럼 느껴질 수 있도록 그래프를 그리는 것도 좋은 방법 중 하나입니다.

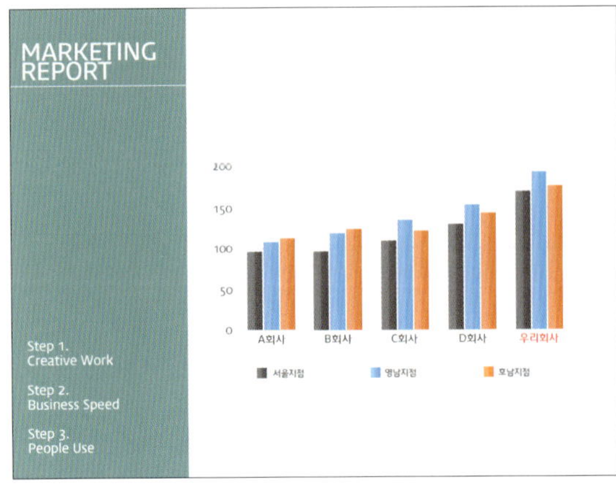

▲ 오른쪽에 자사의 그래프를 위치시켜 긍정적인 결과를 도출

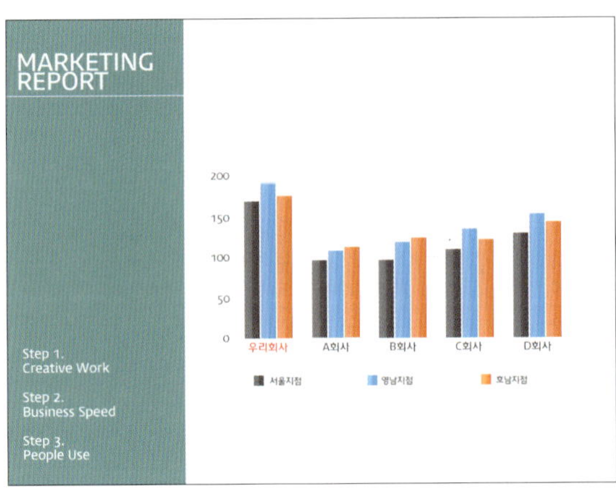

▲ 매출이 저조한 A회사 옆으로 자사의 그래프를 이동시켜 착시효과

특히, 자사의 매출액 등 수치를 부각하거나 경쟁사와의 차별화된 차트를 보여주고 싶을 경우 타사의 차트를 연하게 처리하거나 흑백 처리하여 자사의 매출액을 효과적으로 보여줄 수 있습니다. 또한, 약간의 애니메이션 효과 등도 자사의 차트를 부각시킬 수 있는 주요 요소 중 하나입니다.

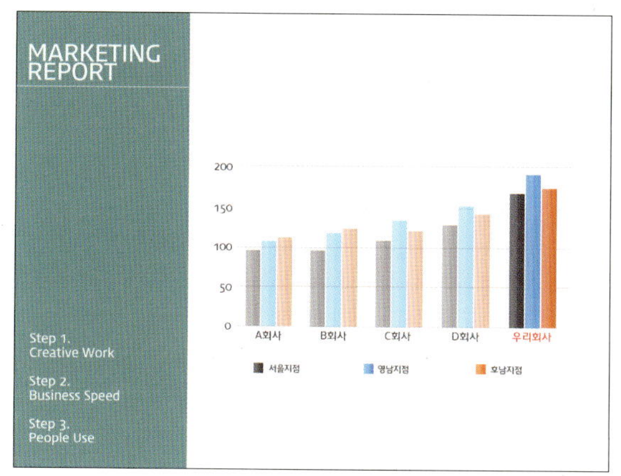

▲ 타사를 흐리게 처리하여 자사 부각

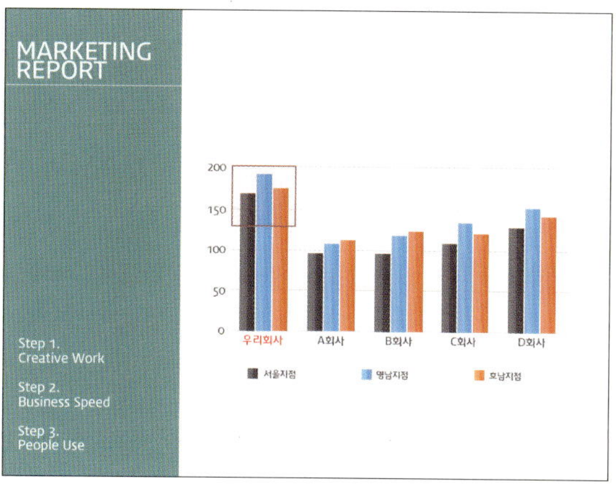

▲ 안내선으로 자사 차트 부각

02 차트 삽입하고 데이터 편집하기

자트를 삽입할 때에는 다음 3가지를 주의할 필요가 있습니다. ❶ 왼쪽에서 오른쪽으로 상승하는 효과는 긍정적인 결과를 의미합니다. ❷ 마지막에 표현되는 이미지는 무대의 주인공처럼 최고의 위치임을 알리는 결과를 나타냅니다. ❸ 사람들은 마지막을 가장 잘 기억하고 더 오랫동안 기억하게 됩니다.

Preview

- 차트 윈도우 살펴보기
- 제공되는 차트 종류
- 차트 삽입하기
- 차트 색상 및 간격 조절하기
- 값 꼬리표 넣기

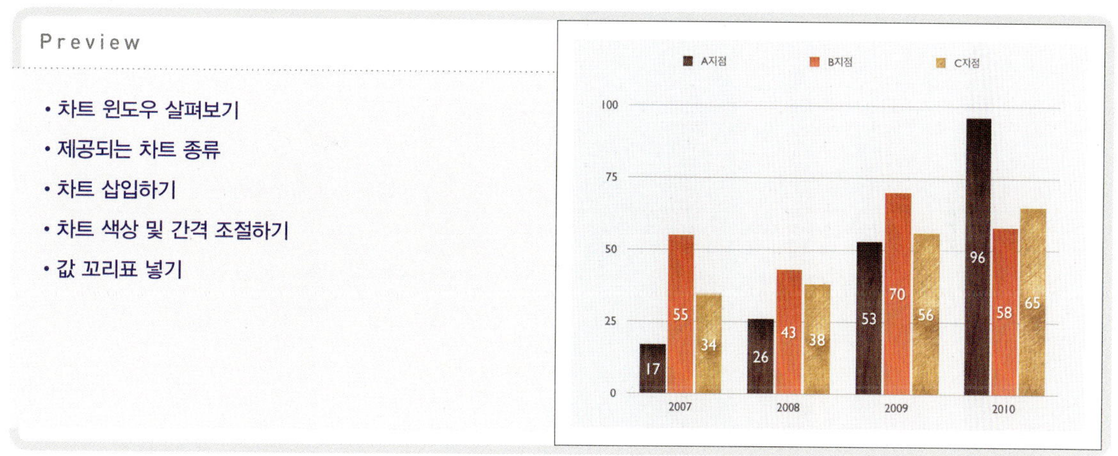

● 차트 윈도우 살펴보기

차트를 삽입하면 다양한 옵션을 차트 윈도우에서 설정할 수 있습니다. 차트 윈도우에는 차트의 제목을 삽입하거나 막대 사이의 간격 등을 조절하는 차트 항목과 축 간의 값이나 카테고리를 조절하는 축 항목, 그리고 값 꼬리표나 값 꼬리표의 위치를 조절하는 시리즈 항목으로 구성되어 있습니다.

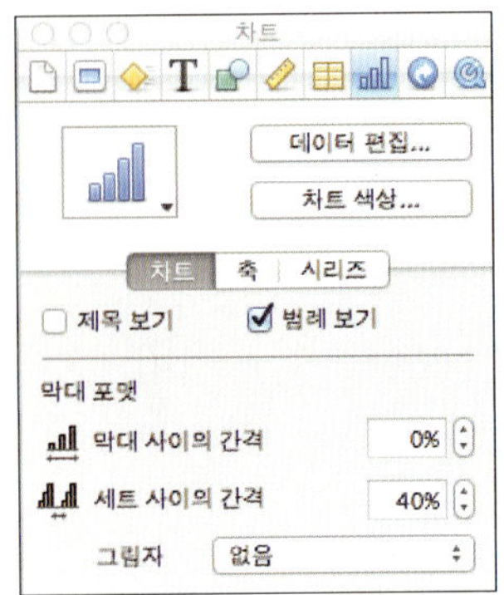

▲ [차트] 항목

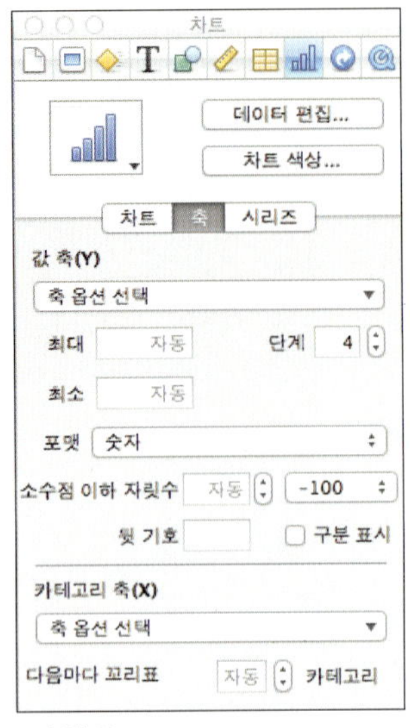

▲ [축] 항목

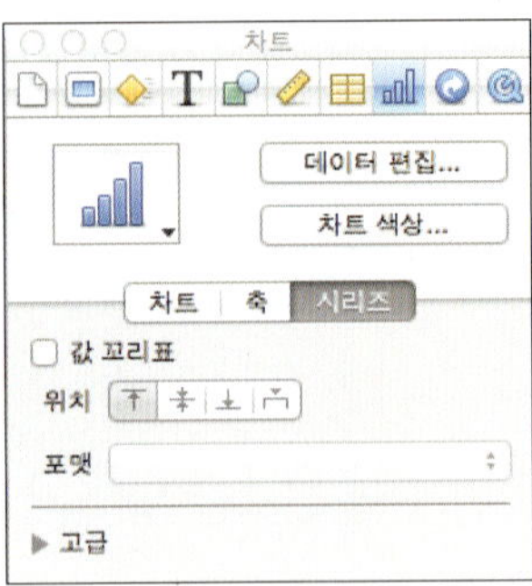

▲ [시리즈] 항목

● 제공되는 차트 종류

세로형 막대를 비롯해 누적 세로형 막대, 가로형 막대, 누적 가로형 막대, 선, 영역, 누적 영역, 원형, 분산형, 혼합형 등 다양한 차트를 제공합니다.

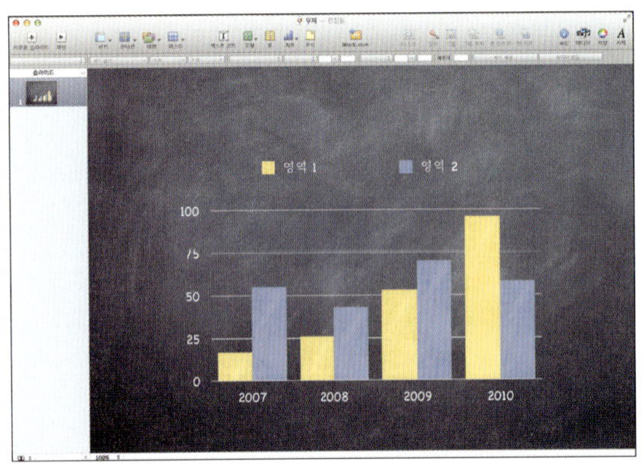

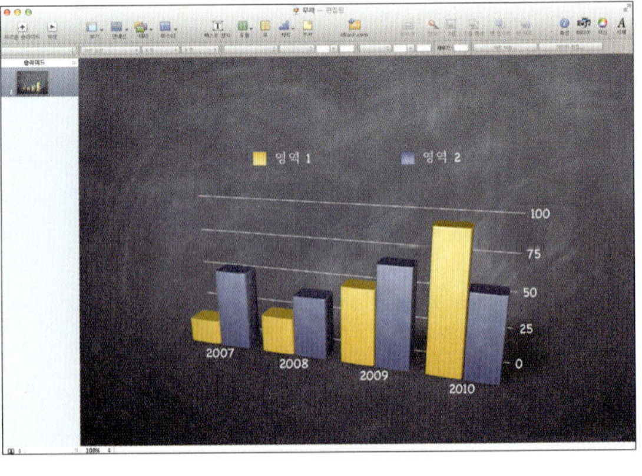

▲ 세로형 막대

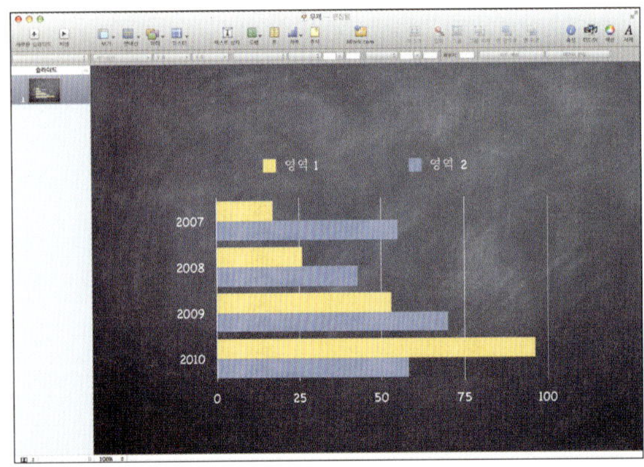

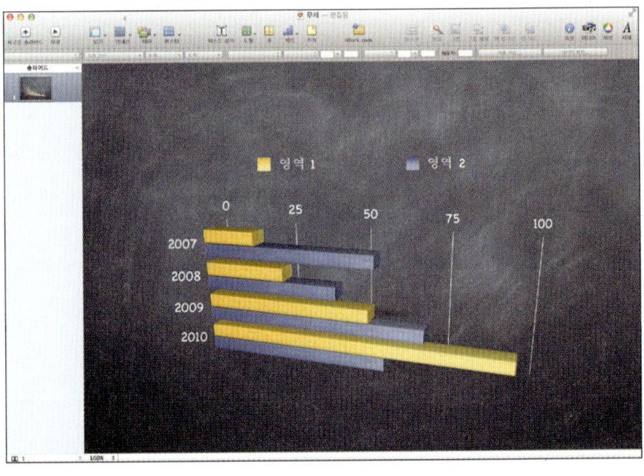

▲ 가로형 막대

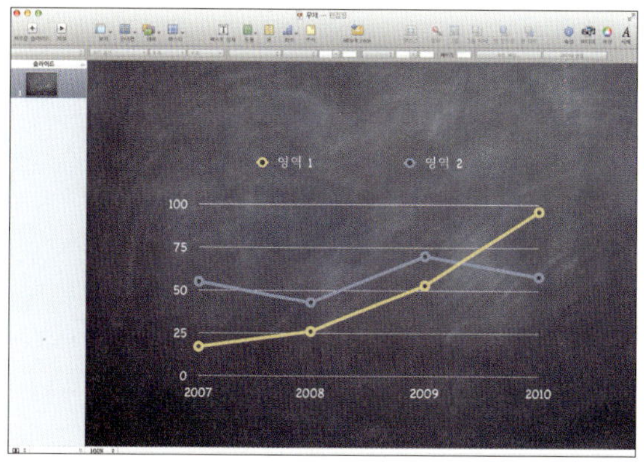 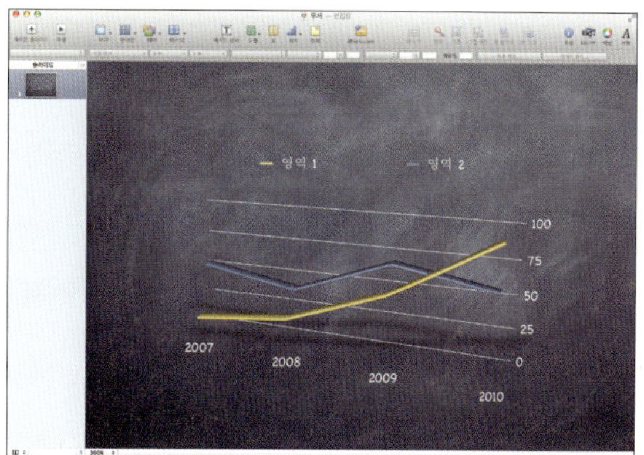

▲ 선

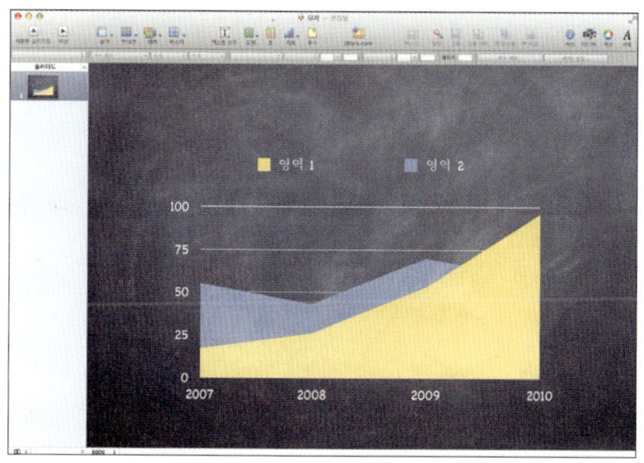 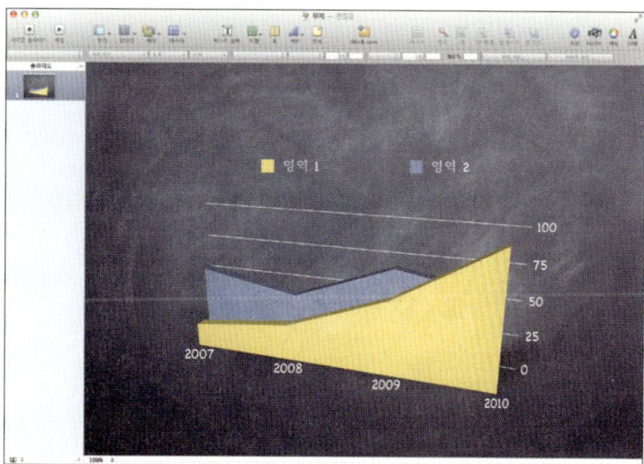

▲ 영역

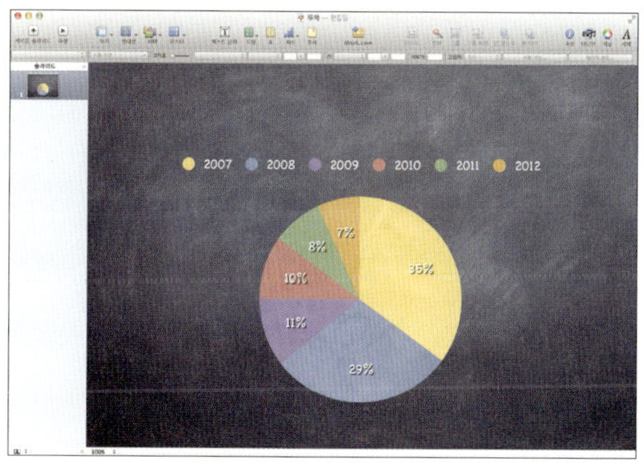 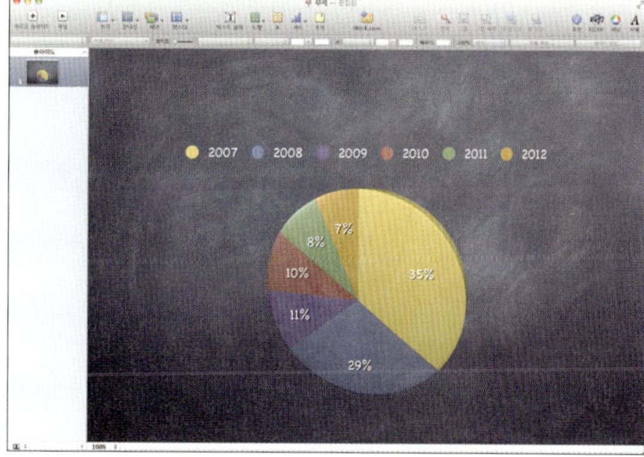

▲ 원형

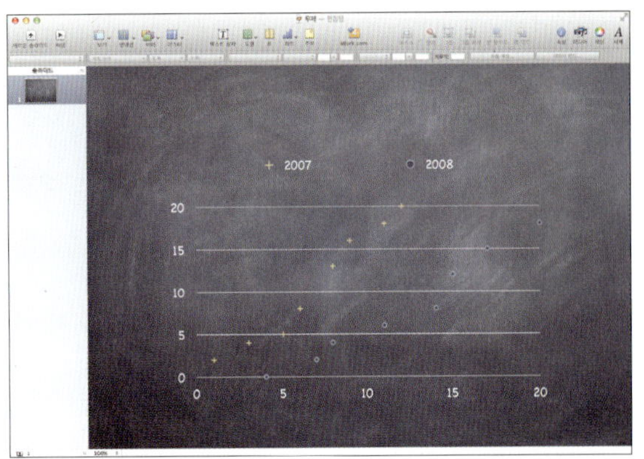

▲ 분산형

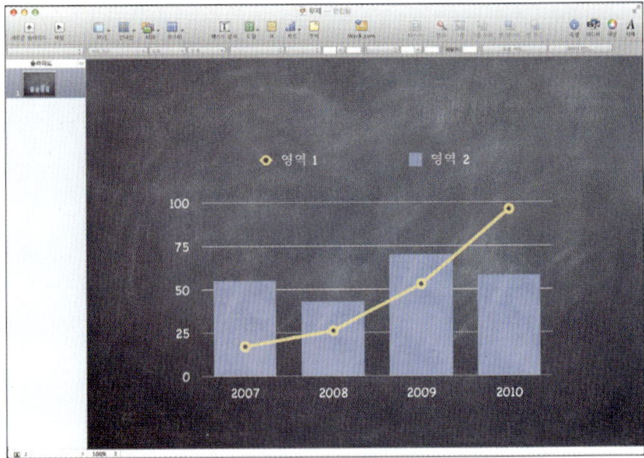

▲ 혼합형

● 차트 삽입하기

데이터를 시각적으로 표시하는데 차트만큼 편한 기능도 없습니다. 키노트는 차트를 2D 혹은 3D 유형으로 쉽게
표현할 수 있습니다.

◎ **예제 파일** : CD₩sample₩실적현황표.key

◎ **완성 파일** : CD₩sample₩실적현황표_완성.key

1. [도구 막대]–[차트]를 클릭하여 원하는 유형
의 차트를 선택합니다.

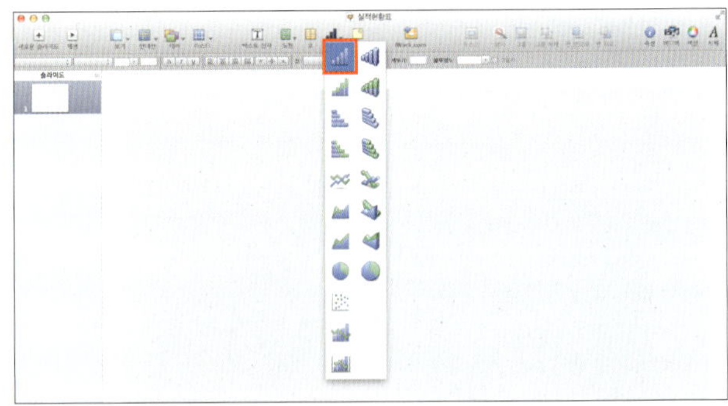

2. [차트 데이터 편집기]가 나타나면 [행 추가] 및 [열 추가] 단추를 적절히 사용하여 차트에 표시할 데이터를 입
력합니다.

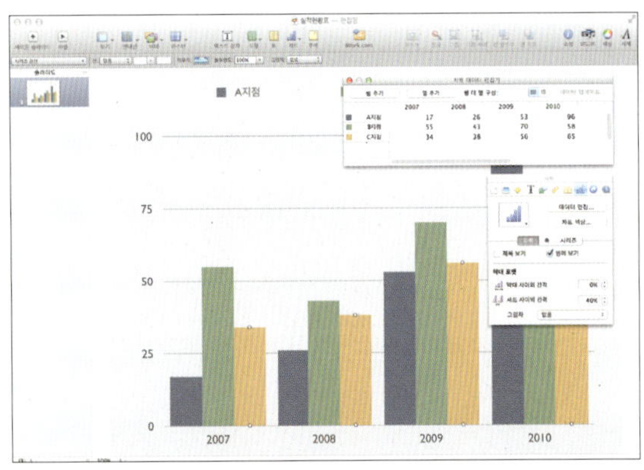

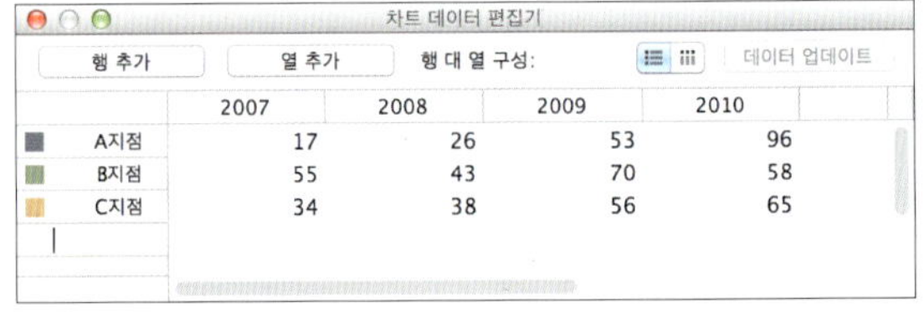

	2007	2008	2009	2010
A지점	17	26	53	96
B지점	55	43	70	58
C지점	34	38	56	65

● 차트 색상 및 간격 조절하기

키노트에는 차트의 각 항목의 색상을 직관적으로 변경할 수 있도록 차트 색상 윈도우를 제공해 주고 있습니다. 또한, 차트의 항목이 많아지면 자칫 혼잡해 보일 수 있는 차트 간격도 간단히 조절할 수 있습니다.

1. [차트] 윈도우에서 [차트 색상]을 클릭합니다. [차트 색상] 윈도우가 나타나면 원하는 항목을 선택합니다.

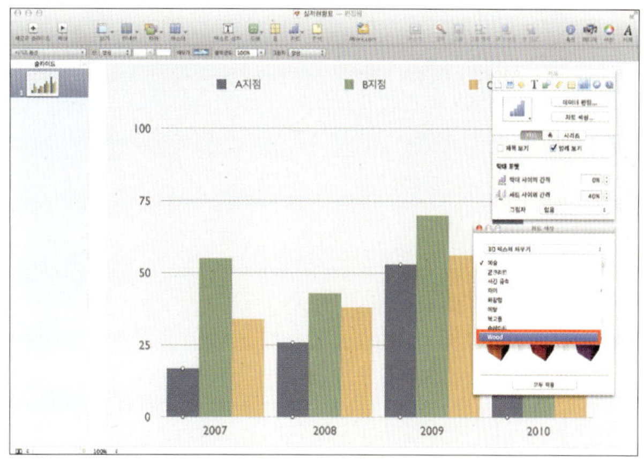

2. 원하는 색상을 선택하여 원하는 차트 막대로 드래그합니다. 차트의 색상이 변경됩니다.

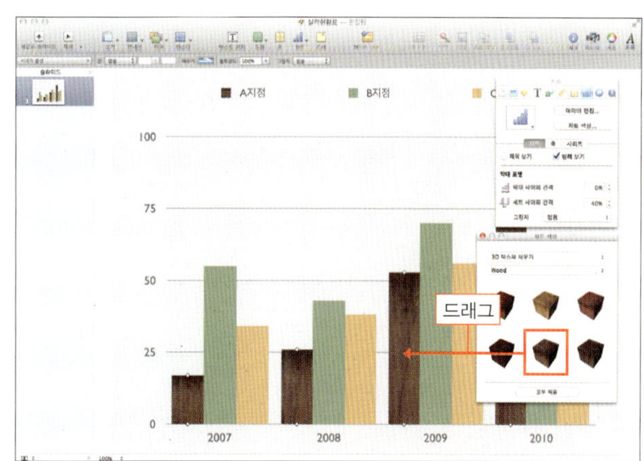

3. 나머지 차트의 색상도 변경합니다. 막대나 세트 사이의 간격도 간단히 조절할 수 있습니다. [차트]의 [막대 포맷]에서 [막대 사이의 간격] 혹은 [세트 사이의 간격] 중 원하는 항목의 간격을 조절합니다.

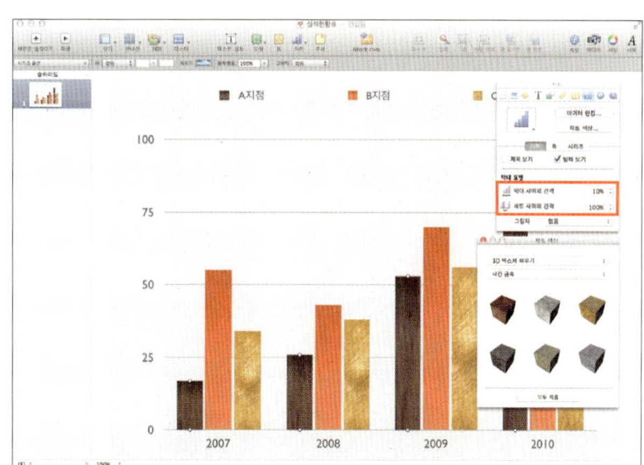

● 값 꼬리표 넣기

차트에 값 꼬리표를 넣어 항목의 데이터를 표시할 수 있으며, 위치도 원하는 곳으로 이동할 수 있습니다.

1. [시리즈]를 클릭하여 [값 꼬리표]에 체크 표시를 합니다.

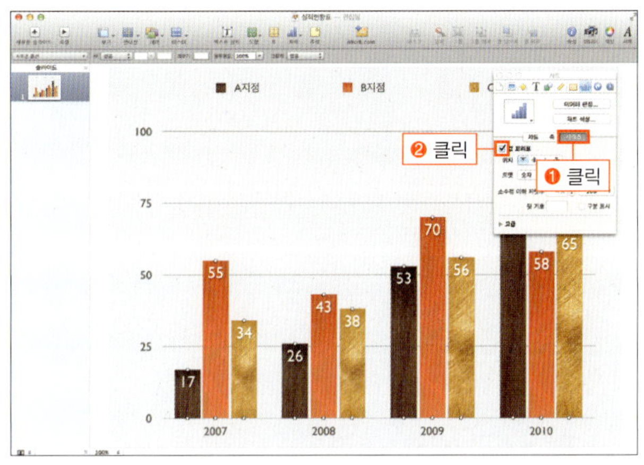

2. 값 꼬리표의 위치를 변경하기 위해 [위치] 항목에서 원하는 위치를 선택합니다.

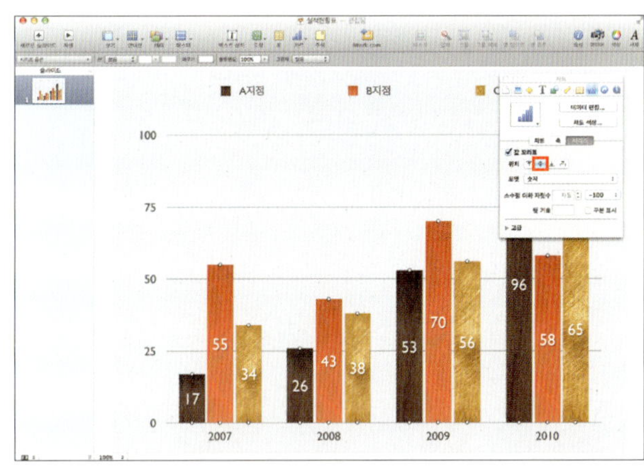

차트 구성 요소

차트를 구성하고 있는 구성요소에 대해서 살펴보도록 하겠습니다. 차트는 X(항목) 축을 비롯해 Y(값) 축, 눈금 영역, 범례 영역 등으로 구분할 수 있습니다.

❶ 차트 영역 : 차트의 전체 부분을 말합니다.
❷ 차트 제목 : 차트의 제목을 말합니다.
❸ X(항목) 축 : X축의 제목이 표시되는 부분입니다.
❹ Y(값) 축 : Y축의 제목이 표시되는 부분입니다.
❺ 그림 영역 : 차트가 직접 그려진 그래프 그림을 말합니다.
❻ 눈금 영역 : 각 데이터의 측정 단위를 말합니다.

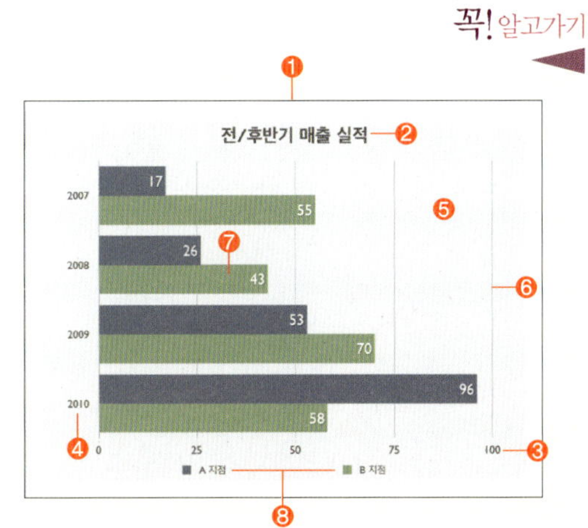

❼ **데이터 영역** : 데이터가 표현되는 모든 데이터 영역을 말합니다.

❽ **범례 영역** : 각 차트를 구별해주는 참조 영역을 말합니다.

03 3차원 느낌의 차트 작성하기

차트를 삽입할 때 처음부터 3차원 차트를 삽입할 수 있지만 이미 삽입한 2D 차트 역시 3D 차트나 종류가 다른 차트로 변경할 수 있습니다.

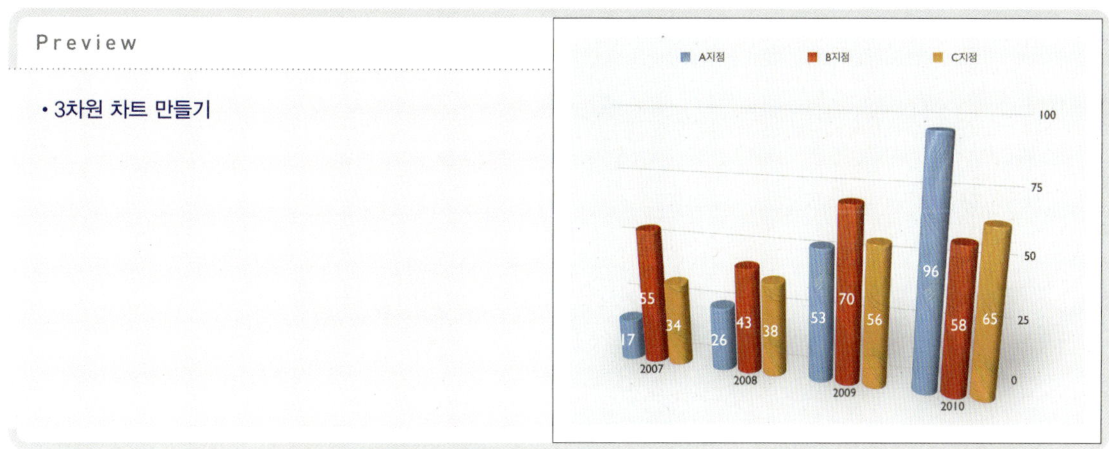

Preview

• 3차원 차트 만들기

● 3차원 차트 만들기

여기서는 2D 차트를 만든 후 3D 차트로 변경해 보고 가로 및 세로 화살표를 드래그하여 각도를 조절해 보겠습니다.

◎ **예제 파일** : CD₩sample₩실적현황표3D.key

◎ **완성 파일** : CD₩sample₩실적현황표3D_완성.key

1. 기존 차트를 다른 차트로 변경하기 위해 [차트 유형 선택]을 클릭하여 원하는 차트를 선택합니다. 여기서는 [3D 세로 막대형]을 선택합니다.

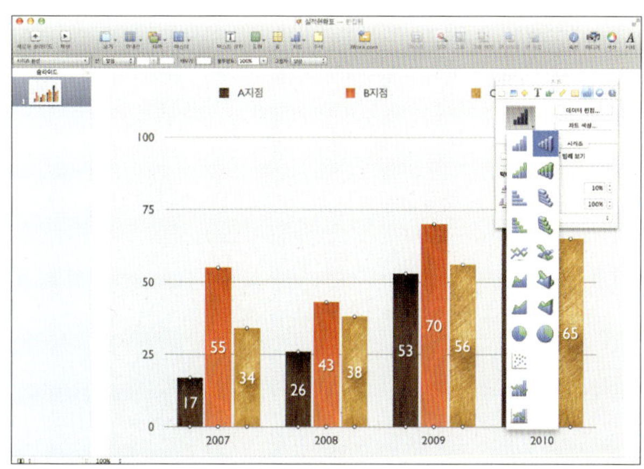

2. 3D 효과가 적용된 차트로 변경됩니다. [3D 차트] 창의 화살표를 드래그하여 차트의 보기 각도를 조절할 수 있습니다. 가로 및 세로 화살표를 드래그하여 각도를 조절해 봅니다.

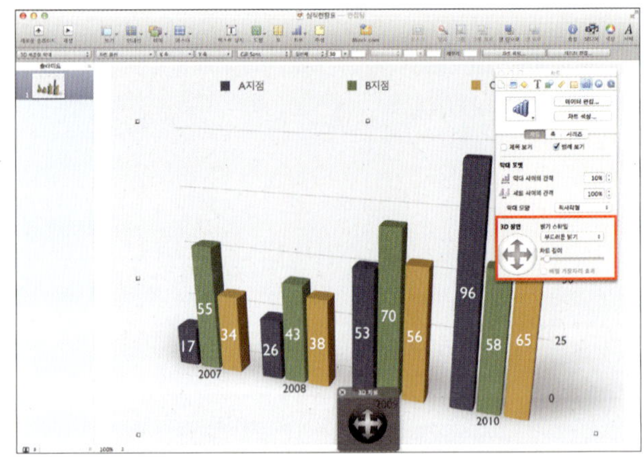

3. 막대 모양은 직사각형과 원기둥형 중에서 선택할 수 있습니다. [막대 모양]-[원기둥형]을 클릭합니다.

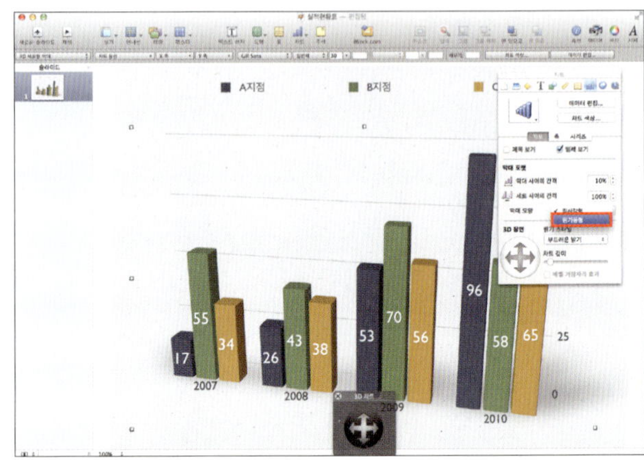

4. 원기둥형으로 변경이 되면 [차트 색상] 창을 통해 색상을 변경한 후 완성합니다.

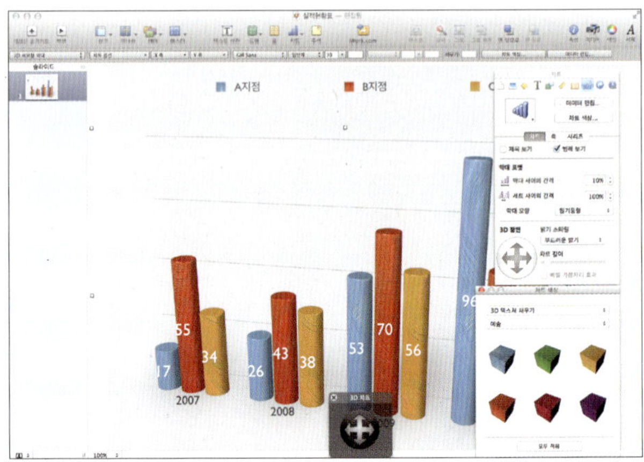

04 원형 차트 만들고 개별 항목 분리하기

슬라이드에 표현된 수치를 차트로 만들어 한 눈에 데이터를 비교할 수 있으며 데이터의 성격에 맞추어 적절한 차트의 종류를 선택하여 그 추세를 볼 수 있습니다. 여기서는 원형 항목을 보다 시각적으로 표현하기 위해 개별 항목을 분리해 보겠습니다.

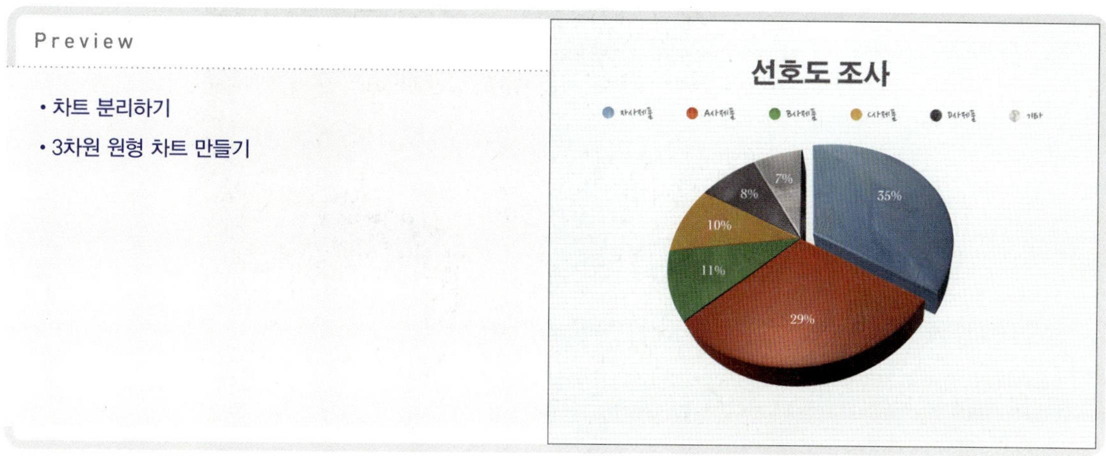

● 차트 분리하기

원형 차트는 개별 차트로 분리할 수 있습니다. 차트를 삽입한 후 개별 항목을 분리하여 시각적인 효과를 지정해 보겠습니다.

◎ **예제 파일** : CD₩sample₩선호도조사.key
◎ **완성 파일** : CD₩sample₩선호도조사_완성.key

1. 원형 차트의 특정 항목을 더블 클릭한 후 드래그합니다.

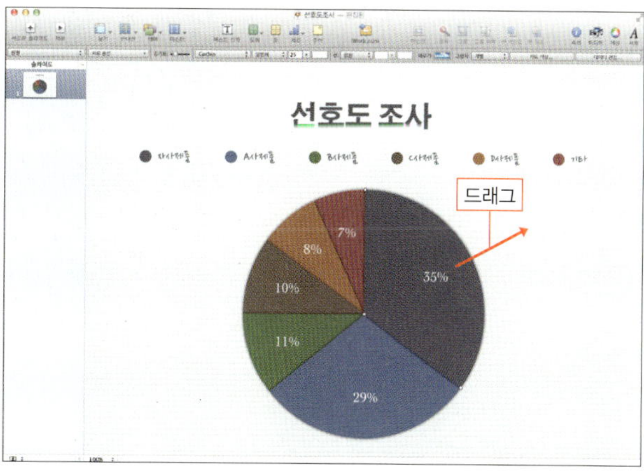

2. 차트의 항목이 분리되면 [그래픽] 창에서 원하는 서식을 지정합니다.

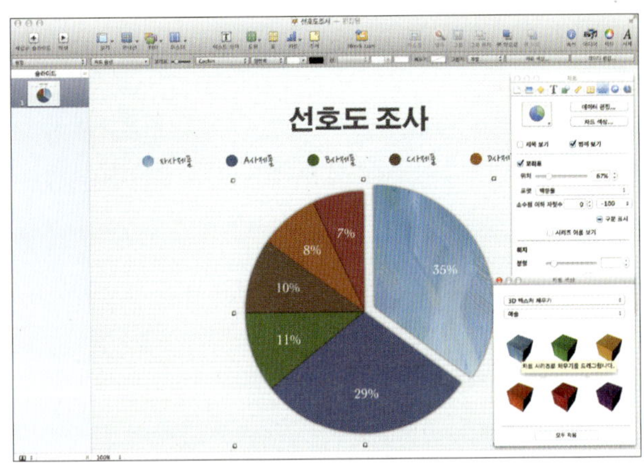

● 3차원 원형 차트 만들기

분리된 항목을 돋보이게 하기 위해 분리된 개별 항목마다 차트 옵션을 다르게 줄 수 있습니다. 또한 3차원 원형 차트로 변경해서 보다 세련된 차트를 만들 수도 있습니다.

1. [차트 유형 선택]을 클릭하여 원하는 차트를 선택합니다. 여기서는 [3D 원형]을 선택합니다.

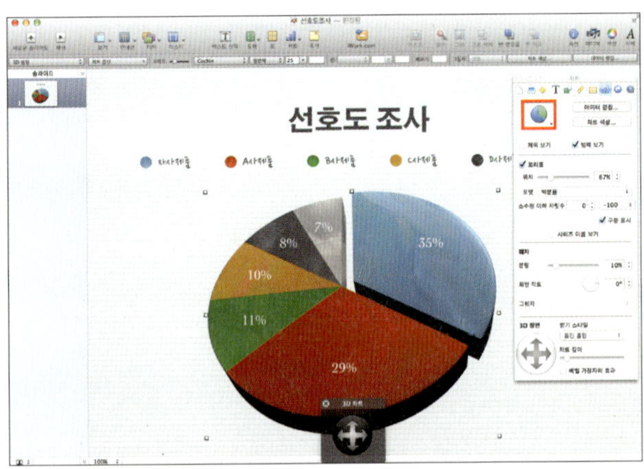

2. [3D 장면]의 [밝기 스타일], [차트 깊이] 등을 조절하여 3차원 원형 차트를 완성합니다.

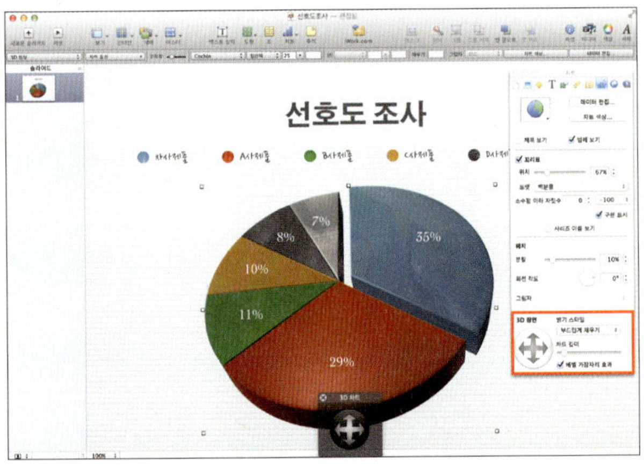

프레젠테이션을 위한 표는 문서를 위한 표와 동일하게 취급해서는 안됩니다. 아무리 내용을 요약하고 디자인에 신경을 쓴다고 해도 좀처럼 줄어들지 않는 것이 프레젠테이션에서의 표 디자인입니다. 표 디자인이 힘들다면 전달하려는 부분만을 집중적으로 부각한다는 생각으로 작업을 해 보기 바랍니다.

표는 직관적이어야 한다.

그래프는 색상과 도형 개체로 인해 한 눈에 데이터를 표현할 수 있지만, 표는 텍스트와 수치로만 구성되기 때문에 한 눈에 데이터를 표현하기 위해 여러모로 신경을 써야 합니다.

표의 텍스트와 수치는 간소화한다.

모두가 중요한 데이터는 존재하지 않습니다. 강조해야 하는 수치가 있다면 나머지 수치는 간소화하여 한 눈에 들어오게 디자인하여야 합니다.

표 기능을 버리자.

키노트는 표를 빠르고 편리하게 만들어줍니다. 하지만 표 기능을 그대로 사용하기 보다는 여러 가지 항목을 줄여 최대한 깔끔하면서도 청중들이 이해하기 쉽도록 작성해야 합니다.

셀과 셀, 그리고 텍스트 배열에 신경쓰자.

각각의 셀과 셀은 선 굵기나 색상 등으로 구분하며, 텍스트는 장문 아닌 단문으로 작성해야 합니다. 또한, 글자 크기가 작아지면 표로 작성하는 효과가 없어지므로 글자 크기는 일정 크기 이상을 유지하며, 주목해야 하는 부분이나 중요 부분의 색상이나 글자에도 신경을 써야 합니다.

표는 셀이라는 작은 사각형으로 이루어지는 개체로서 사각형 안에는 짧은 문장도, 긴 문장도 들어갈 수 있습니다. 몇 가지 표 디자인을 위한 스킬을 알고 있다면 보다 나은 표 작업을 할 수 있습니다.

텍스트 정렬에 주의하자.

표 크기가 작거나 포함된 텍스트의 양이 많지 않을 경우에는 텍스트는 모두 가운데 맞춤하여 표시해도 문제없지만, 표 길이가 길거나 들어갈 내용이 많다면 다음 사항에 주의하여 표 작업을 진행합시다.

표로 작업하는 텍스트 중 짧은 문장은 가운데 맞춤으로 정렬하고, 긴 문장은 왼쪽 맞춤으로 정렬하면 의외로 깔끔하게 표를 정렬할 수 있습니다. 물론 수치는 가운데 맞춤이 적합합니다.

모집 단위별 장학생 수

대 학	장학생 수	모집단위별 장학생 수
인문과학대학	8명	국어국문학과 3명, 문예창작학과 1명, 영어영문학과 4명
자연과학대학	6명	화학과 2명, 생물학과 3명, 생명공학과 1명
법과대학	18명	법학과 3명, 글로벌법학과 15명
사회과학대학	14명	행정복지학부 10명, 경찰행정학과 4명
경상대학	4명	경영학부 4명
공과대학	2명	토목공학과 1명, 전기공학과 1명
사범대학	84명	국어교육과 18명, 영어교육과 28명, 독어교육과 1명, 특수교육과 7 수학교육과 18명, 과학교육과 10명, 음악교육과 2명
외국어대학	3명	영어과 2명, 일본어과 1명
체육대학	1명	체육학부 1명
의과대학	42명	간호학과 42명
독립학부	86명	상담심리학부 2명, 기초의과학부 75명, 자유전공학부 6명, 군사학부 3명

▲ 텍스트 정렬

전체적인 색상 조합과 테두리 선 설정에 주의한다.

표 작업을 하다보면 특별히 강조하고 싶은 부분이 발생하게 됩니다. 표 역시 키워드가 존재하기 때문에 중요한 부분은 전체적인 색상 조합을 참조하여 강조색을 사용하면 효과적입니다. 일단 전체적인 배경과 테두리 선을 지정한 다음 중요한 부분에는 강조색을 적용합니다.

이럴 경우 전체적인 색 조합에 신경쓰지 않더라도 자연스럽고 안정적인 색상 조합이 나오게 됩니다. 다만, 타이틀 부분은 진한 색으로, 컨텐츠 부분은 밝은 색으로 설정하는 것이 표 디자인에 효과적입니다.

모집 단위별 장학생 수

대 학	장학생 수	모집단위별 장학생 수
인문과학대학	8명	국어국문학과 3명, 분예창작학과 1명, 영어영문학과 4명
자연과학대학	6명	화학과 2명, 생물학과 3명, 생명공학과 1명
법과대학	18명	법학과 3명, 글로벌법학과 15명
사회과학대학	14명	행정복지학부 10명, 경찰행정학과 4명
경상대학	4명	경영학부 4명
공과대학	2명	토목공학과 1명, 전기공학과 1명
사범대학	84명	국어교육과 18명, 영어교육과 28명, 독어교육과 1명, 특수교육과 7 수학교육과 18명, 과학교육과 10명, 음악교육과 2명
외국어대학	3명	영어과 2명, 일본어과 1명
체육대학	1명	체육학부 1명
의과대학	42명	간호학과 42명
독립학부	86명	상담심리학부 2명, 기초의과학부 75명, 자유전공학부 6명, 군사학부 3명

▲ 중요 부분에 강조색 적용

강조 부분은 또 다른 표로 처리하고, 나머지 부분은 투명도를 조절한다.

강조해야 할 부분과 그렇지 않은 부분을 보다 효과적으로 표시하고 싶다면 강조해야 할 부분은 또 다른 표로 디자인하고, 나머지 부분은 투명도를 조절해 보기 바랍니다.

핵심적인 부분은 다른 색상을 지정하는 것이 좋습니다. 전체적인 색상에 투명도를 주었다면 강조 부분은 투명도를 낮춰 눈에 띄게 하거나, 투명도를 주지 않은 표라면 강조 부분의 테두리에 색상과 보색 관계에 있는 색상을 주어 색상을 조절하도록 합니다.

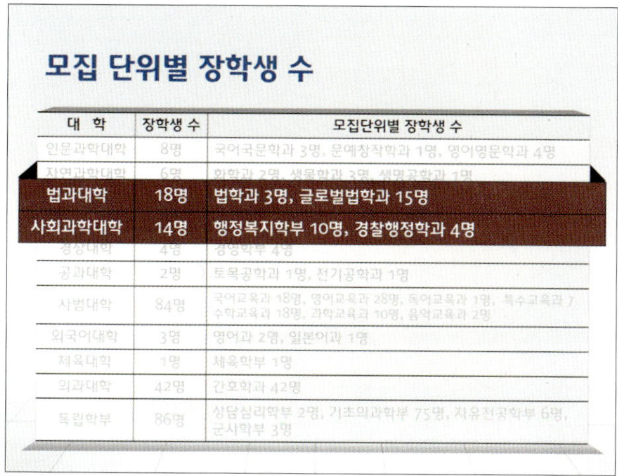

▲ 전체적인 색상에 투명도 조절하여 중요 부분 강조

07 표 삽입하고 셀 테두리 꾸미기

데이터를 알기 쉽게 구성하는데 있어 표만큼 효율적인 도구도 없습니다. 키노트에서는 다양한 표를 디자인하고 시각적으로 나타내주는 기능을 제공하고 있습니다.

Preview

- 표 삽입하기
- 셀 배경 채우고 병합하기

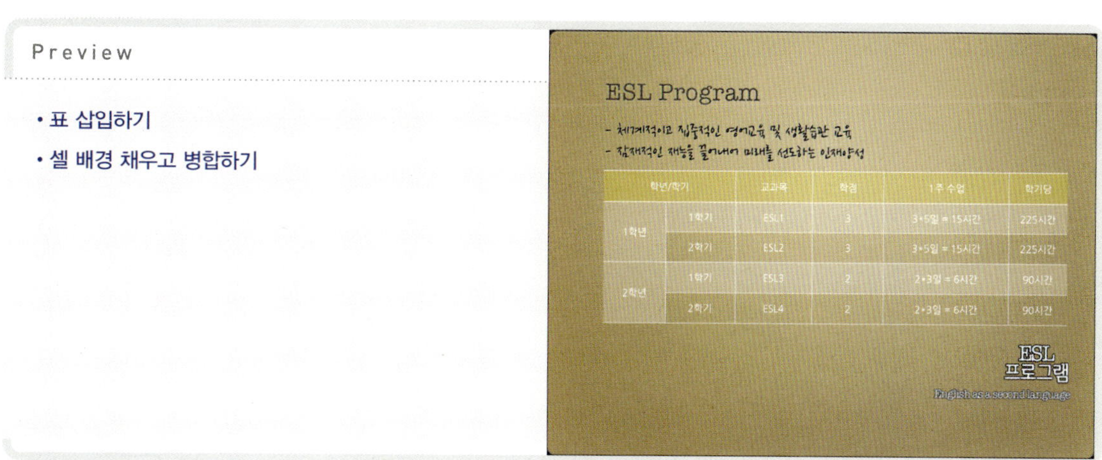

● 표 삽입하기

표가 삽입되면 본문 행과 분문 열에 따라 다양한 서식을 지정할 수 있습니다. 참고로, 본문 행은 가로줄을 의미하며, 본문 열은 세로줄을 의미합니다.

◉ 예제 파일 : CD₩sample₩표.key
◉ 완성 파일 : CD₩sample₩표_완성.key

1. 표를 삽입하기 위해 [도구 막대]−[표]를 선택합니다. 표가 삽입되면서 [표] 윈도우가 나타납니다. [본문 행]과 [본문 열]에 원하는 행과 열을 입력합니다.

| tip |

삽입되는 표의 모양은 선택한 테마의 디자인에 따라 달라집니다.

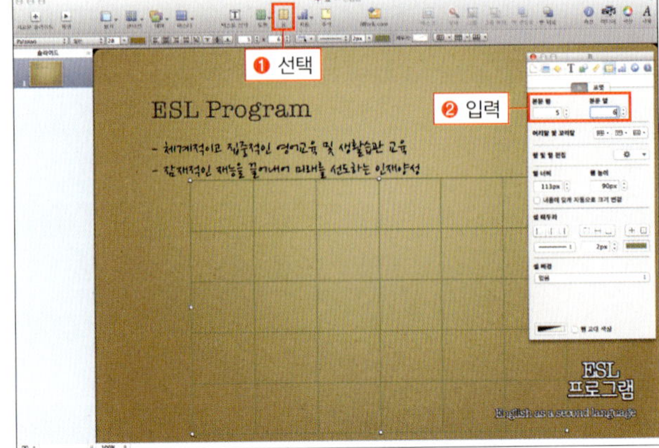

2. 셀 테두리 색상 및 굵기를 변경해 보겠습니다. [포맷 막대]에서 [셀 테두리 두께]를 선택한 후 셀 테두리 두께를 조절합니다. [표] 윈도우를 열고 [셀 테두리]의 색상을 클릭해 테두리 색상을 변경합니다.

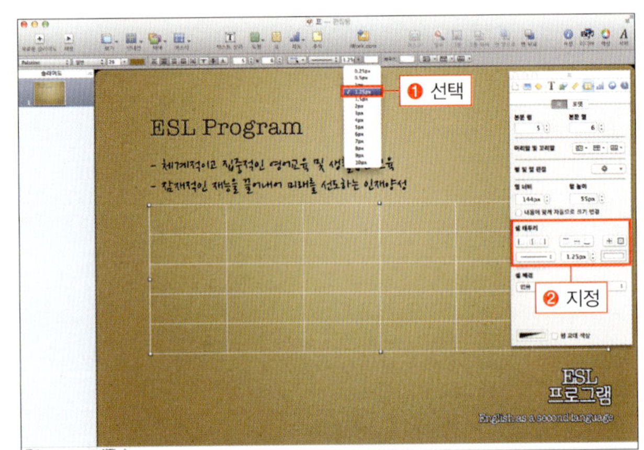

3. 표가 선택된 상태에서 [도구 막대]에서 [서체] 아이콘을 클릭한 후 셀 안에 들어갈 서체를 선택합니다. [색상]을 클릭한 후 색상을 선택합니다.

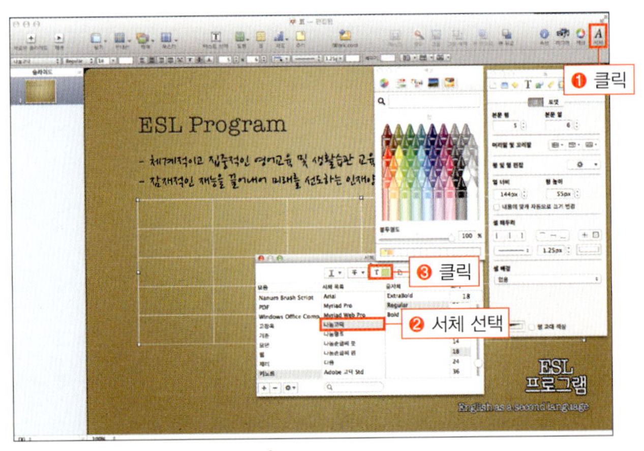

● 셀 배경 채우고 병합하기

키노트에서는 색상이나 그라디언트 혹은 이미지 등으로 셀 배경을 채워 넣을 수 있으며, 간단한 방법으로 셀을 병합하거나 나누는 등 행 및 열을 편집할 수 있습니다.

1. 셀을 병합하거나 행이나 열을 나누기 위해서는 병합하거나 나누고 싶은 행이나 열을 선택한 후 [행 및 열 편집]의 설정 단추를 클릭하여 원하는 항목을 선택하여 설정할 수 있습니다. 병합을 원하는 셀을 드래그하여 선택한 후 마우스 오른쪽을 클릭하고 [셀 병합]을 선택합니다.

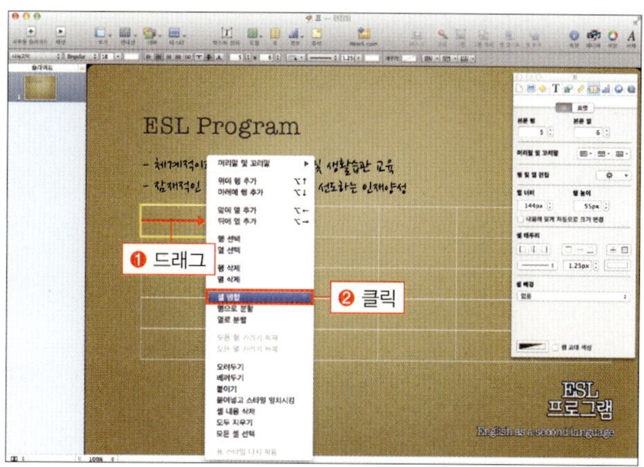

2. 셀 병합을 원하는 나머지 셀도 동일한 방법으로 셀 병합을 합니다.

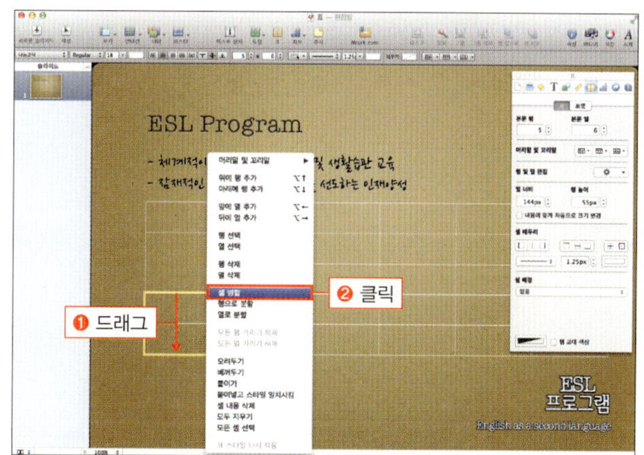

3. 표 안에 텍스트를 입력합니다. 텍스트를 입력하면 엑셀과 마찬가지로 기존 입력된 단어와 동일한 단어가 나타나면 텍스트를 입력하지 않더라도 자동 입력해 주는 빠른 메뉴가 나타나 빠르게 텍스트 입력을 완성할 수 있습니다.

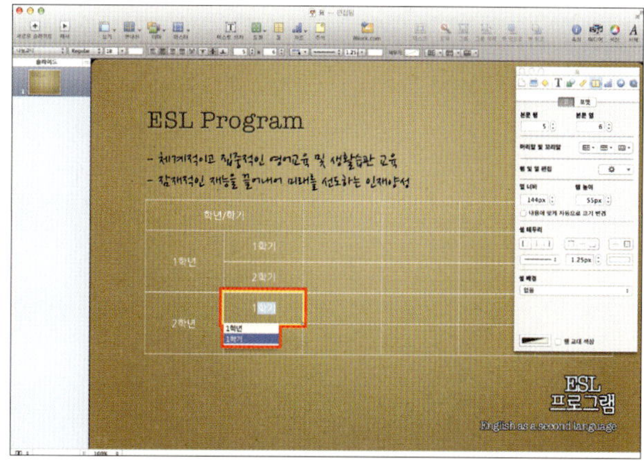

4. 나머지 셀에도 텍스트 입력을 완성합니다.

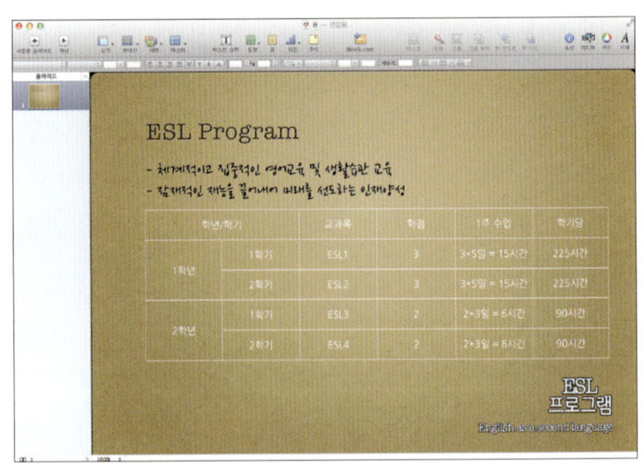

5. 셀에 배경색을 추가하기 원하는 셀을 선택합니다. 위해 [표] 윈도우에서 [셀 배경]−[색상 채우기]를 클릭한 후 원하는 색상을 선택합니다. [색상] 윈도우에서 [불투명도]를 조절하여 셀 배경색이 투명하게 비춰질 수 있도록 조절합니다.

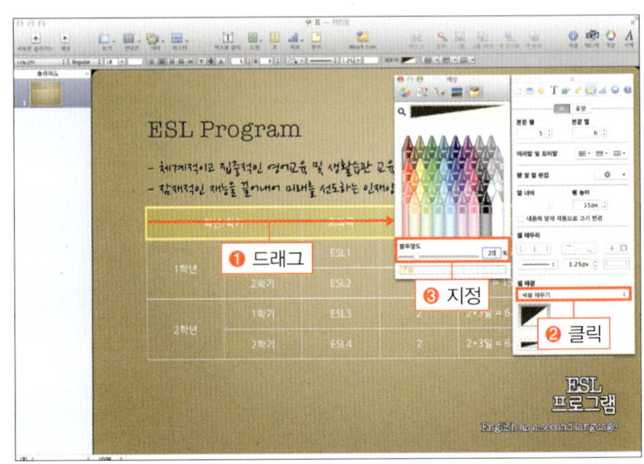

6. 셀과 셀 사이의 테두리를 마우스로 드래그하면 셀 크기를 조절할 수 있습니다. 셀 테두리를 드래그하여 셀 크기를 조절합니다. [표] 윈도우에서 [열 너비], [행 높이]에 직접 수치를 입력하여 조절할 수도 있습니다.

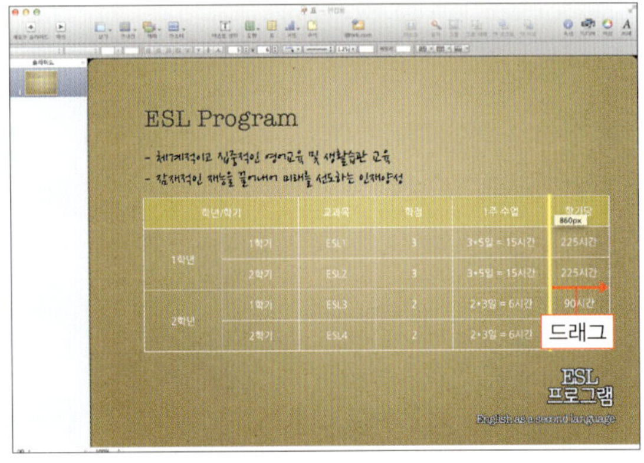

7. 이번에는 막혀있는 좌, 우 테두리를 삭제해 보겠습니다. [셀 테두리]에서 [왼쪽 선]을 선택합니다. [셀 테두리]를 클릭한 후 [없음]을 선택합니다.

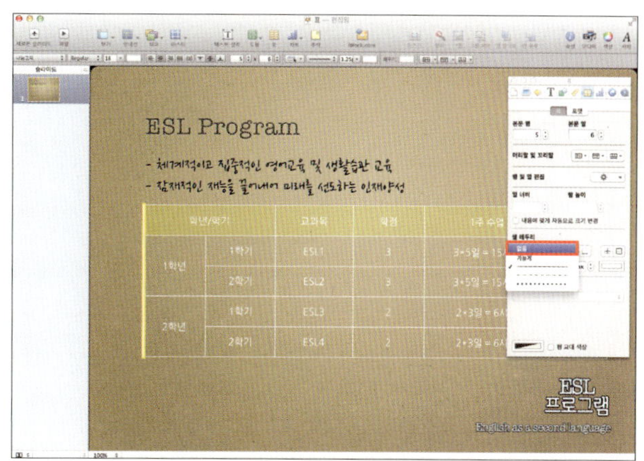

8. 동일한 방법으로 [셀 테두리]에서 [오른쪽 선]을 선택합니다. [셀 테두리]를 클릭한 후 [없음]을 선택합니다.

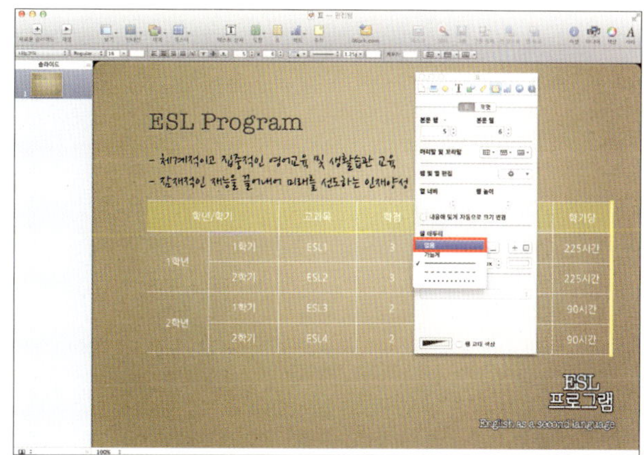

9. 행 교대 색상은 행마다 색상을 달리하는 방법으로 표를 깔끔하게 정리할 수 있어 자주 사용되는 기능입니다. [표] 윈도우에서 [행 교대 색상]을 선택합니다. [색상]을 선택해 [색상] 윈도우가 나타나면 원하는 색상을 선택한 후 [불투명도]를 조절합니다.

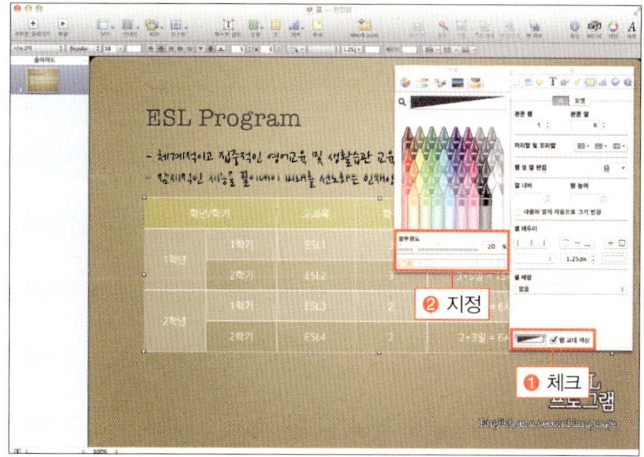

행이나 열 추가하기

이미 작성된 표에 임의의 행이나 열을 추가할 수 있습니다. 슬라이드 편집 화면에서 추가하고 싶은 셀을 클릭하면 노란색 테두리가 표시되는데 이 때 마우스 오른쪽을 클릭하여 [위에 행 추가], [아래에 행 추가] 혹은 [앞에 열 추가], [뒤에 열 추가]를 선택합니다.

단축키로도 쉽게 행이나 열을 추가할 수 있습니다. 추가하고 싶은 셀을 선택한 후 option 을 누른 상태에서 원하는 방향의 화살표를 누릅니다. 예를 들어 ↑, ↓를 누르면 행이 추가되고, ←, →을 누르면 열이 추가됩니다.

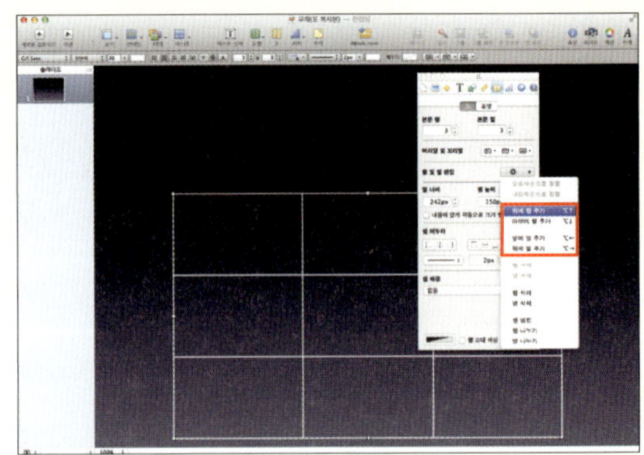

08 다양한 표 옵션 지정하기

표를 삽입한 후 머리말이나 꼬리말을 지정하거나 행 높이나 열 너비를 원하는 수치로 조절하는 등 다양한 옵션을 지정할 수 있습니다.

Preview

- 머리말, 꼬리말 지정하기
- 함수를 이용해 엑셀처럼 다루기
- 행 높이나 열 너비를 원하는 수치로 조절하기
- 오름차순, 내림차순 지정하기

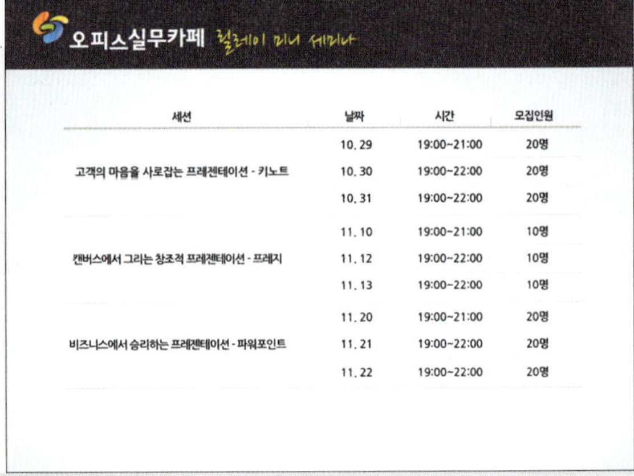

세션	날짜	시간	모집인원
	10. 29	19:00~21:00	20명
고객의 마음을 사로잡는 프레젠테이션 · 키노트	10. 30	19:00~22:00	20명
	10. 31	19:00~22:00	20명
	11. 10	19:00~21:00	10명
캔버스에서 그리는 창조적 프레젠테이션 · 프레지	11. 12	19:00~22:00	10명
	11. 13	19:00~22:00	10명
	11. 20	19:00~21:00	20명
비즈니스에서 승리하는 프레젠테이션 · 파워포인트	11. 21	19:00~22:00	20명
	11. 22	19:00~22:00	20명

● 머리말, 꼬리말 지정하기

머리말 및 꼬리말을 지정하면 표의 특정 부분의 행이나 열에 머리말이나 꼬리말을 지정할 수 있는 공간이 추가됩니다.

◎ **예제 파일** : CD₩sample₩국내영업망현황.key
◎ **완성 파일** : CD₩sample₩국내영업망현황_완성.key

1. 먼저 기존에 입력된 셀을 삭제해 보겠습니다. 마지막 셀 영역을 드래그하여 선택한 후 [표] 윈도우에서 [행 및 열 편집]을 클릭한 후 [행 삭제]를 선택합니다.

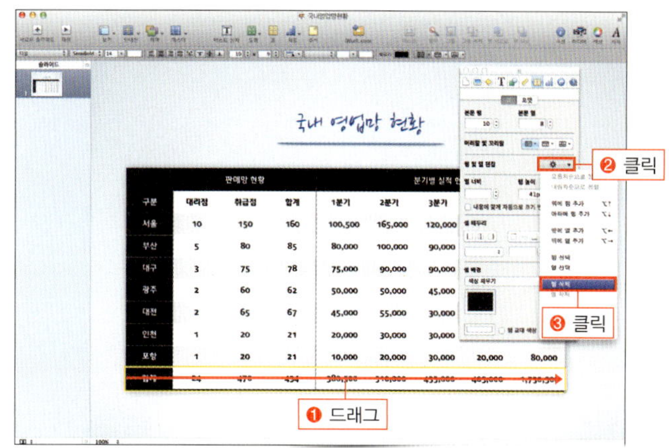

2. 머리말이나 꼬리말을 지정해 보겠습니다. [표] 윈도우에서 [머리말 및 꼬리말]의 원하는 위치의 머리말 및 꼬리말을 선택합니다. 여기서는 [꼬리말]을 클릭한 후 [1]을 선택합니다.

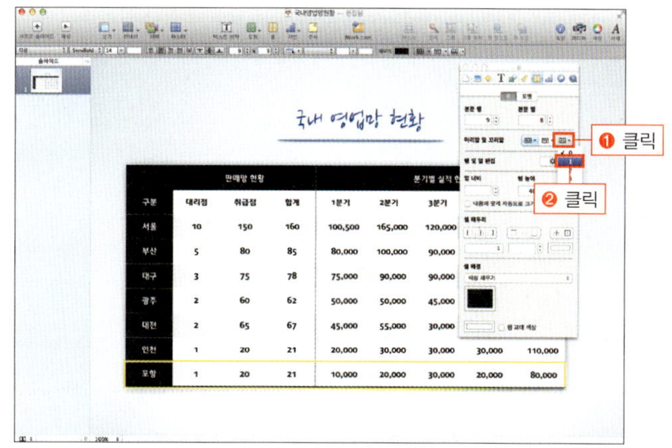

3. 셀 배경 채우기가 자동을 설정되어 셀이 추가됩니다. 셀 배경을 변경하기 위해 [표] 탭의 [셀 배경]에서 원하는 배경으로 변경합니다.

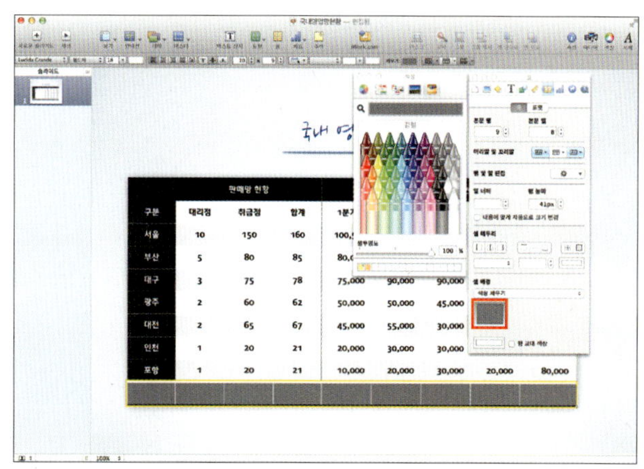

● 함수를 이용해 엑셀처럼 다루기

키노트는 엑셀처럼 데이터를 정렬하거나 함수를 적용하여 데이터 값을 산출할 수 있는 기능이 존재합니다.

1. 함수를 이용해 값을 구하려면 셀 포맷을 숫자로 변경해야 합니다. 값을 구할 셀 영역을 모두 선택한 후 [포맷] 탭에서 [셀 포맷]−[숫자]를 선택합니다.

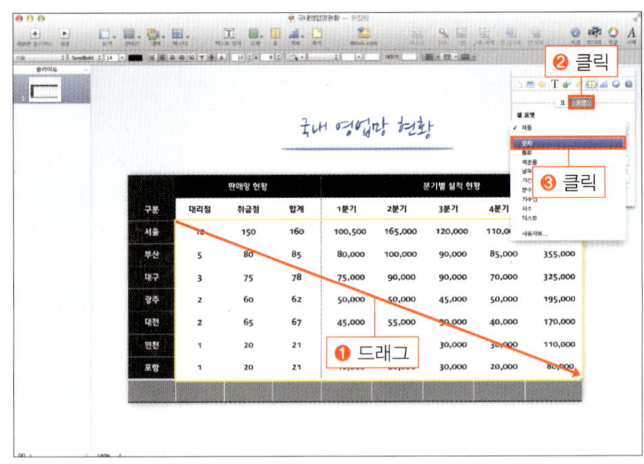

> |tip|
>
> [셀 포맷]을 클릭하면 다양한 셀 포맷을 지정할 수 있습니다. 예를 들어 [숫자]를 선택하면 소수점 이하 자릿수를 비롯해 1,000단위 구분 표시 등을 지정할 수 있습니다.

2. 먼저 합계를 구해 보겠습니다. 합계를 구하고 싶은 셀을 모두 드래그하여 선택합니다. [함수]−[합계]를 선택합니다.

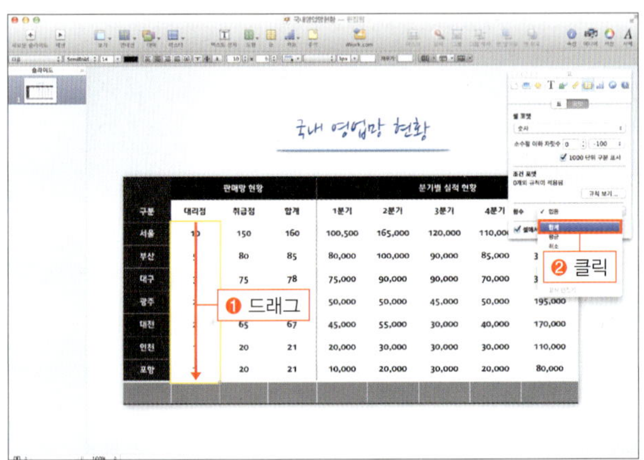

3. 자동으로 합계가 산출됩니다. 나머지 영역도 함수를 지정할 셀을 드래그하여 선택한 후 [표] 윈도우에서 [함수]−[합계]를 선택합니다.

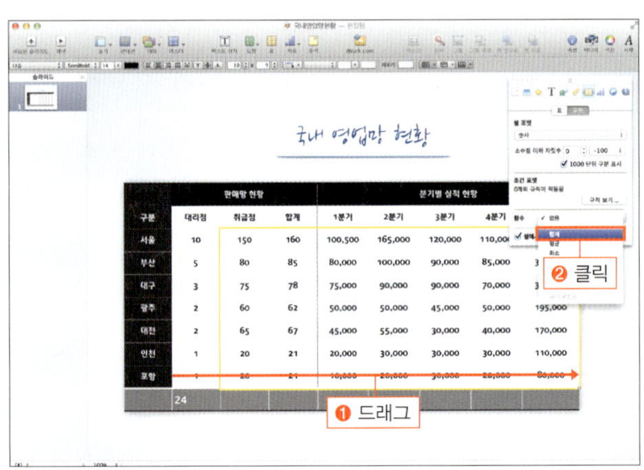

4. 자동으로 합계가 산출됩니다. 모두 선택한 후 [포맷 막대]에서 정렬에서 [중앙]을 선택합니다.

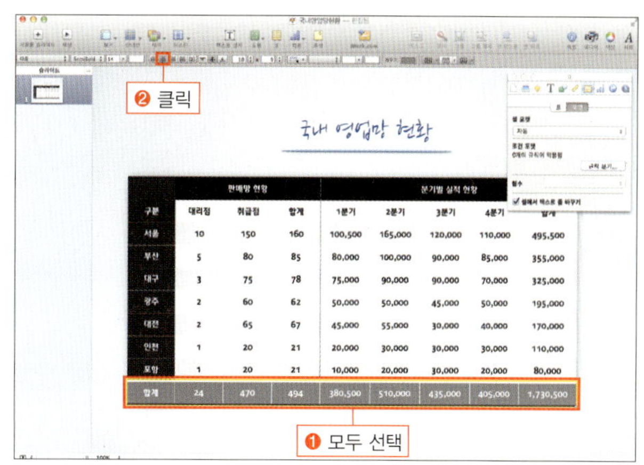

● 행 높이나 열 너비를 원하는 수치로 조절하기

표 작업을 하다보면 행 높이나 열 너비를 원하는 크기로 변경하고 싶을 때가 있습니다. 여기서는 특정한 셀을 선택하여 행 높이나 열 너비를 원하는 크기로 변경해 보고 행 높이나 열 너비를 일정한 크기로 조절하는 방법을 배워보도록 하겠습니다.

1. 먼저 특정한 셀을 선택하여 행 높이나 열 너비를 원하는 크기로 변경해 보겠습니다. 크기를 변경하고 싶은 특정 셀을 선택합니다.

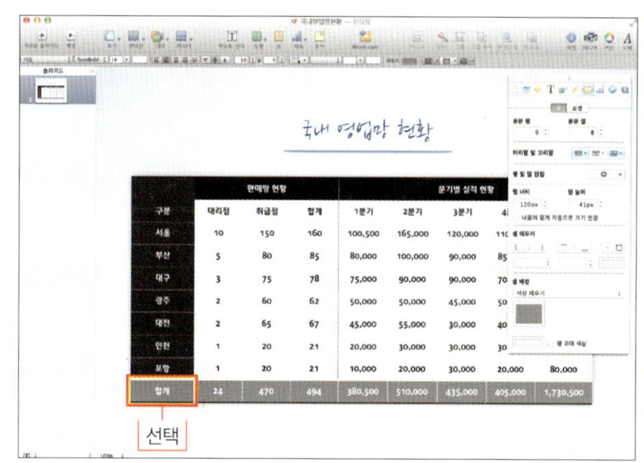

2. [표] 윈도우의 [표] 탭에서 [열 너비] 혹은 [행 높이]에 원하는 값을 입력합니다.

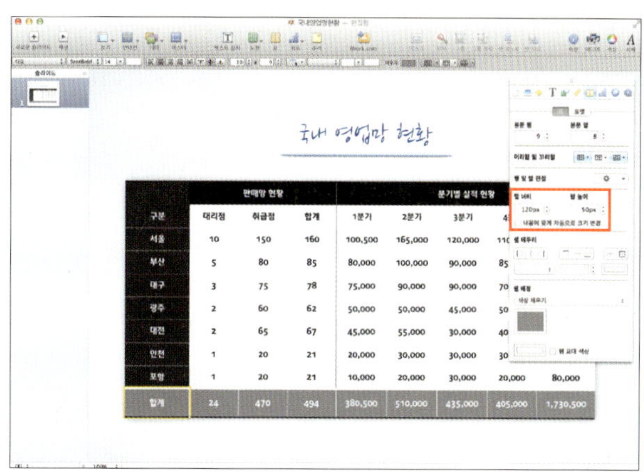

3. 여러 개의 셀을 선택하여 한번에 크기를 변경할 수도 있습니다. 원하는 셀을 Shift 나 ⌘ 를 누른 채 모두 선택한 후 [열 너비] 혹은 [행 높이] 수치를 입력합니다.

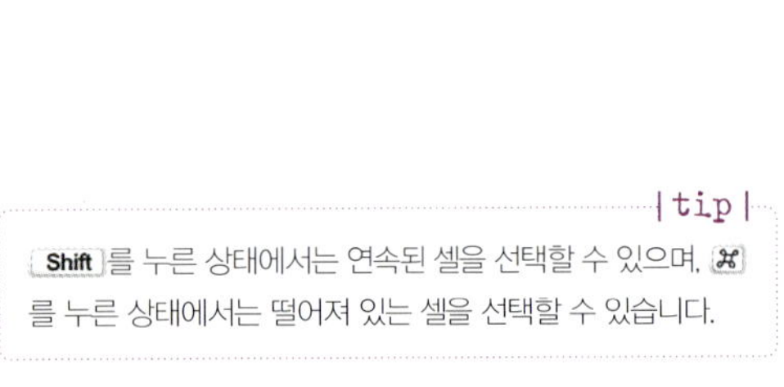

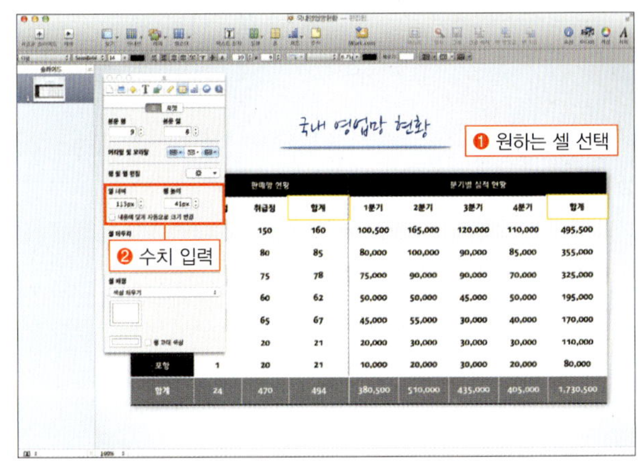

| tip |

Shift 를 누른 상태에서는 연속된 셀을 선택할 수 있으며, ⌘ 를 누른 상태에서는 떨어져 있는 셀을 선택할 수 있습니다.

● 오름차순, 내림차순 지정하기

키노트의 표는 표 안에 지정한 수치 등을 오름차순 혹은 내림차순으로 지정할 수 있습니다. 오름차순, 내림차순 지정할 때에는 정렬할 데이터를 모두 드래그하여 선택해야 합니다.

1. 오름차순이나 내림차순하고 싶은 영역을 드래그하여 선택한 후 [표] 윈도우의 [표] 탭에서 [행 및 열 편집]을 클릭합니다. [오름차순으로 정렬], [내림차순으로 정렬] 중 원하는 정렬 방식을 선택합니다.

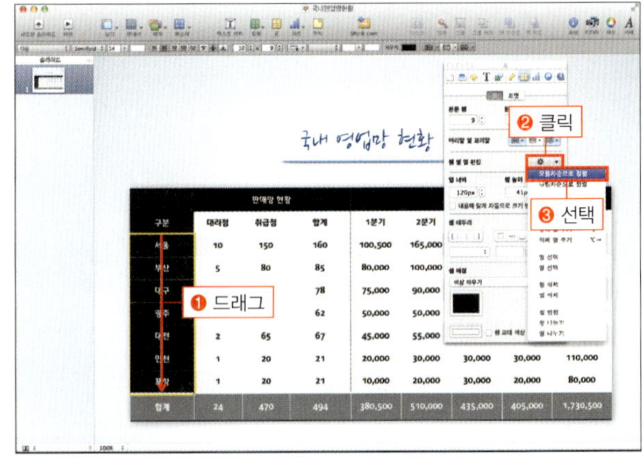

2. 표 안의 데이터가 원하는 정렬 방식으로 정렬됩니다.

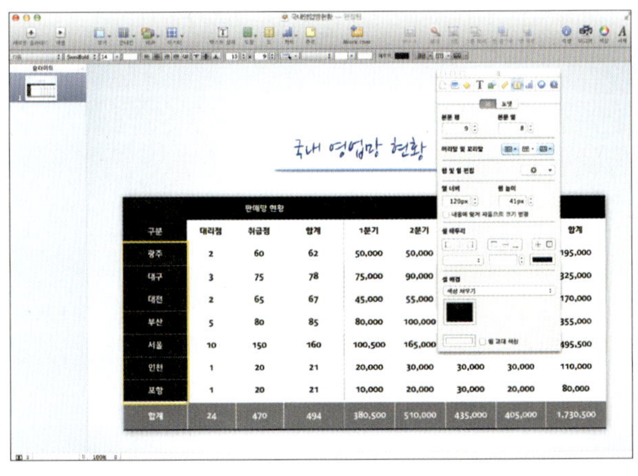

Chapter 05 | 화면 전환과 빌드 효과 적용하기

슬라이드에 화면 전환 효과를 넣고 대상체에 빌드 효과를 넣는 방법은 다른 도구와 비슷하지만 보다 화려하면서도 세련된 효과를 원한다면 키노트의 화면 전환과 빌드 효과가 정답입니다. 이런 애니메이션 효과는 프레젠테이션을 더욱 돋보이게 할 수 있는 요소이긴 하지만 여러 효과를 동시에 사용하고 싶은 욕심이 생기게 마련입니다. 하지만 애니메이션은 2가지 이상의 요소는 사용하지 않는 것이 좋으며 1~2가지의 효과만으로 청중들에게 강력하고 인상에 남을 수 있는 메시지를 전달할 수 있는 방법을 찾는 것이 좋습니다.

01 화면 전환 효과 살펴보기

화면 전환 효과는 슬라이드가 다음 슬라이드로 넘어갈 때 발생하는 애니메이션을 말합니다. [슬라이드] 윈도우에서 여러 가지 화면 전환 효과를 지정할 수 있는데 화면 전환을 비롯하여 시간 설정, 추가적인 옵션까지 지정하는 방법에 대해서 살펴보겠습니다.

● 키노트의 다양한 화면 전환 효과

키노트에는 다양한 화면 전환 효과가 존재합니다. 멋진 효과가 많다고 과하게 사용하는 것 보다 꼭 필요한 부분에만 사용하거나 전체 슬라이드에 동일한 화면 전환 효과를 사용해 절제된 효과를 사용하는 것이 좋습니다.

▲ 출입문 효과

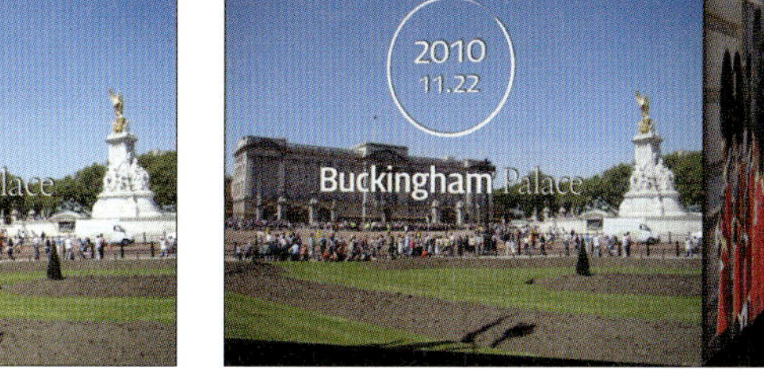

▲ 큐브 효과

▲ 모자이크 효과

 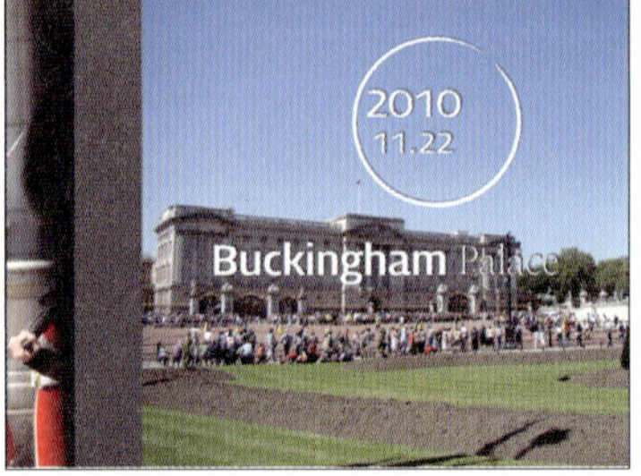 

▲ 넘기기 효과

▲ 교체 효과

▲ 페이지 뒤집기 효과

● **[화면 전환] 탭 옵션 살펴보기**

화면 전환 효과는 [화면 전환] 탭에서 지정할 수 있습니다. 화면 전환 옵션에
대해서 살펴보겠습니다.

❶ **화면 전환 미리보기** : 화면 전환 효과를 미리볼 수 있는 창으로 화면을 클
   릭하면 효과를 미리볼 수 있습니다.

❷ **효과** : 2D 효과에서 3D 효과까지 화면 전환 효과를 선택할 수 있습니다.

❸ **실행 시간** : 화면 전환 효과를 완료하는 시간을 설정합니다.

❹ **방향** : 화면 전환 효과의 방향을 설정합니다.

❺ **화면 전환 시작** : 화면 전환을 슬라이드를 클릭할 때 재생할지, 혹은 자동
   으로 재생할지를 선택합니다.

❻ **지연** : 화면 전환이 자동으로 재생되는 데까지 걸리는 시간을 설정합니다.

❼ **간격 및 각도** : 교체 등 선택하는 화면 전환 효과에 따라 간격이나 각도를
   조절할 수 있는 옵션이 추가됩니다.

02 다양한 화면 전환 효과 적용하기

화면 전환에는 이동 마법사를 비롯해 텍스트 효과, 대상체 효과, 3D 효과 등이 있습니다. 여기서는 몇 가지 화면 전환 효과를 직접 적
용해 보겠습니다.

Preview

• 이동 마법사 화면 전환 효과

• 텍스트 효과 화면 전환 효과

• 3D 화면 효과 적용하기

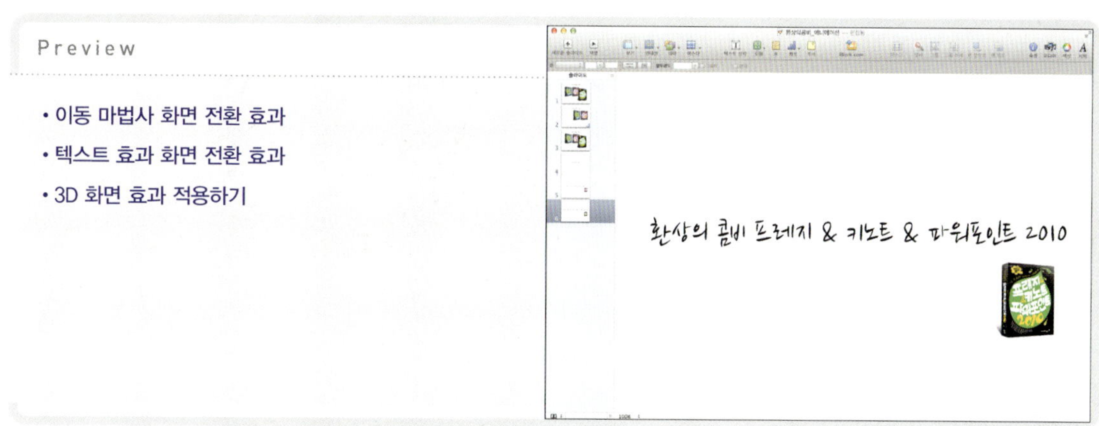

● 이동 마법사 화면 전환 효과

이동 마법사는 슬라이드에 삽입한 개체를 실제 이동시키지 않더라도 두 개의 슬라이드를 시간차를 두고 움직이는 듯한 느낌이 들도록 만들어주는 효과입니다.

◎ 예제 파일 : CD₩sample₩환상의콤비_애니메이션.key
◎ 완성 파일 : CD₩sample₩환상의콤비_애니메이션_완성.key

1. 슬라이드 미리보기 화면에서 두 번째 슬라이드를 마우스 오른쪽으로 클릭한 후 [복제]를 선택합니다.

2. 슬라이드가 복제되면 이동 마법사를 설정할 개체를 왼쪽으로 드래그하여 이동합니다.

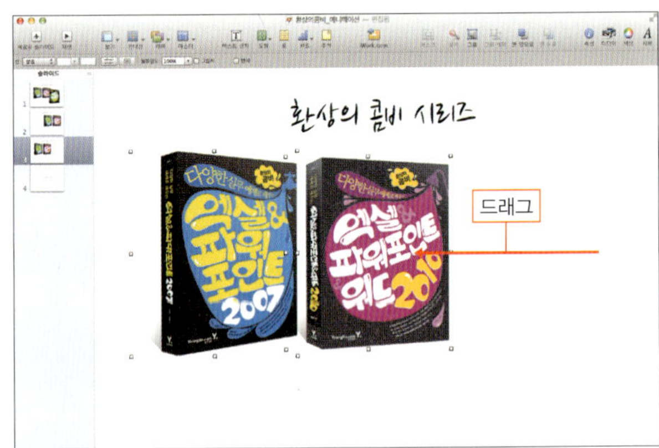

3. 첫 번째 슬라이드를 선택한 후 이미지를 Ctrl + C 를 눌러 복사한 후 세 번째 슬라이드에 Ctrl + V 를 눌러 붙여넣기 합니다.

4. 두 번째 슬라이드를 선택한 후 [도구 막대]-
[속성] 아이콘을 클릭한 후 [슬라이드] 속성 아이
콘 [화면 전환] 탭을 차례대로 클릭합니다. [효과]
항목을 클릭한 후 [이동 마법사]를 선택합니다.

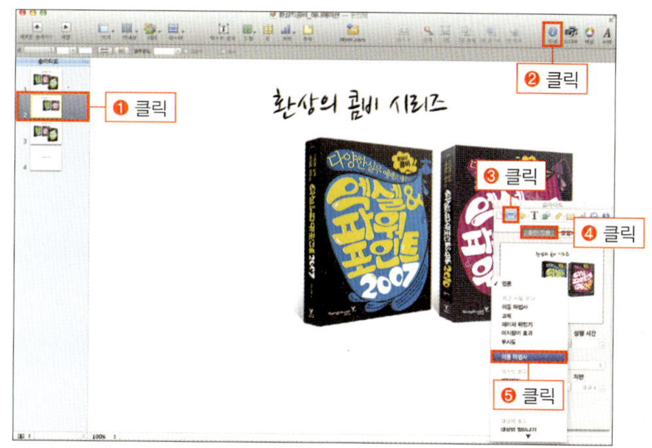

5. [미리 보기] 화면을 클릭합니다. 이동 마법사 화면 전환 효과가 진행됩니다.

● 텍스트 효과 화면 전환 효과

텍스트 효과는 두 개의 슬라이드 상에 입력한 텍스트를 마치 하나의 슬라이드에 있는 것처럼 교차해서 표현해주
는 화면 전환 효과입니다.

1. 슬라이드 미리보기 화면에서 네 번째 슬라이
드를 선택한 후 마우스 오른쪽을 클릭합니다. 목
록이 나타나면 [복제]를 선택합니다.

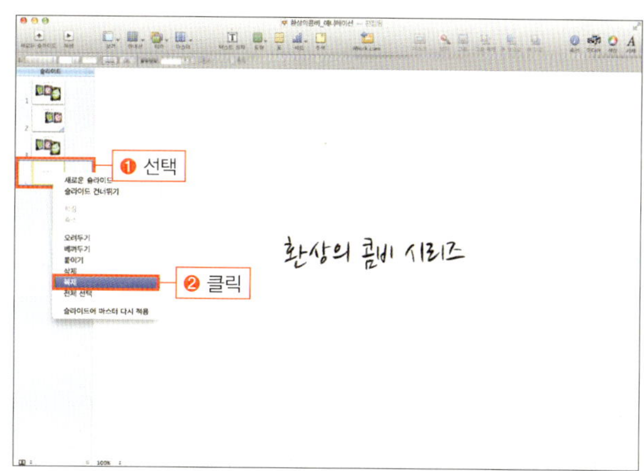

2. 슬라이드가 복제되면 텍스트 상자 안의 텍스트를 변경하고 이미지를 추가합니다.

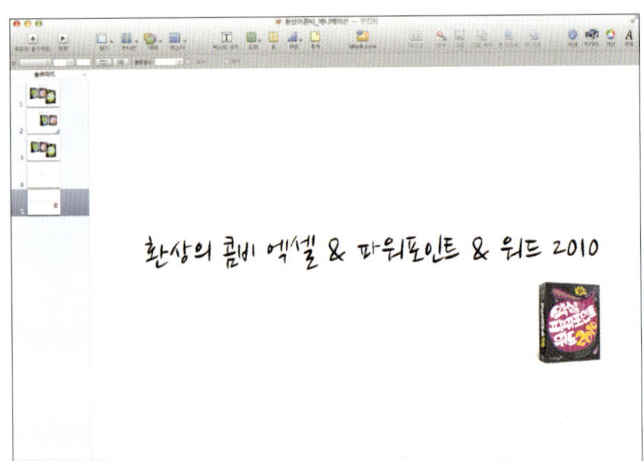

3. 슬라이드 미리보기 화면에서 다섯번째 슬라이드를 선택한 후 마우스 오른쪽을 클릭합니다. 목록이 나타나면 [복제]를 선택합니다.

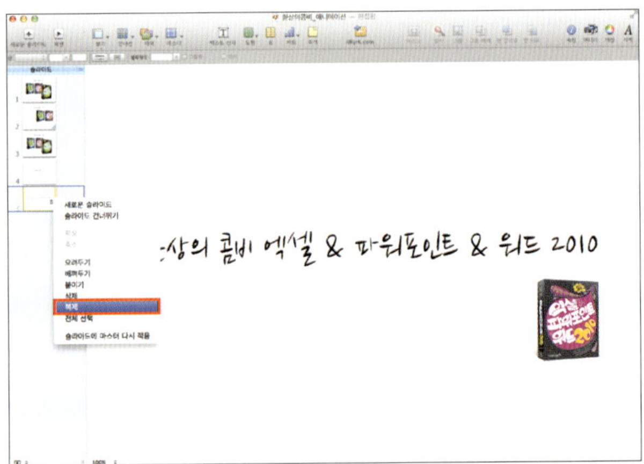

4. 슬리이드기 복제되면 텍스트 상자 안의 테스트 및 이미지를 변경합니다.

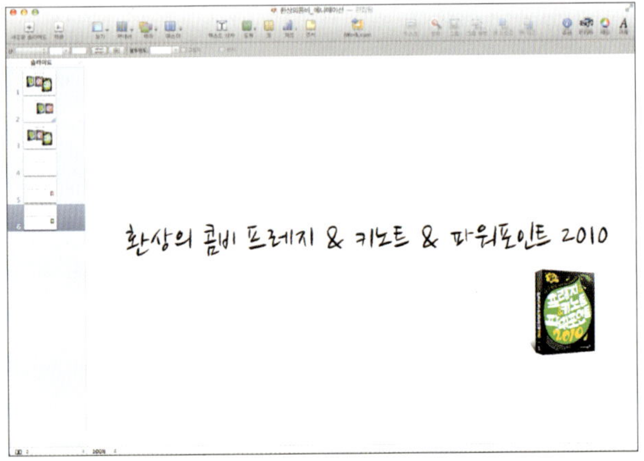

5. 네 번째 슬라이드를 다시 선택한 후 [도구 막대]에서 [속성] 아이콘을 클릭한 후 [슬라이드] 탭–[화면 전환] 탭을 차례대로 클릭합니다. [효과] 항목을 클릭한 후 [철자 바꾸기]를 선택합니다.

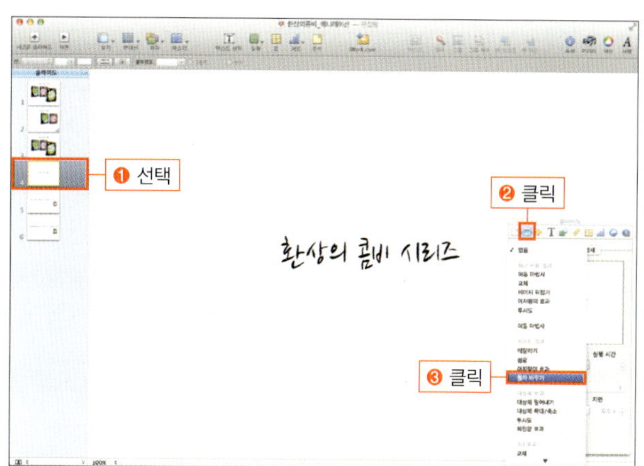

6. 다섯 번째 슬라이드를 선택한 후 **4**와 마찬가지로 [철자 바꾸기]를 선택합니다.

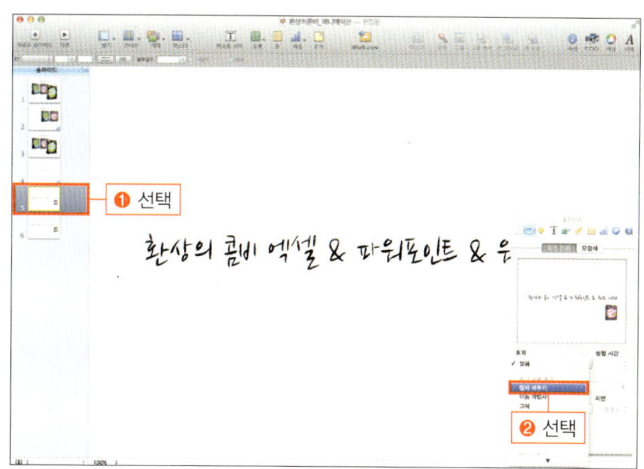

7. [미리 보기] 화면을 클릭합니다. 철자 바꾸기 전환 효과가 진행됩니다.

● 3D 화면 효과 적용하기

이번에는 3D 화면 전환 효과를 적용해 보겠습니다. 3D 효과에는 교체, 넘기기, 뒤집기, 부메랑 등 다양한 효과가 있습니다. 키노트만의 독특한 화면 전환 효과를 맛볼 수 있습니다.

◎ **예제 파일** : CD₩sample₩화면전환.key
◎ **완성 파일** : CD₩sample₩화면전환_완성.key

1. 슬라이드 미리보기 화면의 모든 슬라이드를 선택합니다. [도구 막대]에서 [속성] 아이콘을 클릭한 후 [슬라이드] 탭을 선택합니다. [효과] 항목을 클릭한 후 [비틀기]를 선택합니다.

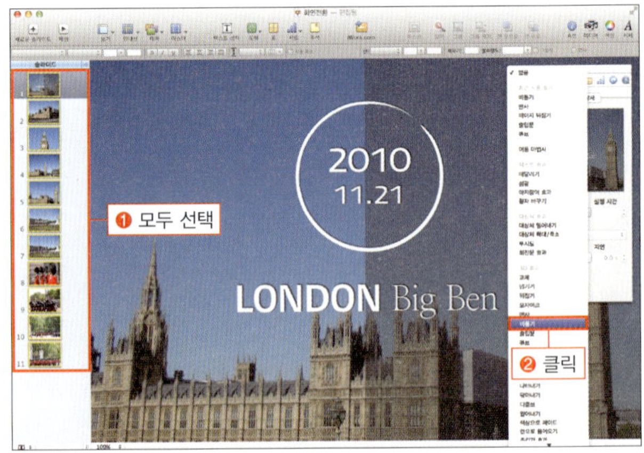

2. 실행 시간이나 방향, 비틀기 정도를 설정합니다.

3. 화면 전환 미리 보기 화면을 클릭하거나 [도구 막대]의 [재생]을 클릭하여 화면 전환 효과를 확인합니다.

 빌드인, 빌드아웃 효과 적용하기

빌드인, 빌드아웃 효과는 특정 개체에 움직임을 생성해 나타나거나 사라지게 만드는 효과입니다. 하나의 슬라이드에 여러 가지 개체가 있을 때 빌드인, 빌드아웃 효과를 적용하면 보다 효과적인 프레젠테이션이 가능합니다.

Preview

- 빌드인과 빌드아웃 옵션 살펴보기
- 쿵하고 떨어뜨리기 효과

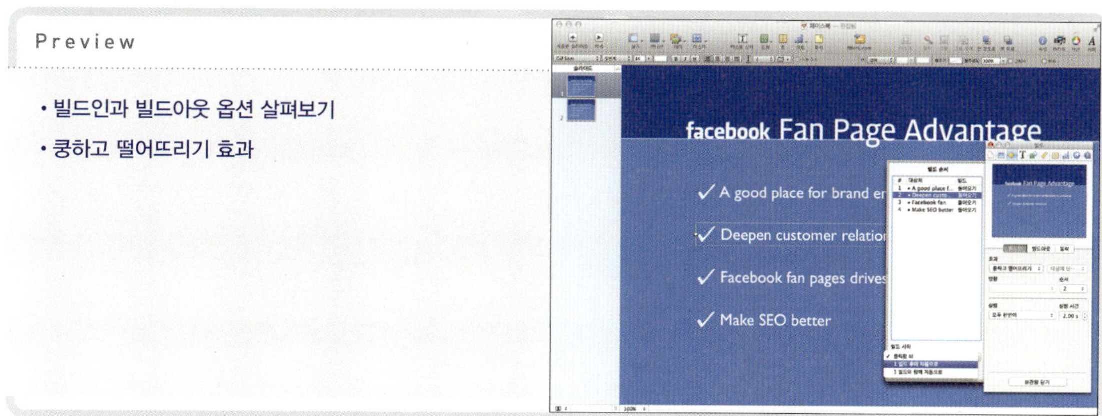

● 빌드인과 빌드아웃 옵션 살펴보기

빌드인이란 개체가 슬라이드에 처음 등장할 때의 모션 효과를 말하며, 빌드아웃이란 그 반대로 사라질 때의 모션 효과를 말합니다.

[속성] 윈도우의 [빌드] 탭을 클릭한 후 [빌드인] 탭이나 [빌드아웃] 탭을 클릭하면 비슷한 항목으로 구성된 옵션 항목을 볼 수 있습니다.

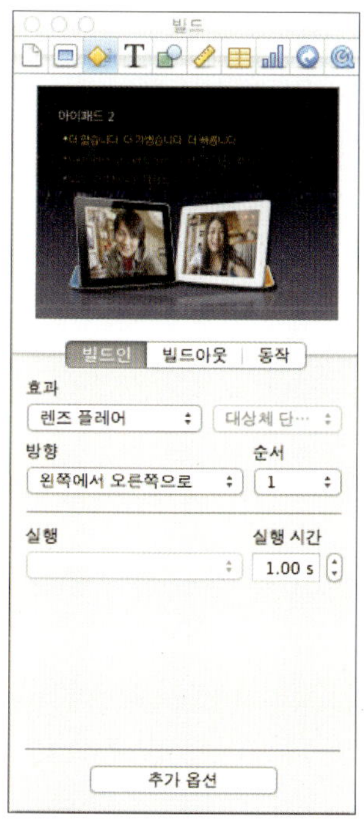

▲ 빌드인 효과   ▲ 빌드아웃 효과

빌드 효과에는 궤도 그리기, 날아오기, 나타내기, 부메랑, 섬광 등 다양한 효과가 존재하며 모션 방향도 왼쪽에서 오른쪽으로, 위에서 아래로, 상단 왼쪽에서 등 원하는 방향대로 설정할 수 있습니다. 옵션이 다소 복잡해 보이지만 막상 적용해 보면 간단하게 모션 효과가 적용되는 것을 확인할 수 있습니다.

● 쿵하고 떨어뜨리기 효과

빌드인 효과에는 궤도 그리기, 드리프트, 렌즈 플레어, 아지랑이 효과 등 다른 프레젠테이션 도구가 구현하지 못하는 좋은 효과가 많습니다. 여기서는 쿵하고 떨어뜨리기 효과에 대해서 살펴보겠습니다.

◉ 예제 파일 : CD₩sample₩페이스북.key
◉ 완성 파일 : CD₩sample₩페이스북_완성.key

1. 첫 단락을 선택한 후 [도구 막대]에서 [속성] 아이콘을 클릭한 후 [슬라이드] 탭을 선택합니다. [빌드인]의 [효과]를 클릭하여 [쿵하고 떨어뜨리기]를 선택합니다.

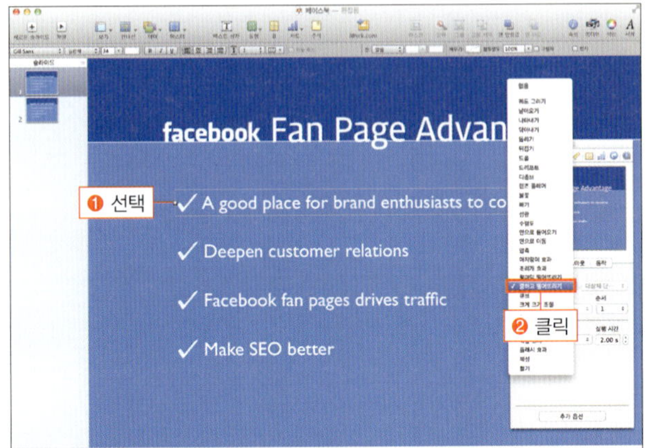

2. 나머지 세 개의 단락을 모두 선택한 후 1과 마찬가지로 [쿵하고 떨어뜨리기]를 선택합니다.

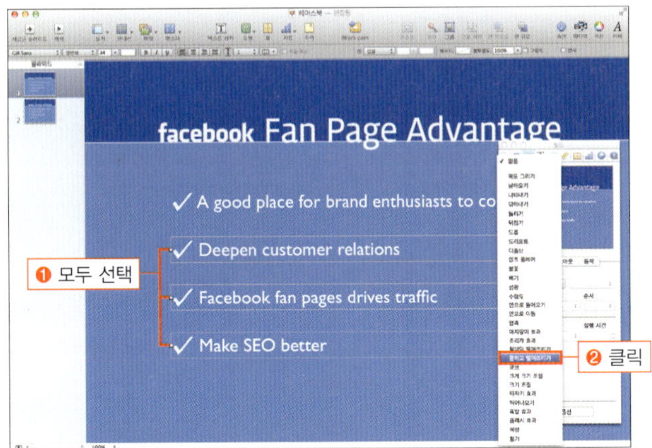

스티브 잡스의 쿵하고 떨어뜨리기

스티브 잡스의 키노트를 보면 주요 이슈가 등장할 때 쿵하고 떨어뜨리기 효과를 자주 사용합니다. 청중의 반응을 유도하고 핵심 키워드를 강조할 수 있는 좋은 효과라고 생각됩니다.

3. 두 번째 단락을 클릭한 후 [추가 옵션]을 클릭합니다. [빌드 순서] 창이 나타나면 빌드 순서나 옵션을 지정할 수 있습니다. 두 번째 대상체를 선택한 후 [빌드 시작]–[1 빌드 후에 자동으로]를 선택합니다.

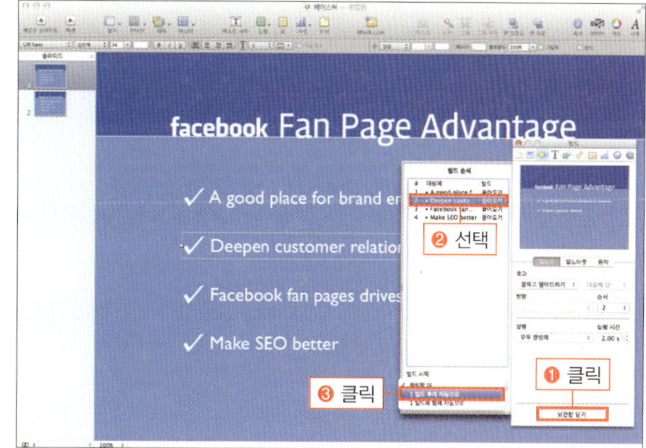

4. 세 번째, 네 번째 단락도 **3**과 마찬가지로 [빌드 시작]–[빌드 후에 자동으로]를 선택합니다.

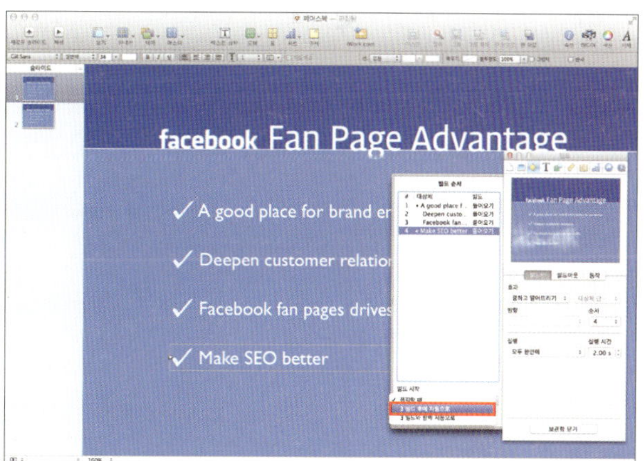

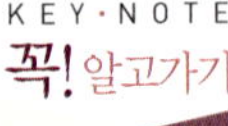

빌드 시작 살펴보기

빌드 시작을 클릭하면 애니메이션 시작 시점을 지정할 수 있습니다.

클릭할 때	마우스 클릭 등의 액션이 발생할 때 애니메이션 효과가 진행됩니다.
빌드 후에 자동으로	앞선 애니메이션 효과가 끝나면 자동으로 진행됩니다.
빌드와 함께 자동으로	앞선 애니메이션 효과가 동시에 진행됩니다.

5. [미리 보기] 화면을 클릭하여 슬라이드를 확인합니다.

04 동작 효과 적용하기

동작 효과는 빌드인, 빌드아웃과 함께 개체에 추가할 수 있는 효과로서 빌드인과 빌드아웃 효과를 강조하기 위해 적용할 수 있는 효과입니다.

Preview

- [동작] 탭 살펴보기
- 불투명도 효과

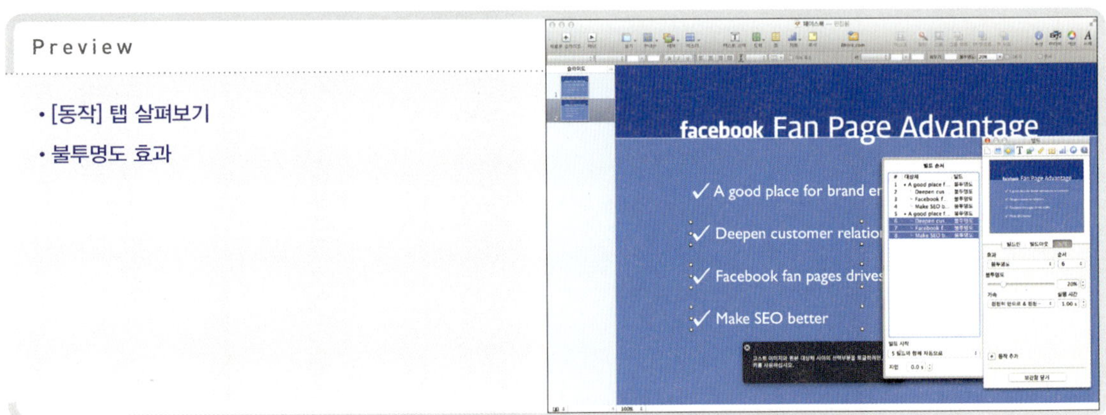

● [동작] 탭 살펴보기

동작 효과를 적용하기 전 [동작] 탭의 주요 기능에 대해서 살펴보겠습니다.
동작 효과는 빌드인과 빌드아웃처럼 나타나고 사라지는 효과가 아닌 개체를
이동시키거나 확대, 축소 혹은 불투명도를 주는 등 각각의 개체에 개별적으
로 줄 수 있습니다.

❶ **효과** : 이동, 확대, 축소, 불투명도 등 다양한 효과를 선택할 수 있습니다.
❷ **순서** : 빌도 효과를 나타낼 순서를 지정합니다.
❸ **가속** : 빌드 효과의 빠르기를 지정합니다.
❹ **동작 추가** : 여러 개의 효과를 중복 적용하고 싶을 때 지정합니다.
❺ **실행 시간** : 실행 시간을 지정합니다.

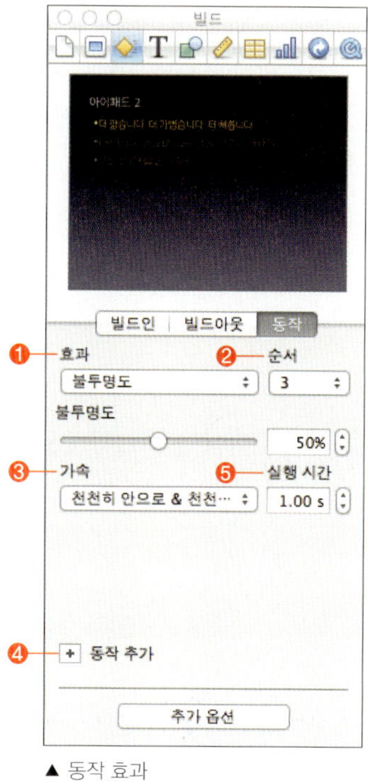

▲ 동작 효과

● 불투명도 효과

많은 내용의 텍스트를 하나의 슬라이드에서 설명할 때 글머리 기호로 번호를 매기거나 순차적으로 보여지게 하는
것도 좋은 방법이지만 불투명도 효과를 지정하면 많은 내용의 텍스트를 깔끔하게 정리할 수 있고, 보다 세련된 슬
라이드를 연출할 수 있습니다.

1. 두 번째 슬라이드를 선택합니다. 4개의 단락
을 차례대로 모두 선택한 후 [동작] 탭을 클리한
후 [효과]−[불투명도]를 선택합니다.

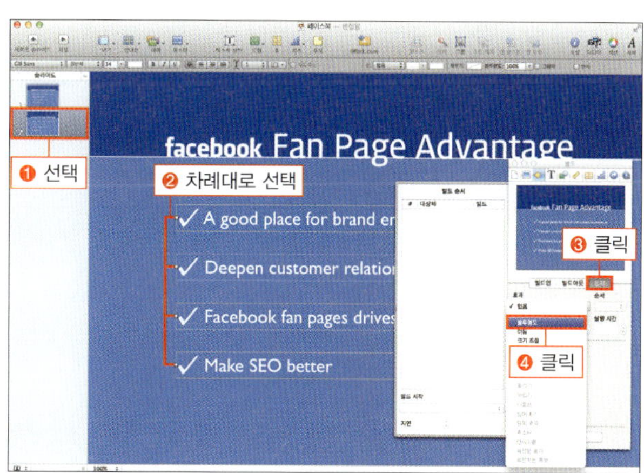

2. 두 번째 단락부터 네 번째 단락을 모두 선택한 후 [추가 옵션]을 클릭합니다. [빌드 순서] 창이 나타나면 두 번째 대상체부터 네 번째 대상체까지 모두 선택한 후 [빌드 시작]–[이전 빌드와 함께 자동으로]를 선택합니다.

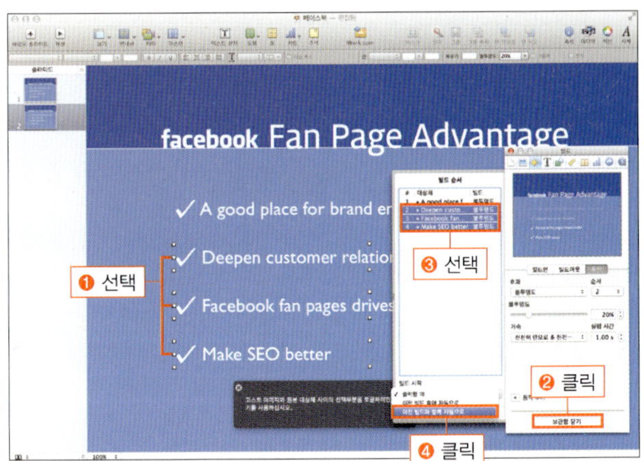

3. 첫 번째 단락을 부각시키기 위해 첫 번째 대상체를 Ctrl + C 를 눌러 복사한 후 제일 마지막에 Ctrl + V 를 눌러 붙여넣기 합니다.

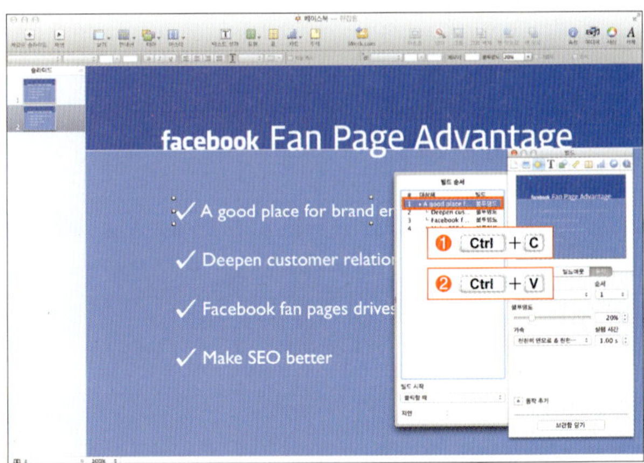

4. 이번에는 두 번째 대상체부터 네 번째 대상체까지를 모두 선택한 후 Ctrl + C 를 눌러 복사합니다.

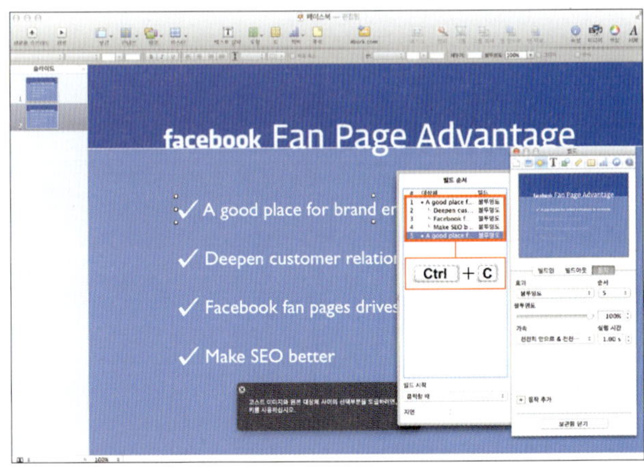

5. 제일 마지막에 **Ctrl** + **V** 를 눌러 붙여넣기 합니다. [빌드 시작]–[클릭할 때]를 선택합니다.

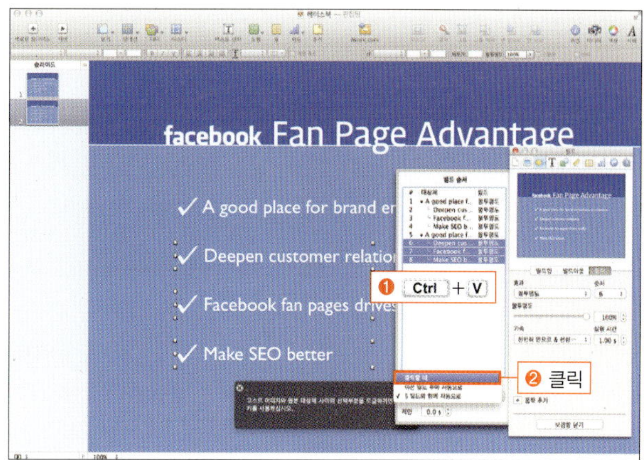

6. [미리 보기] 화면을 클릭하여 슬라이드를 확인합니다.

동작 효과에는 다양한 스마트 빌드 효과를 적용할 수 있습니다. 그 중 회전문 효과나 회전하는 큐브 등의 효과는 스티브 잡스가 신제품 발표회 때 주로 사용했던 효과입니다. 대중적으로 많이 알려져 있는 효과지만 키노트가 아니면 사용할 수 없는 효과이므로 스마트 빌드 효과를 적용하는 것이야말로 키노트를 제대로 사용하는 방법이기도 합니다.

Preview

- 맥월드 컨퍼런스 당시 사용된 스마트 빌드 효과
- 회전하는 큐브 효과 적용하기

● 맥월드 컨퍼런스 당시 사용된 스마트 빌드 효과

2007년 맥월드 컨퍼런스 프레젠테이션 때 바로 스마트 빌드 기능을 사용했었습니다. 이 기능이 바로 키노트의 동작 효과 중 하나인 회전하는 큐브 효과입니다.

회전하는 큐브 효과는 여러 개의 아이콘으로 구성된 개체가 회전하면서 표시되는 애니메이션 효과로 키노트에만 존재하는 효과입니다.

● 회전하는 큐브 효과 적용하기

회전하는 큐브 효과를 지정하기 전 [도구 막대]에 스마트 빌드를 추가한 후 적용해 보겠습니다. 스마트 빌드는 [빌드] 윈도우의 [동작] 항목에서 선택할 수 있지만 [도구 막대]에 스마트 빌드를 추가하여 사용하는 게 편리합니다.

◉ **예제 파일** : CD₩sample₩회전하는큐브.key, 01.png, 02.png, 03.png

◉ **완성 파일** : CD₩sample₩회전하는큐브_완성.key

1. [도구 막대]에서 마우스 오른쪽을 눌러 [도구 막대 사용자화]를 선택합니다.

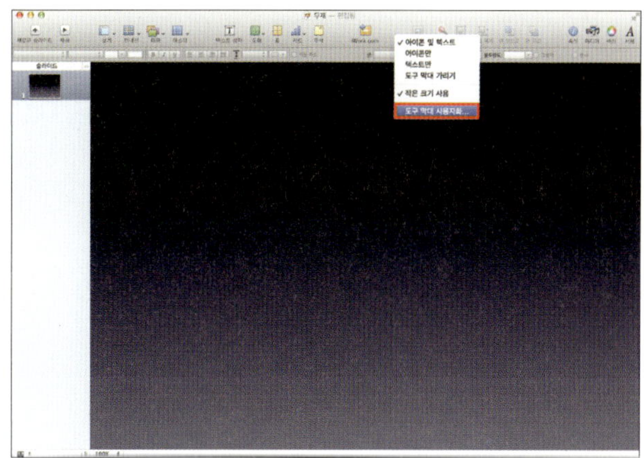

2. [스마트 빌드]를 [도구 막대]로 드래그한 후 [완료]을 클릭합니다.

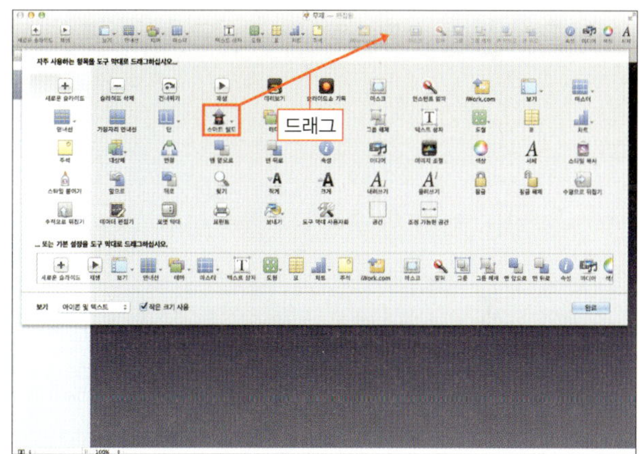

3. [스마트 빌드]를 눌러 [회전하는 큐브]를 선택합니다.

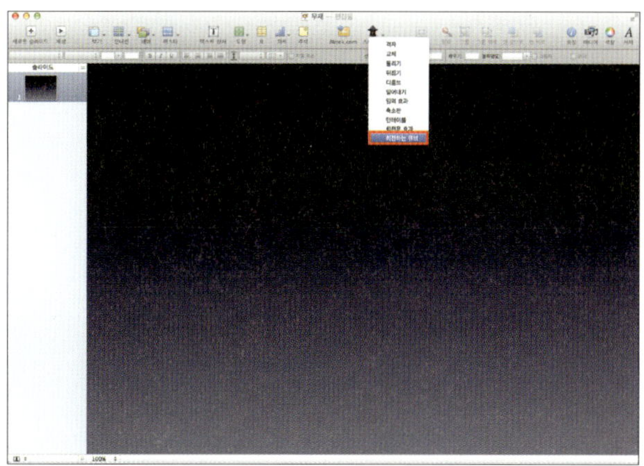

4. 캔버스에 회전하는 큐브가 들어갈 공간과 드롭박스가 나타납니다. [이곳에 이미지를 드래그] 항목에 원하는 이미지를 순서대로 삽입합니다.

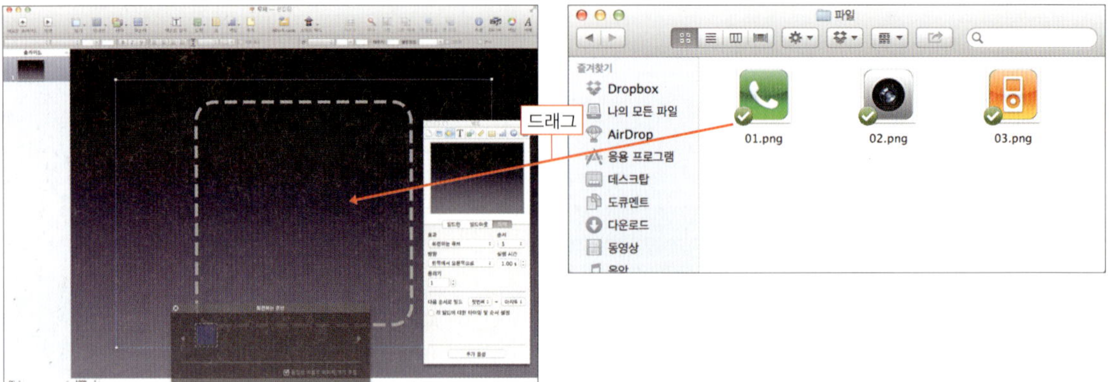

5. 이미지 삽입이 완료되면 삽입한 아이콘의 크기를 조절합니다.

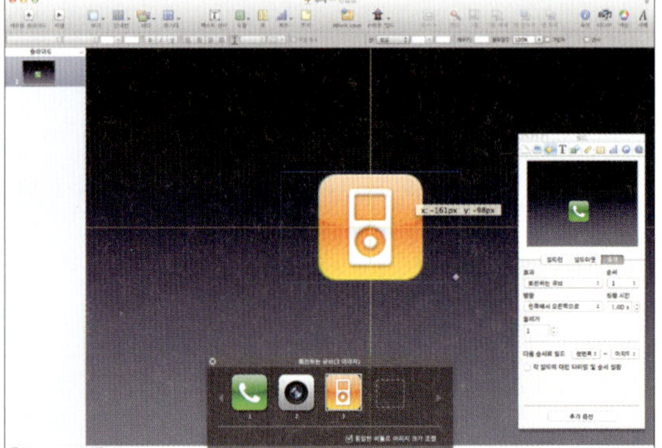

6. 슬라이드 쇼에서 회전전하는 큐브가 정상적으로 작동하는지 확인합니다.

이동 마법사와 동작 효과 적용하기

이동 마법사와 동작 효과를 적용하여 간단하면서도 기발한 애니메이션 효과를 사용할 수 있습니다.

Preview

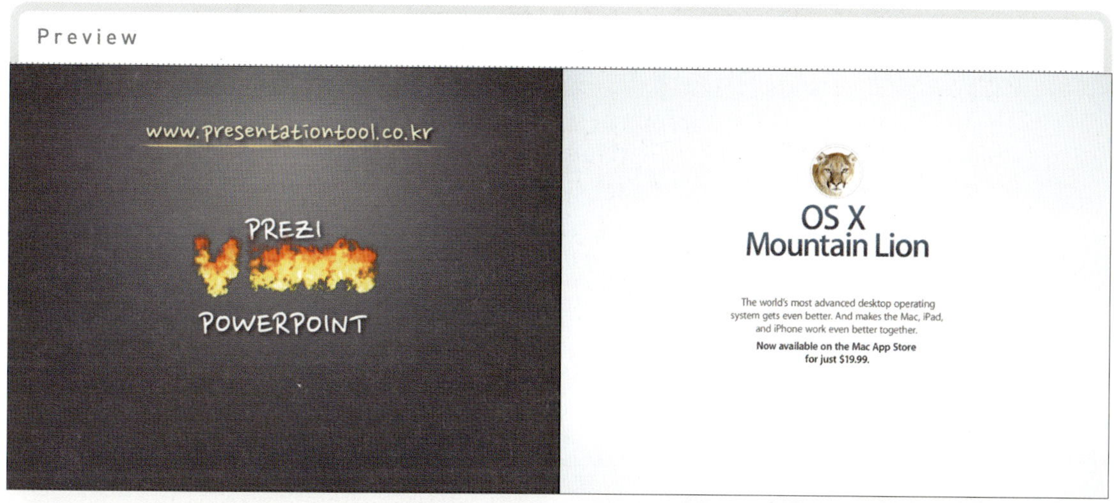

• 이동 마법사 기능 적용하기   • 반복되는 빌드 효과 복사해 적용하기

● 이동 마법사 기능 적용하기

동작 효과 중 이동 마법사를 적용하면 개체를 손쉽게 이동시키는 애니메이션을 적용할 수 있습니다.

◎ 예제 파일 : CD₩sample₩이동효과.key
◎ 완성 파일 : CD₩sample₩이동효과_완성.key

1. 텍스트를 입력한 후 슬라이드 중앙에 위치합니다.

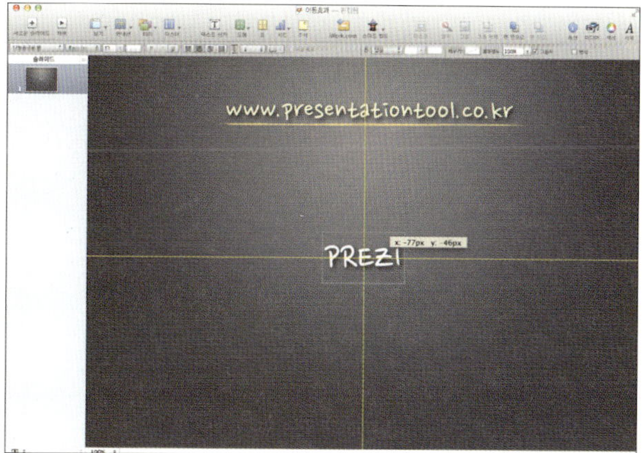

2. [동작] 탭의 [효과]에서 [이동]을 선택합니다.
캔버스에 빨간색 이동선이 생성되면 원하는 경로
를 지정해 줍니다.

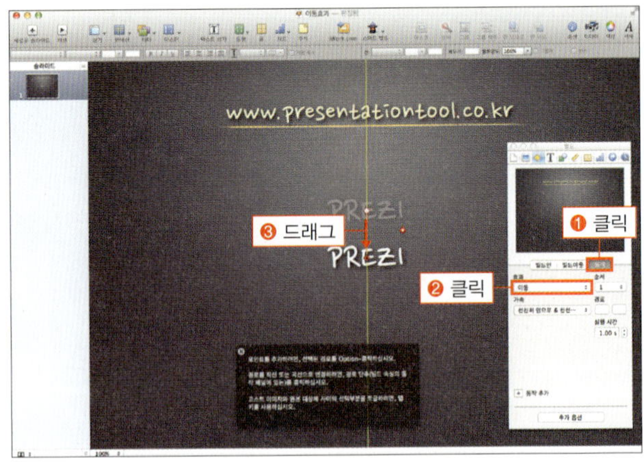

3. 입력했던 텍스트를 선택한 상태에서 `Ctrl` + `D`를 눌러 텍스트를 복제합니다. 복제된 텍스트의 단어를 수정
합니다.

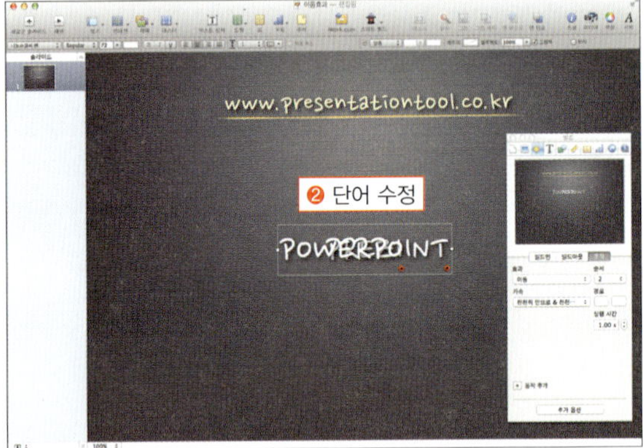

4. [동작]–[효과]에서 [이동]을 선택합니다. 캔버
스에 빨간색 이동선이 생성되면 원하는 경로를 지
정해 줍니다.

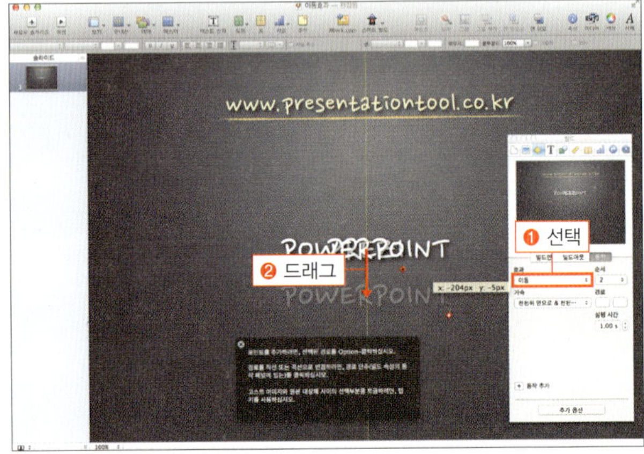

5. 이제 새롭게 등장할 개체를 삽입하기 위해 입력한 텍스트를 ⎡Ctrl⎤ + ⎡D⎤를 눌러 복제한 후 새롭게 등장할 개체를 삽입합니다.

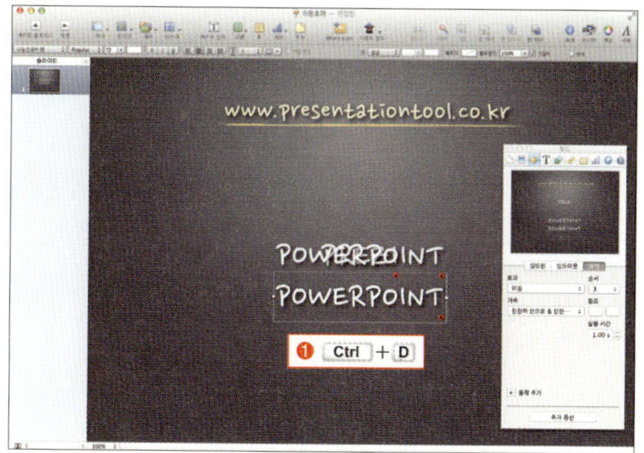

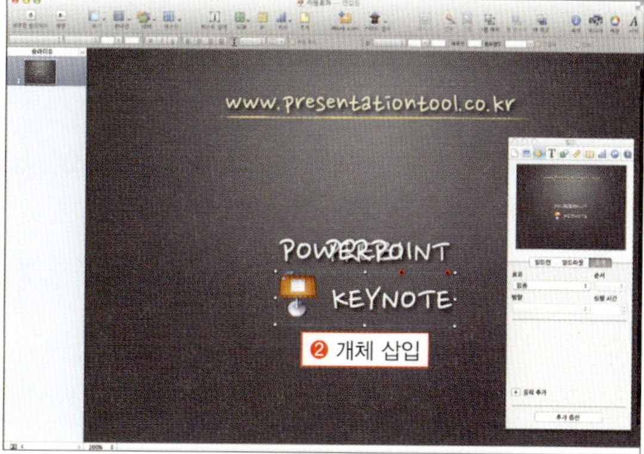

6. 빌드인 효과로 개체를 강조하기 위해 [빌드인]-[효과]에서 [불꽃]을 선택합니다.

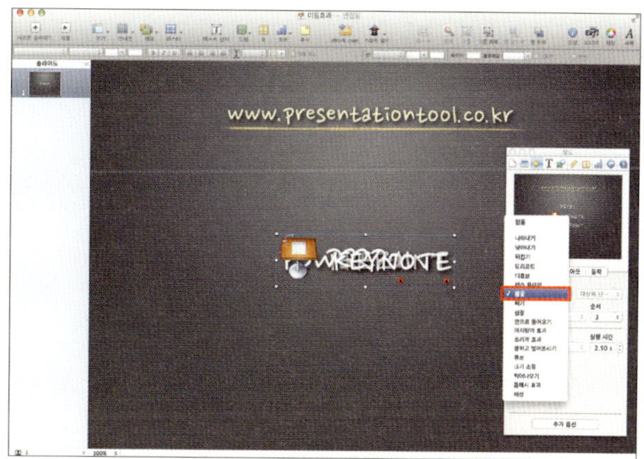

7. 이제 슬라이드 쇼를 진행하여 확인합니다.

● 반복되는 빌드 효과 복사해 적용하기

동일한 효과를 여러번 적용하기 위해 같은 작업을 반복하는 것은 매우 번거로운 일이 될 것입니다. 애니메이션 복사 기능을 통해 반복되는 빌드 효과를 반복 적용할 수 있습니다.

◉ **예제 파일** : CD₩sample₩애니메이션복사.key
◉ **완성 파일** : CD₩sample₩애니메이션복사_완성.key

1. 슬라이드 상단에 삽입된 이미지는 이미 빌드가 2개 적용된 이미지입니다. 이를 복사해 하단에 삽입된 이미지에도 동일하게 적용해 보겠습니다.

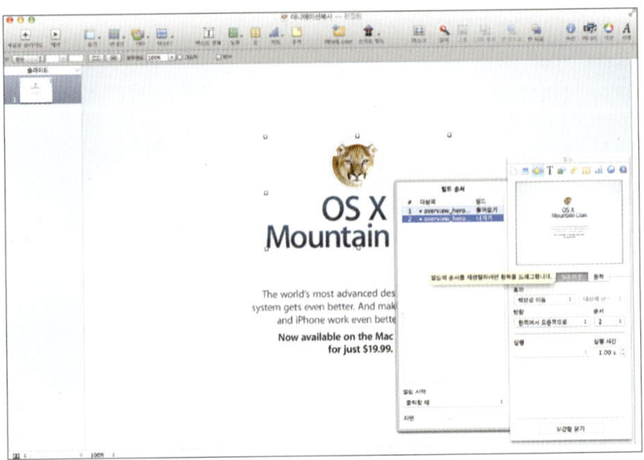

2. 빌드 효과가 적용된 상단 이미지를 선택한 후 [메뉴 막대]에서 [포맷]−[애니메이션 복사]를 클릭합니다.

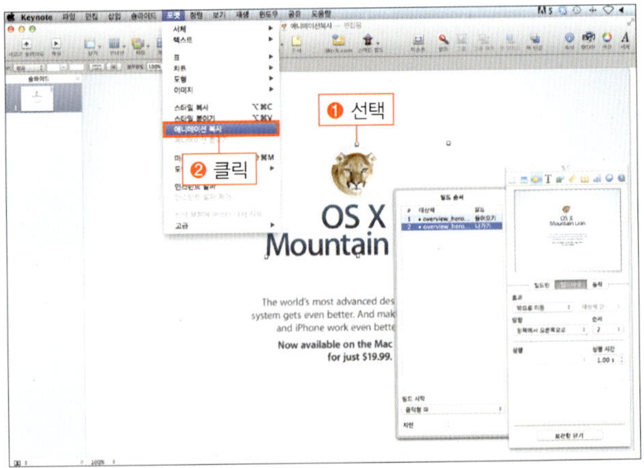

3. 하단에 삽입된 이미지를 선택한 후 [메뉴 막대]에서 [포맷]−[애니메이션 붙이기]를 클릭합니다.

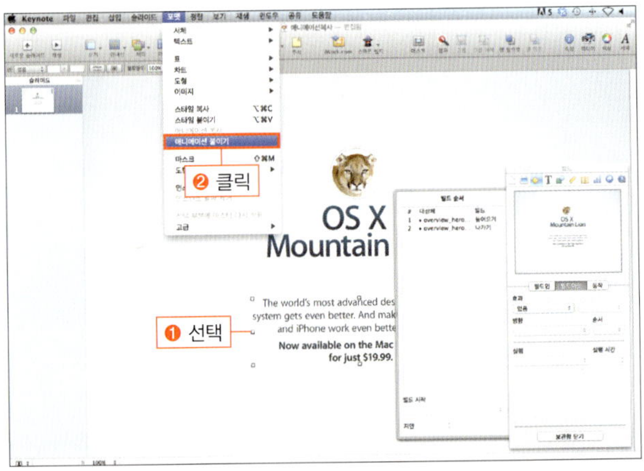

4. [빌드 순서] 창에 상단 이미지에 포함된 빌드
가 복사되어 적용됩니다.

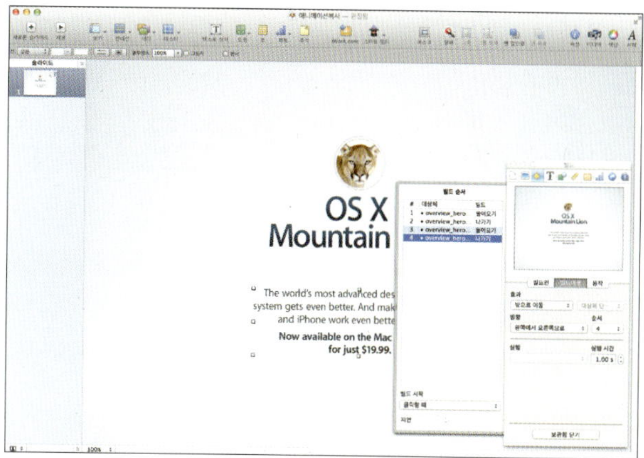

5. 이제 슬라이드 쇼를 진행하여 빌드가 제대로 복사되었는지 확인합니다.

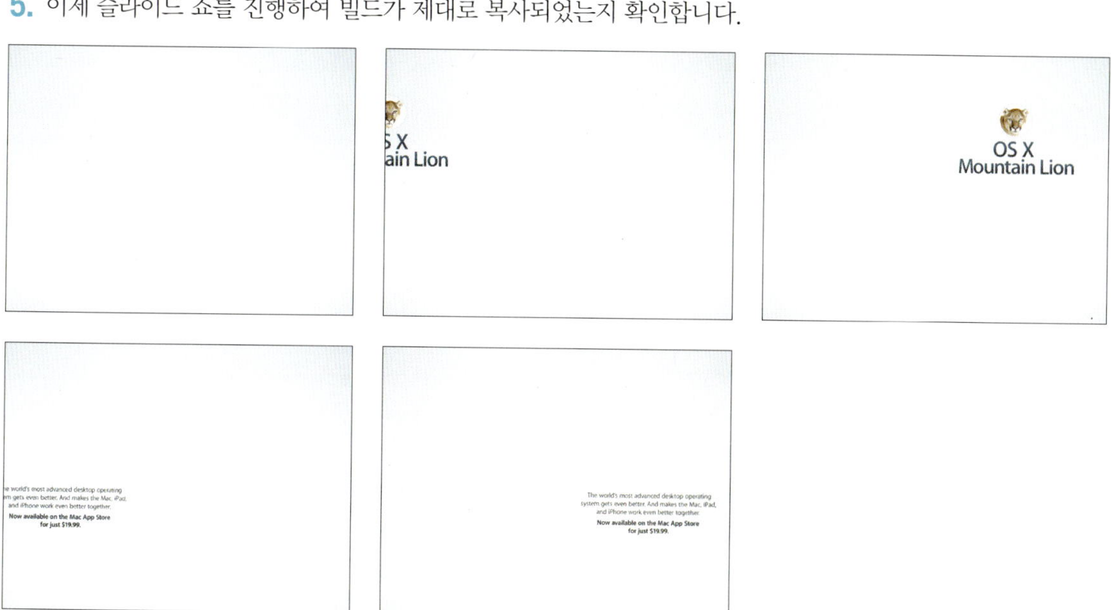

Chapter 06 | 슬라이드쇼와 테마 디자인하기

프레젠테이션은 청중을 얼마만큼 이해시킬 수 있느냐에 목적이 있습니다. 프레젠테이션을 만들 수 있는 도구, 즉 파워포인트나 키노트와 같은 프로그램이 워낙 잘 만들어져 있어 아마추어 정도의 실력만으로도 멋진 슬라이드를 만들 수 있습니다. 그렇기에 슬라이드 디자인에 많은 시간을 허비하는 것은 좋지 않습니다. 어떻게 하면 발표를 잘할 수 있느냐에 집중하여야 합니다. 여기서는 슬라이드쇼 진행시 환경 설정과 주 모니터와 보조 모니터를 설정하는 방법, 그리고 발표자 화면, 테마 등에 대해서 살펴보도록 하겠습니다.

01 실패를 피해가는 프레젠테이션

슬라이드쇼를 진행한다는 말은 프레젠테이션을 시작한다는 말도 됩니다. 오랫동안 준비한 프레젠테이션이 아무런 성과도 없이 끝나는 경우 왜 실패했는가에 대한 원인을 분석하지 않으면 이런 상황은 계속 반복될 수밖에 없습니다. 슬라이드쇼를 진행하기 전 프레젠테이션이 실패하는 유형 4가지를 살펴보겠습니다.

요점이 없다.

보통 프레젠테이션에 주어진 시간은 10분 내외일 경우가 많습니다. 혹은 20~30분 정도 진행되기도 합니다. 이 시간동안 청중들이 기억할 수 있는 키워드는 얼마나 될까요? 청중들이 기억할 수 없는 키워드라면 분명 실패하는 프레젠테이션이 됩니다.

프레젠테이션은 추리소설도 아니고 공상과학영화도 아닙니다. 청중은 발표자로부터 명확한 답을 얻기를 원합니다. 말하고자 하는 게 무엇인지 느끼기 전에 먼저 답을 제시해 주어야 합니다. 즉, 듣고자 하는 바를, 발하고사 하는 바를 명확히 제시하도록 합니다.

전문가와 비전문가를 구별하라.

발표자에게 믿음과 신뢰가 가지 않는다면 아무리 노력해도 청중은 눈과 귀를 닫아버리게 됩니다. 우리는 비전문가가 맞습니다. 아무리 그 분야의 전문가라고 하더라도 프레젠테이션의 전문가는 아닙니다.

하지만 전문가인척 할 필요는 있습니다. 다만, 프레젠테이션 내용에 대한 이해가 부족하거나 기술적인 깊이가 부족한 상태에서 전문가인척을 할 필요는 없습니다. 군이 설명하지 않아도 청중들이 먼저 인식하기 때문입니다. 비전문가임이 드러나는 순간 프레젠테이션의 믿음과 신뢰는 급격히 떨어지고 오랫동안 준비해 온 프레젠테이션이 실패할 확률이 높아집니다. 준비하고 또 준비해야 합니다.

시간 관리는 중요하다.

아무리 좋은 내용과 유능한 발표자가 진행하는 프레젠테이션이라고 하더라도 정해진 시간을 넘겨버리면 열렸던 청중의 마음도 얼음처럼 굳어버리게 됩니다.

물론 교육이나 강좌와 관련된 프레젠테이션이라면 상황이 달라질 수 있겠지만 우리가 보통 진행하는 프레젠테이션은 단 한명의 청중이라도 우리 편으로 만들어버려야 하는 비즈니스형 프레젠테이션이기에 시간은 철저히 지켜가야 합니다. 보통 중요한 내용은 프레젠테이션의 마지막에 있기 때문에 시간 관리에 실패하면 정작 중요한 내용은 대충 이야기하고 내려와야 할지도 모릅니다.

시간이 촉박하여 "다음", "다음"을 외치는 순간 청중이 기억하는 단어는 핵심 키워드가 아닌 "다음"이 될 수 있음을 명심하기 바랍니다.

만족스런 답변을 준비하라.

프레젠테이션을 준비하다보면 수없이 많은 질문을 만나게 됩니다. 질문 하나하나 답변할 수 있는 실력이 아니라면 자신감 있게 대중 앞에 서지 못합니다.

청중은 발표자가 상상하는 이상으로 많은 질문꺼리를 준비하고 있습니다. 비록 손을 들고 질문은 하지 못하더라도 궁금증은 생기기 마련입니다. 이런 질문들을 다 해결해 줄 수 있는 프레젠테이션이라면 가장 이상적이겠지만 제시된 질문만이라도 제대로 답변할 수 있어야 합니다. 특히 비즈니스 형태의 프레젠테이션에서는 긍정적인 마인드보다 부정적인 마인드를 가지고 있는 청중이 월등히 많기 때문에 그들을 어떤 방식으로 설득하여 우리 편으로 만들 것인가는 항상 고민해 보아야 합니다. 프레젠테이션의 성공 여부는 결국 청중이 결정합니다.

02 나만의 무기, 개성을 갖추자!

성공하는 발표자는 하루아침에 만들어지지 않습니다. 부단한 노력과 실전 경험, 그리고 배우려는 자세, 열정 등이 필요합니다. 첫 술에 배부를 수 없듯이 꾸준히 노력하면 성공하는 발표자로서 역량을 발휘할 수 있을 것입니다.

무조건 말 잘하고 유머로운 사람이 유능한 발표자인 것은 아닙니다. 비록 말투는 어눌하고 유머는 없지만 나만의 무기나 개성이 있는 발표자라면 그것으로 충분합니다.

나만의 스토리텔링 기법을 개발하거나 영상 기법, 인용구 효과 혹은 키노트나 프레지와 같은 도구를 활용하여 남들과 차별화된 프레젠테이션을 하는 것도 나만의 무기, 혹은 개성을 갖추는 방법입니다. 청중들과의 호흡이나 커뮤니케이션에 남다른 재능이 있어도 가능한 일입니다.

프레젠테이션을 잘하는 발표자에게는 한 가지 특징이 있습니다. 바로 멋진 스타트(Start)입니다. 날씨 이야기부터 자신의 경험담이나 사례, 청중을 사로잡는 음악이나 동영상, 혹은 청중들에게 질문하기 등 나름의 시작 노하우를 가지고 있는 발표자가 성공적인 프레젠테이션을 할 수 있습니다. 어떻게 하면 청중들에게 좋은 첫 인상을 줄 수 있을지 한번 고민해 보기 바랍니다.

나만의 무기, 개성을 갖추었다면 시간 관리만큼은 개성을 부리면 안됩니다. 발표 시간이 10분이라면 아무리 발표해야 할 내용이 많더라도 10분 이내에 끝낼 수 있어야 합니다. 물론 강의나 세미나의 경우 청중의 열기나 분위기에 따라 동의를 구한 후 얼마든지 연장이 가능하겠지만 흔히 발생되는 프레젠테이션 현장에서는 시간 관리에 철저해야 합니다. 청중의 다음 스케줄도 생각해 주어야 하고, 다음 발표자에 대한 예의도 갖춰야하기 때문입니다.

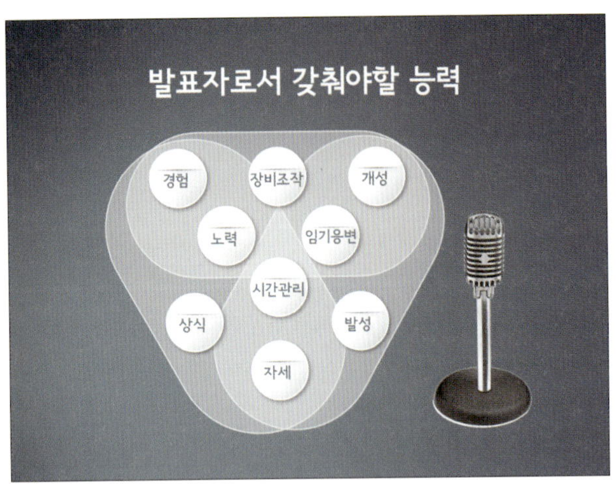

03 미리보기 화면과 발표자 모니터 사용자화

여기서는 슬라이드쇼 환경설정하는 방법과 슬라이드쇼 미리보기 화면에 대해서 살펴보고 발표자 모니터 사용자화하는 방법에 대해서 살펴보도록 하겠습니다.

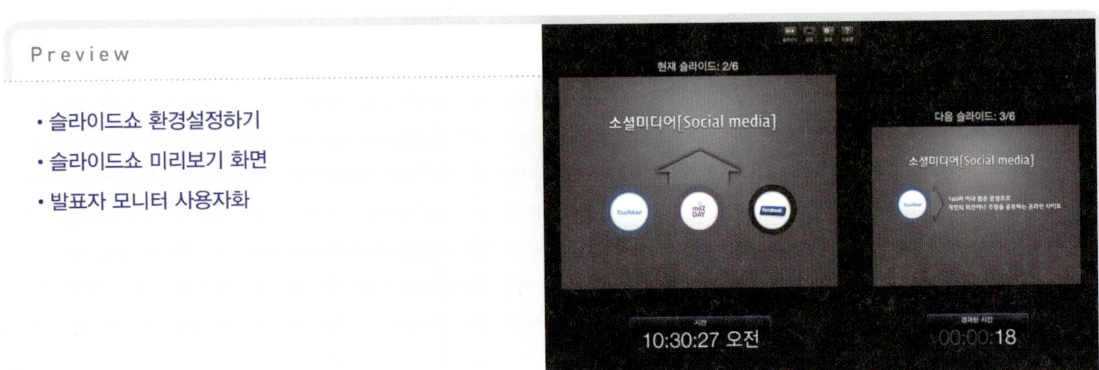

● 슬라이드쇼 환경설정하기

[메뉴 막대]의 [Keynote]-[환경설정]을 통해 슬라이드쇼뿐만 아니라 발표자 모니터 등의 환경을 설정할 수 있습니다.

◎ 예제 파일 : CD₩sample₩소셜미디어.key
◎ 완성 파일 : CD₩sample₩소셜미디어_완성.key

1. [메뉴 막대]의 [Keynote]-[환경설정]에서 [슬라이드쇼] 탭을 클릭합니다.

2. 모니터 크기에 맞게 슬라이드 크기를 확대하거나 빔 프로젝터를 연결했을 때 청중들에게 보여줄 모니터와 발표자가 볼 모니터 설정 등을 할 수 있습니다.

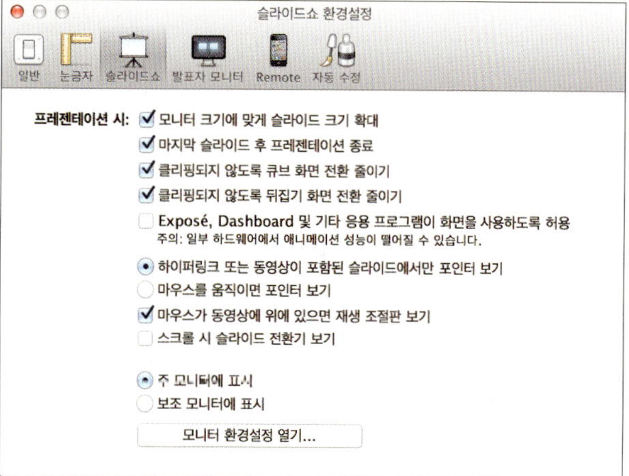

● 슬라이드쇼 미리보기 화면

맥(Mac)을 통해 슬라이드쇼를 진행할 때에는 슬라이드쇼 미리보기 화면 구성을 확인할 수 없습니다. 빔 프로젝터나 듀얼 모니터 등으로 슬라이드쇼를 진행하면 발표자 모니터는 미리보기 화면으로 변경되어 확인할 수 있습니다.

1. 빔 프로젝터나 듀얼 모니터 등을 연결한 후 [메뉴 막대]에서 [재생]-[슬라이드쇼 미리보기]를 클릭합니다.

2. 발표자 모니터에는 슬라이드쇼 미리보기 화면이 나타나며, 청중 모니터에는 슬라이드쇼가 나타납니다.

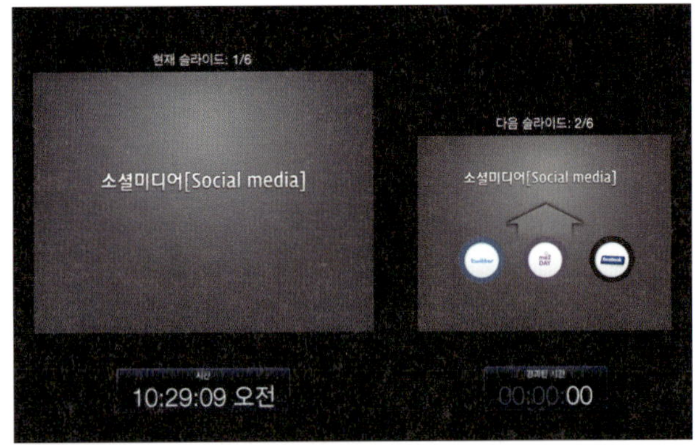

3. 슬라이드쇼 미리보기 화면에는 현재 진행되는 슬라이드와 다음 슬라이드가 표시되며 현재 시간과 경과된 시간이 표시됩니다. 슬라이드쇼 미리보기 화면의 상단 중앙에 마우스를 가져가면 팝업창이 나타납니다.

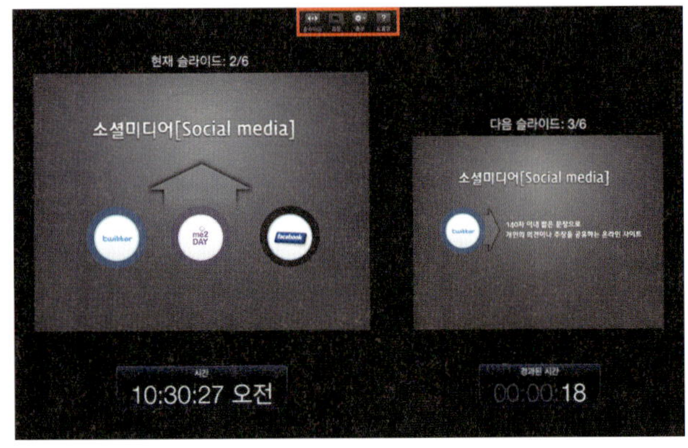

4. 팝업 창에는 [슬라이드], [검정], [옵션], [도움말]로 구성되어 있는데 [슬라이드]를 클릭하면 슬라이드 전환 창이 나타나면서 전체 슬라이드가 미리보기 됩니다. 원하는 슬라이드를 클릭하거나 슬라이드 번호를 입력하면 원하는 슬라이드로 이동할 수 있습니다.

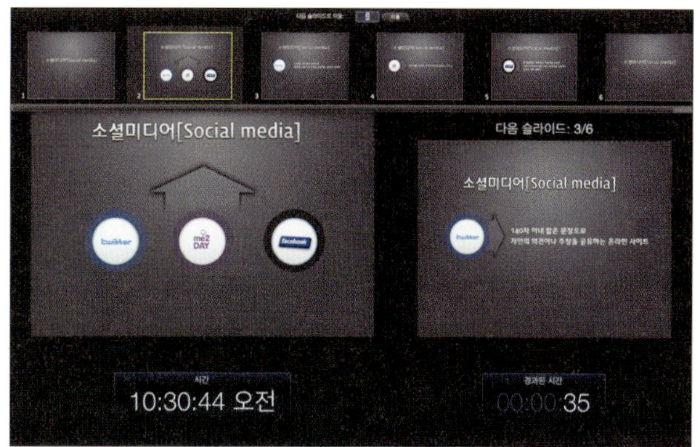

슬라이드쇼 미리보기 화면의 팝업창

팝업 창에는 [슬라이드], [검정], [옵션], [도움말]로 구성되어 있는데 프레젠테이션시 유용하게 사용할 수 있습니다.

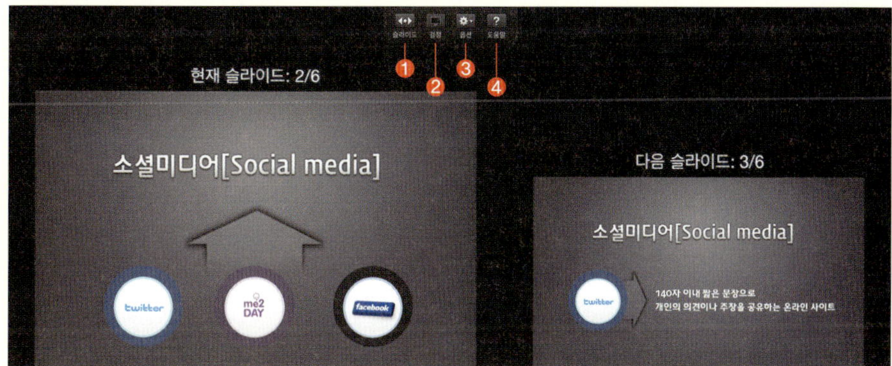

❶ **슬라이드** : 슬라이드 미리보기 화면이 나타나며 원하는 슬라이드로 바로 이동할 수 있습니다.

❷ **검정** : 검정 화면으로 슬라이드쇼 화면이 변경됩니다. 단축키 B 를 눌러도 됩니다. 다시 시작할 때에는 아무 키나 누릅니다.

❸ **옵션** : 옵션을 클릭하면 발표자와 청중 모니터를 교체하거나 슬라이드 크기 조절이 가능한 모니터 교체, 표시할 슬라이드 크기 조절, 발표자 모니터 사용자화 메뉴가 나타납니다.

❹ **도움말** : 도움말을 확인할 수 있습니다.

● 발표자 모니터 사용자화

발표자 모니터는 발표자가 보는 화면을 말합니다. 발표자 모니터를 통해 현재의 슬라이드와 다음 슬라이드, 그리고 발표자 메모 등을 볼 수 있습니다. 하지만 발표자 모니터는 발표자만 볼 수 있는 화면으로 청중들에게는 보여지지 않습니다.

1. [메뉴 막대]의 [Keynote]-[환경설정]에서 [발표자 모니터] 탭을 클릭합니다. 발표자 모니터에 표시하고 싶은 항목을 체크 표시합니다. 시계나 타이머까지 지정할 수 있습니다. 지정을 완료했으면 [발표자 모니터 사용자화]를 선택합니다.

|tip|
⌘+, 를 선택한 후 [발표자 모니터] 탭을 클릭해도 됩니다.

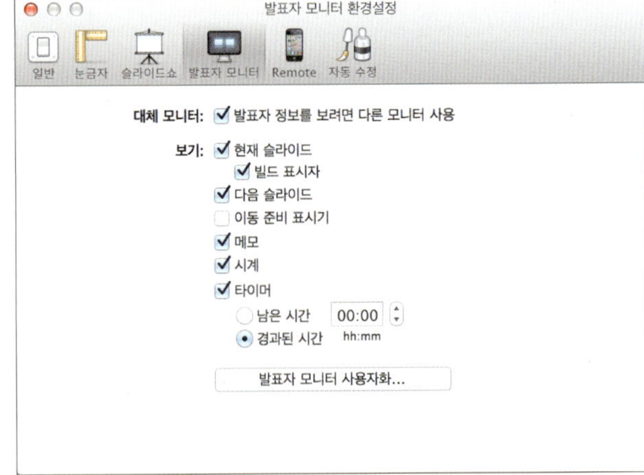

2. 발표자 모니터가 나타납니다. 현재 진행되는 슬라이드와 다음 슬라이드가 동시에 나타나서 프레젠터가 다음 슬라이드를 예상하면서 프레젠테이션을 진행할 수 있습니다. [발표자 모니터 사용자화] 윈도우에 발표자 메모를 표시하기 위해 [메모]에 체크 표시합니다.

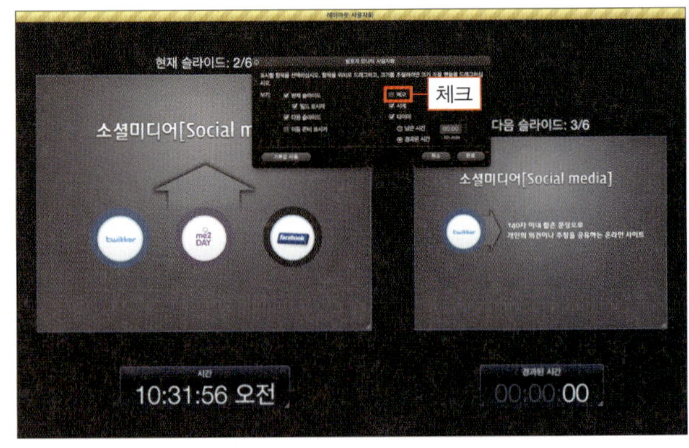

3. 발표자 메모가 표시됩니다. 발표자 모니터에 나타나는 화면은 프레젠터가 원하는 형식으로 위치나 크기를 조절할 수 있습니다.

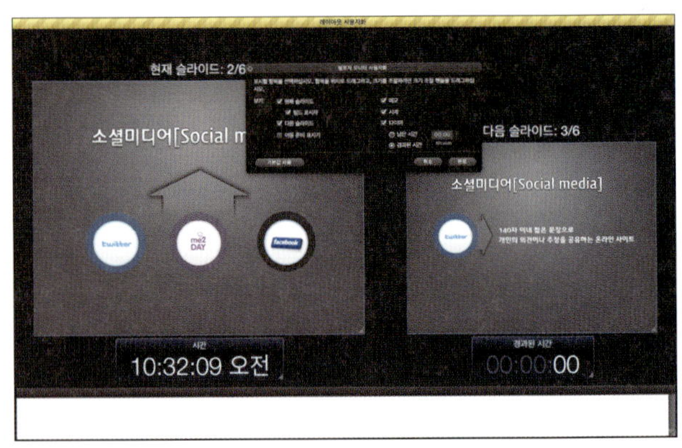

04 슬라이드쇼 기록하기

슬라이드쇼 기록하기는 슬라이드쇼를 녹화하여 예행 연습을 하거나 발표자 없이 프레젠테이션을 진행하고자 할 때 사용할 수 있는
기능으로 익혀두면 유용하게 사용할 수 있습니다.

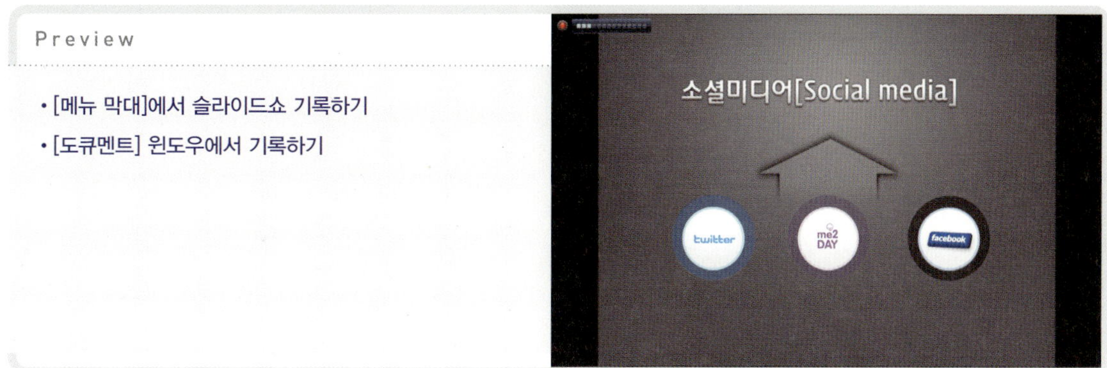

● [메뉴 막대]에서 슬라이드쇼 기록하기

슬라이드쇼 기록하기가 진행되면 슬라이드쇼의 왼쪽 상단에 빨간색 아이콘과 음량바가 표시됩니다.

1. [메뉴 막대]에서 [파일]-[슬라이드쇼 기록]을
클릭합니다.

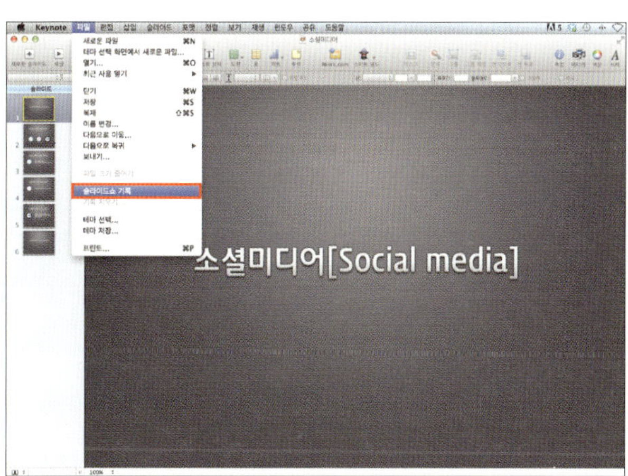

| tip |

[메뉴 막대]에서 [재생]-[슬라이드쇼 기록]을 클릭해도 됩니다.

2. 슬라이드쇼 기록 화면으로 변경되며 왼쪽 상
단에 빨간색 아이콘과 음량바가 표시됩니다.

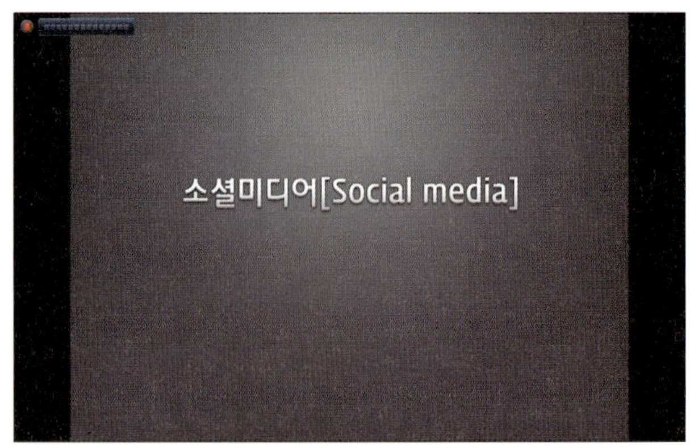

3. 슬라이드쇼 기록을 보면서 실제 프레젠테이션
을 진행합니다. 기록을 중단하고 싶다면 [**Esc**]를
누릅니다.

4. 중단 후에도 계속 기록을 진행할 수 있습니다.
다시 [메뉴 막대]에서 [파일]−[슬라이드쇼 기록]
을 클릭하면 경고 창이 나타나면서 처음부터 기록
할 것인지 기록 및 대치할 것인지 선택합니다.

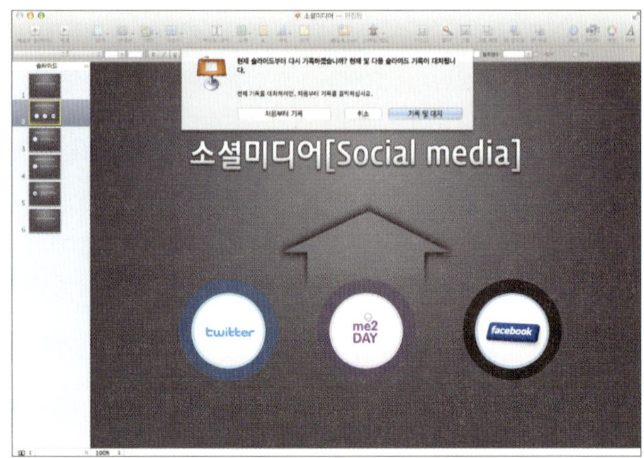

● **[도큐멘트] 윈도우에서 기록하기**

슬라이드쇼 기록은 실제 프레젠테이션을 진행할 때와 마찬가지의 속도와 타이밍을 기록할 수 있는데 [도큐멘트] 윈도우에서도 기록 및 지우기를 할 수 있습니다.

1. 기록을 시작할 슬라이드를 선택합니다. [도구 막대]–[속성]을 클릭한 후 [도큐멘트]를 선택하여 [도큐멘트] 윈도우를 엽니다. [오디오] 탭에서 [기록]을 클릭합니다.

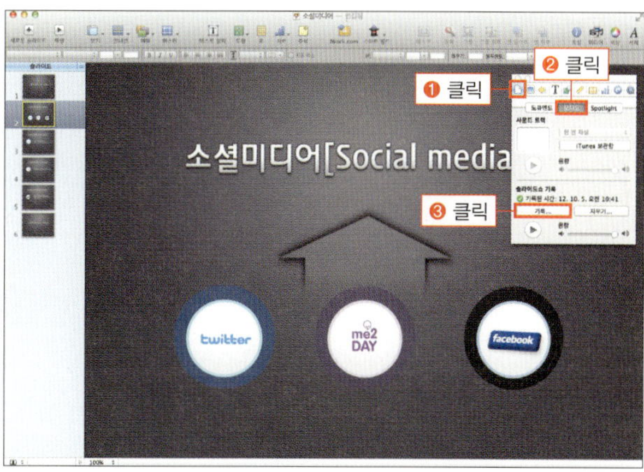

2. 슬라이드쇼 기록 화면으로 변경되며 슬라이드쇼가 기록됩니다. 슬라이드쇼 왼쪽 상단에 제어판을 통해 녹음되는 현상을 확인할 수 있습니다. 다음 슬라이드에도 연속으로 녹음할 수 있습니다. 녹음을 중단하려면 **Esc** 를 누릅니다.

| tip |

[도큐멘트] 윈도우에서 다시 [기록]을 누르면 나레이션을 다시 녹음할 수 있으며, [지우기]를 눌러 나레이션을 삭제할 수 있습니다.

 기록 재생하고 슬라이드쇼 자동 재생하기

슬라이드쇼는 기본적으로 발표자나 보조자가 슬라이드쇼를 제어합니다. 하지만 슬라이드쇼 자동 재생하기 기능을 이용하면 설정한 시간으로 자동 재생됩니다.

Preview

- 슬라이드쇼 기록 재생하고 삭제하기
- 슬라이드쇼 자동 재생하기

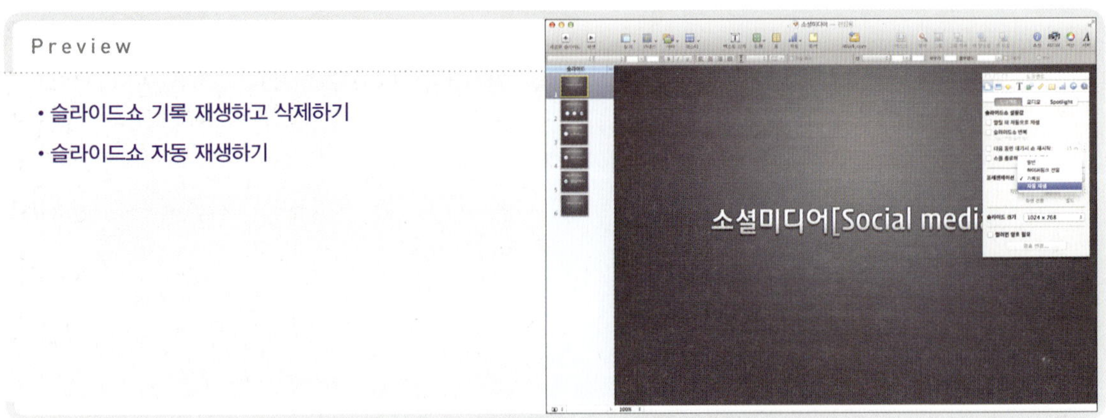

● 슬라이드쇼 기록 재생하고 삭제하기

슬라이드쇼 기록으로 저장된 기록은 [도구 막대]의 [재생] 아이콘을 클릭하여 확인할 수 있습니다.

1. [도구 막대]의 [재생]을 클릭합니다. 슬라이드쇼 기록으로 저장한 슬라이드쇼가 재생됩니다.

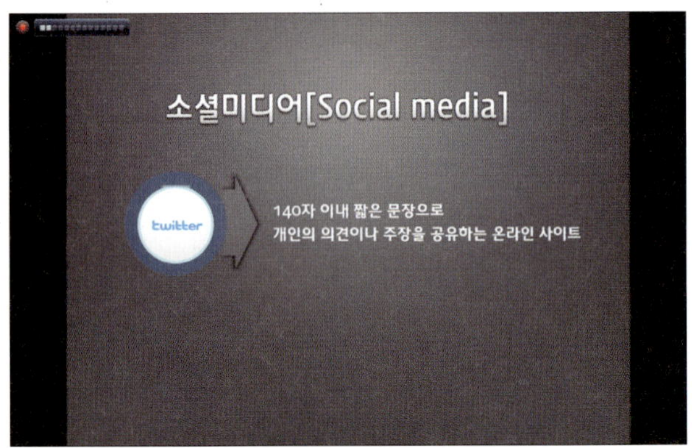

2. 슬라이드쇼 기록을 삭제하고 싶다면 [메뉴 막대]의 [파일]–[기록 지우기]를 클릭하거나 [도큐멘트] 윈도우 창에서 [지우기]를 클릭합니다.

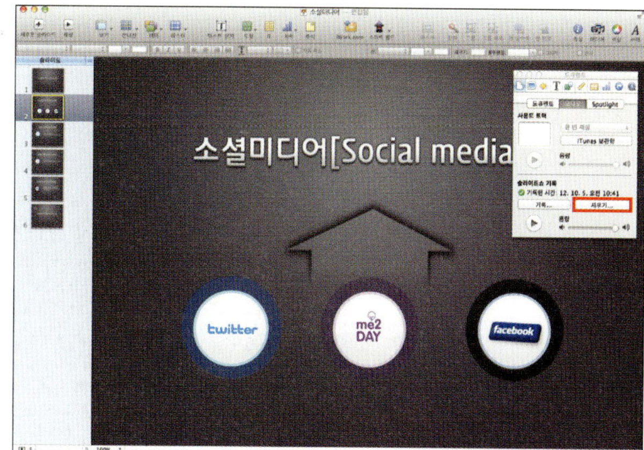

| tip |
[메뉴 막대]의 [재생]–[기록 지우기]를 클릭해도 됩니다.

● 슬라이드쇼 자동 재생하기

슬라이드쇼 자동 재생하기 기능은 슬라이드가 열릴 때 자동으로 재생을 하는 등 자동으로 프레젠테이션을 재생하는 기능입니다.

1. [도구 막대]의 [속성] 아이콘을 클릭한 후 [도큐멘트]를 선택합니다. 도큐멘트에서는 열릴 때 자동 재생하거나 쇼 종료시 암호 설정 등 다양한 슬라이드쇼 설정을 할 수 있습니다. 여기서는 슬라이드쇼 자동 재생을 위해 [프레젠테이션]을 클릭하여 [자동 재생]을 선택합니다.

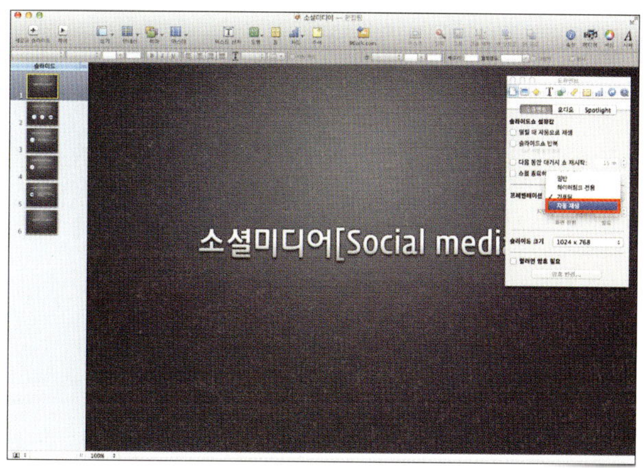

2. 화면 전환과 빌드 항목은 슬라이드쇼를 진행할 때 화면 전환에 걸리는 시간과 자동으로 빌드가 시작되는데 걸리는 시간을 설정하는 항목으로 원하는 시간을 지정합니다.

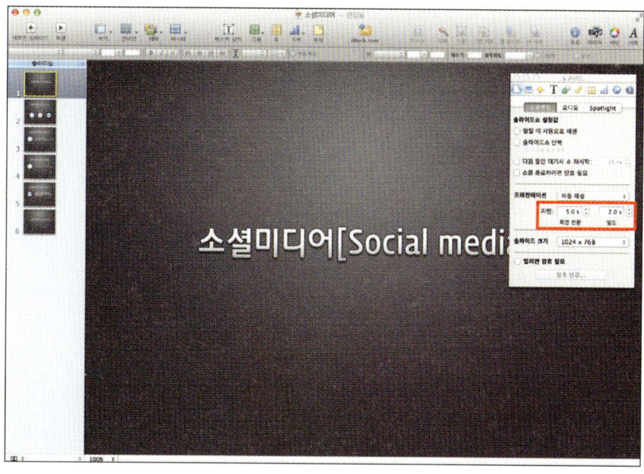

자동 재생 옵션 살펴보기

자동 재생시 슬라이드 시간과 빌드 시간을 지정할 수 있습니다. [도구 막대]의 [속성]–[도큐먼트 속성] 탭을 클릭합니다.

❶ **화면 전환** : 슬라이드를 자동 재생하는 시간을 지정합니다.

❷ **빌드** : 슬라이드에 빌드가 설정되어 있으면 빌드 시간을 설정합니다.

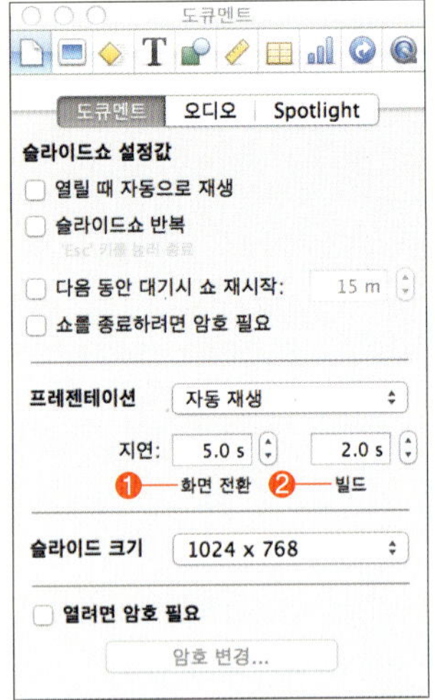

---

06 프린트 설정하고 슬라이드 프린트하기

[메뉴 막대]의 [파일]–[프린트]를 클릭하면 프린트 환경설정을 비롯해 슬라이드 인쇄를 할 수 있습니다.

Preview

- 프린트 설정하기
- 발표자 메모 추가하고 프린트하기

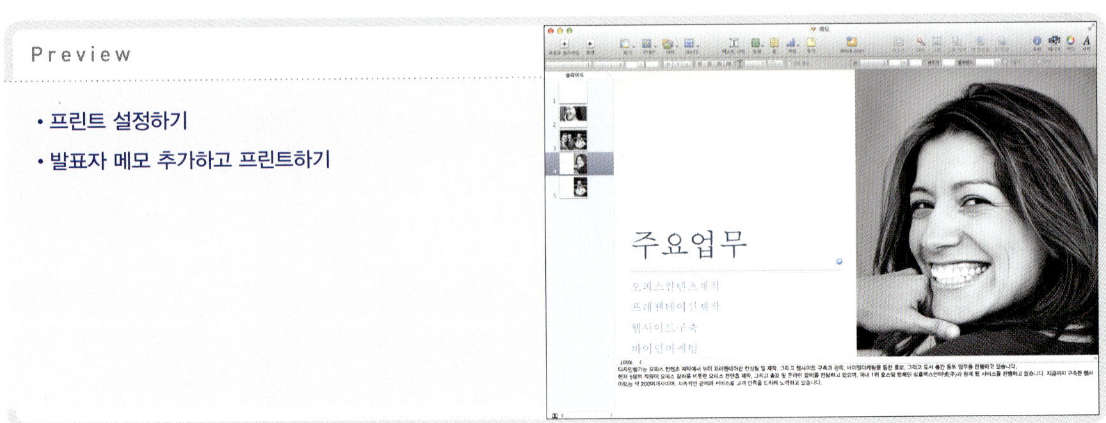

● 프린트 설정하기

메모를 포함하여 출력하거나 개요만, 페이지당 여러 장의 슬라이드를 함께 혹은 PDF 파일로도 출력할 수도 있습니다.

[메뉴 막대]의 [파일]-[프린트]를 클릭합니다. 인쇄를 진행할 수 있도록 [프린터 환경설정] 창이 나타납니다. [세부 사항 보기]를 클릭하면 다양한 프린트 옵션을 선택할 수 있습니다.

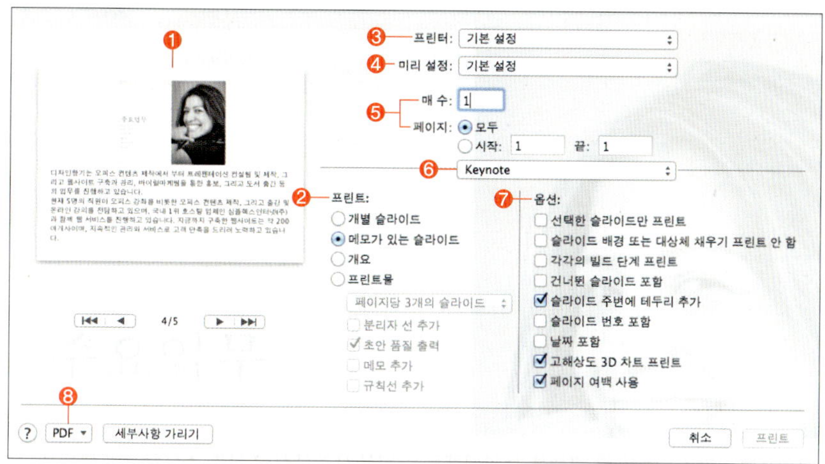

❶ **슬라이드 미리보기** : 출력될 슬라이드를 미리 볼 수 있습니다.

❷ **프린트** : 프린트하고 싶은 슬라이드 및 프린트물의 레이아웃을 선택합니다.

❸ **프린터** : 연결되어 있는 프린트를 선택합니다.

❹ **미리 설정** : 최근 사용한 설정이나 현재의 설정을 저장할 수 있습니다.

❺ **매수 및 페이지** : 출력할 매수와 페이지 번호를 지정할 수 있습니다.

❻ **Keynote** : 페이지 속성, 레이아웃 등 프린트 환경을 설정할 수 있습니다.

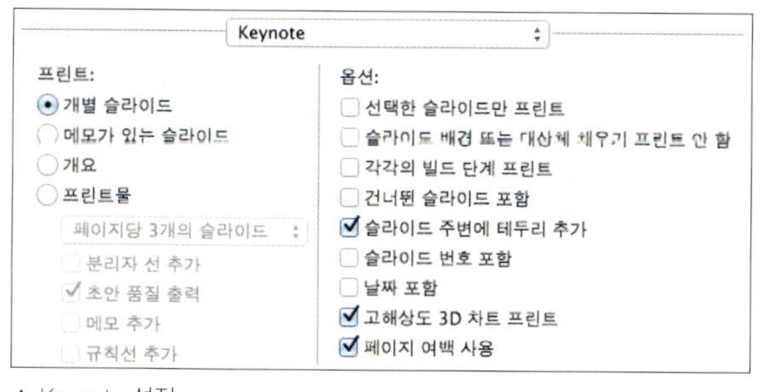

▲ Keynote 설정

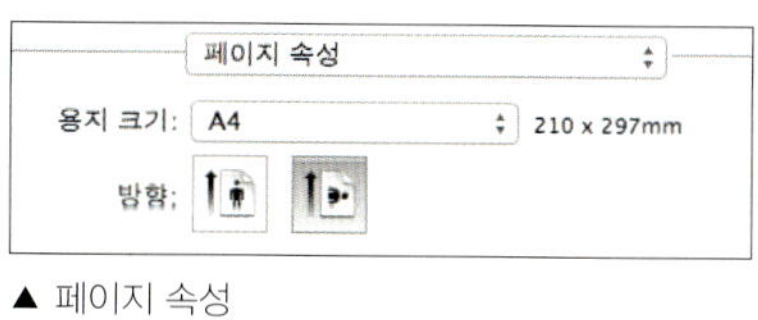

▲ 페이지 속성

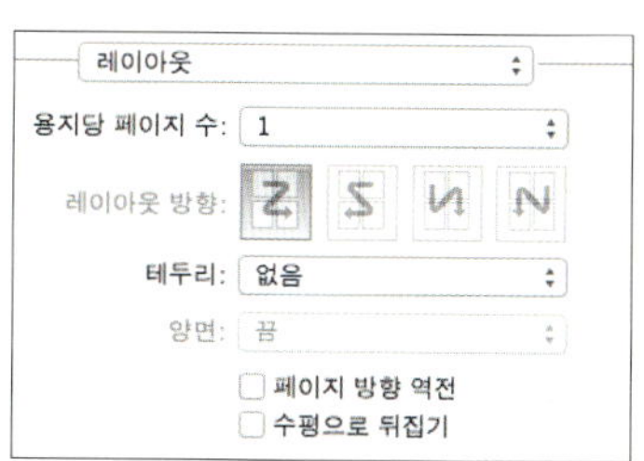

▲ 레이아웃

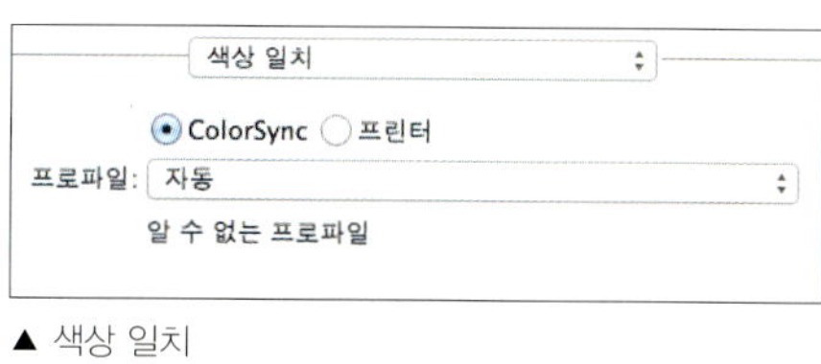

▲ 색상 일치

▲ 용지 프린트 방식

▲ 용지 공급

❼ **옵션** : 프린트 포맷 옵션을 선택합니다.

❽ **PDF** : 키노트 슬라이드를 PDF 파일로 변환합니다.

● **발표자 메모 추가하고 프린트하기**

발표자 메모는 각 슬라이드에 해당하는 내용을 문서로 기록할 수 있는 공간입니다. 메모를 추가하면 프레젠테이션시 발표자만 내용을 확인할 수 있습니다.

◎ **예제 파일** : CD₩sample₩메모.key

◎ **완성 파일** : CD₩sample₩메모_완성.key

1. 발표자 메모를 보기 위해 [메뉴 막대]-[보기]에서 [발표자 메모 보기]를 클릭합니다.

2. 발표자 메모가 나타납니다. [메뉴 막대]에서 [파일]-[프린트]를 클릭합니다. [프린트]-[메모가 있는 슬라이드]를 선택한 후 [프린트]를 클릭합니다.

키노트는 44개의 테마를 선택할 수 있습니다. 하지만 사용자가 직접 마스터 슬라이드를 통해 테마를 만들 수 있습니다. 이번에는 마스터 슬라이드를 이용하여 사용자가 직접 테마를 만드는 방법에 대해서 살펴보도록 하겠습니다.

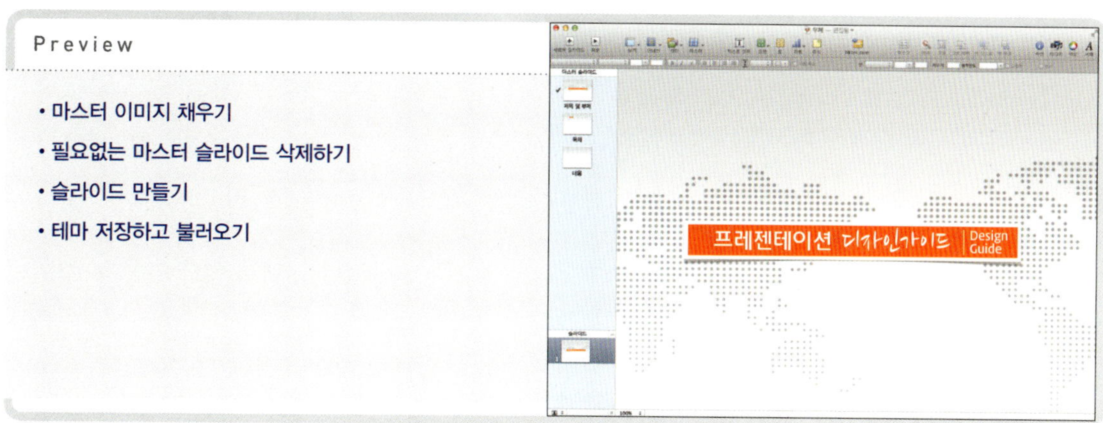

Preview

• 마스터 이미지 채우기
• 필요없는 마스터 슬라이드 삭제하기
• 슬라이드 만들기
• 테마 저장하고 불러오기

● 마스터 이미지 채우기

마스터 슬라이드를 통해 새로운 테마를 만들 때 이미지 채우기를 통해 배경을 꾸며보고 개체 틀의 속성을 변경해 보겠습니다.

◎ **완성 파일** : CD\sample\디자인향기_완성.key

1. [메뉴 막대]에서 [보기]–[마스터 슬라이드 보기]를 클릭합니다.

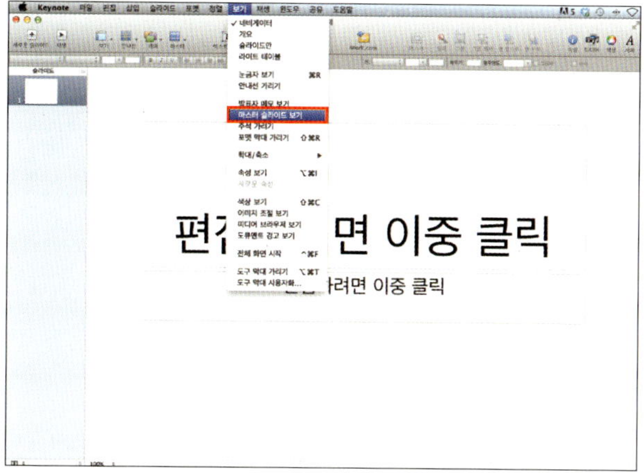

2. 마스터 슬라이드가 표시되면 변경을 원하는 슬라이드를 선택한 후 [도구 막대]의 [속성]을 클릭하여 [마스터 슬라이드]를 선택합니다.

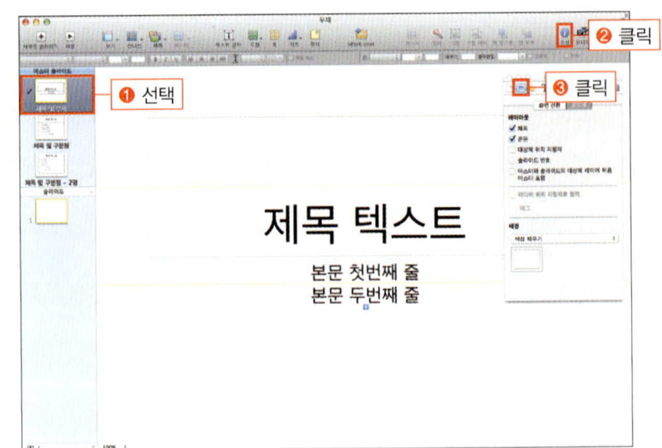

3. [모양새]에서 [마스터 및 레이아웃]을 통해 개체 설정 후 [배경]-[이미지 채우기]를 통해 배경 이미지를 삽입합니다.

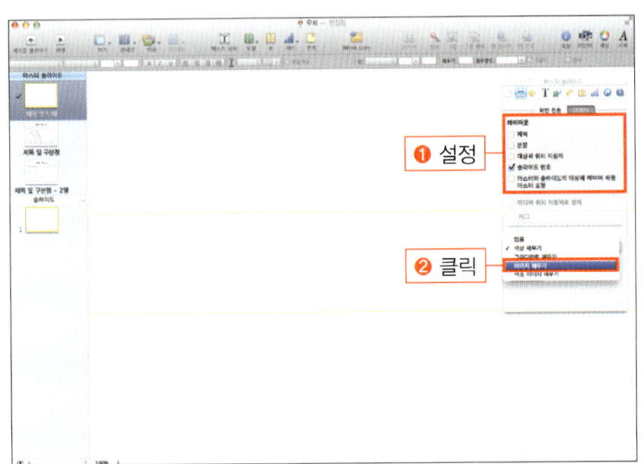
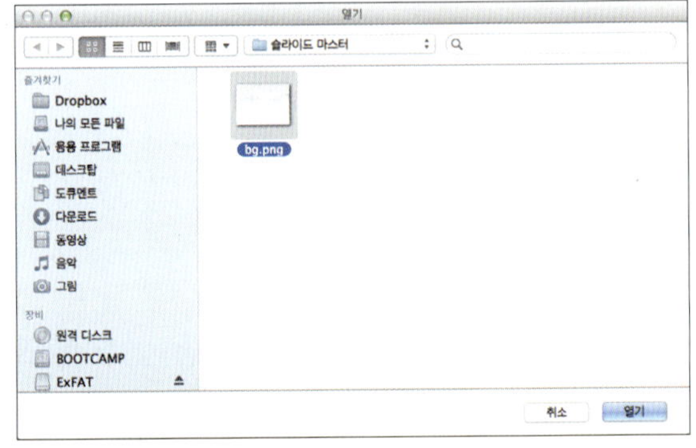

4. 도형을 삽입하거나 서체나 크기, 색상 등을 변경하여 [제목 및 부제] 슬라이드를 완성합니다.

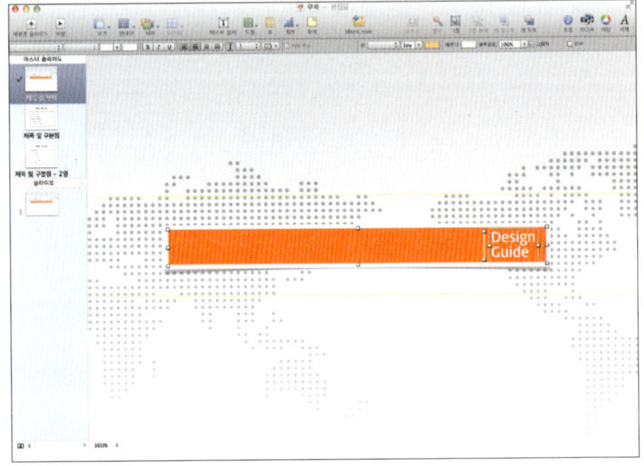

● 필요없는 마스터 슬라이드 삭제하기

마스터 슬라이드에는 다양한 슬라이드가 존재합니다. 하지만 막상 슬라이드 작업시 나머지 슬라이드는 잘 사용되지 않습니다. 필요없는 마스터 슬라이드는 모두 삭제하는 것이 좋습니다.

1. [제목 및 구분점] 슬라이드를 비롯해 필요없는 슬라이드는 모두 삭제합니다.

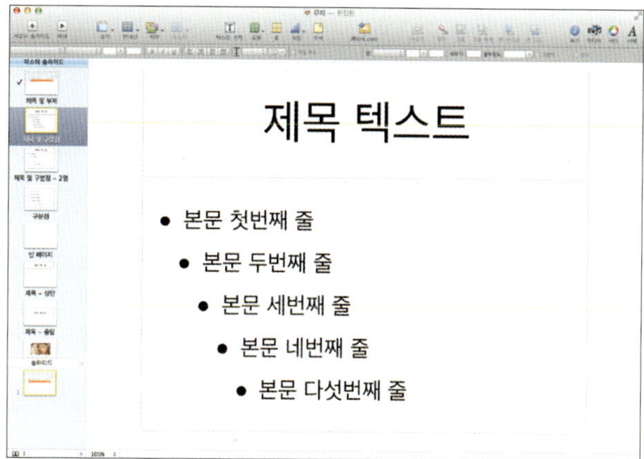

2. 여기서는 [빈 페이지] 슬라이드만 남겨놓고 모두 삭제했습니다. 슬라이드 편집 화면에 텍스트 및 개체를 활용해 마스터 슬라이드를 만듭니다. [빈 페이지]라고 적힌 부분을 두 번 클릭해『목차』로 변경합니다.

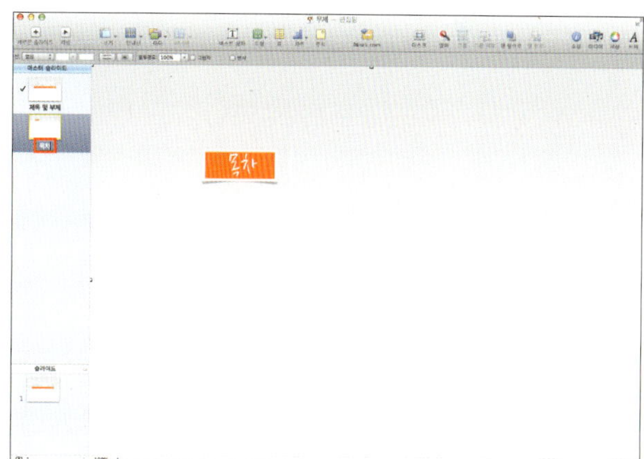

3. 마스터 슬라이드도 추가 및 변경이 가능합니다. [새로운 슬라이드]를 클릭해 슬라이드를 추가한 후『내용』이라고 입력합니다.

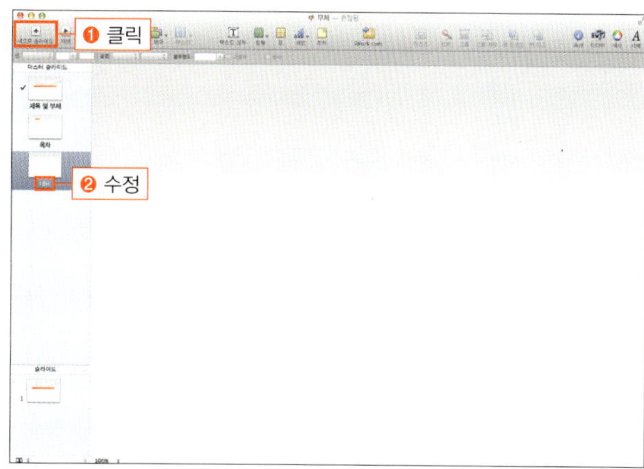

● 슬라이드 만들기

마스터 슬라이드 작업이 마무리되면 마스터 슬라이드에서 만든 슬라이드로 슬라이드를 직접 만들 수 있습니다.

1. 슬라이드 미리보기 화면을 클릭합니다. 텍스트를 입력해 [제목 및 부제] 슬라이드를 완성합니다. [새로운 슬라이드]를 클릭합니다.

2. 새로운 슬라이드가 추가되며 마스터 슬라이드에서 만든 목차 슬라이드가 생성됩니다. 슬라이드를 완성한 후 다시 [새로운 슬라이드]를 클릭합니다.

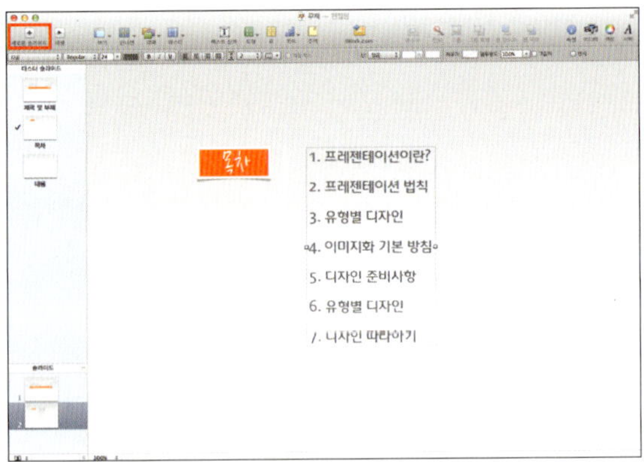

3. 다시 목차 슬라이드가 나타납니다. [마스터]를 클릭해 [내용]을 클릭합니다.

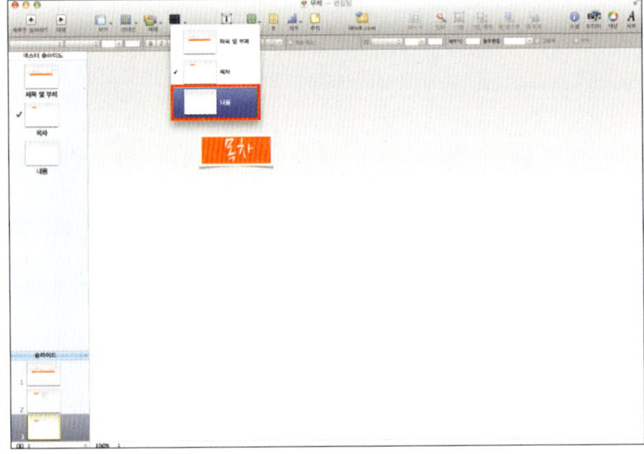

4. 내용 슬라이드가 나타나면 내용을 채워 넣습니다.

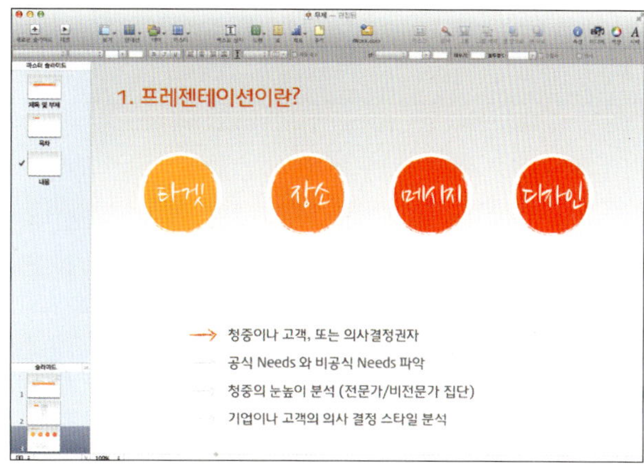

● 테마 저장하고 불러오기

새롭게 생성한 테마를 저장하면 기존 테마와 함께 나타나는 것을 확인할 수 있습니다. 저장하는 위치만 주의하도록 합시다.

1. [메뉴 막대]에서 [파일]-[테마 저장]을 선택합니다.

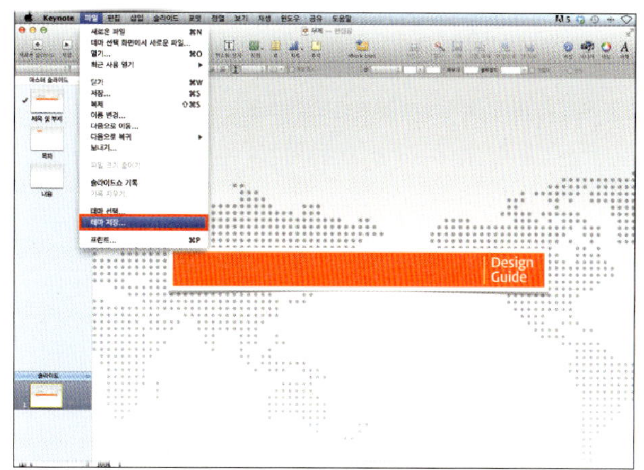

2. [테마 이름]에 테마 이름을 입력합니다. 저장 위치는 [Themes]를 그대로 선택한 후 [저장]을 클릭합니다.

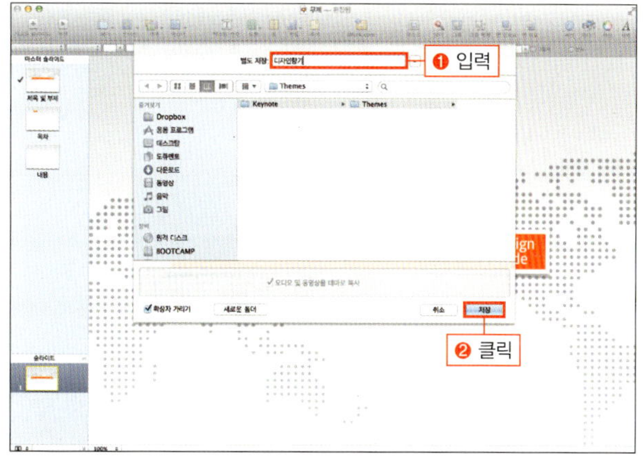

3. 테마를 선택해 봅니다. 새로 만든 테마가 기존 테마와 함께 나타나는 것을 확인할 수 있습니다.

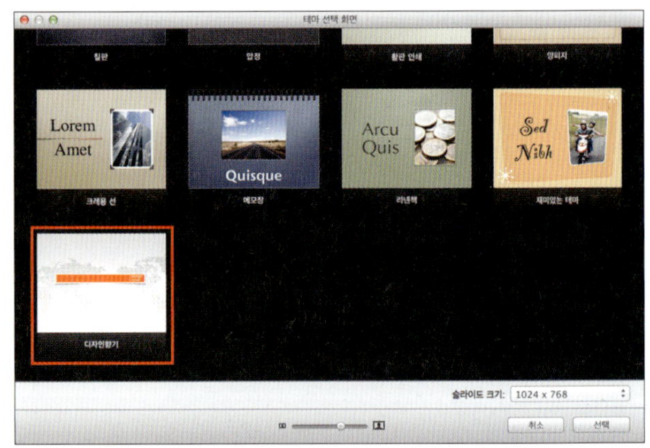

질의 및 응답도 전략이다

실제 프레젠테이션에서 질의 및 응답은 청중들과 발표자의 유일한 대화 통로이자 마지막 대화 기회입니다. 청중들의 질의에 제대로 응답하고 청중도 원하는 대답을 얻었다면 성공적인 프레젠테이션을 했다고 생각해도 무방합니다. 질의 및 응답 시간은 프레젠테이션의 마지막에 주어지는 형식적인 과정이라 생각하기 쉽지만, 반드시 필요한 과정임을 명심하고 미리 대비할 필요가 있습니다.

프레젠테이션의 내용을 토대로 질의가 나올 수 있는 부분은 철저히 준비해 가는 것이 좋습니다. 특히, 슬라이드 상에서 충분히 답변할 수 있는 부분은 질의가 나올 수 있도록 유도해 보는 것도 좋습니다. 질의 및 응답 시간의 경우 질의에 해당하는 슬라이드를 비춰주는 것도 좋은 방법입니다. 비록 질의 사항이지만 다시 한번 슬라이드를 비춰줌으로써 청중들에게 그 내용을 다시 각인시킬 수 있는 기회를 만들 수 있습니다. 발표자도 질의에 응답하지 못하는 경우가 종종 발생합니다. 이럴 때에는 당황하지 말고 솔직히 말하고 차후에 꼭 답변 드리겠다고 양해를 구하는 것도 좋은 방법입니다.

Keynote

03

키노트
마스터하기

PRESENTATION

키노트는 다양한 방법으로 슬라이드를 공유할 수 있습니다. QuickTime 동영상 파일로 간편하게 변환해 매킨토시 뿐만 아니라 일반 컴퓨터에서도 공유할 수 있으며, 국내에서 가장 많은 사람들이 사용하는 파워포인트 파일로 변환해 파워포인트에서 키노트 파일을 열어볼 수도 있습니다. 이 뿐 아니라 iWork.com을 이용하면 전 세계 누구와도 키노트 파일을 공유할 수 있습니다. 이번 파트에서는 슬라이드를 공유하는 방법과 다양한 부가 기능에 대해서 살펴보도록 하겠습니다.

Chapter

01 | 다양한 형식으로 키노트 변환하기

키노트는 기본적으로 .key 파일 형식으로 저장됩니다. 키노트 뿐 아니라 다른 프로그림이나 운영체제에서 열어볼 수 있도록 QuickTime 동영상 파일이나 PPT, PDF, 이미지 파일 등으로 변환할 수 있습니다. 여러 방법으로 변환할 수 있기 때문에 본인에게 적합한 파일 형식의 변환 방법을 숙지할 필요가 있습니다.

01 QuickTime 동영상 파일로 저장하기

키노트는 매킨토시에서만 열 수 있는 파일이기에 키노트 파일을 QuickTime 동영상 파일로 변환하여 일반 컴퓨터로 불러올 수 있습니다. QuickTime으로 저장하면 *.mov 파일 형식으로 변환됩니다. 설정에 따라 자동으로 슬라이드가 넘어가지 않게끔 수동으로 다음 슬라이드로 넘길 수 있습니다.

Preview

- QuickTime 옵션 살펴보기
- QuickTime 변환하기

● QuickTime 옵션 살펴보기

[메뉴 막대]에서 [파일]-[보내기]를 선택하면 다양한 방법으로 변환할 수 있는 창이 나타납니다. 여기서는 Quick-Time 설정 옵션에 대해서 살펴보겠습니다.

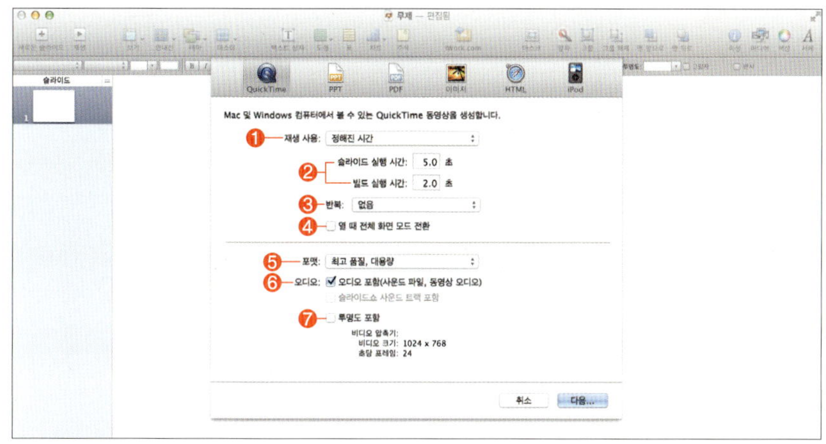

❶ **재생 사용** : 동영상 유형을 선택합니다. 수동 이동을 선택하면 수동으로 슬라이드가 재생되며, 정해진 시간을 선택하면 실행 시간에 따라 슬라이드가 자동 재생됩니다.

❷ **슬라이드/빌드 실행 시간** : 재생 사용에서 정해진 시간을 선택했을 때 나타나는 항목으로 실행 시간을 설정할 수 있습니다.

❸ **반복** : 동영상을 한번 재생할지 반복으로 재생할지 선택합니다.

❹ **열 때 전체 화면 모드 전환** : 전체 화면으로 동영상을 재생합니다.

❺ **포맷** : 최고 품질, 대용량부터 웹 동영상, 저용량까지 동영상의 크기 및 재생 품질을 결정합니다.

❻ **오디오** : 사운드나 동영상이 포함되어 있을 때 오디오를 포함할지 안할지 결정할 수 있습니다.

❼ **투명도 포함** : 슬라이드에 적용되어 있는 투명도를 유지할지 결정합니다.

● QuickTime 변환하기

QuickTime은 동영상 파일이지만 일반적인 동영상 파일과는 다르게 사용자가 각각의 슬라이드를 제어할 수 있습니다. 또한, 실행 시간과 빌드 실행 시간 등을 설정할 수 있습니다.

◎ **예제 파일** : CD₩sample₩변환.key
◎ **완성 파일** : CD₩sample₩변환.mov

1. [메뉴 막대]에서 [파일]-[보내기]를 선택합니다.

2. [QuickTime]을 선택합니다. [재생 사용]을 클릭하여 [정해진 시간]을 선택한 후 슬라이드 실행 시간과 빌드 실행 시간을 설정합니다.

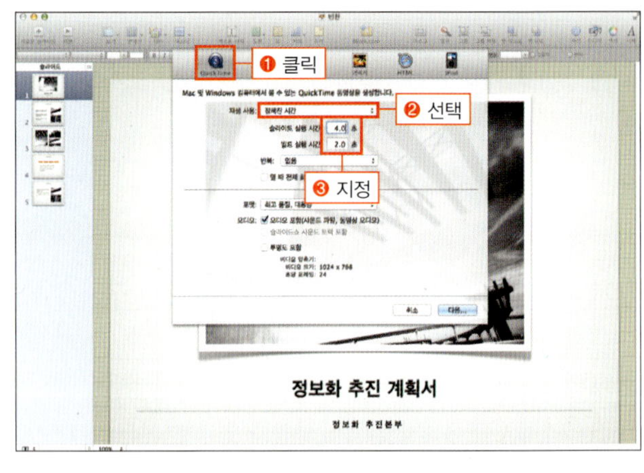

| tip |

[재생 사용]에서 [정해진 시간]이 아니라 [수동 이동]을 선택하면 키노트에서 클릭하여 슬라이드를 넘기는 것처럼 수동으로 슬라이드를 넘길 수 있게끔 변환할 수 있습니다.

3. [포맷]-[사용자화]를 클릭합니다.

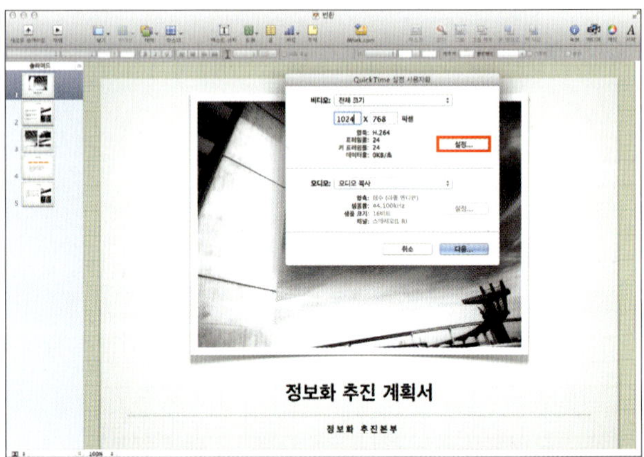

4. [Quicktime 설정 사용자화] 창이 나타나면 [설정]을 클릭합니다.

5. [Standard Video Compression Settings] 창이 나타나면 [Compressor]에서 [Quality] 조절 단추를 드래그하여 원하는 품질로 변경합니다. 그 외 설정할 부분이 있다면 설정 후 [OK]을 클릭합니다.

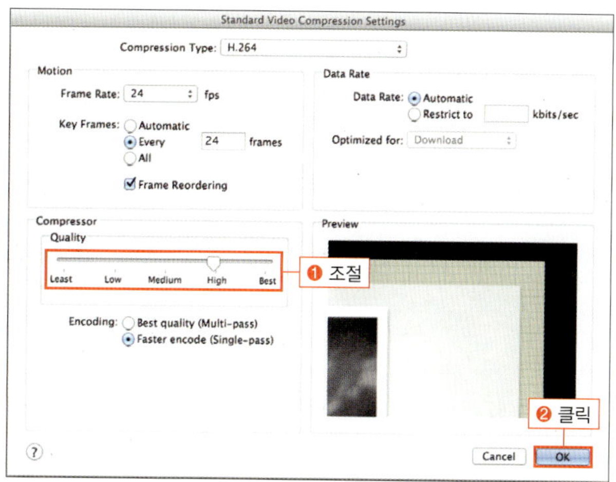

6. [Quicktime 설정 사용자화] 창이 다시 나타나면 [비디오] 해상도를 설정한 후 [다음]을 클릭합니다.

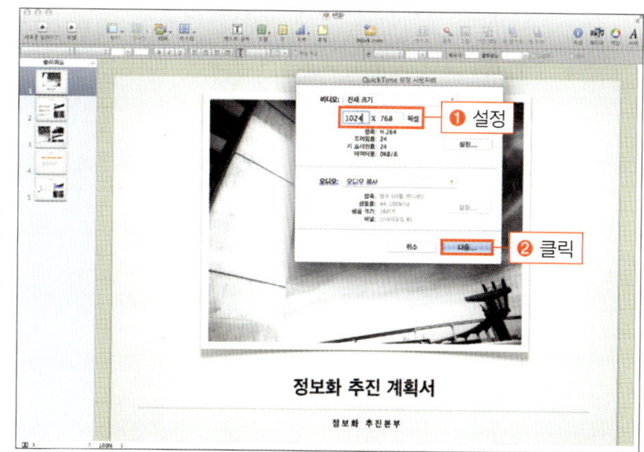

7. QuickTime 동영상으로 전환할 파일명과 위치를 설정한 후 [보내기]를 클릭합니다.

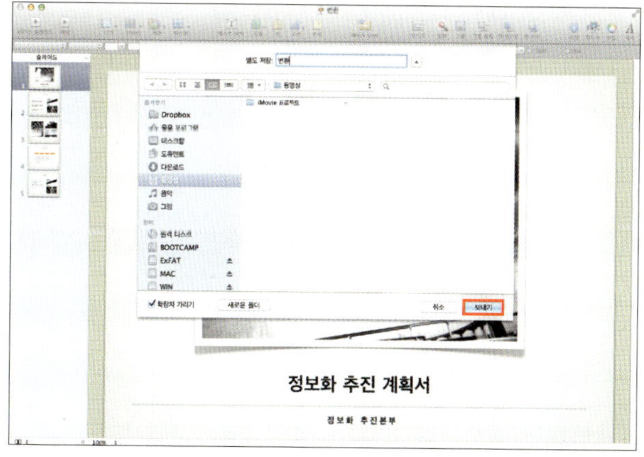

8. 저장된 동영상 파일을 실행해 봅니다. 슬라이
드 내용이 QuickTime 무비로 재생됩니다.

| tip |

QuickTime 프로그램은 http://www.apple.com/kr/quicktime/
download에서 다운로드 받을 수 있습니다.

02 파워포인트와 PDF 파일로 변환하기

키노트는 파워포인트 사용자들을 위해 PPT 라는 확장자를 가진 파워포인트 파일로 변환할 수 있는 기능을 제공합니다.

Preview

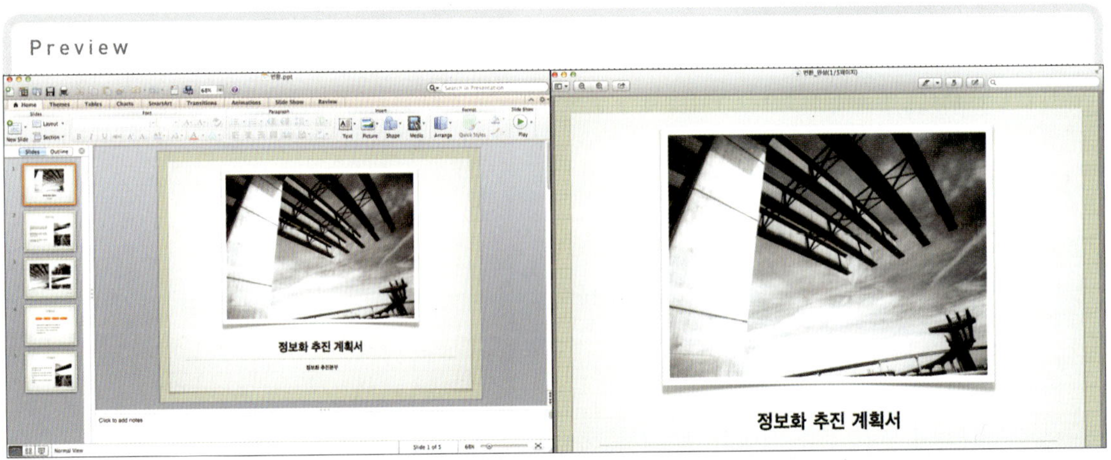

• 파워포인트 파일로 변환하기   • PDF 파일로 변환하기

● 파워포인트 파일로 변환하기

파워포인트 사용자들을 위해 키노트 파일을 파워포인트 포맷으로 저장할 수 있습니다. 100% 완벽하게 호환을 기대할 수는 없지만 키노트 파일을 .ppt, *.pptx 파일로 변환하여 활용할 수 있습니다.

◉ 예제 파일 : CD₩sample₩변환.key
◉ 완성 파일 : CD₩sample₩변환.ppt, 변환.pdf

[메뉴 막대]에서 [파일]-[보내기]를 선택한 후 [PPT] 탭을 클릭하면 키노트 슬라이드를 파워포인트 슬라이드로 변환할 수 있습니다. 다만, 키노트에서 사용되는 그림 프레임을 비롯해 몇몇 서체 등은 지원되지 않기 때문에 [도큐멘트 경고] 창이 나타날 수 있습니다. 이런 경고 창이 나타나면 문제가 발생한 부분을 다른 방식으로 대치하거나 [모두 지우기]를 통해 설정을 삭제한 후 변환할 수 있습니다.

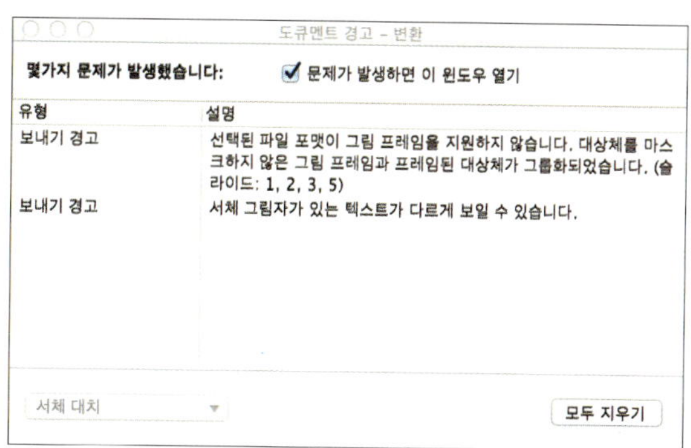

● PDF 파일로 변환하기

키노트는 대중적으로 많이 사용하는 PDF 파일로 변환할 수 있는 기능을 제공하고 있습니다. 물론, PDF 파일을 열기 위해서는 아크로벳과 같은 PDF 프로그램이 설치되어 있어야 합니다.

파워포인트 파일로 변환처럼 자주 사용되는 방법이 바로 PDF 파일로 변환하는 방법입니다. PDF 응용 프로그램을 이용해 키노트 슬라이드를 볼 수 있으며, 용량을 줄이거나 배포 목적의 문서일 경우 자주 사용되는 방법이기도 합니다.

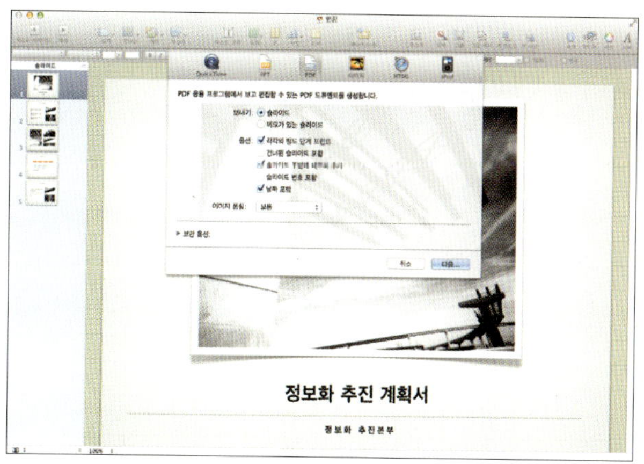

[PDF] 옵션 살펴보기

PDF 옵션에는 각각의 빌드를 별도의 PDF 페이지로 저장하거나 이미지 품질 등을 설정할 수 있습니다.

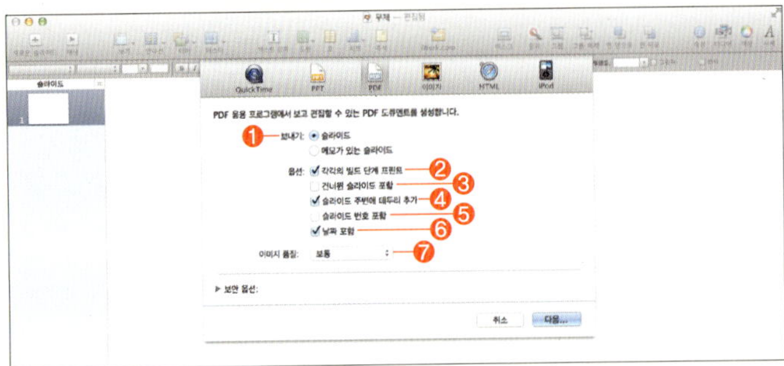

❶ **보내기** : [슬라이드]. [메모가 있는 슬라이드] 중에서 원하는 옵션을 선택할 수 있습니다. 메모가 있는 슬라이드를 선택하면 슬라이드와 메모가 함께 저장됩니다.

❷ **각각의 빌드 단계 프린트** : 여러 개의 빌드를 만들었다면 빌드를 PDF 페이지로 각각 저장합니다.

❸ **건너뛴 슬라이드 포함** : 슬라이드쇼에서 숨겨 놓은 슬라이드도 PDF 페이지로 각각 저장합니다.

❹ **슬라이드 주변에 테두리 추가** : 슬라이드 테두리에 검정색 테두리를 추가합니다.

❺ **슬라이드 번호 포함** : 슬라이드 번호를 포함하여 저장합니다.

❻ **날짜 포함** : 날짜를 포함하여 저장합니다.

❼ **이미지 품질** : [보통]. [우수]. [최상] 중에서 원하는 PDF 품질을 선택할 수 있습니다.

03 다른 파일 변환과 아이폰, 아이패드로 보내기

이미지로 변환하여 공유하거나 HTML 파일로 변환하여 웹 상에 올리거나 iTunes를 통한 iPod 공유 등도 많이 사용되지만 아이폰, 아이패드로 키노트 슬라이드를 보내 스마트기기로 프레젠테이션을 진행할 수도 있습니다.

Preview

• 이미지 및 HTML, iPod로 보내기

• 이메일로 보내기

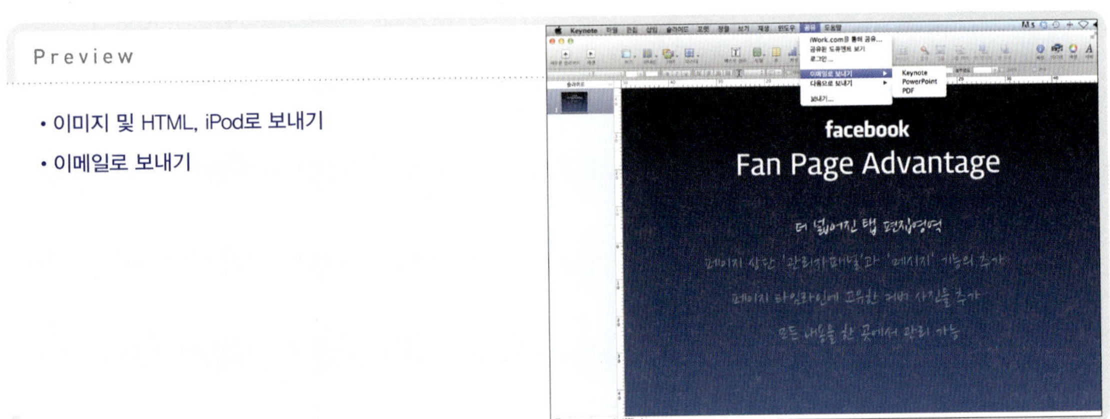

● 이미지 및 HTML, iPod로 보내기

PPT나 PDF 파일만큼 이미지 파일로의 변환도 자주 사용되는 변환 방법입니다. 그리고, 키노트 슬라이드를 HTML 파일로 변환하여 웹 서버에 올려 활용할 수도 있습니다. 또한, iTunes로 관리할 수 있는 iPod 영상으로 보낼 수도 있습니다.

키노트 슬라이드를 JPG, PNG, TIFF 이미지 파일로 저장할 수 있습니다. 전체 슬라이드를 이미지 파일로 변환하거나 특정 페이지만 이미지 파일로 변환할 수 있으며, 이미지의 품질도 설정할 수 있습니다.

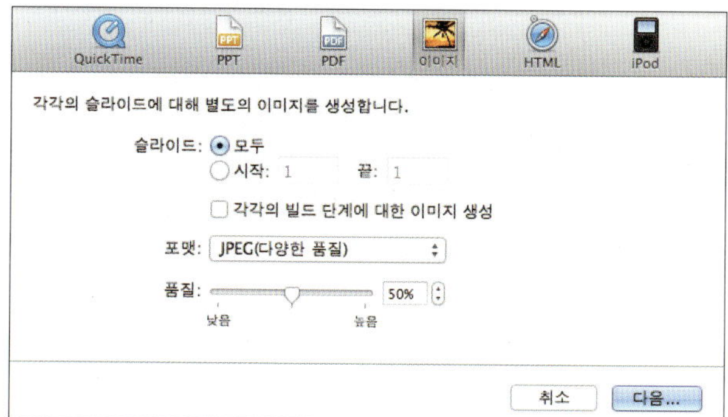

키노트 슬라이드를 HTML 파일로 변환하게 되면 웹 사이트처럼 사용하는 웹 서버 등에 파일을 올려 웹 상에서 확인할 수 있습니다.

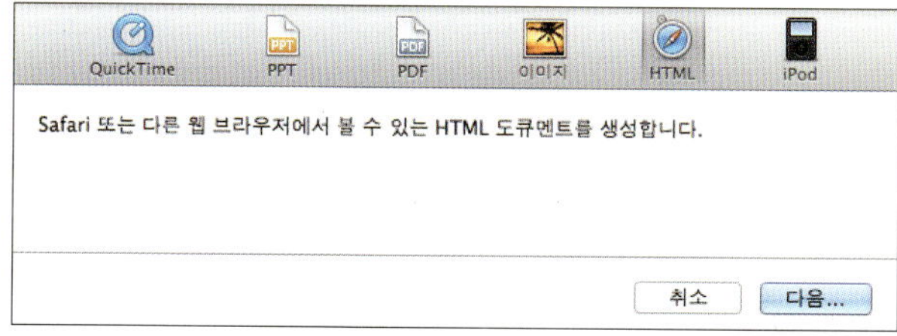

iPod에서 볼 수 있는 동영상 파일로 변환하면 iTunes에서 관리할 수 있기 때문에 애플사의 제품에서 키노트 파일을 확인할 수 있습니다. QuickTime 변환과 마찬가지로 재생 옵션과 재생 시간, 오디오 등을 설정할 수 있습니다.

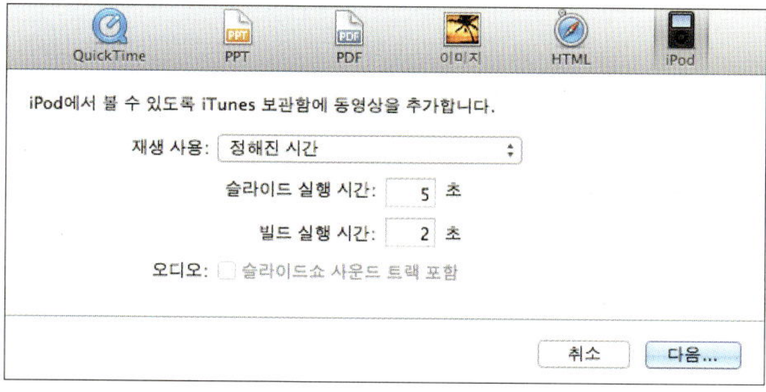

● 이메일로 보내기

비슷한 방법으로는 이메일을 통해 키노트 파일을 공유할 수 있습니다. 이메일로 공유할 때 키노트 파일로 보내거나 파워포인트, PDF 파일로 변환하여 공유할 수 있습니다.

[공유]-[이메일로 보내기]를 클릭하면 [Keynote], [PowerPoint], [PDF] 중에서 원하는 파일로 공유할 수 있습니다.

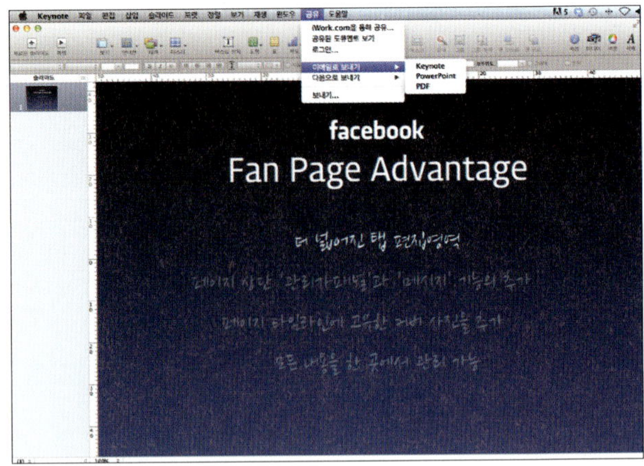

04 키노트 영상을 유튜브에 공유하기

유튜브(YouTube)는 무료 동영상 공유 사이트로, 사용자가 동영상을 업로드하거나 공유할 수 있는 사이트입니다. 키노트 영상을 유튜브에 올려 여러 사람들과 공유할 수 있습니다.

Preview

• 동영상 업로드하기
• 동영상 공유하기

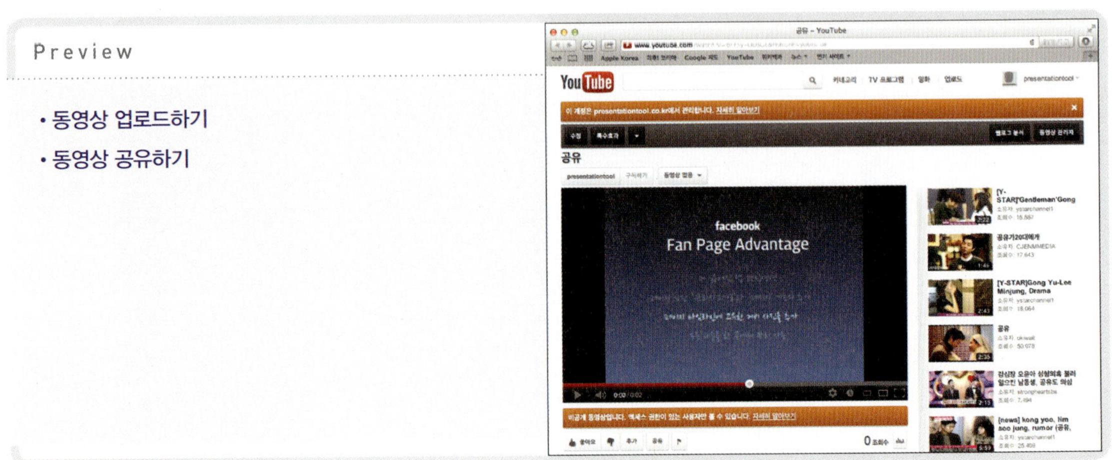

● 동영상 업로드하기

먼저 유튜브에 동영상을 업로드해 보겠습니다. 유튜브에 동영상을 업로드할 때 재생 시간을 비롯해 슬라이드 실행 시간, 빌드 실행 시간 등 다양한 설정을 할 수 있습니다.

◉ **예제 파일** : CD\sample\페이스북.key

1. [메뉴 막대]에서 [공유]-[다음으로 보내기]-[YouTube]를 클릭합니다.

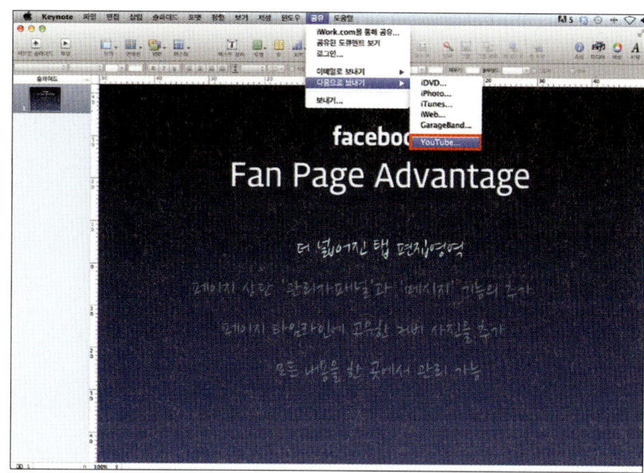

2. 본인의 YouTube 계정 아이디와 암호를 입력합니다. 그 외 카테고리를 비롯하여 제목, 설명, 발행할 크기 등을 설정한 후 [다음]을 클릭합니다.

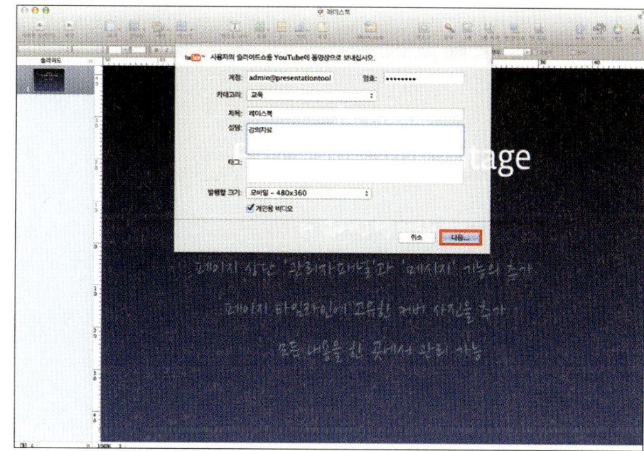

| tip |

[개인용 비디오]에 체크 표시를 하면 본인만 확인할 수 있도록 비공개로 업로드 됩니다.

3. 재생 사용을 비롯하여 슬라이드 실행 시간, 빌드 실행 시간 등을 설정한 후 [다음]을 클릭합니다.

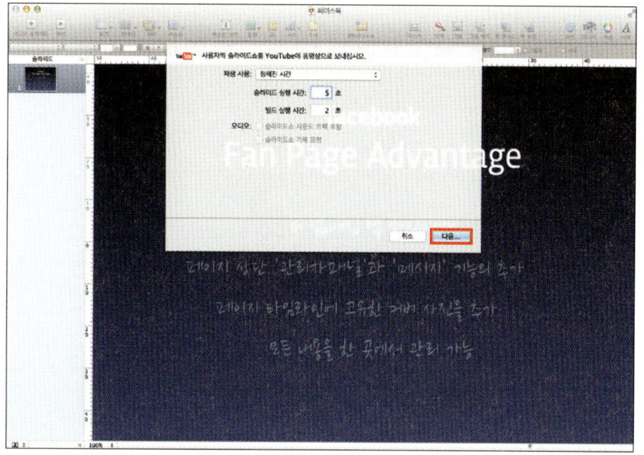

4. [YouTube 서비스 약관] 창이 나타나면 [발행]
을 클릭합니다.

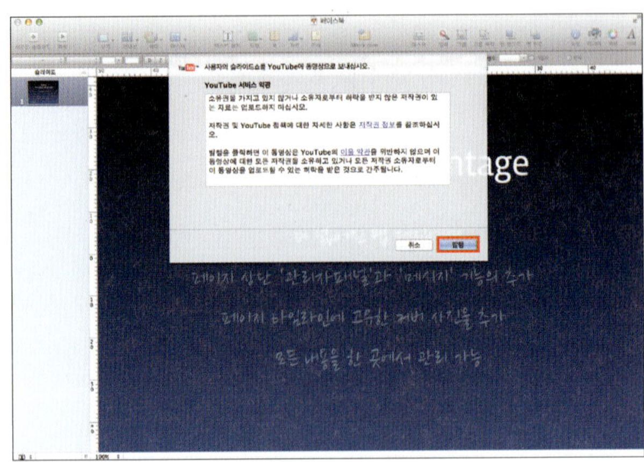

● 동영상 공유하기

유튜브에 동영상을 업로드했다면 주소를 비롯해 공유하는 방법을 알아야 제대로 타인에게 슬라이드를 공유할 수
있습니다.

1. YouTube.com 에 접속하여 본인의 계정에 접
속한 후 업로드한 동영상을 불러옵니다.

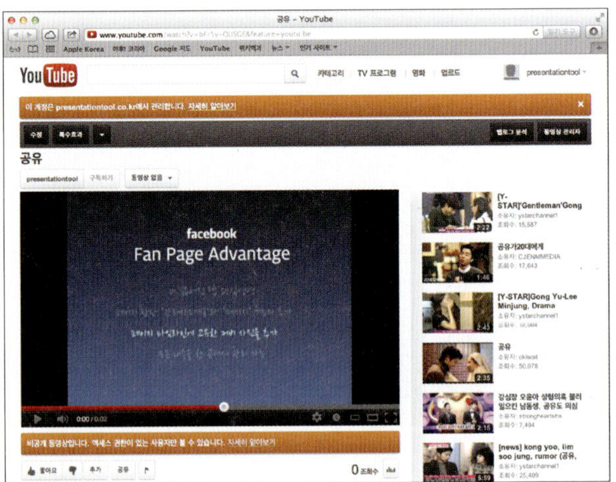

2. 키노트 슬라이드가 제대로 업로드되었는지
확인한 후 동영상 주소를 복사하여 타인에게 주
소를 공유합니다.

iWork.com으로 공유하기

iWork.com을 사용하여 키노트와 같은 프레젠테이션 파일 뿐만 아니라 워드프로세서와 같은 문서나 스프레드시트 파일도 공유할 수 있습니다. iWork.com을 이용해 키노트 슬라이드를 공유하면, 받는 이들은 어느 기기에서나 애니메이션, 비디오 등의 효과가 적용된 슬라이드쇼를 바로 볼 수 있습니다. 또한, iWork.com에 문서를 업로드하면 받는 이들은 키노트나 파워 포인트 혹은 PDF 파일 등 자신이 원하는 포맷으로 파일을 내려 받을 수 있습니다.

다만, 현재 iWork.com 서비스는 중단된 상태입니다. 얼마전까지 운영된 서비스이니 잠시 다루고 넘어가겠습니다.

1 | 공유 설정하기

[도구 막대]의 [공유]를 클릭하면 [방문자와 함께 공유], [웹에서 발행], [비공개 업로드] 중 한 가지를 선택한 후 공유할 수 있습니다. 방문자 를 조대하여 프레젠테이션을 공유하거나 웹 주소를 생성 또는 비공개 설정으로 iWork.com에 파일을 업로드합니다.

❶ 방문자와 함께 공유 : 방문자를 초대하여 프레젠테이션을 공유합 니다.

❷ 웹에서 발행 : 웹 주소를 생성하고 공유하여 모든 사람들이 프레젠 테이션을 볼 수 있습니다.

❸ 비공개 업로드 : 본인만 볼 수 있습니다. 나중에 다른 사용자와 공 유할 수 있습니다.

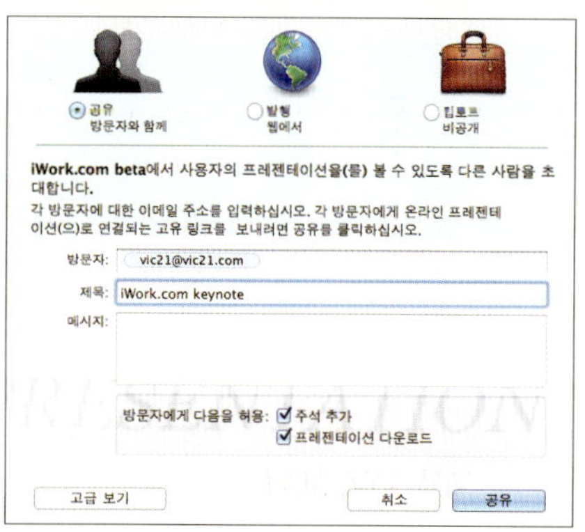

2 | iWork로 파일공유하기

iWork.com을 이용하면 키노트의 결과물을 온라인에서 원하는 사람과 쉽게 공유할 수 있습니다. Pages, Numbers 혹은 Keynote 파일을 iWork.com에서 공유해 보기 바랍니다.

❶ [도구 막대]의 [공유]를 클릭합니다. Apple ID가 없을 경 우 [새로운 계정 생성]을 눌러 계정을 만듭니다. Apple ID와 암호를 입력한 후 [로그인]을 클릭합니다.

❷ 공유 방문자와 함께 발행 웹에서 업로드 비공개 중 원하는 항목을 선택합니다. 여기서는 [공유 방문자와 함께]를 선택합니다. 다른 사람을 초대하기 위해 [방문자]에 공유할 사람의 이메일 주소를 입력한 후 제목과 메시지를 입력합니다. [공유]를 클릭합니다.

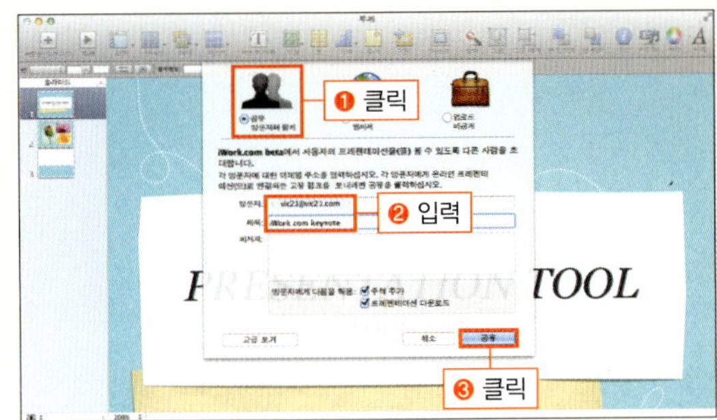

❸ [고급 보기]를 클릭하면 다운로드 옵션을 선택할 수 있습니다. 다운로드 옵션은 iWork.com에서 파일을 내려 받을 때 제공할 파일을 선택하는 항목입니다. [PowerPoint]에 체크를 하면 사용자가 PowerPoint 파일로 변환된 키노트 파일을 다운 받을 수 있습니다.

❹ 경고창이 나타나면 [승인]을 클릭합니다. [온라인 보기]를 클릭하면 iWork 사이트에 바로 접속됩니다.

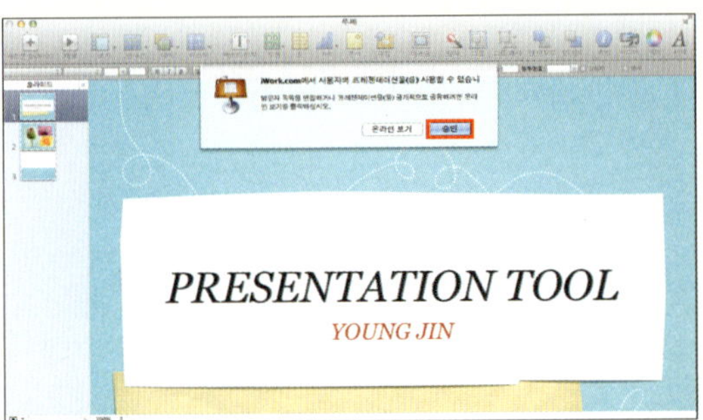

❺ iWork.com 으로 접속하기 위해 [메뉴 막대]에서 [공유]를 클릭하여 [공유된 도큐멘트 보기]를 클릭합니다.

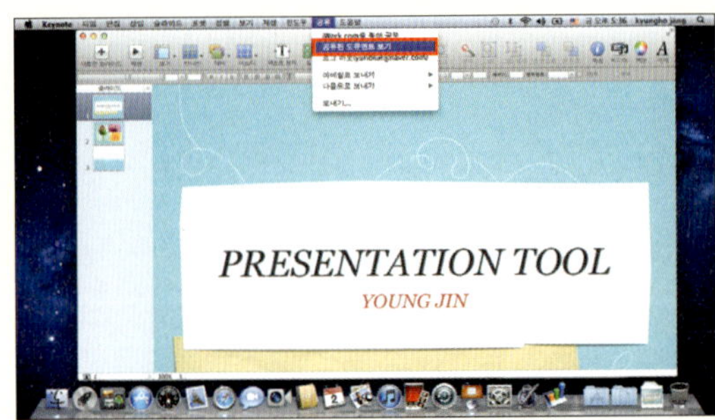

❻ iWork.com 로그인을 위해 아이디와 패스워드를 다시 한번 입력합니다.

3 | iWork 화면 구성

iWork 화면 구성과 웹에서 발행하는 방법을 살펴보겠습니다. iWork 에서는 사용자의 의견을 남길 수 있는 주석과 메모를 비롯하여 발행자 정보 및 초대받은 사용자, 그리고 파일 내려받기 등으로 구성되어 있습니다. iWork.com 에 접속하면 슬라이드쇼를 비롯해 주석, 프린트, 다운로드하기 등 다양한 화면으로 구성되어 있습니다.

❶ **슬라이드쇼 :** 프레젠테이션을 재생합니다.

❷ **주석 추가 :** 사용자가 도큐멘트에 대해서 의견을 남길 수 있습니다.

❸ **주석 가리기 :** 첨부한 주석을 가리거나 나타냅니다.

❹ **프린트하기 :** 해당 문서를 프린트합니다.

❺ **다운로드하기 :** 키노트, 파워포인트, PDF 파일로 다운로드 받을 수 있습니다.

❻ **도큐멘트 발행자 :** 원 제작자의 정보를 볼 수 있습니다.

❼ **초대받은 사용자 :** 초대할 사용자를 추가하거나 볼 수 있습니다.

❽ **도큐멘트 메모 :** 초대받은 사용자들이 메모를 남기고 볼 수 있습니다.

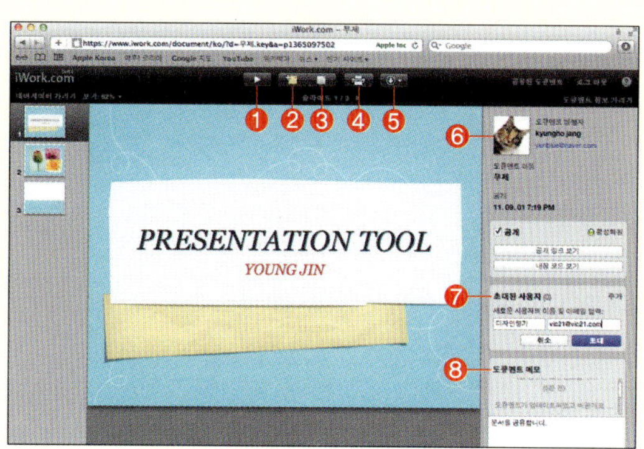

4 | iWork에서 사용자 추가하고 메모 남기기

공유된 도큐멘트는 사용자를 추가하여 공유할 수 있으며, 사용자는 도큐멘트 메모 공간을 통해 프레젠테이션에 대한 메모를 입력할 수 있습니다. 또한, [다운로드] 단추를 클릭하여 키노트나 파워포인트, PDF 파일로 다운로드 받을 수도 있습니다. iWork에 사용자를 초대해 문서를 공유하거나 메모를 남겨 문서를 공동 관리할 수 있습니다.

❶ 사용자를 초대하기 위해 [추가]를 클릭한 후 이메일 주소를 입력합니다. [초대]를 클릭합니다.

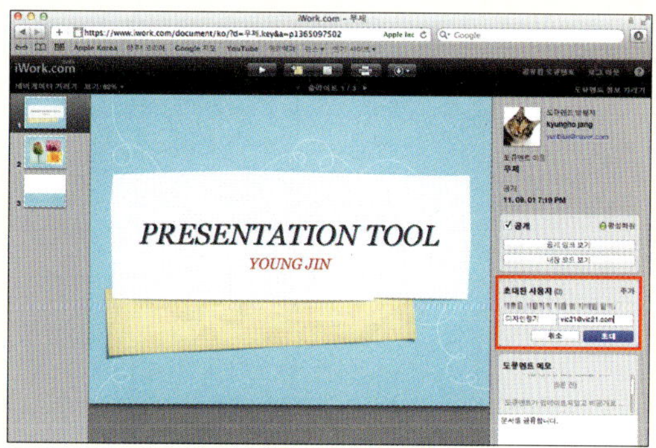

❷ 초대된 사람의 이메일에 접속해 보면 아래와 같은 메일이 도착해 있는 것을 확인할 수 있습니다. [도큐멘트 보기]를 클릭하거나 경로를 복사하여 브라우저에 붙여넣기를 하면 프레젠테이션을 볼 수 있습니다.

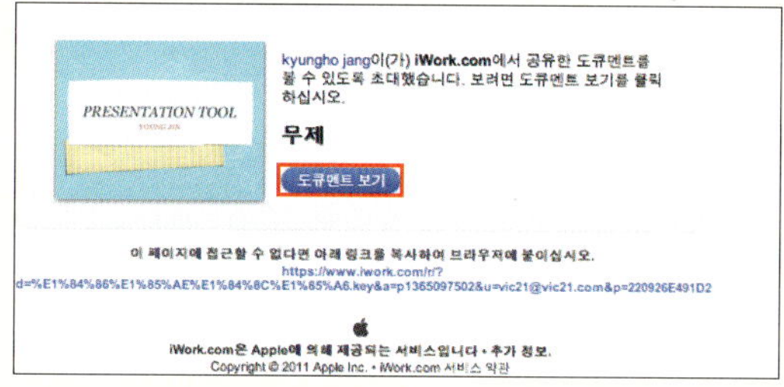

❸ [도큐멘트 메모] 입력란에 내용을 입력하면 원저작권
자와 공유된 사용자 모두와 커뮤니케이션 할 수 있습니다.

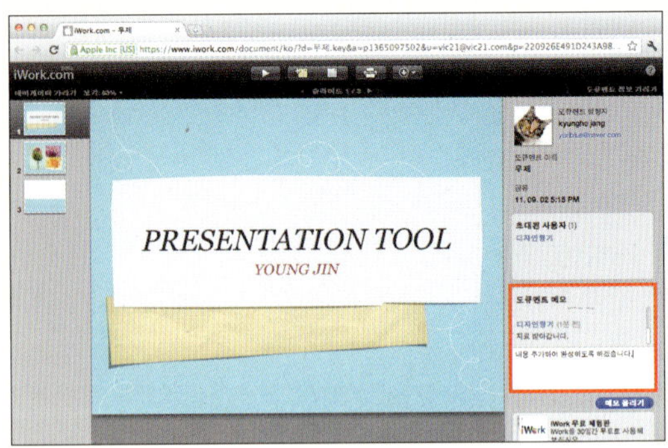

5 | 파워포인트와 PDF 파일로 내려받기

iWork.com을 통해 공유된 사용자는 본인의 컴퓨터에 키노트 프로그램이 없다고 하더라도 키노트 슬라이드를 다운로드 받
을 수 있습니다. iWork.com 에서는 키노트 파일을 미리 파워포인트 혹은 PDF 파일로 변환해 놓고 다운로드를 받을 수 있
도록 서비스하고 있기 때문입니다.

❶ [다운로드] 단추를 클릭하여 Powerpoint 혹은 PDF를
　 클릭하여 키노트 슬라이드를 다운로드 받습니다. 여기
　 서는 [PDF]를 클릭해서 PDF 파일로 다운로드 받아보
　 겠습니다.

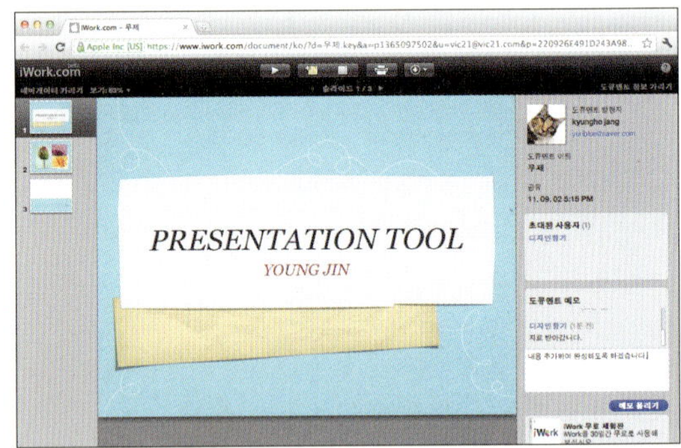

❷ 다운로드 받은 파일을 실행하면 PDF 파일로 변환되어
키노트 파일이 열리는 것을 확인할 수 있습니다.

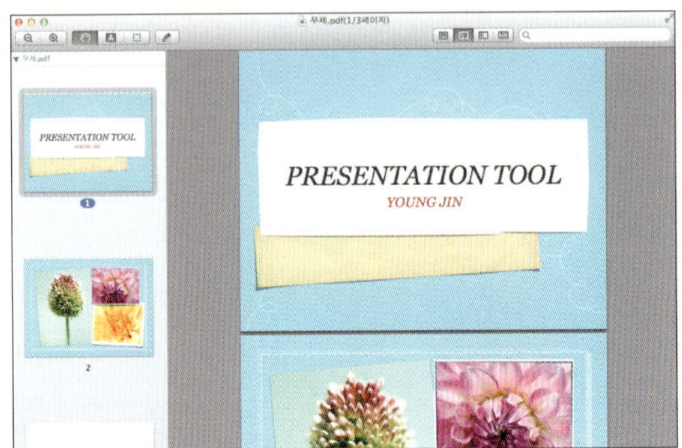

Chapter

02 | 다양한 부가 기능 살펴보기

키노트에 삽입하는 이미지의 경우 처음부터 크기를 조절하여 삽입하는 것이 가장 좋겠지만 보통은 키노트의 해상도보다 큰 이미지를 넣을 때가 많습니다. 이럴 때는 이미지의 해상도로 인해 키노트의 용량도 함께 커지게 되는데 간단한 설정을 통해 이미지의 용량을 최적화할 수 있습니다. 이 외 다양한 부가 기능에 대해서 살펴보도록 하겠습니다.

01 키노트 용량 최적화하기

처음부터 작은 용량의 이미지를 삽입하면 키노트 용량을 최적화할 필요가 없을 것입니다. 하지만 이미지 크기나 키노트 파일의 용량이 크다면 용량 최적화를 통해 용량을 줄이는 것이 필요합니다.

Preview

- 슬라이드 크기에 맞게 이미지 줄이기
- 개별적으로 이미지 줄이기

● 슬라이드 크기에 맞게 이미지 줄이기

키노트의 [환경설정] 윈도우를 통해 슬라이드 크기에 맞게 이미지를 일괄적으로 줄일 수 있습니다.

◎ 예제 파일 : CD₩sample₩크기변경.key
◎ 완성 파일 : CD₩sample₩크기변경_완성.key

1. [메뉴 막대]에서 [Keynote]-[환경설정]을 클릭합니다.

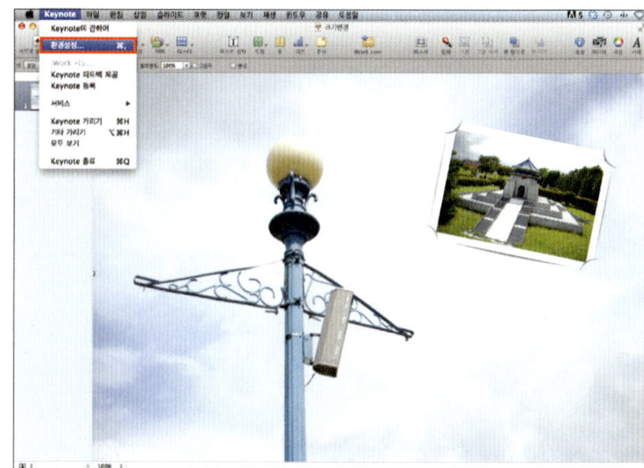

2. [슬라이드 크기에 맞게 이미지 줄이기]를 클릭합니다.

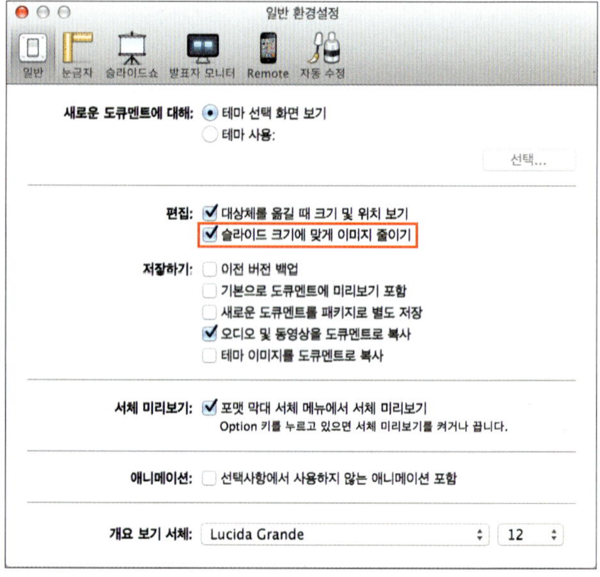

● 개별적으로 이미지 줄이기

고해상도의 이미지를 [이미지 파일 크기 줄이기] 기능을 통해 키노트 슬라이드에 적합한 해상도로 줄일 수 있습니다.

1. 이미지를 마우스 오른쪽으로 선택한 후 [이미지 파일 크기 줄이기]를 선택합니다.

| tip |

더 이상 줄일 수 없는 이미지는 "이 도큐먼트의 파일 크기를 줄일 수 없습니다." 라는 안내 창이 나타납니다.

2. 마스크 기능으로 이미지를 조절했거나 이미지 자체 크기를 조절했다면 [파일]−[파일 크기 줄이기]를 선택합니다.

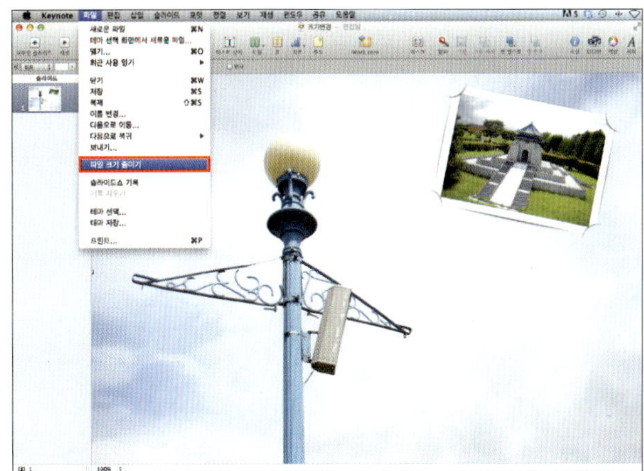

| tip |

이미지 크기를 줄인 후 다시 원래 이미지 크기로 되돌릴 수 없으니 신중할 필요가 있습니다.

프레젠테이션이 진행되는 동안 발표자가 참조할 수 있도록 발표자 메모 입력란에 내용을 입력할 수 있습니다.

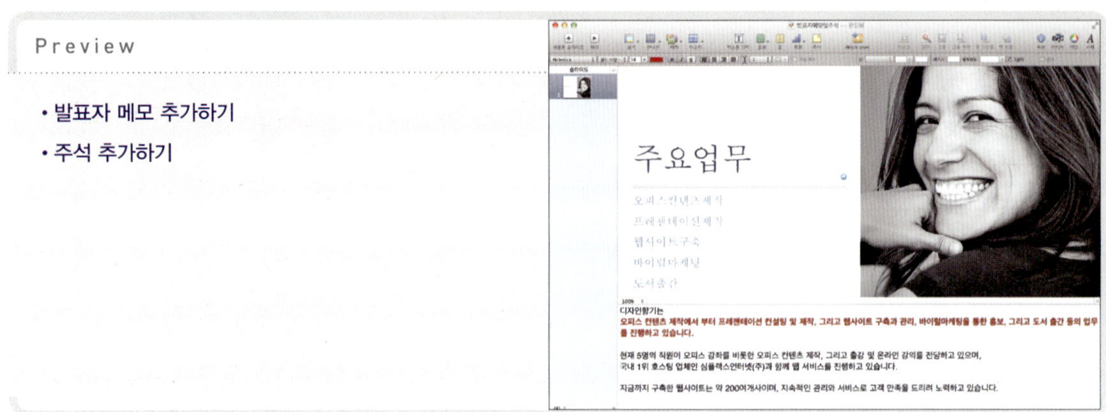

Preview

• 발표자 메모 추가하기
• 주석 추가하기

● 발표자 메모 추가하기

발표자 메모 보기를 통해 발표자 메모를 추가했을 경우 다양한 서식을 지정할 수 있습니다. 여기서는 발표자 메모가 추가된 상태에서 서식을 변경해 보겠습니다.

◎ 예제 파일 : CD₩sample₩발표자메모및주석.key
◎ 완성 파일 : CD₩sample₩발표자메모및주석_완성.key

1. [메뉴 막대]에서 [보기]-[발표자 메모 보기]를 클릭하여 발표자 메모를 연 후 서식을 변경하고 싶은 발표자 메모를 드래그하여 선택한 후 서체 크기를 지정합니다.

2. 슬라이드 편집 화면과 마찬가지로 서식을 적
용할 수 있습니다. 다양한 서식을 직접 지정해 봅
니다.

● 주석 추가하기

수정 사항이나 전달사항, 혹은 공동 작업을 할 경우 주석 기능을 이용하여 진행 과정을 기입하면 보다 편하게 프
레젠테이션 작업을 진행할 수 있습니다.

1. [메뉴 막대]의 [삽입]-[주석]을 클릭합니다.

2. 주석이 삽입되면 원하는 크기로 조절하거나
위치를 이동할 수 있습니다.

| tip |

삽입된 주석은 편집 화면에서만 나타나며 슬라이드쇼를 진행
할 때에는 나타나지 않습니다.

주석 보기, 가리기

주석은 필요할 때만 보이게 한 후 참고하고 필요없을 때에
는 가리는 게 좋습니다. [메뉴 막대]에서 [보기]–[주석 가리
기]를 클릭하면 표시된 주석을 가릴 수 있으며, [주석 보기]
를 클릭하면 주석을 다시 표시할 수 있습니다.

03 텍스트 한번에 변경하고 모든 버전 탐색하기

키노트에 삽입된 텍스트는 일일이 찾지 않아도 한번에 변경할 수 있으며, 버전 탐색을 통해 키노트 문서를 관리할 수 있습니다.

Preview

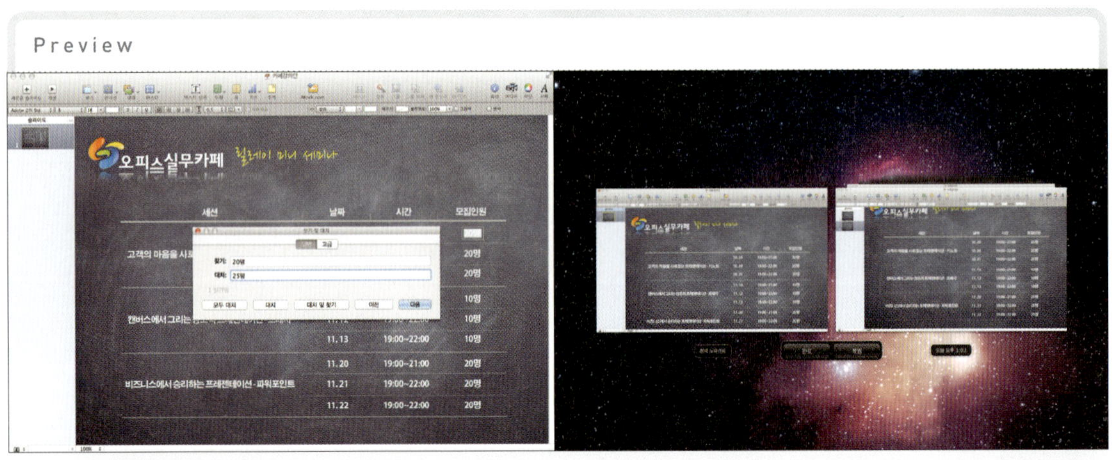

• 텍스트 한번에 변경하기

• 최근 저장으로 복귀하기

• 모든 버전 탐색하기

● 텍스트 한번에 변경하기

슬라이드 작업을 하다보면 용어가 변경되어 전체 슬라이드에 표시된 단어를 변경해야 할 경우가 있습니다. 이럴 때에는 [찾기 및 대치] 기능을 한번에 변경할 수 있습니다.

◉ **예제 파일** : CD\sample\카페강의안.key

◉ **완성 파일** : CD\sample\카페강의안_완성.key

1. [메뉴 막대]에서 [편집]-[찾기]-[찾기]를 클릭합니다.

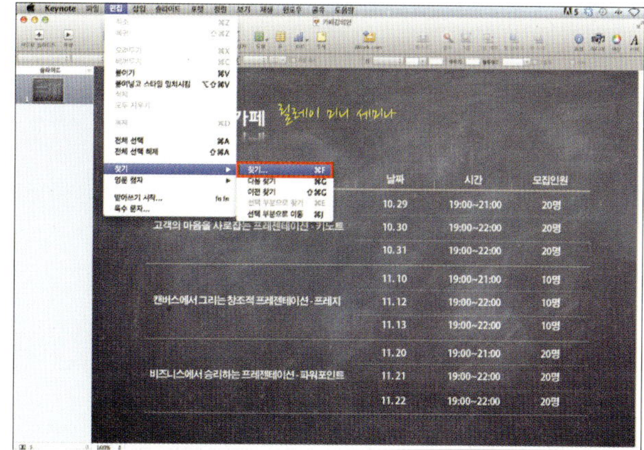

2. [찾기 및 대치] 창이 나타나면 [찾기] 입력란에는 찾을 단어를 입력하고 [대치] 입력란에는 변경할 단어를 입력한 후 [다음]을 클릭합니다.

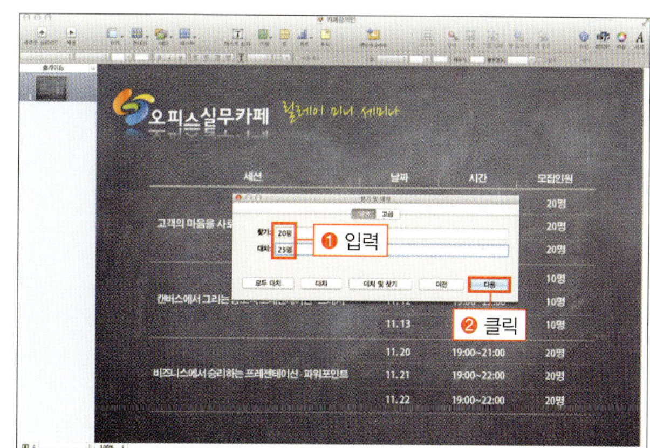

3. 찾기할 단어가 블록으로 표시됩니다. [다음]을 클릭합니다. 찾기할 단어가 대치되어 표시됩니다.

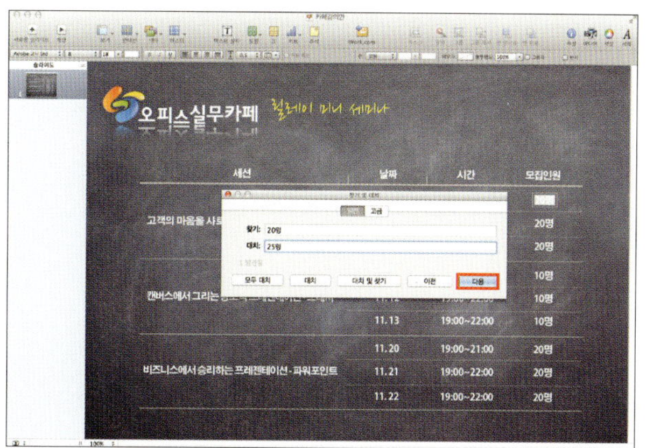

● 최근 저장으로 복귀하기

키노트에는 저장 대신 [버전 저장]을 통해 키노트 문서를 버전으로 관리할 수 있습니다. 키노트 파일을 수정하거나 변경 사항이 발생하면 [제목 표시줄]에 [편집됨]이라는 문구가 나타납니다. 이 문구를 클릭하면 [최근 저장], [최근 사용일], [모든 버전 탐색] 등을 선택할 수 있습니다.

1. [제목 표시줄]에 [편집됨]이라는 문구를 클릭하여 [최근 저장]을 클릭합니다.

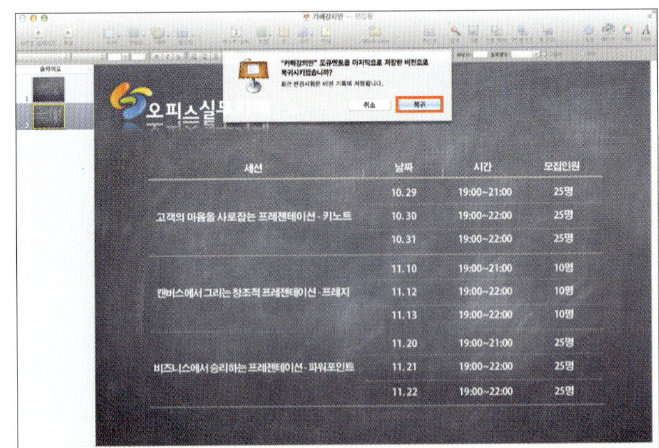

| tip |

이 기능을 사용하기 위해서는 한번이라도 저장한 기록이 있어야 합니다. 저장한 기록이 있다면 [제목 표시줄]에 [편집됨]이라는 문구가 나타납니다.

2. 경고창이 나타나면 [복귀]를 클릭합니다. 최근 저장한 버전으로 복귀됩니다.

● 모든 버전 탐색하기

모든 버전 탐색하기를 클릭하면 조절바를 통해 원하는 지점을 선택할 수 있습니다.

1. [제목 표시줄]에서 [편집됨]을 클릭한 후 [모든 버전 탐색]를 선택합니다.

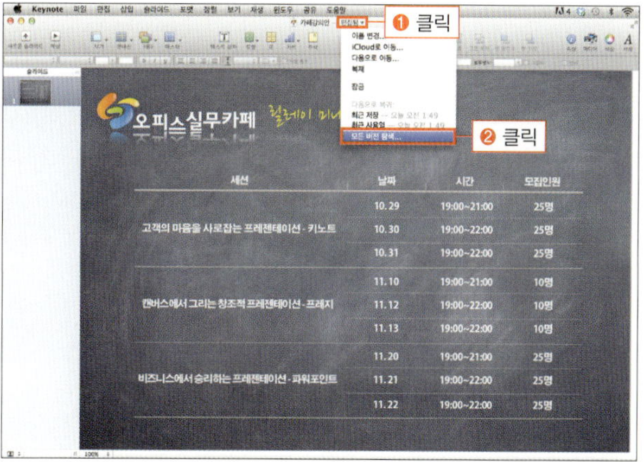

2. 이전에 저장되었던 버전이 나타납니다. 오른쪽의 조절바를 드래그하여 원하는 지점의 버전을 선택합니다.

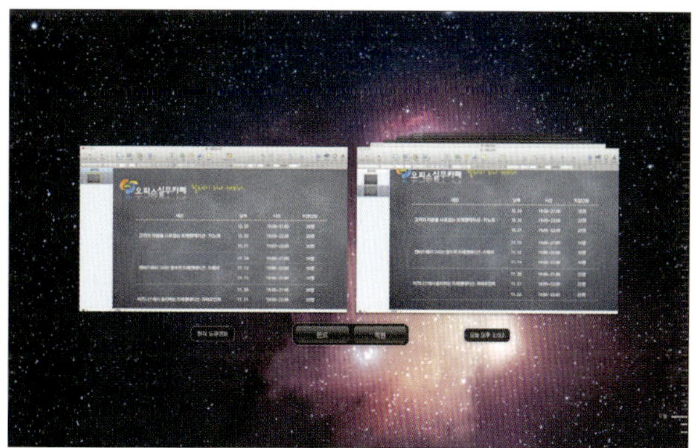

[저장하기] 옵션에서 [도큐먼트에 미리 보기 포함]에 체크 표시를 했다면 키노트를 실행하지 않더라도 키노트 파일의 내용을 미리 볼 수 있습니다.

Preview

• 도큐먼트에 미리 보기 포함하기
• [파일 탐색] 창에서 키노트 파일 미리보기

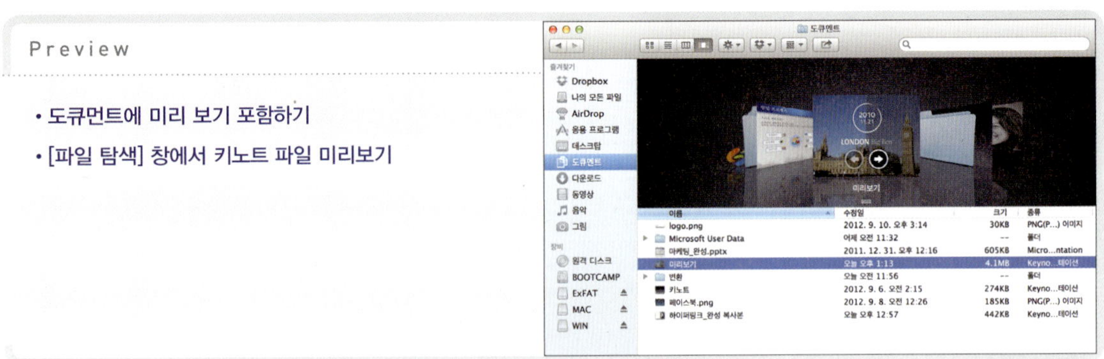

● 도큐먼트에 미리 보기 포함하기

[저장하기] 창에는 저장과 관련하여 다양한 설정을 할 수 있는데 그 중 도큐먼트에 미리 보기 포함을 체크해 키노트를 실행하지 않더라도 파일의 내용을 미리 볼 수 있습니다.

◎ 예제 파일 : 샘플파일 : CD₩sample₩미리보기.key
◎ 완성 파일 : 완성파일 : CD₩sample₩미리보기_완성.key

1. [Keynote]–[환경설정]을 클릭합니다.

2. [일반 환경설정] 창이 나타나면 [일반] 탭의 [
기본으로 도큐먼트에 미리보기 포함]에 체크 표시
한 후 저장합니다.

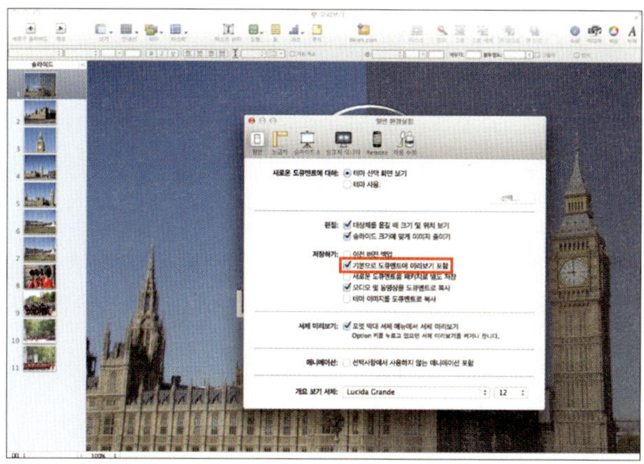

● [파일 탐색] 창에서 키노트 파일 미리보기

키노트 파일에서 도큐먼트에 미리 보기를 포함하면 [파일 탐색] 창에서 어떻게 보여지는지 확인해 보겠습니다.

1. [파일 탐색] 창의 보기 형식에서 [미리보기]를
클릭합니다.

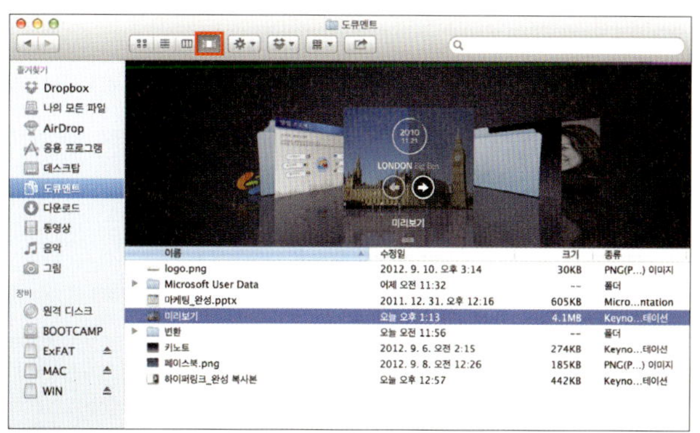

2. 키노트 파일을 선택한 후 [이전 슬라이드], [다
음 슬라이드] 아이콘을 클릭하면 슬라이드 내용을
미리 볼 수 있습니다.

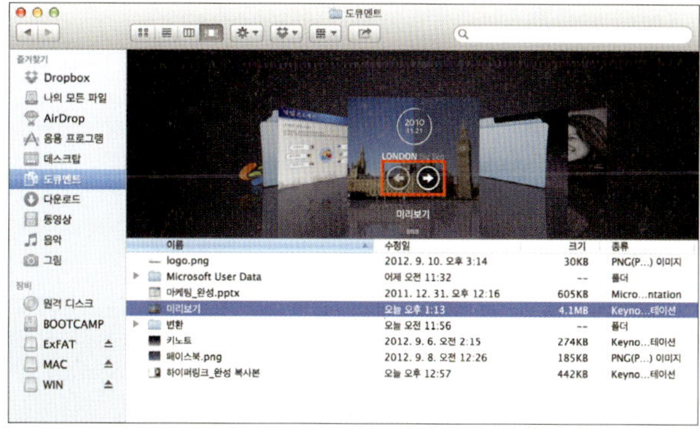

하이퍼링크는 프레젠테이션 도중에 인터넷에 접속하여 결과물을 보여주거나 다른 슬라이드에 빠르게 이동하려 할 때 사용할 수 있습니다. Spotlight를 통해 맥(Mac)에서 슬라이드 파일 검색이 용이하게끔 도와줄 수 있습니다.

Preview

- 하이퍼링크 설정하기
- [Spotlight] 탭에 저자, 제목, 키워드 입력하기

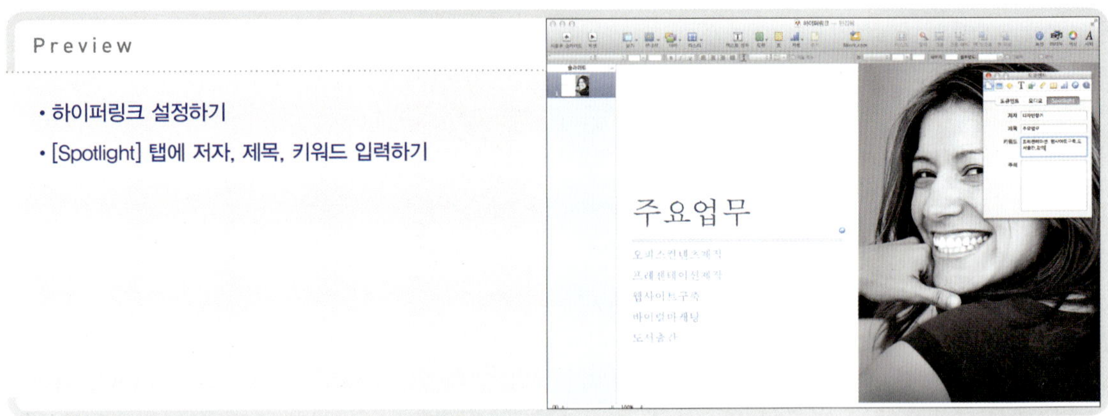

● 하이퍼링크 설정하기

하이퍼링크를 활성화하여 적용된 개체를 클릭하면 웹 페이지에 접속해 보겠습니다. 하이퍼링크는 웹 페이지 뿐만 아니라 이메일, 특정 슬라이드 등으로 지정할 수 있습니다.

◎ 예제 파일 : CD₩sample₩하이퍼링크.key
◎ 완성 파일 : CD₩sample₩하이퍼링크_완성.key

1. 하이퍼링크를 적용할 개체를 선택한 후 [속성]-[하이퍼링크]를 선택합니다. [링크]-[웹 페이지]를 클릭합니다.

2. [URL] 입력란에 웹 페이지 주소를 입력합니다.

● [Spotlight] 탭에 저자, 제목, 키워드 입력하기

스포트라이트(Spotlight)는 맥(Mac)에 포함된 모든 내용을 검색하게 해주는 유용한 기능입니다.

1. 키노트에서 파일을 저장할 때 [Spotlight] 탭에 저자, 제목, 키워드 등을 입력하면 나중에 쉽고 빠르게 찾을 수 있습니다. [Spotlight] 탭의 원하는 항목에 텍스트를 입력합니다.

2. 오른쪽 상단의 돋보기 모양의 스포트라이트 아이콘을 클릭하여 저자, 제목, 키워드 등을 입력하면 해당 파일이 손쉽게 검색됩니다.

03 | 맥(Mac) 제대로 활용하기

키노트를 위해 맥(Mac)을 사용하는 사용자라면 윈도우와 다른 맥 환경에 적응하는데 어느 정도 시간이 필요합니다. 여기서는 키노트와 궁합이 맞는 몇 가지 맥(Mac)의 기능을 배워보도록 하겠습니다.

01 맥 OS 캡쳐 기능과 단축키 살펴보기

프레젠테이션에는 모든 사물이 아이디어가 될 수 있고, 웹 상의 모든 이미지가 좋은 소스가 될 수 있습니다. 맥(Mac)에는 기본으로 제공하는 화면 캡쳐 기능이 존재합니다. 이 기능을 알고 있다면 보다 다양한 소스를 프레젠테이션에 적용할 수 있을 것입니다. 그 외 단축키도 함께 살펴보겠습니다.

● 단축키 살펴보기

현재 보이는 화면 전체를 캡쳐하고 싶다면 ⌘ + Shift + 3 을 누릅니다. 맥(Mac)만의 찰칵 소리와 함께 바탕화면에 저장됩니다. 만일, 원하는 부분만을 캡쳐하고 싶다면 ⌘ + Shift + 4 를 누른 후 원하는 부분을 드래그하여 선택합니다. 마찬가지로 찰칵 소리와 함께 바탕화면에 저장됩니다. 현재 활성화되어 있는 창만 캡쳐할 수도 있습니다. ⌘ + Shift + 4 + Space Bar 를 누른 후 활성 창을 선택하면 됩니다.

전체 캡쳐	⌘ + Shift + 3
부분 캡쳐	⌘ + Shift + 4
창 캡쳐	⌘ + Shift + 4 + Space Bar

그 외에 키노트나 맥(Mac)에서 사용할 수 있는 주요 단축키는 다음과 같습니다.

전체 선택	⌘ + A	원래대로	⌘ + Z
복사하기	⌘ + C	속성 창 열기	⌘ + option + I
붙여넣기	⌘ + V	프로그램 선택하기	⌘ + Tab
잘라내기	⌘ + X	스포트라이트 열기	control + Space Bar
삭제하기	⌘ + Delete	한영전환	⌘ + Space Bar
되돌리기	⌘ + Shift + Z	화면캡쳐하기	⌘ + Shift + 3

● 응용 프로그램과 맥(Mac) 강제 종료하기

응용 프로그램을 때에 따라 강제 종료해야 할 경우가 발생합니다. 또한, 맥(Mac) 자체를 강제 종료해야 할 경우도 발생합니다. 여기서는 단축키로 응용 프로그램과 맥(Mac)을 강제 종료하는 방법을 살펴보겠습니다.

응용프로그램을 강제 종료하기 위해서는 [option]+[⌘]+[Esc]를 눌러 [응용 프로그램 강제 종료] 윈도우 창이 뜨면 강제 종료할 프로그램을 선택한 후 [강제 종료]를 클릭합니다.

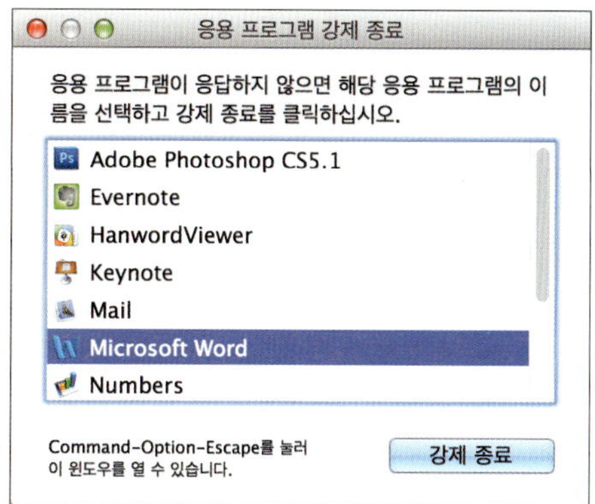

또한, 윈도우만큼 매킨토시 자체를 강제 종료하는 경우는 드물긴히지만 갑자기 화면이 멈추거나 마우스, 키보드가 먹지 않는다면 매우 당황스러울 것입니다. 이럴 때에는 단축키 [option]+[⌘]와 전원 단추를 눌러 강제 종료할 수 있습니다.

02 여러 이미지를 Quick Look 기능으로 한번에 보기

맥(Mac) 이나 이동식 하드에 저장되어 있는 이미지를 키노트에서 사용하려면 파인더를 통해 검색할 수 있습니다. Quick Look 기능을 이용하면 큰 화면의 이미지 여러 장을 한번에 볼 수 있어 편리합니다.

1. 파인더에서 폴더 전체 혹은 여러 이미지를 선택한 후 [Space Bar]를 누릅니다.

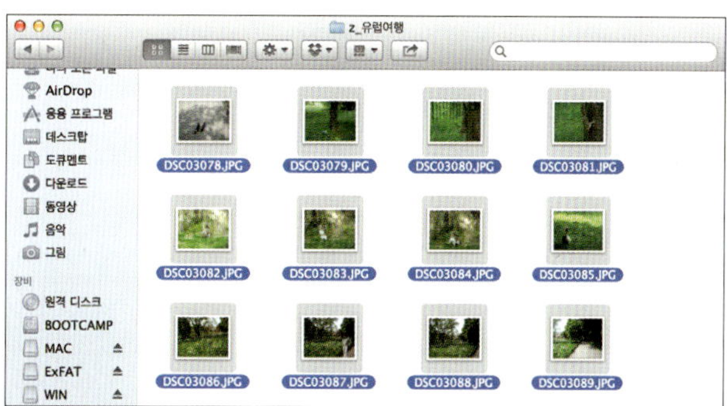

2. 미리 보기 화면에서 큰 화면으로 이미지를 확
인할 수 있습니다. [인덱스 시트]를 클릭합니다.

3. 인덱스 시트가 나타나면서 여러 이미지를 한
번에 확인할 수 있습니다.

 런치패드로 응용 프로그램 실행하기

F4 를 누르면 런치패드가 나타납니다. 런치패드는 아이폰, 아이패드와 같은 화면을 맥(Mac)에서도 구현할 수 있는 화면으로 그룹 지정 및 위치 이동 등도 아이폰, 아이패드와 동일하게 사용 가능합니다.

1. F4 를 누르거나 아이콘 독의 [런치패드]를 클릭합니다.

2. 런치패드 화면이 나타나면 이동을 원하는 아이콘을 드래그합니다. 전체 아이콘이 움직이며 원하는 위치로 이동할 수 있습니다.

3. 그룹 지정을 원하는 이이콘 위로 가져가면 아이콘을 하나의 그룹으로 만들 수 있습니다.

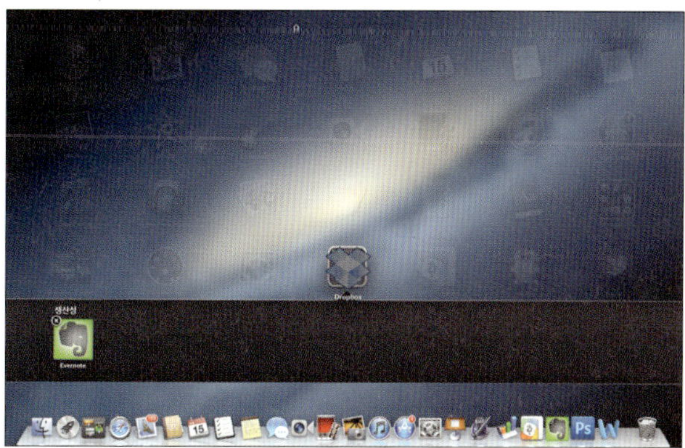

미션 컨트롤(Mission Control)은 현재 실행된 프로그램을 하나의 화면에서 볼 수 있고 원하는 화면으로 분류할 수 있어 빠른 작업을 원할 때 유용하게 사용할 수 있습니다. 여러 개의 데스크탑을 만들어 프레젠테이션용 프로그램, 오피스용 프로그램 등으로 분류하여 작업 효율을 높여보기 바랍니다.

1. F3 을 누르거나 아이콘 독의 [Mission Control]을 클릭합니다. 미션 콘트롤 화면이 나타납니다. 현재 실행된 프로그램을 하나의 화면에서 볼 수 있습니다.

2. 미션 콘트롤 화면에서 상단 오른쪽에 마우스를 가져가면 [추가] 단추가 나타납니다. 이를 클릭해 새로운 데스크탑을 만듭니다.

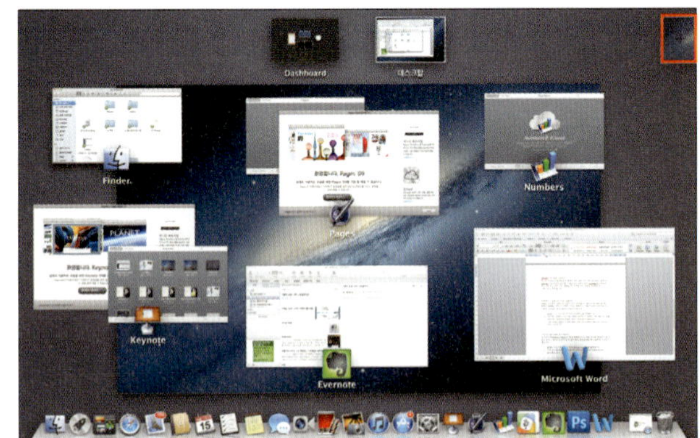

3. 새로운 데스크탑에 원하는 프로그램을 이동합니다. 이를 통해 원하는 데스크탑을 분류해서 작업 효율을 높일 수 있습니다.

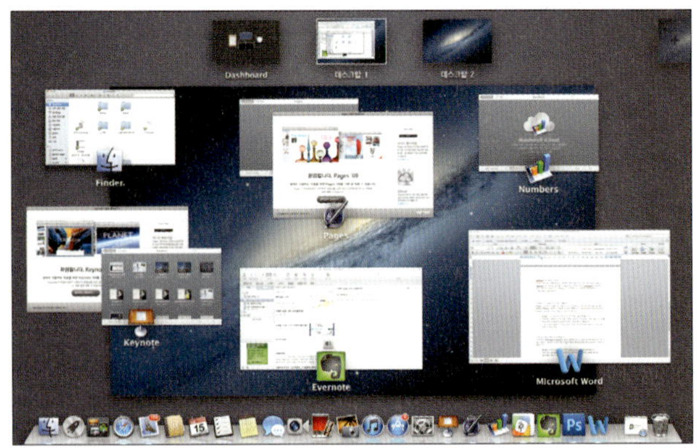

4. 트랙패드에서 세 손가락을 옆으로 밀어보면 분류된 데스크탑을 열 수 있습니다.

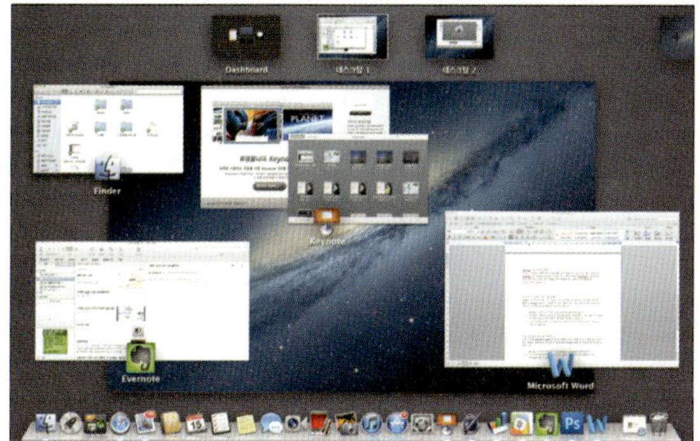 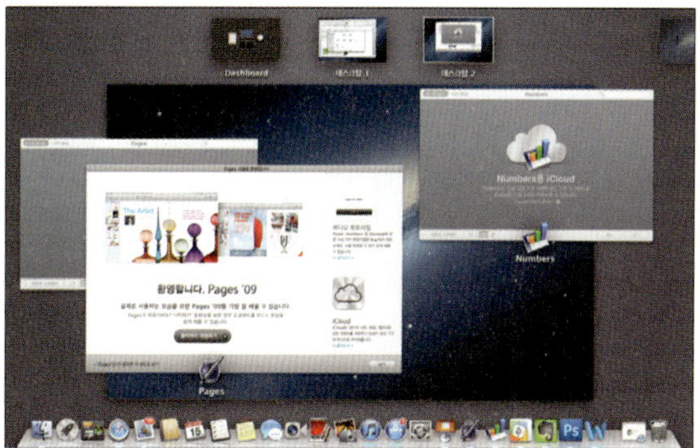

05 스포트라이트로 맥(Mac) 검색하기

하나의 프레젠테이션을 만들기 위해 맥(Mac)에 저장된 다양한 파일 및 데이터를 사용할 경우가 많이 발생합니다. 스포트라이트 (Spotlight)는 이런 내용을 모두 검색하게 해 주는 유용한 기능입니다

1. 데스크 탑의 오른쪽 상단에 있는 돋보기 모양 의 스포트라이트 아이콘을 클릭합니다. 파란색의 검색 화면이 나타납니다.

2. 원하는 단어를 입력합니다. 맥(Mac) 뿐 아니 라 연결된 이동식 디스크도 한번에 검색하여 표시 합니다. 이를 통해 원하는 프로그램 혹은 자료나 내용을 빠르고 쉽게 검색하고 불러올 수 있습니다.

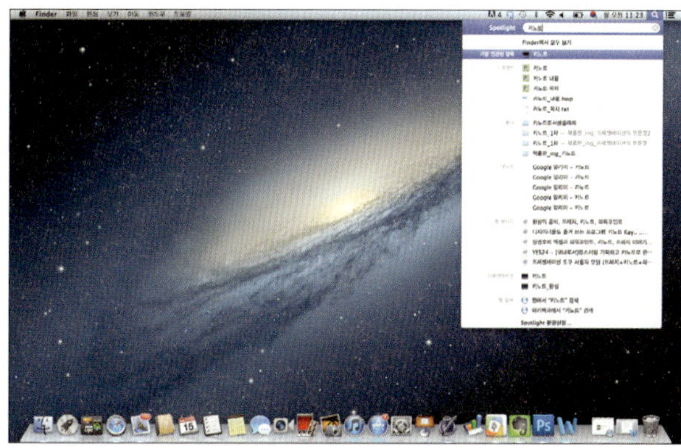

3. 검색 결과 중 원하는 항목에 마우스를 올리면
미리 보기 화면이 나타납니다.

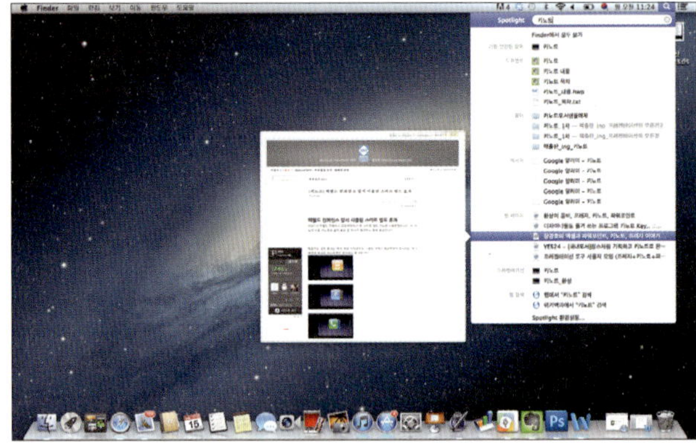

4. 이 뿐 아니라 수식 계산이나 영어 단어도 스포트라이트를 통해 해결할 수 있습니다.

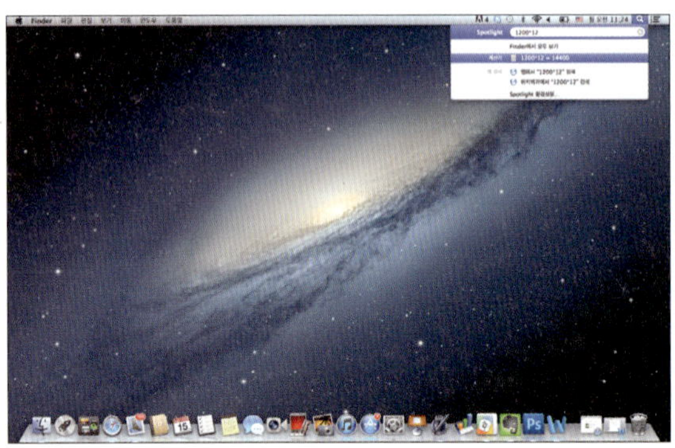
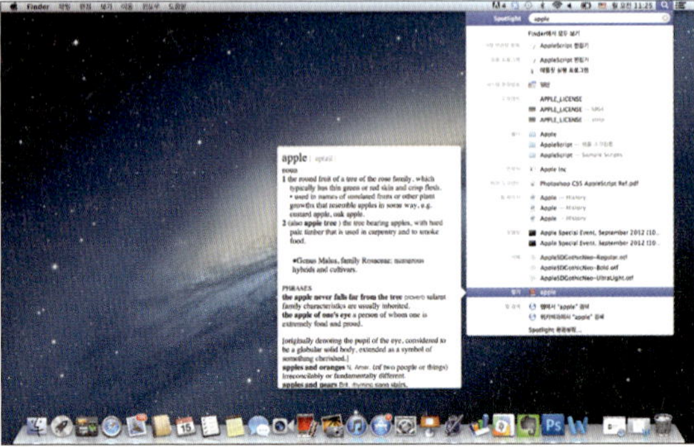

06 RSS 로 웹 페이지 구독하기

프레젠테이션 문서를 작성할 때 여러 데이터를 조사하여 반영할 필요가 있습니다. 프레젠테이션 문서를 만들 때 비로소 조사하는 것
이 아니라 RSS를 통해 필요한 데이터를 미리 수집, 정리해 놓으면 보다 효율적으로 프레젠테이션 문서를 만들 수 있습니다.

1. RSS는 뉴스 서비스나 왠만한 블로그에서 제
공하고 있습니다. 소식이나 정보가 유익한 뉴스나
블로그를 RSS로 구독하기 위해 RSS 단추를 클릭
합니다.

2. 만일, RSS 서비스가 설치되어 있지 않다면 [Safari]–[환경 설정]을 클릭합니다.

3. [확장 프로그램]–[확장 프로그램 가져오기]를 클릭합니다.

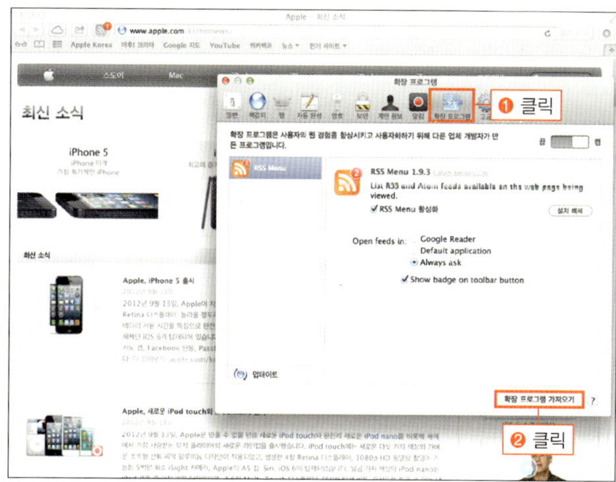

4. 확장 프로그램 웹 페이지가 나타나면 원하는 RSS 서비스를 클릭합니다.

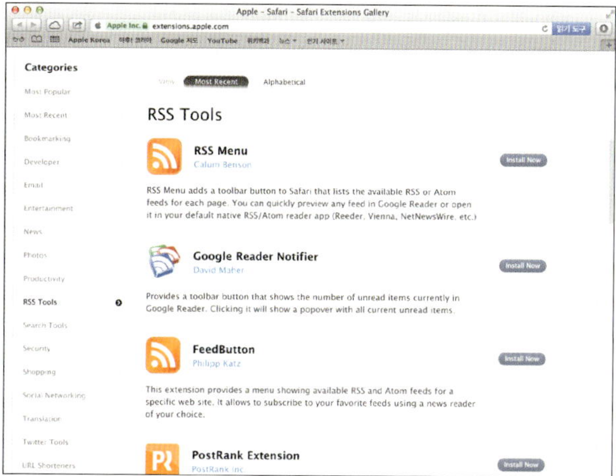

5. 사파리에 확장 프로그램이 설치되어 있는 것을 확인합니다. 설치한 서비스의 아이콘을 클릭하면 RSS 웹 페이지를 구독할 수 있습니다.

| tip |

RSS(Really Simple Syndication)는 뉴스나 블로그에 새롭게 업데이트 되는 내용을 해당 사이트에 직접 방문하지 않더라도 RSS 프로그램을 통해 자동 수집하여 한 곳에서 바로 확인할 수 있습니다.

07 웹 클립 만들기

웹 클립은 클립으로 저장한 웹 사이트를 맥(Mac)에서 실시간 확인할 수 있는 서비스입니다. 매번 웹 사이트를 방문하지 않더라도 웹 클립을 통해 바로 확인할 수 있어 편리합니다.

1. 사파리에서 [파일]-[Dashboard에서 열기]를 클릭합니다.

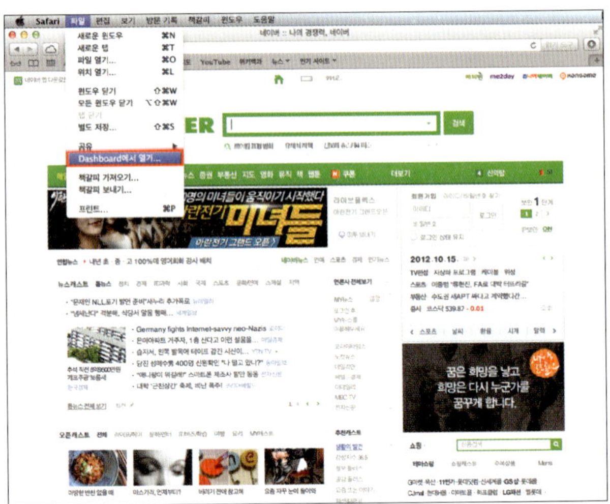

2. 웹 클립으로 만들 부분을 드래그하여 [추가]를 클릭합니다.

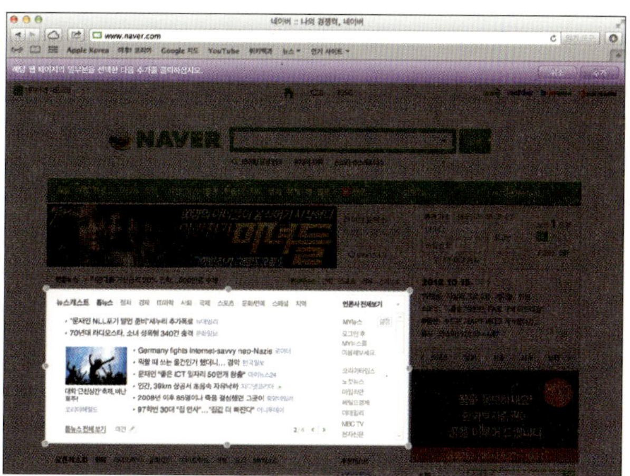

3. 대시보드에서 웹 클립이 나타나며 웹 사이트에 접속하지 않더라도 실시간 확인할 수 있습니다.

08 사전 실행하기

웹 페이지를 검색하다 모르는 영문 난어가 나올 때 바로바로 확인힐 수 있는 네이비 사전 등은 매우 유용한 서비스입니다. 방시은 조금 다르긴 하지만 맥(Mac)에서도 사전 기능을 실행할 수 있습니다.

1. 모르는 단어를 클릭한 후 ⌘ + control + D 를 누르면 사전이 실행됩니다.

2. 키노트 등의 다른 프로그램에서도 ⌘ + control
+ D 를 누르면 사전이 실행됩니다.

09 드롭박스로 파일 공유하기

드롭박스(Dropbox)는 해외 및 국내에서 많은 사용자를 보유한 클라우드 서비스입니다. 맥(Mac) 뿐 아니라 아이폰, 아이패드, 안드
로이드 기기, 윈도우 할 것 없이 다양한 기기에서 사용할 수 있고 용량도 2GB 정도 제공합니다. 필자의 경우 자주 사용하는 이미지
및 PDF 문서 등을 저장해 놓고 키노트 작업 등을 할 때 불러와 사용하거나 다양한 기기에서 확인하는 용도로 사용하고 있습니다.

1. 드롭박스 홈페이지에서 프로그램을 설치한
후 실행합니다.

• **주소 :** http://www.dropbox.com

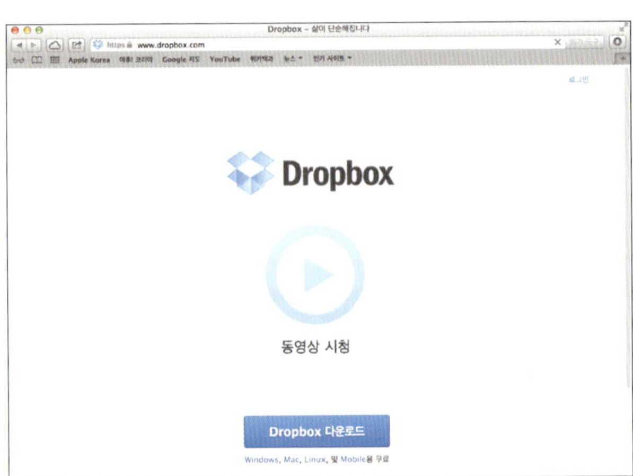

2. 메뉴 막대에 드롭박스 아이콘이 생성됩니다.
[Dropbox 폴더 열기]나 [Dropbox 웹사이트 열기]
를 클릭해 본인의 계정에 접속합니다.

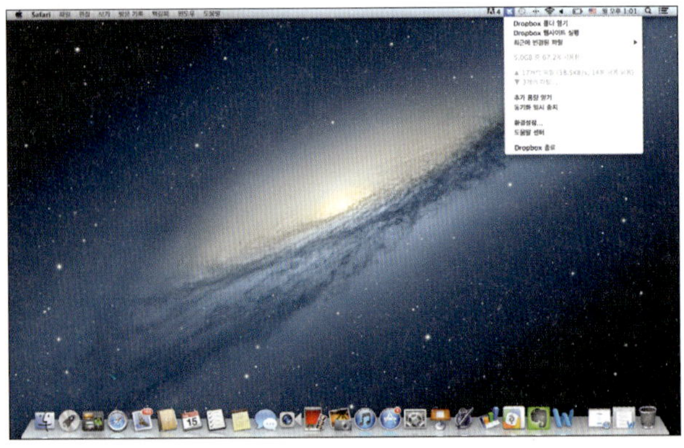

3. 드롭박스 폴더가 나타나면 자료나 이미지를 올려 본인만의 클라우드 환경을 만들 수 있습니다.

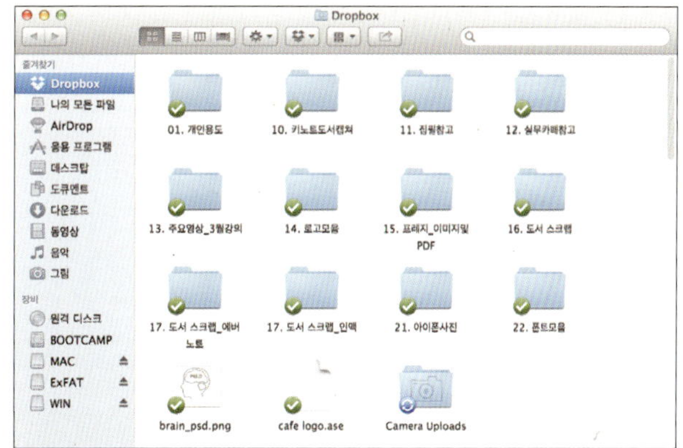

4. 드롭박스는 사용자들끼리 자료를 공유할 수 있습니다. 공유할 폴더를 마우스 오른쪽으로 클릭한 후 [Dropbox]-[이 폴더 공유]를 선택합니다.

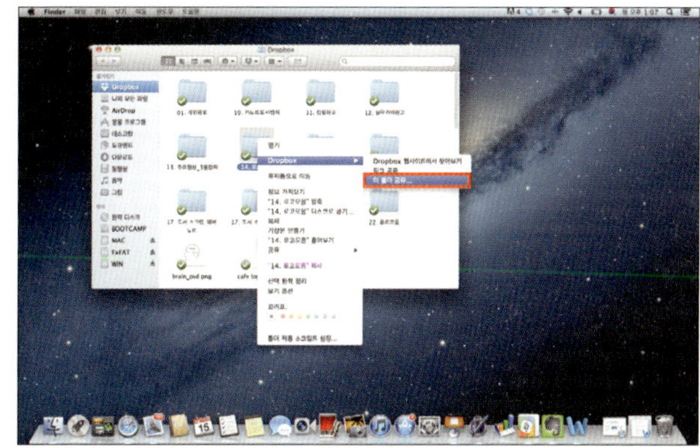

5. 공유 페이지가 나타나면 공유를 원하는 사람의 이메일 주소를 입력합니다.

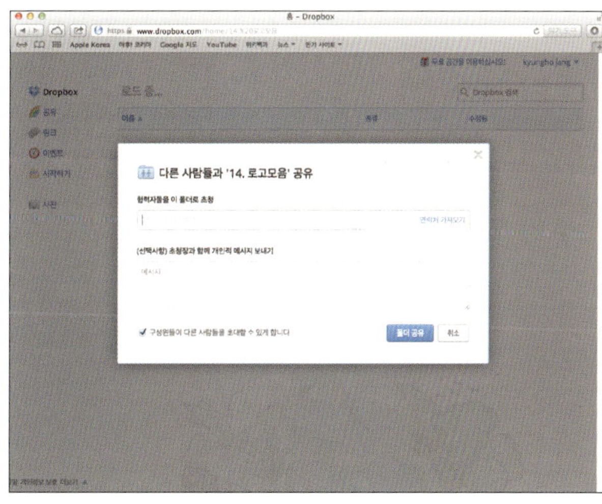

| tip |

사용자에 따라 드롭박스에서 제공하는 2GB의 용량이 작게 느껴질 수 있습니다. 이럴 때에는 유료 사용자로 전환하여 더 큰 용량으로 사용할 수 있습니다. 혹은 다른 클라우드 서비스(네이버 N 드라이브, 유플러스 웹하드, 올레 비즈하드 등)를 사용하는 것도 좋은 방법입니다.

How To Keynote 실무 활용 테크닉

1판 1쇄 발행 2012년 12월 15일

저   자 | 장경호
발 행 인 | 김길수
발 행 처 | (주)영진닷컴
주   소 | 서울특별시 금천구 가산동 664번지
　　　　　　대륭테크노타운 13차 10층
대표전화 | 1588-0789
대표팩스 | (02) 2105-2200
등   록 | 2007. 4. 27. 제16-4189호

가격 15,000원

ⓒ 2012. (주)영진닷컴
ISBN 978-89-314-4341-7

이 책에 실린 내용의 무단 전재 및 무단 복제를 금합니다.